U0832660

上海电力医院(作者设计，1995 年)

评道

吕维锋评论集

ON THE WAY

吕维锋 / 著

同济大学出版社
TONGJI UNIVERSITY PRESS
·上海·

图书在版编目(CIP)数据

评道：吕维锋评论集 / 吕维锋著. — 上海：同济大学出版社，2022.10
ISBN 978-7-5765-0427-9

Ⅰ.①评… Ⅱ.①吕… Ⅲ.①社会科学—文集 Ⅳ.①C53

中国版本图书馆 CIP 数据核字(2022)第 209592 号

评道：吕维锋评论集
吕维锋 著

责任编辑：吴世强　陆克丽霞
责任校对：徐春莲
封面设计：房惠平

出版发行　同济大学出版社　www.tongjipress.com.cn
（地址：上海市四平路 1239 号　邮编：200092　电话：021-65985622）
经　　销　全国各地新华书店、建筑书店、网络书店
排版制作　南京月叶图文制作有限公司
印　　刷　上海丽佳制版印刷有限公司
开　　本　889mm×1194mm　1/16
印　　张　17.75
字　　数　560 000
版　　次　2022 年 10 月第 1 版
印　　次　2022 年 10 月第 1 次印刷
书　　号　ISBN 978-7-5765-0427-9
定　　价　198.00 元

版权所有　侵权必究　印装问题　负责调换

评道

吕维锋评论集

内容提要

随着5G时代的悄然到来和自媒体模式的层出不穷，评论搭乘时代的快车以前所未有之势倍日并行。针对客体对人类进步的价值和对社会发展的意义所进行的主观或客观的阐述是评论的基本定义，作为一项观念性和实践性的人类活动，评论亘古亘今，旁通曲畅，并随着时代的进步而日升月恒。

本书以评论为思想框架，聚焦空间和艺术专题，题材涉猎广泛，素材取精用宏，融贯产、学、研、政、商相关领域，视点贯穿东西，论述融汇南北。评论的内容从受评对象和项目空间切入并延展，以艺术性评论为主，兼具散文性的品议，公听并观，专精覃思。本书点评性的语句力争既注重论据的张力，又抒发文学的感怀，笔冢研穿，束广就狭，形成独特的文脉章法和句法结构。

本书汇录了笔者的123篇评论文章，按照文学、城乡、评议、国际、冰雪、地产、商业、芬兰、风景、咖啡、速写和自媒十二篇分类编排，每篇内文章基本根据发表的时间由近及远排布，崇论闳议，言情并茂，具有较强的逻辑力和图文感。本书是具有空间评论技术性和艺术评论文学性的评论集，可以为空间艺术评论学提供创新参考和实践依据，也为从市井百姓到专业人士的不同受众群体开启了一扇了解空间构成和探究艺术真谛的评道之窗，能够为包括城市管理者、土地规划者、投资开发商、建筑师、工程师、艺术创作者、大专院校师生乃至城乡居民在内的各类读者群了解地脉城志、关注人居空间、品阅艺术创作和参与社会发展提供帮助。

圣·索菲亚教堂(作者绘于 2015 年 9 月 1 日)

自序

有人说人生是一趟旅行，春风秋月，流年无恙；有人说人生是一场修行，时光安然，云水禅心；也有人说人生是一首歌，玉润珠圆，莺啼燕语；还有人说人生是一幅画，笔墨横姿，活色生香。我觉得人生就是一种博览，一番品阅，一场探求，穿越四季，品山川秀丽，跨越时空，阅历史人文；走过烟火长河，走进街头巷尾，走到灯火阑珊，纵然“衣带渐宽”，欣然“众里寻他千百度”，因为曾经的誓言是要“望尽天涯路”，“路漫漫其修远兮，吾将上下而求索”！

既然把人生当成神往的旅行，那就一定要记录下点滴而不错过美好的须臾；既然把人生当作修行，也就必须书写下心得而不放过每一个不同的自我。这些年在设计工作的空闲之余，在规划旅途的奔忙间隙，或在地铁上，或在候机厅，或在等候中，或在行驶间，我陆续撰写和速写了一些内容，有些是围绕正在从事的规划工作，有些是抒发触景生情的文学情怀，有些是为了记录职业生涯中的所见所想，还有些是为了评议现实生活中的遇见瞥见。

我喜欢把文字当作无间的朋友，因感生情，有感而发，记载下思想闪念的火花，给灵魂一个稳妥的着落。我也爱把绘画当成亲密的伙伴，时不时地去勾勒一番场景，给内心一份安妥的踏实。撞见的都是人生的机缘，我爱故我思，我思故我在，我在故我真，文字和速写也就如此成就着真我的点滴和无我的意境。声音的起始是语言，思想的结点是文字；感触的激扬要定格，场景的浓缩想手绘。文的评论和画的描绘在悄然无声中流淌起来，或者绽放开来，或者迸发出来，秉笔直书，谠言直声，线描概括，萃精抓魂，不裹挟一丝造作的矫揉，原模原样，原汁原味，纯净得清澈见底。

评论是赋予客体社会意义的工具，评论是衡量对象思想价值的天平，它将对客体和对象的感性认知引领到理性的轨道，以思辨的观点审视其蕴涵的哲学和通理。古希腊思想家和文艺理论家亚里士多德（Aristotle，公元前 384—前 322 年）的著作《诗学》的问世，开创了文论的历史先河。文艺复兴时期的法国思想家米歇尔·德·蒙田（Michel de Montaigne，1533—1592 年）以其著作《随笔集》（*Essais*）奠定了现代评论的思想根基和文体句法，“吾书之素材无他，即吾人也”更成为评论理论宝库中的经典语录。中国最早的诗歌总集《诗经》自其西周初年采集之始，就筑基起了中国评论的范式，其后的《左传》和《史记》进一步将古典评述推到了一字兼金的历史高位。近现代的王国维（1877—1927 年）、梁启超（1873—1929 年）和胡适（1891—1962 年）等文论家架起古今评论的霁虹彩桥，兼容并蓄，继往开来，推陈出新地探索着中国现代评论之法和时代文化新语。

评论作为一项具有观念性和实践性的人类活动，是针对客体对人类进步的价值和对社会发展的意义所进行的主观或客观的阐述，这已经成为定义评论概念的基准点和刻度仪。评论是连通主体与客体的桥梁，也是连接思想与创作的纽带，更是勾连感性和理性的媒介，现代评论承上启下，通古达变，而关注创作、创新、创意、创建和创造的相关议题，则是当今社会给予评论的最大赋性。

2013 年，我出版了《筑道：吕维锋论文集》，那是学术性的文字集成，以中文和英文两篇硕士论文为主干，以建筑学和工程项目管理两个领域的专业论文为载体，希望在前行的征途上驻足回眸，梳理过往的思绪并呼唤迟到的自我；2015 年，我出版了《绘道：吕维锋手绘施工图集》，那是绘制性的蓝图合集，以建筑设计施工图为主题，总结无电脑时代的绘图技艺和专业技术，感怀设计工具的更新迭代和革旧维新，给奋进的再出发以鼓劲和加油；2017 年，我出版了《规道：吕维锋规划设计探索与实践》，那是规划类的实践作品集，以完成的城市规划项目为内容，归纳职业的与时俱进和学术观念的砥砺创新，记录了我参与中国城乡发展历史进程的各种感触。在每隔两年分别完成一部文字集成、蓝图合集或实践作品集之后，我仰望天空，人生的下一颗启明星在哪里呢？

在我完成上述“说自己”的三部“话（画）说道来”之后，“评论它”被纳入了接下来的出版计划之中，在整理从前“只言片语”的同时，我日常关注和描绘的视域也更加着眼于“评说道来”。说主观容易，因为都已经存在；评客体很难，因为是将主观作用于客体。拾集历史的走过和路过、解读熟知的城市和街道、审鉴艺术的盛美和内涵、讨论管理的触点和方略、参与政务的谏言和策论、论证冰雪的发展和赋能、评述地产的开发和管理、探究空间的规划和设计、纪实考察的案例和精彩以及速写经典的建筑和恰逢，这一切都成了各类积少成多的博观约取，完整的“节假日周末”自然挂起“两耳不闻窗外事”的标牌和“幌子”，琐碎的“时间都去哪儿了”也就找到了遁逃的缘由和方位。

2007 年，我应邀开始为上海咖啡企业协会出版的月刊《咖啡文化》撰写咖啡厅设计点评，当时定下的小目标是努力为每期《咖啡文化》奉献一篇评论，字数在 800 左右，文字和照片并茂，评述和抒情并重，同时还要尽最大可能因时、因景、因物和因人阐述生活哲理。每个月我都力争抽出一个下午的时间，在协会秘书长的陪同下探访至少两家咖啡厅，并选择一家作为评议主体，系列性的咖啡评道之路就这样“始于足下”了。品品咖啡，尝尝西餐，看看装饰，听听企业经营者述说“开店家常”，听听我这建筑师“侃侃大山”，在咖啡有约的小资情调中，设计空间评论一下就写了 22 篇，时光荏苒。除了每篇 200 元的咖啡券鼓励和西餐晚宴嘉奖的因由，写着写着我慢慢地喜欢上了设计点评的工作，这既吻合我的职业爱好，也赋能我的职业创作，更满足了我的写作欲望。总而言之，我因为对设计有太多的话要说而“情有独钟”地撰写，毕竟年轻时在业余时间做过太多的装修设计，对其“评头论足”和“指手画脚”可谓老马识途和轻车熟路。

短篇的点评驾轻就熟，中篇的评述自然也就如臂使指。在网络销售还没有兴起的早年，那是商业地产火红的年代，“一铺养三代”的传统思维使购物中心成为从投资商到小业主们的热门话题。上海购物中心协会的会长建议我在由上海市商务委员会主管、上海购物中心协会主办的双月刊《上海购物中心》上开辟国际购物中心设计评论专栏，介绍世界各国的购物中心精彩案例，使中国购物中心的发展能够兼收并蓄并且弯道超车。2011 年，我从商业地产的宏观、中观和微观层面入手，以在英国、美国和泰国到访和在中国设计的购物中心为对象，启动了每篇几千字的国际购物中心设计评论之“吕”（旅）。从规划选址到建筑空间，从人流动线到停车设计，从业态布局到展陈序列，特色鲜明的国际购物中心评道通过全国性商业专业刊物《上海购物中心》，走进了政府决策者、商业地产开发商乃至广大商业企业的视野，为探索中的中国购物中心之路注入了示范性的国际经验。

从2017年起，作为政协委员撰写提案成为我的一项责任性工作。由于具有建筑学和工程项目管理双专业背景，我能针对城市发展和人居空间提出一些建设性意见，这也是我履职撰写的基本点和着力点。结合对城市规划项目的思考和实践，融合文化旅游研究中的感受和体验，汇聚调研考察中的领略和顿悟，积聚写生绘画中的追索和溯源，在综合考量社会发展进程中的迫切需求和管理短板的情况下，截至2021年我先后完成了9篇政协提案，其中有些是侨界界别建议，有些是委员个人提案，还有些被作为政协会议的发言稿。另外，我还撰写了若干篇报送黑龙江省归国华侨联合会和中国国民党革命委员会黑龙江省委员会（简称“民革黑龙江省委”）的参政议政稿件，将这些提案和建议的部分篇幅作为本书的组成部分，融释于各个相关范畴的篇章中，展现出中国社会政务公开制度的优越性，丰富了全书的持论主张和议论内涵。

《海归学人》是上海市欧美同学会、上海市留学人员联合会主办的双月刊杂志，我间或投稿并被发现有点钢笔速写的小手艺。从2019年第1期开始，我应邀为该刊物的《发现上海》栏目提供系列性的上海建筑艺术钢笔速写和建筑点评。本书汇录的12项建筑速写和评论，是2019—2020年我在《海归学人》上发表过的作品，更多的钢笔速写和建筑点评还在持续刊发中。“速写上海”系列以其有图有历史和有文有艺术的范式，通过《海归学人》的传播，赢得了海内外学长们的赞誉。与已经出版的《速写清迈》和《速写中俄》类似，我会继续深化“速写上海”的主旨，坚持画意诗情，为未来《速写上海》的出版做好准备。

书名“评道”一词取意于“评说道来”，立足于评战略大事，道艺术真挚；议城市演绎，论空间设计。全书以空间艺术评论为中心思想，融贯产、学、研、政、商相关领域，题材涉猎广泛，素材取精用宏，视点贯穿东西，论述融汇南北。本书汇录了123篇长短不一的文论，按照文学、城乡、评议、国际、冰雪、地产、商业、芬兰、风景、咖啡、速写和自媒十二篇分类编排，并分别以散文随笔、布局谋划、箴言献策、透视海外、寒地文化、开发管理、购物中心、建筑艺术、园筑农旅、品赏空间、上海建筑和宜吾评道命名。全书崇论闳议，言情并茂，语言平易通畅，文笔直抒胸臆，具有一定的“吸睛力”和图文感。

这本具有空间评论技术性和艺术评议文学性的评论集，为空间艺术评论学提供了创新参考和实践依据，也为从市井百姓到专业人士的不同受众群体开启了一扇认知空间构成、探究项目工程和品议艺术真谛的评道之窗。如果本书能够为包括城市管理者、土地规划者、投资开发商、建筑师、工程师、艺术创作者、大专院校师生乃至普通城乡居民在内的各类读者群了解土地资源、关注人居空间、欣赏艺术评论和共筑社会发展提供帮助，我将倍感欣慰！

2022年2月18日（上海宜吾规划建筑设计事务所创立纪念日）

于上海市同济联合广场

目录 CONTENTS

自序

一　文学篇——散文随笔

二　城乡篇——布局谋划

三　评议篇——箴言献策

十一　速写篇——上海建筑

十二　自媒篇——宜吾评道

评论是诠释客体社会意义的工具
评论是衡量对象社会价值的天平

吕维锋

上海海关大楼（作者绘于 2022 年 7 月 7 日）

一

文学篇——散文随笔

哈尔滨的色彩

背景 Background：

为庆祝中国共产党成立100周年，中国共产党黑龙江省委员会统一战线工作部（简称“黑龙江省委统战部”）开展了“学百年党史，讲统战故事”主题征文活动。《哈尔滨的色彩》由民革黑龙江省委推荐参加该项征文活动。

摘要 Abstract：

本文开篇通过延展《哈尔滨的线条》和《哈尔滨的构图》之凡要，梳理哈尔滨的城市特征，进而切入哈尔滨关联色彩的宗旨主题。结合东北的生活本底，通过黑白基本色的铺陈，导引出彩色的哈尔滨容颜和哈尔滨感受，色中润情，彩中含意，起笔天边的彩虹，落笔蓝天下的建筑。从大千世界的自然色彩过渡到人工道法的建筑色彩，烘托凝练出城市市花的母题色彩，前后贯通，一气呵成，并于结尾升华至色彩的期待和未来的色彩。

关键词 Key words：

哈尔滨　色彩　黑白　丁香花

哈尔滨不但是一座有线条和有构图的城市，还是一座有色彩的城市。哈尔滨有线条是因为有那么多里外道街的珠联璧合，哈尔滨有构图是因为有无数个街头巷尾的集腋成裘，而哈尔滨的色彩五彩缤纷。

黑和白全方位地烘托着东北图腾的本底，如同中华道学体系里黑白具有超越任何颜色的大道至简之意一样同条共贯。白山黑水是东北的大色块和主色调，是色彩的极限赋予这方寒地的至高尊严，体现着环境地理论的星球威严，绩学之士牛顿的光粒子理论也同样描绘了光谱的正混合和负混合形成白和黑的大美天成。幼小的混沌中，只觉得哈尔滨有冬天的白茫茫雪界和夏天的黑油油沃土。因为白的大场面和强震撼，其他任何点滴的颜色在冬天都变成了一种深色，更何况儿时人们的穿着和佩戴基本上是深色调，像深蓝、军黄和深棕色，它们在白色的超强度对比下，星星点点地都被视为黑色。也因为冰雪融化之后沃得出油的黑土地太深沉和幽绵，铺天盖地，一望无际，一切夸张的色彩都身单力薄得相形见绌。世界就这样在白黑之间切换，返璞归真为重色，其中包裹着黝黑的绿色、青色和褐色。

不管玩耍中小伙伴们的雪仗打得浑身白到何种程度，也不管小雪人堆成啥个子午卯酉，反正回家前“扑喽扑喽”衣服，抖落身上的白色雪痕，小脸蛋冻得红扑扑，白与黑顷刻间的转换立马还其本色，戏剧得就跟啥都没发生过一样，大家也就轻松地躲过了家长的训斥，这是否也应和了老子《道德经》中“知其白，守其黑，为天下式”的黑白之道呢？在东北，季节的交替、时序的轮回、农耕的节奏和生活切换基本上循序着冬夏白黑的总基调，阐述了黑白循环和复始无极的太极宇宙学，走出黑土地自己的独享和殊荣。

年少懵懂的某一天，雨霁的天边突现一弧彩虹，色彩斑斓的绚丽吸引着孩童们观赏并比试数起了色彩的几种。在你争我抢谁数得最准之后，终究归结到惯用的口头语——赤橙黄绿青蓝紫。除了黑、白之外，世界还有如此色彩，色彩还真如此奥妙，七色彩虹的梦想也就此沉淀于心底，直到长大读书才懂得太阳光通过棱镜的折射所呈现出来的光谱色系。赤、橙、黄、绿、青、蓝、紫是七色呀！那么中华传统“五行五色”的五色又是怎么回事呢？西方的七色和中国的五色之间又有怎样的关联呢？年少的好奇试问就这样裹挟着追逐彩虹的执着和挖掘“五色”的探索开启我人生的色彩之旅。

湛蓝的天空是哈尔滨气候的色调基因，蓝色和白色经常被从颜色库中提取出来装扮这座城市。暂时的阴云密布之后，无论雨下得有多大，从不缠绵的完美倾泻一定会奉献出碧空万里的色彩写真，或上下天光，一碧万顷；或天高云淡，望断南飞雁。哈尔滨晴朗蓝天上最为壮观的奇景就是候鸟迁徙的人字阵形，两条黑线划破晴空，保持着变换但又统一的队容，领头的迎风展翅，为队友创造出最省力的风角，而偶尔滞后的若干没有跟上大部队的“散兵”，也在匆匆忙忙地焦急追赶，在漫长旅途中掉队或许就意味着生与死。候鸟威武的飞行队形成为孩童们仰望蓝天“叽叽喳喳”的笑景。如果谁喊出“打头的换一个”，翱翔的头雁能够精准地呼应，那胜利者就诞生了，就是伙伴中这位“把握机会，组织有方”的地面“飞行指挥员”，天、地和生灵的和美锦绣也就这样自然地彩绘成画，缔造着人间美景。

在阳光普照下，哈尔滨这座城市最先被视觉捕捉到的色彩是招引的黄色，因为城市中有太多的建筑被定格为黄色，特别是早期中东铁路时代存留的建筑遗迹，它们有的是多层，有的是两层，更多的是成片的单层房屋。外墙几乎是清一色的黄色，这些黄色或淡或浓，或重或轻，或深或浅，但只要是扎堆在一起就黄得相当一致和有序。它们多数坐落于主城区的几个特定街段，也有个别零星点缀于不同的地点，为守住城市的记忆尽心尽责地伫立着，并审视着城市的沧桑巨变。尽管它们历经岁月的风雨洗刷，也跨越了不同年代的翻修更新，但那些黄色的外墙始终陪伴着哈尔滨的蓝天白云，无论是雪白的冬季还是浓绿的夏日，这些黄色率领着润含其间的建筑故事和风土人情，当街区乃发生着，出周遭而耀眼着，冬有寒的温馨，夏有酷的爽意，年复一年地上演着哈尔滨篇章的城市剧目。

哈尔滨采用的建筑黄，同传统五行五色的正色黄并没有直接的关联，也不存在对春秋战国时期著作《考工记》中“地谓之黄”的过度解读，更不需要强调“土以黄，其象方天时变”的套用意义。哈尔滨的建筑黄，完全是气象、地理和人文因素下，建筑艺术的最佳色彩运用，黄得天人合一，黄得雍容端庄。在四季分明的哈尔滨，您一定能找到建筑黄在不同季节的存在价值，那可谓春风飞沙黄醒目，夏日夕阳黄映霞，秋分硕果黄满玉，冬日雪皑黄胜金。哈尔滨人喜欢这样的黄色，因为仰慕它打扮出的城市神采，这样的建筑黄也只有哈尔滨独尊，我们就称之为哈尔滨黄吧！

哈尔滨还有着自己与众不同的绿，那就是建筑屋面和窗棂线脚的深绿，而且这种绿色在其他城市还真不多见。或许您无论如何都想象不出绿色屋面的实际效果，或许您心存疑虑：那能好

哈尔滨市木兰县马旭文博艺术中心鸟瞰图（宜吾设计，2019 年）

哈尔滨市木兰县振兴大街环境艺术设计鸟瞰图（宜吾设计，2019 年）

看吗？只要到哈尔滨走上一趟，疑问者的“绿”观一定会被颠覆，会猛然发觉这顶“绿帽子”戴得还真是天衣无缝。黄色外墙的建筑配上深绿色白铁皮材质的屋面和实木门窗，加之细节的设计和木构的绿装，尤其精致典雅，绝对赏心悦目，丰富的色彩组合使其耐看、经看和好看。哈尔滨这独有的建筑艺术针脚细腻地编织着这座城市的色彩，100 多年来根深蒂固地守护着松花江畔的沃野良田，唱着东方小巴黎的美誉，吟着东方莫斯科的荣耀，从黑白寒地间一路走来。近代建筑史将那个时代起源于欧洲的同类型建筑冠名为新艺术运动风格建筑，但当我行走过英伦和游历过欧洲，回看哈尔滨的众多建筑时，萌生出应该用哈尔滨主义建筑风格来定义和书写这世界唯独的“黄房子”，因为那时欧洲有的哈尔滨都有，而欧洲没有的则是哈尔滨独领风骚的珍有。

紫色是少用的颜色，或是因为它太高贵以至于很难搭配，或是由于它太孤傲而显得尤其高贵。因为紫色在可见光中波长最短，故排在色谱的最后；在传统意义上，紫色非正色，而是红和蓝的调配色。但是我们不能因为它是尾色和非正色就对它视而不见和小瞧一等，哈尔滨的紫色可是最尊贵的色彩，可以没有大红大绿，但必须要有大贵大紫；可以没有翠竹黄花，但必须要有紫气东来。作为哈尔滨的市花，紫色的丁香花是哈尔滨城市的象征，也是哈尔滨精神的所在。哈尔滨丁香花的香腻和绵柔已经将紫色宠爱到华美的高点，伴百个巷，香千条街，沁万人脾，润亿户田，“等闲识得故乡面，万紫丁香总是城”。

哈尔滨就是一块巨大的调色板，调出的是真颜色，绘制的是全色彩。这些黑、白、蓝、黄、绿和紫仅仅是一方水土的基本色，有了它们，才有了大自然为这座城市调配出的丰富色彩；基于它们，才有了大世界为这座城市注入的绚丽缤纷。百余年来，一批一批的开拓勇士，从四面八方会聚到哈尔滨；一批一批的抗联将士，从阡陌交通踏上了斗争路；一批一批黎民百姓在党旗的指引下，从色彩斑斓的东北大地奋起，怀着共和国长子的宏志，在冰天中挥舞出多元的文化，在爽夏里构筑起多彩的生活，将世界拥有的全部色彩一股脑儿地挤塑到这黑白沃土之上，勾勒出轮廓，描绘出容颜，用七彩的色和五颜的笔绘就出今天的胜景，绘制着万紫千红总是春的明日北国。

水到渠成，色至彩呈，哈尔滨的色彩正烘托起彩虹般的建党百年！

党建伟业，彩极红出，黑土地正升腾起吉兆未来百年的祥云丽霓！

水绘黑龙江

媒体 Medium：

“黑龙江侨联”微信公众号/“中国侨联”微信公众号

时间 Time：

2021 年 4 月 1 日/2021 年 4 月 12 日

主办方 Organizer：

黑龙江省归国华侨联合会/中华全国归国华侨联合会

背景 Background：

为庆祝中国共产党成立 100 周年，黑龙江省归国华侨联合会开展了“龙江侨界喜迎建党 100 周年主题征文活动”。《水绘黑龙江》经哈尔滨市归国华侨联合会推荐，参加了该征文活动并荣获优秀征文，“黑龙江侨联”和“中国侨联”微信公众号分别予以发表。

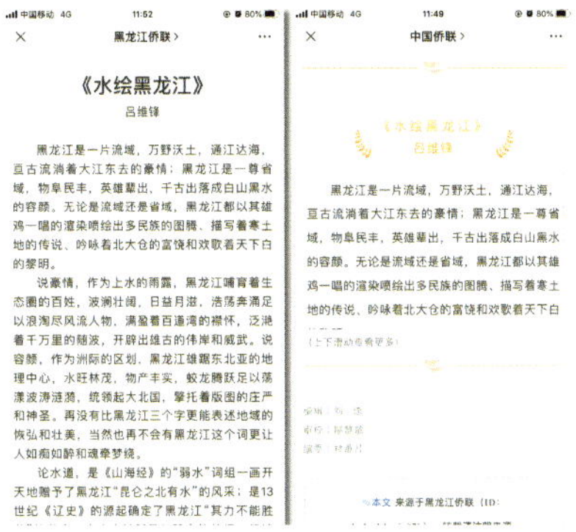

黑龙江是一片流域，万野沃土，通江达海，亘古流淌着大江东去的豪情；黑龙江是一片省域，物阜民丰，英雄辈出，千古出落成白山黑水的容颜。无论是流域还是省域，黑龙江都以其雄鸡一唱的渲染喷绘出多民族的图腾，描写着寒土地的传说，吟咏着北大仓的富饶和欢歌着天下白的黎明。

说豪情，作为上水的雨露，黑龙江哺育着生态圈的百姓，波澜壮阔，日益月滋，浩荡奔涌足以浪淘尽风流人物，满盈着百道湾的襟怀，泛滟着千万里的随波，开辟出雄古的伟岸和威武。说容颜，黑龙江水旺林茂，物产丰实，蛟龙腾跃足以荡漾波涛涟漪，擎托着版图的庄严和神圣。“黑龙江”这个词让人如痴如醉和魂牵梦绕。

论水道，无论是“完水”和“望建河”之美誉，还是“石罕河”“撒合儿兀鲁”和“萨哈连乌拉”的译音，黑龙江都自始至终传承着古训，忠贞地恪守着上苍“弱水三千，只取一瓢”的馈赠。

述人文，山戎、北发、肃慎、隶慎、挹娄、鲜卑、夫余、勿吉、柔然、室韦、靺鞨等熟悉而又陌生的名称，铭刻着黑龙江的历史，任凭风雨涤荡，历经岁月沧桑。在近一百年的峥嵘岁月里，中国共产党的红色基因，始终有如太阳炳照着，在党旗的召唤下，人民星拱北辰，永远在履行着“旭日朝霞唤百川”的职责。

黑龙江这条由南源和北源共同构成的水域定格了水土龙兴的线条、绘制成肥沃龙卧的构图和涂抹出山川龙意的色彩。北源伊始，由肯特山孕育的石勒喀河涓涓汇聚，承载着黑龙江出生的福祉；南源始发，饱含着精诚所至的忠贞不渝，河名“额尔古纳”就是这份诚挚奉献的全息注解。

洛古河村，尽管叫的是村，但承载的是都是邑，是圣洁的点和极，并进而引领着皓日当空的线和面，走出巍峨兴安岭，灌溉万顷丰田，欢天喜地地奔向光芒万丈的蔚蓝大海。至于洛古河村之名是否引经据典为古都洛阳之雒水或洛水，我们完全可以放飞思想去寻觅和探究。更或将洛古河村解读为出自上古河图与洛书的范式也不足以令人大惊小怪，谁让黑水的发源本身就充满神采和灵异呢？

黑龙江就是这样的大格局，黑龙江镇北，嫩江护西，乌苏里江吆喝着“啊郎赫赫尼哪”守东，三流域合的线描以壮怀的三江圣水共同速写着黑龙江大美的龙颜，惹得闲庭信步的长白山之水不得不在肇源的一角掉头向东而奔赴责任的担当，这也就成全了松花江初始的真颜。至于肇源之地是否就是松花江的肇始之源，已然无关紧要，因为龙发之地的热情好客应该海纳远道而来的挚朋，相信激流勇进的松花江自有其不忘初心的砥砺前行和牢记使命的奋勇争先。

松花江来了，统率着东晋南北朝难以逾越的“难水”，率领着贞观盛世轻而易举的“那河”，导引着辽金浑然天成的“混同江”，裹挟着宣德年间“始”出有名的松花江，曾经还吟唱着“我的家在东北，松花江上啊”。松花江来了，以南源和北源的双水双脉唤起了东北抗日联军的出征，点燃起民族复兴的熊熊烈焰，点燃起抗战卫国的星星之火。松花江来了，敲打出寒土地农耕的喜庆锣鼓，吟唱起大平原收获的丰收赞歌。南源长白山来者“碧天似水元非水”，北源兴安岭嫩江“碧水如天不是天”，它们共同吟唱着黑水的南调和北曲，拥趸着冲出东北亚，决眦入大海，遥望通天地。

一旦汇入了松花江，不管是拉林河还是呼兰河，也不管是蚂蜒河还是牡丹江，更不管是倭肯河还是汤旺河，无论来自哪边的好川好水，一律成为松花江的簇拥和助推，歌唱起东进序曲，舞蹈着紫气东来，张开双臂拥抱着温暖的霞光万道。松花江一直奔流到热吻了黑龙江的雄壮，似情侣般依偎，同江同水，同宗同脉，并最终颂扬着“一江春水向东流”投入“绿波春水向东流”的盛举。

松花江在东北亚的“情寄水东流”，赏赉了哈尔滨时代的横空出世和出世超凡。一江居中，两岸协同，城市就这样托付给这“滚滚尽流东”。因为有了哈尔滨这座城市，松花江水的内涵才如此博广，也由于哈尔滨这座省城，黑龙江的水绘才更加时和年丰。这也难怪松花江静谧潜流得恋恋不舍，直到在同江汇入黑龙江还不停地委婉曲折和回眸远眺，惦念着曾经养育的城市，感怀着曾经静悄的私语，带着无数个舍不下和舍不得的缺憾，以“闯关东”的豪迈奔向辽阔的战略蓝海。

上善若水，水善万物。上善水绘出若水的黑龙江！水善养育着万物的大东北！

党建百年，伟业人民。党建镌刻于百年的黑土地！伟业成就了人民的北大仓！

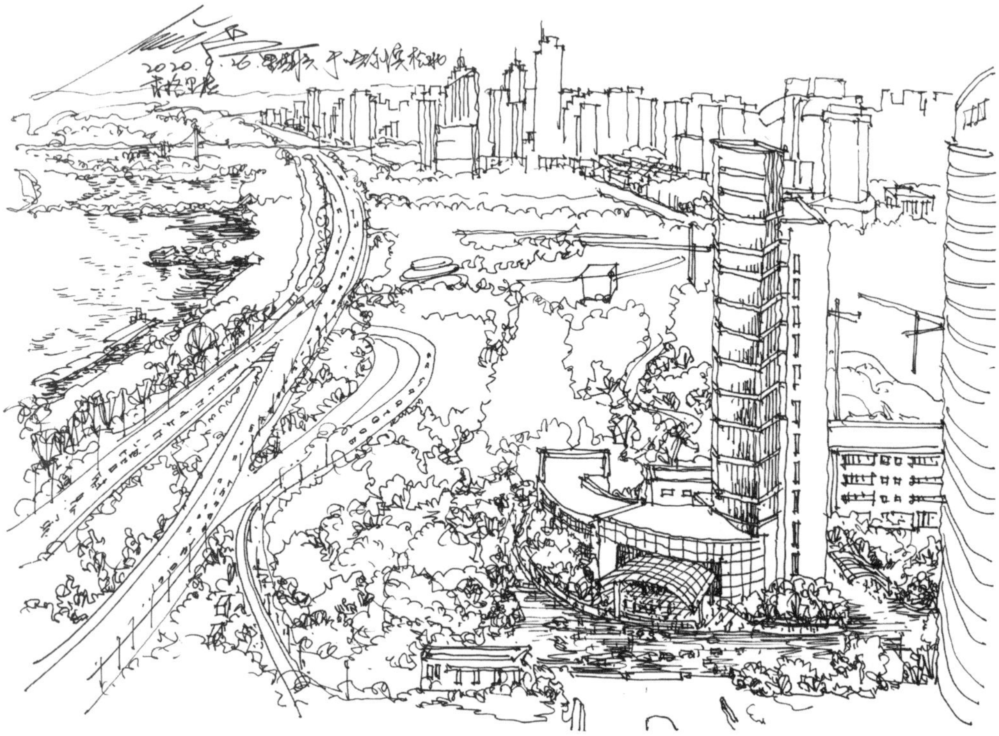

哈尔滨市松北区松花江北岸（作者绘于2020年9月26日）

“同济大学广播台现在开始播音”

媒体 Medium：

中国教育发布 App/“宜吾设计”微信公众号

时间 Time：

2020 年 11 月 27 日/2020 年 11 月 26 日

主办方 Organizer：

中华人民共和国教育部/上海宜吾规划建筑设计事务所

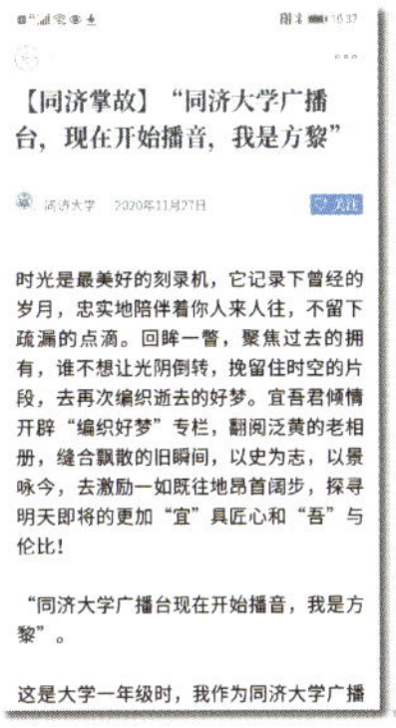

【同济掌故】“同济大学广播台，现在开始播音，我是方黎”

同济大学 2020年11月27日

时光是最美好的刻录机，它记录下曾经的岁月，忠实地陪伴着你人来人往，不留下疏漏的点滴。回眸一瞥，聚焦过去的拥有，谁不想让光阴倒转，挽留住时空的片段，去再次编织逝去的好梦。宜吾君倾情开辟“编织好梦”专栏，翻阅泛黄的老相册，缝合飘散的旧瞬间，以史为志，以景咏今，去激励一如既往地昂首阔步，探寻明天即将的更加“宜”具匠心和“吾”与伦比！

“同济大学广播台现在开始播音，我是方黎”。

这是大学一年级时，我作为同济大学广播

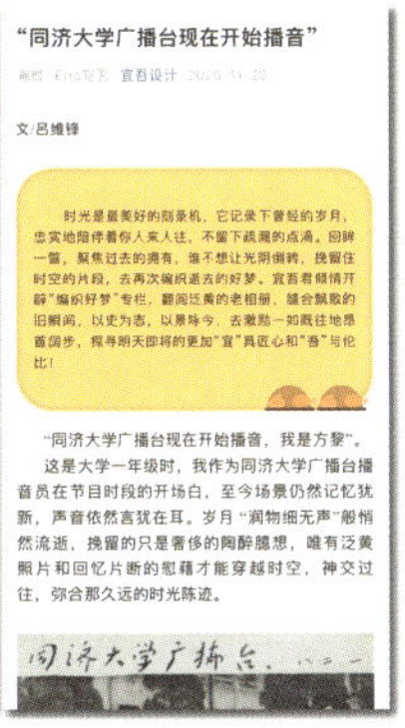

“同济大学广播台现在开始播音”

宜吾设计

文/吕维锋

时光是最美好的刻录机，它记录下曾经的岁月，忠实地陪伴着你人来人往，不留下疏漏的点滴。回眸一瞥，聚焦过去的拥有，谁不想让光阴倒转，挽留住时空的片段，去再次编织逝去的好梦。宜吾君倾情开辟“编织好梦”专栏，翻阅泛黄的老相册，缝合飘散的旧瞬间，以史为志，以景咏今，去激励一如既往地昂首阔步，探寻明天即将的更加“宜”具匠心和“吾”与伦比！

“同济大学广播台现在开始播音，我是方黎”。

这是大学一年级时，我作为同济大学广播台播音员在节目时段的开场白，至今场景仍然记忆犹新，声音依然言犹在耳。岁月“润物细无声”般悄然流逝，挽留的只是奢侈的陶醉臆想，唯有泛黄照片和回忆片断的慰藉才能穿越时空，神交过往，弥合那久远的时光陈迹。

“宜吾设计”微信公众号编者按

时光是最美好的刻录机，它记录下曾经的岁月，忠实地陪伴着你人来人往，不留下疏漏的点滴。回眸一瞥，聚焦过去的拥有，谁不想让光阴倒流，挽留住时空的片段，去再次编织逝去的好梦？宜吾君倾情开辟《编织好梦》专栏，翻阅泛黄的老相册，缝合飘散的旧瞬间，以史为志，以景咏今，一如既往地昂首阔步，探寻明天的“宜”具匠心和“吾”与伦比！

同济大学广播台全体成员合影（1982 年 1 月）

“同济大学广播台现在开始播音，我是方黎。”

这是大学一年级时，我作为同济大学广播台播音员在节目时段的开场白，至今仍然记忆犹新，声音依然言犹在耳。岁月“润物细无声”般悄然流逝，留下的只是奢侈的陶醉臆想，唯有泛黄照片和回忆片段的慰藉才能穿越时空，神交过往，拼合那久远的时光陈迹。

每年的新生入学季，同济大学广播台都会张贴广告从新生中招募播音员，为广播台补充新鲜血液。或许因为哈尔滨人的普通话非常标准，也或许因为中学就培养起来的朗读爱好，更或许因为健硕体魄所独具的胸腔共鸣的声音条件，面试试音后我就立刻被学校广播台录取了。广播台是我进入大学后加入的第一个课外组织，这为我后来加入同济话剧社、参加《上海 24 小时》的话剧演出打下了应具备的基础，也唤醒了我潜质中还算具有的表演才艺。

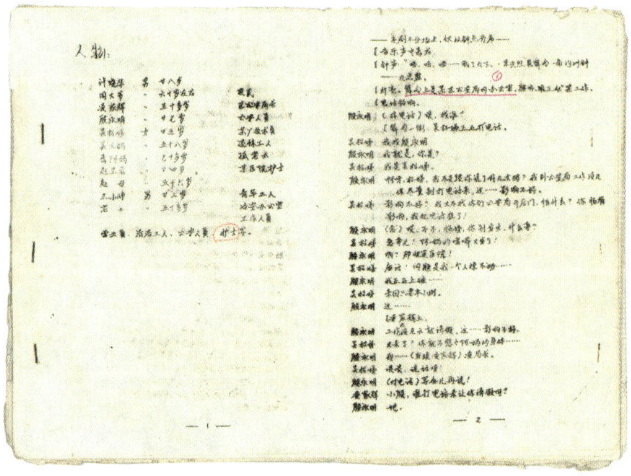

话剧《上海 24 小时》剧本首页（1982 年）

《上海 24 小时》话剧演出和排练剧照

通常而言，建筑师的兴趣都很广泛，是走进了建筑学而兴趣广泛，还是因为兴趣广泛而“偶遇”了建筑学，还真有点说不清和道不明。如果设计圈中的哪位自嘲地说：“我的兴趣就很少嘛！”那我一定认真地对他说：“改行吧，您干不了创造这活。”为什么这么说呢？因为兴趣是创作的内生萌动所在，是设计激情勃发的原始驱动力，是创意厚积薄发的知识架构系统。

发自内心的那种跃跃欲试以兴趣和爱好为触发点，工欲善其事，必先立其“趣”，因此可以说只有“欲穷其林”，才能挖掘出自身潜在的火花点，进而“顺藤摸瓜”有意识地萃取和锤炼，这样才能通达人生境界的“桃花源”。

朗读是我的一项业余爱好，也不知从哪一天开始，猛然意识到课堂上只要举手回应语文老师读课文的要求，多半情况下我都会被首先点名站起来朗读。就是在语文老师这样不断“钦点”的鼓励下，朗读将我带到喜欢文学“情调”和爱好“舞文弄墨”的成长轨迹上。发声地朗读可以调动口、眼、耳甚至脑的能动性，既能锻炼注意力，也能潜移默化地辅助记忆，因为声音是记忆的知音伴侣，这点在中外文的学习中同样重要。越喜欢朗读，就会越喜欢之乎者也的小情趣；越喜欢咬文嚼字地提笔书写，课堂上被老师叫起来朗读自己作文的机会就越多。“熟读唐诗三百首，不会作诗也会吟”，读得越多和咏得越勤，写作自然就越得心应手，随之而起的“琴棋书画诗酒茶”理所当然也就雅兴纷至了。

当电视机还没有出现时，收音机算是百姓家中最高级的科技产品了，它更是小朋友们的亲密伙伴。我小时候喜欢听的广播节目是 16 点半档的少儿节目和 20 点半档的小说连续广播，这放学后和睡觉前的两档广播节目伴随着我度过了美好的少儿时光。喜欢广播当然就有崇拜的播音员，那时我心中的偶像当属中央人民广播电台的播音员夏青和葛兰，夏青是哈尔滨人，这大神加乡党的双重叠加，让我对广播和朗读更加情有独钟。

“方黎”是我在同济大学广播台的台名，双音节一二声，尾音张口，宜听宜辨，发音清晰明了。方黎的意思是正当黎明，那是比早晨还要更早的时间，比喻自己还是个毛毛愣愣的小伙子，在播音这一行还是初来乍到，必须勤奋学习和“笨鸟先飞”，以最佳的自我迎接每天的旭日东升和霞光初照。

同济大学广播台的全家福黑白照片拍摄于 1982 年 1 月寒假前广播台最后一次播音结束后，那时我入学也才仅仅 4 个月。40 年前曾经的小伙伴们你们现在都好吧？我们相约何时再聚同济，演播一番曾经的播音时光？

“同济大学广播台现在开始播音，我是方黎。”

游子情·爱国心

媒体 Medium：

“上海市欧美同学会”微信公众号

时间 Time：

2019 年 12 月 6 日

主办方 Organizer：

上海市欧美同学会

“上海市欧美同学会”微信公众号编者按

今年是中华人民共和国成立 70 周年。70 年来，在中国共产党领导下，新中国从一穷二白不断走向繁荣富强，中华民族实现了从站起来、富起来到强起来的历史性飞跃。海内外几代留学人员参与新中国的建立、建设、改革发展，作出了不懈努力和杰出贡献。我们将陆续选登留学人员代表人士的生动故事、上海市欧美同学会（Shanghai Overseas Returned Scholars Association，SORSA）“祖国，听我说”征文稿件，与大家分享上海市欧美同学会中学长对祖国的赤子之心、报国之情。

祖国是什么？这或许是世界上最难回答的问题，因为每个人对祖国都想说很多很多，千言万语和万语千言。但其实这也是最好回答的问题，因为祖国就是每个人心田上的那份神圣，被永远拥爱和珍视，被永生守望和呵护，千恩万情和万情千恩。

我真切地体会到“祖国”两个字的特殊，还是在 24 年前踏上飞往英伦的班机出国留学的那一刻。那是我人生的第一次长途跋涉，目的地似乎远得已经到了地角天边，我将面临全新的语言、全新的环境、全新的文化和全新的知识所带来的挑战，无数的未知在等待着我去探求和追索。飞机飞行的时间很长很长，也就意味着离家的距离很远很远，鼻腔的哽咽和盈眶的泪水已经难以抑制，即将降落的地方是外国，在那里我需要千里之行始于足下；而刚刚离开的土地则是我的家，它给了我生命的全部语义，煦伏之恩，劬劳情深。离开的是家，但离不开的是让人魂牵梦绕的寄托，让人舍不去和放不下的思念，那就是祖国。

在十八岁的花样年华我离开了出生长大的城市，来到当时觉得很遥远的上海求学，体会到地域上的离乡背井；三十二岁跨洋过海到达完全陌生的国度，感受到世界的咫尺天涯，这种融汇南北和跨越东西的历程，望尽天涯，为伊憔悴，催人成熟，让人长大。没有长期生活在他乡的对比感受，还真很难确切地说出家的那份温情。旅居海外多年，我开阔了视野，积累了勋华，更能倍感亲切地领略到家园的厚重和博大，体悟到乡土的磅礴和雄浑。对祖国的那缕牵挂，总是丝丝扣扣和缠缠绵绵地萦绕着游子的心扉，激发出动力，化作力量，在前行的征途上浸染着我的思想，充盈着体脉，贯通着梢节，虚领着神仪，在喜悦时包孕着释怀的分享，在困难时绽放出滋润的激励。

每逢高兴的事我都想立刻告诉亲人们，

作者在项目管理授课中分析中华人民共和国驻南斯拉夫联盟共和国大使馆被炸事件

以抒发内心的兴高采烈；而每当碰到困难和挫折，我都会想家，恨不得立刻回到温馨的小家，纾解面对的焦虑和释怀心中的压抑。对祖国我同样是如此一往情深，喜忧一样牵记，乐哀同样牵挂。1999 年 5 月 8 日清晨（北京时间），中华人民共和国驻南斯拉夫联盟共和国大使馆被炸，当时我正坐在曼彻斯特大学的教室里，学习着高级项目管理课程。当来自西方的同学追问我觉得他们这个轰炸项目管理得如何时，那种油然而生的慨叹，那种情不自禁的感伤，那种尊严蒙尘的锥心，那种震撼心灵的战栗，顷刻间化作爆发的火山熔岩，喷涌而出，所向披靡。

“我知道你们在欧洲时间的晚上发动的目的，不就是时间管理和风险控制吗？”我不由自主地开始了与同学的“理论辩论”和“专业博弈”。“我从《泰晤士报》头版头条上看到，轰炸的飞机是从美国本土起飞，而不是从科索沃战争的指挥大本营德国起飞，不就是组织管理、信息管理和风险管理吗？你们用了多枚导弹，不就是项目范围、质量管理和成本管理吗？你们威胁炸俄罗斯供油船不就是动机管理和标杆管理吗？你们一派错用旧地图误炸的谎言，不就是沟通管理和知识管理吗？”我的一连串“技术性”谴责，将那位同学质问得哑口无言和目瞪口呆。最后我郑重且庄严地质问他：“你知道那是我们三位中国同胞的血肉生命吗？！”

在西方的课堂上，用西方的语言和知识思辨同祖国命运相关的事件，我认为自己赢得了那场学术辩论，也赢得了同学们的理解和尊重，祖国雄壮的躯体撑起我们的内心世界，让我们有理有据且有礼有节地不战而屈人之兵。回国后，我将该轰炸事件作为项目管理的案例分析，以祖国为背景，以事实为依据，以知识为体系，以分析为导引，以警示为言志，将其贯穿到我项目管理课程的授课中。在高校授课、政府学习和企业培训中，在传播项目管理知识的同时，也讲述着我内心里的“祖国，听我讲”。

行者都是故乡放飞的风筝，不管走得多远，永远拥有一根同故乡牵引在一起的奇妙丝线，也正因为有着这份挂心和铭记，人这只风筝才能飞得高飞得稳；游子都是祖国盛开的鲜花，

1996 年 4 月 30 日，作者在曼彻斯特举办个人建筑设计作品展

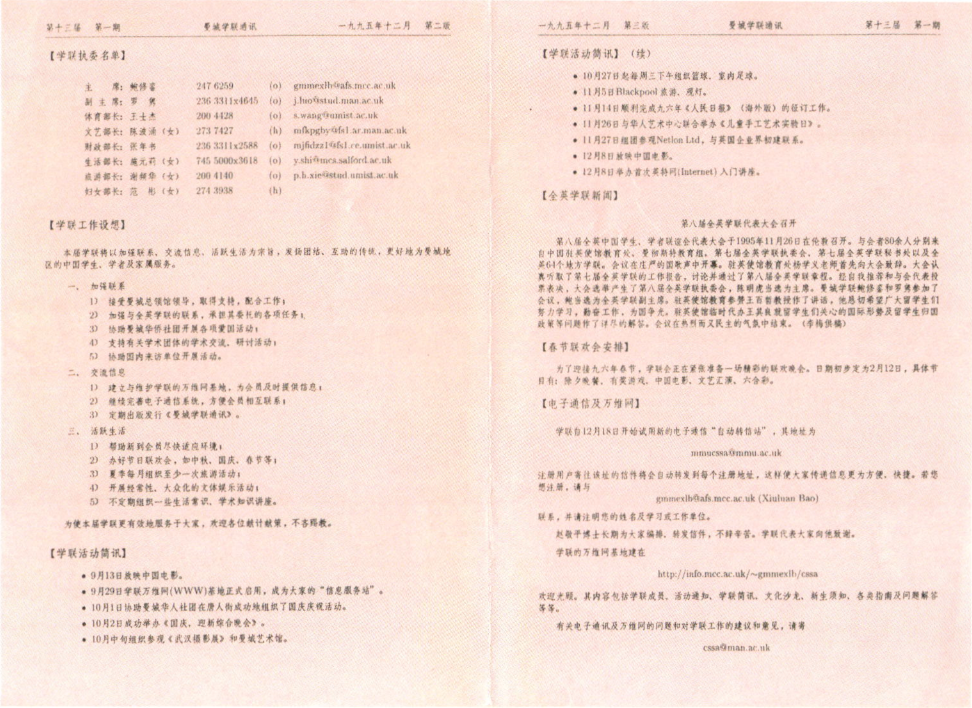

第十三届 第一期　　曼城学联通讯　　一九九五年十二月 第二版

【学联执委名单】

主　席：鲍修銮	247 6259	(o)	gmmexlb@afs.mcc.ac.uk
副主席：罗　隽	236 3311x4645	(o)	j.luo@stud.man.ac.uk
体育部长：王士杰	200 4428	(o)	s.wang@umist.ac.uk
文艺部长：陈波涌（女）	273 7427	(h)	mfkpgby@fs1.ar.man.ac.uk
财政部长：张年书	236 3311x2588	(o)	mjfidzz1@fs1.ce.umist.ac.uk
生活部长：施元莉（女）	745 5000x3618	(o)	y.shi@mcs.salford.ac.uk
旅游部长：谢频华（女）	200 4140	(o)	p.b.xie@stud.umist.ac.uk
妇女部长：范　彬（女）	274 3938	(h)	

【学联工作设想】

本届学联将以加强联系、交流信息、活跃生活为宗旨，发扬团结、互助的传统，更好地为曼城地区的中国学生、学者及家属服务。

一、加强联系

1) 接受曼城总领馆领导，取得支持，配合工作；
2) 加强与全英学联的联系，承担其委托的各项任务；
3) 协助曼城华侨社团开展各项爱国活动；
4) 支持有关学术团体的学术交流、研讨活动；
5) 协助国内来访单位开展活动。

二、交流信息

1) 建立与维护学联的万维网基地，为会员及时提供信息；
2) 继续完善电子通信系统，方便会员相互联系；
3) 定期出版发行《曼城学联通讯》。

三、活跃生活

1) 帮助新到会员尽快适应环境；
2) 办好节日联欢会，如中秋、国庆、春节等；
3) 夏季每月组织至少一次旅游活动；
4) 开展经常性、大众化的文体娱乐活动；
5) 不定期组织一些生活常识、学术知识讲座。

为使本届学联更有效地服务于大家，欢迎各位献计献策，不吝赐教。

【学联活动简讯】

- 9月13日放映中国电影。
- 9月29日学联万维网(WWW)基地正式启用，成为大家的“信息服务站”。
- 10月1日协助曼城华人社团在唐人街成功地组织了国庆庆祝活动。
- 10月2日成功举办《国庆、迎新综合晚会》。
- 10月中旬组织参观《武汉摄影展》和曼城艺术馆。

一九九五年十二月 第三版　　曼城学联通讯　　第十三届 第一期

【学联活动简讯】（续）

- 10月27日起每周三下午组织篮球、室内足球。
- 11月5日Blackpool旅游、观灯。
- 11月14日顺利完成九六年《人民日报》（海外版）的征订工作。
- 11月26日与华人艺术中心联合举办《儿童手工艺术实验日》。
- 11月27日组团参观Netlon Ltd，与英国企业界初建联系。
- 12月8日放映中国电影。
- 12月8日举办首次英特网(Internet)入门讲座。

【全英学联新闻】

第八届全英学联代表大会召开

第八届全英中国学生、学者联谊会代表大会于1995年11月26日在伦敦召开。与会者80余人分别来自中国驻英使馆教育处、曼彻斯特教育组、第七届全英学联执委会、第七届全英学联秘书处以及全英64个地方学联。会议在庄严的国歌声中开幕。驻英使馆教育处杨学义老师首先向大会致辞。大会认真听取了第七届全英学联的工作报告，讨论并通过了第八届全英学联章程。经自我推荐和与会代表投票表决，大会选举产生了第八届全英学联执委会，陈明虎当选为主席。曼城学联鲍修銮和罗隽参加了会议，鲍当选为全英学联副主席。驻英使馆教育参赞王百哲教授作了讲话，他恳切希望广大留学生们努力学习，勤奋工作，为国争光。驻英使馆临时代办王其良就留学生们关心的国际形势及留学生归国政策等问题作了详尽的解答。会议在热烈而又民主的气氛中结束。（李梅供稿）

【春节联欢会安排】

为了迎接九六年春节，学联会正在紧张准备一场精彩的联欢晚会。日期初步定为2月12日，具体节目有：除夕晚餐、有奖游戏、中国电影、文艺汇演、六合彩。

【电子通信及万维网】

学联自12月18日开始试用新的电子通信“自动转信站”，其地址为

mmucssa@mmu.ac.uk

注册用户寄往该址的信件将会自动转发到每个注册地址，这样使大家传递信息更为方便、快捷。若您想注册，请与

gmmexlb@afs.mcc.ac.uk (Xiuluan Bao)

联系，并请注明您的姓名及学习或工作单位。

赵敬平博士长期为大家编排、转发信件，不辞辛苦。学联代表大家向他致谢。

学联的万维网基地建在

http://info.mcc.ac.uk/~gmmexlb/cssa

欢迎光顾。其内容包括学联成员、活动通知、学联简讯、文化沙龙、新生须知、各类指南及问题解答等等。

有关电子通讯及万维网的问题和对学联工作的建议和意见，请寄

cssa@man.ac.uk

《曼城学联通讯》第二版和第三版

无论走得多远，总是留存一股浓郁的温香同祖国含合在一块，也正因为有着这丝柔情和爱意，人这朵鲜花才能开得艳和开得久。祖国，听我说，您始终就在那里，不管走多远，无论行多久，您都在游子们情怀的最深处！

当曼彻斯特中国学生学者联合会出版第一期自己的刊物《曼城学联通讯》时，为了保证其在1995年12月圣诞节前隆重发行，我包揽了征稿、组稿、编稿等全部文字工作并紧锣密鼓地安排赶制和印刷，祖国，我来了！我们出力！当曼彻斯特大学中国中心（China Centre of Manchester University，CCMU）需要介绍中国工程建设领域的成果时，我携带着在中国多年的建筑设计成果来到英伦，祖国，我来了！我们参与！展出的作品传递出当时中国建筑艺术的最新信息，表达着中国建筑工程的营造体系，展露了中国建筑师的社会担当和时代责任。当中国驻曼彻斯特总领事馆举办春节和国庆招待会时，祖国，我来了！我们帮忙！保卫、引导、停车和服务等后勤工作我们都安排得井然有序和有条不紊。

再没有比祖国的召唤更让人心潮澎湃的物，再没有比祖国的指引更让人奋勇争先的事，在广大海外学生、学者的眼里，祖国不只是一个名词，而是已经升腾为充满感召的动词，只要祖国需要，我们就行动，我们就冲锋，我们就勇往直前。旅居他乡是人生一段十分难忘的经历，在时间的年轮上，它所留存的记忆那么刻骨铭心，它所珍藏的感慨如此镌刻隽永，它永远以超然的驱动力闪耀着光芒和引航着前行。

人是本体和思想者，家是归宿和避风港，祖国则是意志的旅途和奋斗路。人需要家，它是沃土和雨露，无私地奉献着温情和营养；家要有人，他是孩子和游子，坚实地支撑起故乡的伟志；祖国则是人和家依偎的纽带和空间，无私无畏地哺育着我们成长，竭尽全力地给予我们精神和能量。有了祖国的卓伟和雄毅，才会有我们人生的披荆斩棘；有了祖国的爱顾和厚德，才会有我们在征途上的所向无敌。

祖国，听我说吧！

哈尔滨的构图

出版物 Publication：
《北方文学》
期号 Issue No.：
2019 年第 4 期
页面 Pages：
78—80
主办方 Organizer：
中共黑龙江省委奋斗杂志社

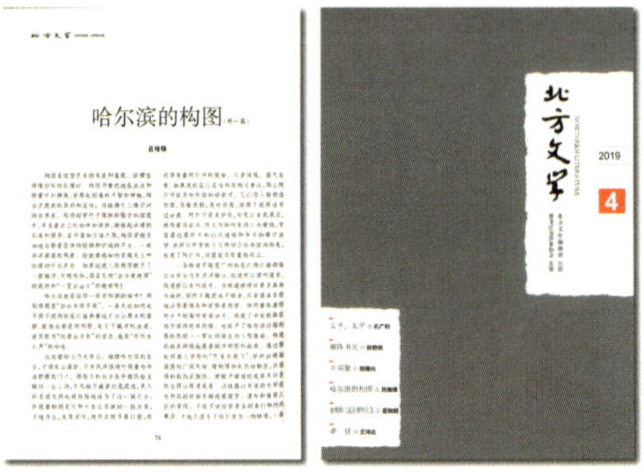

构图是造型艺术的本底和基础。纵横在二维空间的区囿时，构图乃傲然地在浓淡和轻重之间捭阖，祟聚起创意的天智和神驰，缔合出奥美的真彩和缤纷；驰骋于三维空间的百界里，构图则穿行于体块和圆方的交织中，寻觅着自己的始终和源脉，凝精起浩博的弘美和颜华。在平面和立体之间，构图穿梭自如地勾勒着区块的联结和空域的孚合，一派洋洋洒洒的风度，绘就了感知的至高无上和法道的于无声处。如果将这迷人的构图赋予一座城市，可想而知，想而知之，那是怎样“会当凌绝顶”的高然和“一览众山小”的绝响！

哈尔滨就是这样一座有构图的城市！图构得简直出“山水”而不染。一条无论如何也不得不说的松花江滋养着这片白山黑水的容颜，脱胎出都邑的构图，定义下城市的法道，使其既有“远看山有色”的宏志，也有“近听水无声”的吟咏。

这远看的山乃大青山，雄踞哈尔滨的东方，可谓东山高卧。它东风浩荡地守候着哈尔滨朝霞的门户，将每天的东升旭日倾泻给主城的一江三沟，不藏匿丝毫痕迹，自然也就坦荡地成为一城的“东主”。伴随着大青山图画的一脉水系，天地而生，龙贯而往，向西北探寻着归宿，进而孕育着阿什河的使命，川青涌现，紫气东来。如果说松花江是哈尔滨的“父亲江”，那么阿什河就是哈尔滨的“母亲河”，它们恋人般相恋相依，难分难舍，缠绵个没完。阿什河青龙护东，松花江玄武承北，统率着马家沟、信义沟和何家沟三水萦绕，守望着昨天的仙风道骨和今天的横空出世，共同以独特的人文体现出哈尔滨独有的脉息，起笔阿什河，落笔松花江。

一条铁道穿越宽广的松花江，将临江水岸分为东西两部分，铁道桥以西叫道里，铁道桥以东叫道外。当铁道继续延展至高岗台地时，既不越岗也不破台，而是道法自然地沿顺着岗底、就势着岗壁，保持着铁道桥的水平标高而东南分叉，成就了中东铁路在哈尔滨的起承转接，也给予了哈尔滨这幅构图的图眼——霁虹桥诞生的工程缘由。铁道的线条持续施展着城市构图的壮举，通过霁虹桥后人字形般“孔雀东南飞”，烘托出城南高隆的广阔天地，建构得如此因地制宜，出落得如斯因其固然。这铁路大写在哈尔滨的胚胎里，缔造着道里、道外和南岗三区的草图，不能不说这就是水到鱼行和抃风舞润。天地之道生了哈尔滨为一的铁道，一条跨江铁道又促成道里和道外为二的关联共生，当铁道持续铺筑并分飞东南，为三的南岗则被携手高举，哈尔滨的构图也就绝无仅有地在 100 多年前这样形成了。

在道里和道外这有“道”的两个城区里，各有一条主要街道分别叫中央大街（旧称“中国大街”）和靖宇街（旧称“正阳大街”）。1.6千米长的中央大街以防洪纪念塔为节点垂直于松花江，拥抱着松花江；而2.2千米长的靖宇街则以二十道街绿化公园为节点平行于松花江，依偎着松花江。两条大街分别辉映着松花江的格局，主宰着道里和道外功能区的构筑，定路网，施功能，展道街，亮独有，装点着哈尔滨别样的婆娑风姿。倘若我们把街道两个字阴阳转换成道街，构图的魅力则会悄然施法于横跨中央大街和靖宇街的一条条道路，遵循着图形生成的韵律，催生出“方位＋数字＋道街”的构图肌理。垂直中央大街的就从靠江沿的头道街叫到西十五道街，而穿越靖宇街的就从南头道街或北头道街一直称呼到二十道街，里外双道二区的构图从此就永远地定格着唯有的一条大街道和两侧小道街的矩阵式路网体系，并周而复始和循环往复地注解着城市的前生从哪儿来和后世往哪儿去的因果渊源。这鱼骨形结构似双鱼嬉江，生于土长于水，活灵活现地守望着松花江的良田家园，时而动态地陪护着大江东去的“滟滟随波千万里”，时而又静态地等候着大江南北的“何处春江无月明”，并共同呼唤着不远处新城区南岗构图的崭新崛起。

南岗，直白的字面意思为城市南部的高岗，称谓自然的水到渠成和质朴的巧夺天工，画龙点睛了区域的地理方位和地貌特色，再次凝练起哈尔滨城市构图的道术篇章。南岗的岗从地形层面解读是从东北向西南延绵的丘陵山脊，简单明了得仅此而已，但是如果从人文视角上溯源寻踪，秦家岗的史名则早已庄严地赋予了南岗神圣至高的真然，如此厚重得宽博，那般深邃得精粹。因为秦氏家族及其乡党最早在此立基为宅和拥岗为田，南岗纯然已经超越了地形地貌的范畴，而升华为天地的构图和宗地的神愿。其与正东西呈45度走向的岗背，南坡北坡相依，岗巅洼谷相随，北眺浩渺的松花江，南俯涓流的马家沟，登岗而招，臂非加长也，而见者远；顺岗而呼，声非加疾也，而闻者彰。秦家的选址可谓地脉浩荡，天象朗明，心照神交。

自从有了“哈尔滨”三个字，她构图城市的宏愿就宛如鸣笛的火车头，启动了就勇往直前，

哈尔滨市防洪纪念塔（作者绘于2016年8月5日）

哈尔滨工业大学主楼（作者绘于 2015 年 8 月 27 日）

风驰电掣地穿越时空，一路高歌猛进地行驶，唤醒着黑土地，沸腾着东北亚，以致被牵携至东方小巴黎的巅峰还浑然不知，直到惹得海内外齐声喝彩，才回过头幡然醒悟地搔耳捶胸：难道我这么小吗！三生万物的哈尔滨构图随着三区雏形的呈现，始创的序幕落下，正戏的大幕张展，斑斓的构图在丰富中继续着张扬的伟业。它不想仅为小巴黎，而要成为大世界，这种奋进的城市精神展诵着哈尔滨的版图，使其行政区划由小变大，由少变多，由点扩张到面，由线塑形到体，特别是在近三十年的时间里，哈尔滨从 1996 年的七个区划，发展到 2004 年的八区，直到今天的九个区，当然还不包括管辖的县级市和县。活龙鲜健的当代哈尔滨以有道的构图鸿延着城市的地脉，不管是否回答着早年中东铁路工程局第八和第九工程段曾经的誓言，不管是否应验着始创年代八区和九站地标的吉祥数码，过去有的我们在传承，而过去没有的我们正在拥有。

变广袤的是地理范围，变丰富的是缤纷色彩，变悦目的是城市构图，而变美好的则是百姓的现实生活。建设哈尔滨新区的冲锋号已经吹响，一江居中和两岸缔构的地杰画卷已经规划，哈尔滨的构图需要新时代“春江花月夜”般的再创作和再诠释。艺术家的构图是为了使作品充满生机，建筑师的构图是为了使设计凤彩鸾章，而我们的城市构图则是为了让市民百姓切身感受街道的热度和路巷的温度，漫步其中，享受人生，阅读八区的时过境迁，感受九站的江畔月明，并进而参与到城市的发展建设中，使自己也成为构图中的构图。大道人间展宏图，有道一方绘蓝图，有形的构图我们曾经绘制，无形的构图我们即将速写，这就是哈尔滨的构图！

走过学府路

出版物 Publication：

《北方文学》

期号 Issue No.：

2019 年第 4 期

页面 Pages：

80—81

主办方 Organizer：

中共黑龙江省委奋斗杂志社

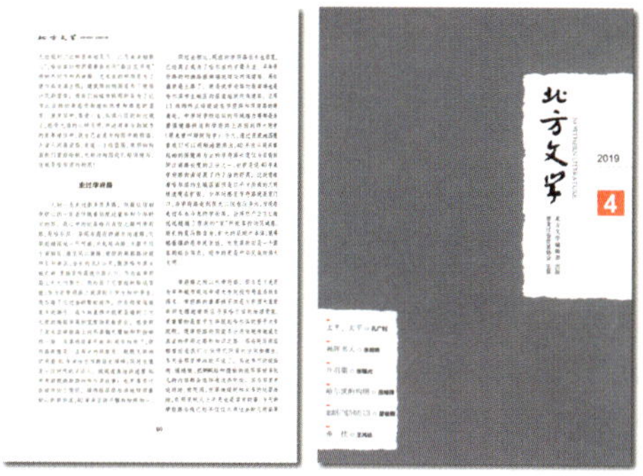

人在一生中会走过很多很多条路，最让你刻骨铭心的一定是伴随你度过童年和少年时光的路。我心中这条充满温情的道路叫学府路，它是哈尔滨一条闻名遐迩的南北向道路，笔挺雄阔地一气呵成，北起延兴路，主躯干位于南岗区，南至同江南路，南侧的局部路段延伸至平房区，全长约 8.3 千米，踞于哈尔滨主城之南，直接京哈高速公路入口。作为在学府路上长大的孩子，我经历了它曾经的畅达贯捷；作为在学府路上就读的小学生和中学生，我目睹了它过去的繁忙运序；作为经常往返家乡的游子，在斗转星移中我更是看到了它长度的绵延伸展和宽度的更新优化，感受到了发生在学府路上的那番翻天覆地和那份焕然一新。在喜迎改革开放 40 周年的当下，学府路就像是一名历史的见证人，默默无闻地记录着 40 年来哈尔滨的历史演绎；同时也像是一位时代的叙事者，娓娓道来地讲述着 40 年来旧貌换新颜的哈尔滨故事；也更像是这座城市的小情侣，缠绵般窃窃私语地倾诉着甜心的悄悄话，40 年来坚持不懈并始终如一。

同过去相比，现在的学府路很长也很宽，已经真正成为哈尔滨的通衢大道。早年学府路的柏油路最南端就铺设到保健路，再往南就是土路了，也就是说学府路的最南端也是哈尔滨市主城区的最南端。记得公交 11 路的终点站就设在学府路和保健路的转角处，中学时学校组织的环城接力赛都是沿着保健路折返到学府路再回到师大附中①。今天，通过百度地图我们可以明晰地发现，40 年前从延兴路起始到保健路为止的学府路长度仅为目前到同江南路长度的三分之一，也就是说，40 年来学府路向南延展了约两倍的距离，这就意味着哈尔滨的主城区面积是以几何级倍数在扩张。少年时我感觉学府路就是家门口，沿学府路走到医大二院也没多远，而现在走过车水马龙的学府路，会感觉它已经远远超越了原来的“家”所能掌控的区域。延长的是马路自身，扩大的是城市主体，获得感最强的是市民百姓，而发展的则是一个国家的综合实力，进步的更是中华民族的伟大文明。

学府路因早年城市规划中布局在其沿线的大专院校而得名。学府路的重要性不仅在于其与东、西大直街共同支撑起南岗区乃至哈尔滨的地理骨架，更在于它串联起哈尔滨的若干大专院校，使这条街道浓妆艳抹地成为真正的学府之路和知识之路。那些院区校园都曾经是我们小伙伴们玩耍的空间和舞台，冬天去滑冰就不说了，其他季节的捉蚂蚱、捕蜻蜓、抓蝌蚪

① 师大附中即哈尔滨师范大学附属中学，曾名哈尔滨师范学院附中。

蛄和摘榆树钱等好多玩耍的项目，我们都会选择去这些院校，因为那里有运动场、花园、草地、绿树和太多的玩耍场地，在那里玩上半天也是常有的事。今天的学府路沿线已经不只有过去的几所大专院校，而是遍布着半百余所大学、科研院所、大学分校、大中专职业院校和高级中学等，这还不算各类培训机构。院校的数量翻了几倍，原有院校的规模也都得以扩大，我儿时的居住地现在已经成为哈尔滨理工大学的一部分。学府路的学府概念随着时间的流淌也逐步从原有的“道路”沿线上升到“街区”一体，并进而提升为“区域”片区，成为今天纯粹意义上的大学城区。从学府路发展到大学城，表面上是城市形象的立体彰显，其背后所蕴含的则是改革开放以来中国教育事业的蒸蒸日上和蓬勃发展。今天在学府路长大的孩童即使每个周末抽出半天时间去一个院校玩耍，也要用上 50 多个周末，也就是一年左右的时间，才能玩遍这些院校，这同我们小时候逛完区区几个校园所花的工夫肯定难以同日而语。“少小离家老大回，乡音无改鬓毛衰。”学府路见不相识，改革开放动地来。

作为从学府路走出来的学子，能够有机会重返学府路，为学府路的发展献计献策始终是我希望了却的情愫。在阔别学府路 30 年后的 2011 年，应哈尔滨市土地储备中心之邀，我真的有机会实现重走学府路的夙愿，用学府路曾经给予的精神力量参与到学府路的规划设计中。凭借对学府集中这个学府路最大特征的感受和体会，根据在学府路上生活时对大学区域需求的体验，我在学府路、科研路、征义路和跃兴街围合的原黑龙江省农业科学院科研地块项目中，规划出以“学府智谷”为主题的产、学、研、居、商相互融合的新型学府社区。这项规划设计解决了土地的强度分析、规划的布局形态和资本的投融测算等基本问题，为该地块最佳出让条件的设定提供了技术数据和功能依据。这片曾经的郊野土地，现在已经成为学府路上的一个代表性街区，学府路上的学子们毕业后可以继续在这块土地上创新创业、成家立业和安居乐业，给学府路不断注入新鲜的知识动力和活跃的思想活力，为东北地区的全面振兴添砖加瓦。学府路曾经目送许多像我一样的寒地青年远行他乡去追寻自己的理想，学府路今天正以同样温暖的胸怀拥抱游子的回归，流露出欢天喜地的微笑，绽放出中国崛起的喜悦，共同迎接中华民族新时代的再出发。

小时候经常听到长辈们的叮咛：你还小，今后的路还很长也很宽。的确，人生之路漫长且宽阔，只有我们时刻努力，长度、宽度的量值才有存在的意义；同样，街区之路延展和开阔，只有道路保持通衢，交通连接的指标才有实在的价值；城市繁荣之路更理应如此，只有生活在其中的人民幸福，城市发展的故事才有赞美的评语；国家进步之路就更是如此，改革开放 40 年中国老百姓的物质生活获得极大提高、精神生活得到极大丰富，中国共产党领导全国人民踔厉奋发和砥砺前行，将国家引领到一条通往兴旺发达的康庄大道，中国发展模式在全世界范围内获得歌颂的赞誉。回首党的十一届三中全会以来中国的进步前行，回望改革开放以来哈尔滨的飞速发展，学府路的变迁只是哈尔滨奋发图强的一个案例和一处缩影，只是中华民族复兴征程上的一片浪花和一处风景。今天的地铁已经贯通了整个学府路，六个地铁站点的设置使“走过学府路”已经被“驶过学府路”的新概念所更替，今后的路还很长也很宽，学府路必将以不断刷新颜值的傲人身姿将自己奉献给前进的新时代。走过的曾是牵肠挂肚的学府路，驶过的将是梦寐以求的新世界。

诗歌是砌筑的建筑

媒体 Medium：

简书

时间 Time：

2018 年 10 月

网址 Website：

https：//www. jianshu. com/p/3d6a43f7d619

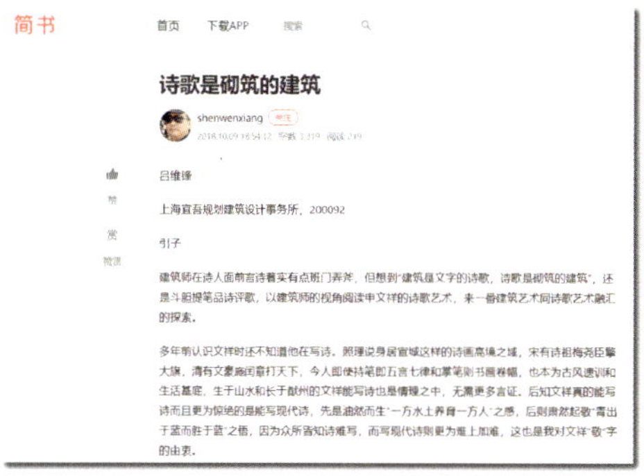

简书 首页 下载APP 搜索

诗歌是砌筑的建筑

shenwenxiang 关注

吕维锋

上海宜吾规划建筑设计事务所，200092

引子

建筑师在诗人面前言诗着实有点班门弄斧，但想到"建筑是文字的诗歌，诗歌是砌筑的建筑"，还是斗胆提笔品诗评歌，以建筑师的视角阅读申文祥的诗歌艺术，来一番建筑艺术同诗歌艺术融汇的探索。

多年前认识文祥时还不知道他在写诗。照理说身居宣城这样的诗画高境之域，宋有诗祖梅尧臣擎大旗，清有文豪施闰章打天下，今人即使持笔即五言七律和掌笔则书画卷幅，也本为古风遗训和生活基底，生于山水和长于猷州的文祥能写诗也是情理之中，无需更多言证。后知文祥真的能写诗而且更为惊绝的是能写现代诗，先是油然而生"一方水土养育一方人"之感，后则肃然起敬"青出于蓝而胜于蓝"之悟，因为众所皆知诗难写，而写现代诗则更为难上加难，这也是我对文祥"敬"字的由衷。

引子

建筑师在诗人面前言诗着实有点班门弄斧，但想到"建筑是文字的诗歌，诗歌是砌筑的建筑"，还是斗胆提笔品诗评歌，以建筑师的视角阅读申文祥的诗歌艺术，来一番建筑艺术同诗歌艺术融汇的探索。

多年前认识文祥时，我还不知道他在写诗。宣城这样的诗画高境之域，宋有诗祖梅尧臣擎大旗，清有文豪施闰章打天下，今人即使持笔即五言七律、掌笔则书画卷幅，也本为古风遗训和生活基底，生于山水和长于猷州（今安徽泾县）的文祥能写诗也是情理之中，无须更多言证。后知文祥真的能写诗而且更为惊绝的是能写现代诗，先是油然而生"一方水土养育一方人"之感，后则感慨感怀"青出于蓝而胜于蓝"之悟，因为众所周知诗难写，而写现代诗则更为难上加难，这也是我"敬"文祥的缘由。

诗赋

艺术的发展都有着自身的规律，这些规律通过不同的艺术表现形式演绎着艺术的历史文脉和世纪价值。诗歌走进当代之后以现代诗的表现形式体现诗歌的本体，是客观世界发展的规律，也是诗人们主观探索的结果，流水才能不腐，演变才具生命，现代诗正是这样诞生于这个时代。从 19 世纪末到 20 世纪初，各类艺术形式纷纷借助于新思想、新技术、新材料和新受众演绎着自身的现代化进程，建筑从古典步入了现代，产生了由玻璃与钢建造的现代建筑和以密斯为代表人物的现代派建筑师；音乐也从传统中走出，超越了双连音的桎梏，产生了《蓝色狂想曲》交响曲和以乔治·格什温为代表人物的现代音乐家；绘画则更是精彩纷呈，印象派和抽象派等现代绘画表现形式层见叠出，毕加索和莫奈在世人中早已如雷贯耳。伴随着如此轰轰烈烈的现代化进程，中外新诗和现代诗的产生也是顺理成章和水到渠成。经过了一个世纪的现代化运动，现代主义或后现代主义迎来了 21 世纪大幕的徐徐展开，在经济高速发展和科技日新月异的当下，艺术将如何发展？现代诗再往哪儿走？再向何处去？这些关乎人类精神范畴的命题还有待于我们去创新和寻觅，或许有一天会"蓦然回首"，但唯有每一天都"衣带渐宽"，文祥正在致力于如此孜孜不倦和锲而不舍的探求和追索。在此等波澜壮阔的时代诉求下，我们来看中国的当代诗歌，我们来研讨产生于徽歙之地的现代诗歌，我们来聚焦申文祥的现代诗录，更具有品议的现实意义和欣赏的艺术价值。

点睛

我尤其喜欢文祥的那首《概念试水》，单看标题就够现代和前卫，惹人非要去探究内容的真情实言。但见“抽象是月光震颤中的催眠，手指习惯成填充吸吮童年。方块字体搅拌成素颜，脚步夹住夜市的呼喊。……季节强大得无需遮掩，公鸡打鸣已是昨天”。作者首先提出一个抽象的命题“概念”，什么样的概念？什么概念？读者会持续地追问这个诗题。一切思想的朦胧时段都可以先说成是概念，进一步发展才上升到思想境界。建筑设计有概念性设计阶段，诗歌言志也有概念性的萌发阶段，想必文祥以此为标题是在探索一种即将迸发的前卫流，并借此引申出诗赋的壮怀。“试水”与“概念”在词义上相辅相成，具有相像的事物同质期和事件时间段，表达的是同样的主题定位和思想标题。“概念试水”的确是精彩的词语组合，言简意赅且画龙点睛，铺垫了诗的展开，点开了诗的穴道，这恐怕就是文祥现代诗的标题手法，我愿戏谑其为“诗题党”。紧随铺陈的“抽象催眠”“方块素颜”和“脚步呼喊”无不裹挟着概念性的试水，让读者一轮又一番地“试水”自己的神经张力，以至于非要把诗的现代精髓榨取干净不可。

组装

建筑是材料的组装体，各类材料通过各种连接耸立起来才称其为建筑。文祥的诗也同样具有组装态，它是用片段思维凝练出的文字构件砌筑成的诗的歌和歌的诗，建造诗的仪式感强烈且辉煌，而非单纯地写诗玩句。读懂文祥的诗首先需要解析字句，提取出构建句法的原体，再去寻觅这些原体背后的思想内涵。或许有人觉得读现代诗很累，苦涩断离，肢解枯燥，究其原因都是缺乏解析、提炼和觅踪。唐诗宋词的显性美妙在于场景流淌，连贯的意识流构筑起古诗词的立体画卷，读来意境连续、图画优美，无须苦心索骥和跨度勾连，这就是古诗词朗朗上口的原因，也是古诗词与现代诗最大的区别所在。如果读者改变了自身的阅读习惯，以现代性的思维去读取现代诗，跨越古典诗词赋予的惯性思维，则将会产生意想不到的解读动能。让我们“试水”文祥的《湿雪》，去看看现代诗的之乎者也吧。它开局是这样描绘雪的：“剥开冬天的外套，大地正在阅读闲言碎语。在汽车的引擎盖上溶解，尤如铁甲柳枝的颜料。”这首诗的立意是言雪说湿，强调的是“湿”的雪。通常说雪的要素很多，但说雪“湿”的要素则少得可怜。缺乏建筑材料建筑师无能为力，同理，在缺乏“诗素”的情况下，筑就成诗则挑战着诗人的“诗商”，而这也恰恰是现代诗“诗眼”的难点所在。当文祥潇洒地抽象出该诗的组装要素时，例如完全互不相干的词“外套”“碎语”“溶解”和“颜料”，我们茅塞顿开地恍然大悟出原来“湿”是这样，通过外在的映衬使读者感受到“湿”的所在，抽象有序般连贯呈现得如此“于无声处听惊雷”。诗人利用映衬的现代手法写“湿”，的确比传统意义的古诗词采用比喻、拟人和夸张等手法更具有当代的体块感和光影性，现代建筑艺术也是同理同哲。在此意义上，建筑师和诗人本应是同宗同源。

砌缝

提炼出组装元素是文祥诗体的写作技巧，而将这些看似无承前启后关联的元件砌缝到一起展现的则是诗人的“诗韵”功力和“诗情”黏力。水泥是建筑砌缝的黏合剂，而“诗流”和“诗感”则是文祥现代诗砌缝的粘连体和组合胶，这点在其行诗走歌中表达得一览无余和尽收眼底。让我们来看看这首《有大理石般的湿润执着》：“花纹弥漫着模仿的价值，城市的拐角处有个叫卖声。素食清唱着经典民谣，本份的街道长出大块的石像。摄影师手指夹住礼拜的微笑，面包房正播放热捧的蓝调。……三月的风行走着倦意，出租屋前淋雨的鹅卵石。忘记了结疤的往昔，怎么会有没有填写的页码。”诗中用“花纹”点题并进一步表现大理石的质感细节，体现直截了当的现代诗意，很酷的开门见山。转而立刻用“石像”将叫卖的小人物和静谧的大城市以立体的雕塑感缝合在一起，长街民谣的诗画感豁然展现在读者眼前。在这里我们看到了文祥用“花纹”黏合“城市”，再用“城市”砌筑“歌者”，最后烘托出并且驻留在读者记忆深处的是“石像”的三维效果，连续的现代诗砌缝手段，老到得几乎天衣无缝。如果说该诗的前半部分是场景的铺设和陈述，那么后段则是通过“倦”和“疤”砌筑起所要表达的人物形象，并在诗的结尾上升到空灵的“没有页码”，悠远深长得让人不断回味。本诗的中心思想是标题中的“执着”，展现平凡人“执着”的精神力量，在一系列的砌筑缝合下诗意得以升华到释义，完成了诗人的所想所思和所愿所为。我们在读文祥诗体的同时一定要注意那种场景意识流的急速漂移，只要你稍不留神就有被甩出场景之外的风险，所以紧紧抓住粘连体不放就成为品其诗的关键所在。

结语

我对现代诗的欣赏是从文祥的诗开始的，其诗的确能抓住建筑师的挑剔眼球，使我能够漫步其中找到建筑的美感。同时我借用比较研究的方法在切换中研读诗歌的建筑和建筑的诗歌，从而陶醉于诗林筑海而不能自拔。现代诗看过一些，能抢睛夺目的少之又少，倒不是因为我与诗不合，而是因为拼上几个字就称之为现代诗的作品太多太多。或许也爱舞文弄墨，

安徽省黄山市黎阳 in 巷（作者绘于 2018 年 5 月 21 日）

或许也能五律七言，建筑师对艺术“洁癖”般地吹毛求疵惯了，看到有悖于通识艺术观点的东西就会忍不住评头论足一番，或许仍觉得不过瘾的话就亲自动手写写画画和圈圈点点。文祥的诗很难去“动手脚”，因为它已经得体地点睛、组合和砌缝在诗意里，不可能解构和重造。这是诗人即兴灵感和持久赋能的所得所获，过了那灵光闪现的即刻，即使是诗人自己，也难以复原乍现的“诗道”，这才叫诗，才叫现代诗。

随着人工智能机器人的出现，未来的诗人机器人在古诗词领域或许可以出口成章，因为只要将史上的所有古诗词列序入库，装进诗人机器人的数据库里，场景的体系分析和词汇的调动筛选应该都是简单的 C 语言范畴了。但是能有写出现代诗的诗人机器人吗？那种前卫词语的组装和砌缝能形成数据库并进而被“诗化”吗？我真觉得很难，或许只有现代诗人的智慧才能创造出固态的现代诗吧。

哈尔滨的线条

出版物 Publication：
《哈尔滨史志》
期号 Issue No.：
2018 年第 1 期，总第 88 期
页面 Pages：
3—4
主办方 Organizer：
哈尔滨市人民政府地方志编纂办公室、哈尔滨市地方志学会

哈尔滨的线条

线条是构成的基本要素。侈张地讲，线条构筑了大千世界的立体空间；简略地说，线条串联起宇宙万物的点滴细微。在点和面的夹间下，线条以其超然的身姿演绎着点的集束所能和面的宽广所有。神奇的线条既拥有“大漠孤烟直”的震撼魅力，也拥有“长河落日圆”的壮美魂魄，由其构建起的城市理所当然也就佳境纷呈和风光无限。

哈尔滨就是这样的一座城市，傍依着松花江在东北大地上画出的那抹流动线条，绚缦瑶彩出世界上绝无仅有的人居天地，线条的使命在这里已经远远超越了有限的物理轨迹，而上升到无限的生命繁衍栖息和文明发蒙启蔽。对哈尔滨而言，松花江的线条从此勾勒得再没有过停驻。

从九站码头沿经纬街过霁虹桥顺着中山路一直延续到香坊火车站，哈尔滨的线条继续描绘着城市的始创，线条的张弛也由水道的弧线蜕变成陆路的笔直，阴阳的转换顷刻间让中东铁路这条建筑材料运输的生命线承载起了城市创业的历史重任。在地理方位上，它是西北走向东南；在地形高差上，它是从浅滩走向高程。一道通阡陌，一线定乾坤，哈尔滨就这样被这条厚重的线条所唤醒，并由此永恒地定义了自己的前生。随着哈尔滨的完美脱胎，原有的这道线条逐步挺逸为通衢大道，携领两侧的街巷蔓延铺展，并开始孕育哈尔滨下一痕精诚线条的萌生。

随着哈尔滨火车站在经纬街中山路主轴线上中心点的确立，城市的功能也随之进入发展的新进程，另一条与其垂直的城市新线条自然也就因地制宜般地脱颖而出。它被称为大直街，简而言之和言而广之，“大”孕育着线条的尺度规模，“直”诞育着线条的意向形制。东、西大直街因为中东铁路行政办公和居住商业的需要，很快以其高地势高罡态应时而立和应运而生，并辅佐着时代的阶乘生根发芽并茁壮成长为哈尔滨另一条亮丽的线条。从西南起点的电表厂通直延伸到东北方向的文化公园，这大直街果然长拖得一气呵成，霄衢浩荡，顺着高冈处的风水龙脊博展，不留下丁点喘息，要不是中间被红军街拦腰拥抱而分成东西，定活脱而成中国的香榭丽舍大街（Avenue des Champs-Élysées），哈尔滨被称为东方小巴黎也就更加名副其实了。巴黎香榭丽舍大街全长也仅有 2.5 千米，而东、西大直街长度有 7.8 千米，哪支线条更刚直纯然也就不言而喻了，我们是否可以叫巴黎为西方哈尔滨呢？

十字交叉，双手合十，这希腊十字的两脉线条责无旁贷地成就着哈尔滨，立哈尔滨之形，撑大东北之廓，修哈尔滨之气，育黑土地之魂。十字线形的神圣就这样承托起哈尔滨四季分明

哈尔滨火车站北广场（作者绘于 2018 年 7 月 1 日）

的端倪，美轮美奂地欢呼着东北亚新兴大都会的崛起，和谐着冰天雪地，贺吟着丁香花开，出落成白山黑水上绝响的人间模样。这绝非城市规划师的设计手笔，而是超越人为的天地生成和道法自然。在这里，所有几何意义上的线条既是城市句法上的道路，更是环境语义下的法道。线条、道路和法道三种形式融为一体，这是否就是世上唯一和哈尔滨独钟的“道街”称谓的来由呢！还是不要道破哈尔滨城市线条的天机为好吧！

百年城市，百年成长；百年线条，百年端庄。今天谁能不发自内心地赞赏哈尔滨的道的线条呢！筑道不会停歇，线条生命依然，在 2018 年的腊月寒冬，黑龙江首次低空旅游飞行在哈尔滨正式启航。穿过曾经痴迷的水路线条，跨越凝固铸就的陆地十字，俯瞰城市的观光游所划出的稠密线条在我们的新时代闪亮登场而且顷刻间就流光溢彩得超凡脱俗，把哈尔滨看了个穿透，把冰雪盛景看了个无余，让百姓有机会都成为线条的自己。从水道到陆路，再从陆路到空域，道生一，一生二，二生三的水陆空线条不但承继着哈尔滨的岁月流淌，还熔铸着全新的城市导读和未来畅想。水陆空线条的彩绸在哈尔滨的大地上齐飘共舞，绚烂之处一派三生万物的人杰地灵。

文学家以笔墨书写着哈尔滨的线条，音乐家以旋律弹拨着哈尔滨的线条，飞行员以空间泼洒着哈尔滨的线条，而建筑师则在以画笔勾勒着哈尔滨的线条。从历史建筑的构图到城市道街的绘就，从道里道外的布局到南岗香坊的承业，建筑师的方寸笔尖凝练出城市的线条质感，每每和美美地渲染出东北寒土的地景绘画。哈尔滨不尽的线条永远被礼赞着走在它自己的春夏秋冬里，叠加般敦厚，丰富态多彩，并因此升华起不朽的精神基底。

哈尔滨总是豪爽地收藏着自己的迷人线条，并心甘情愿地将其交给爱她妩媚的人。如果你捕捉到她的建筑艺术，她就把手绘托付给你的画笔，让你恣意地尽情占有；如果你延续着她的文脉承运，她就把规划奉献给你的设计，让你淋漓地纵情享有；如果你点位到她的经脉穴道，她就把自己奉托给你的吐纳，让你全情地心领神会。哈尔滨线条的公众号已经昭示，关注了你就成为这根线条的置顶。

哈尔滨的线条呼唤着一种张扬的震撼以承托起这方热土的嘱告，催生挺茂，助长博富，让其强壮，使其雍容，屹立在那儿焕发青春活力，呈现勃勃生机，并永续地延展着人居空间和自然空间的奇美。走进哈尔滨的线条，你就是这座城市的大写！

“知间”｜之间

出版物 Publication：
《哈尔滨史志》
期号 Issue No.：
2017 年第 6 期，总第 87 期①
页面 Pages：
63，72
主办方 Organizer：
哈尔滨市人民政府地方志编纂办公室、哈尔滨市地方志学会

天地是靠“之间”相连，你我是借“之间”起缘，“之间”蕴含着相识与共，洋溢着相见恨晚，裹挟着相依为命，纯然得绝对“相知之间”。

近日，在哈尔滨最“哈尔滨”的地方，一家取名为“知间”的书坊不显山不露水地悄然开张，顷刻间，相知揽聚了天地的“知间”和你我的“知间”，汇聚着知与识的欢悦和空与间的赞誉，亮眼了哈尔滨，启明了大东北。百年城市史，“知间”哈尔滨！

知间书坊坐落于哈尔滨国际饭店一楼，这座由俄罗斯建筑师彼·谢·斯维利多夫设计的新艺术运动建筑，在其落成 80 周年之际迎来了知间书坊的入驻，可谓书香门第，门第书香！因为建筑造型颇像俄罗斯传统乐器手风琴，哈尔滨人习惯以“手风琴大楼”称谓这栋历史保护建筑。随着知间书坊的入驻，音乐声朗读声铸就起声声入耳，天下事国家事也就更加事事

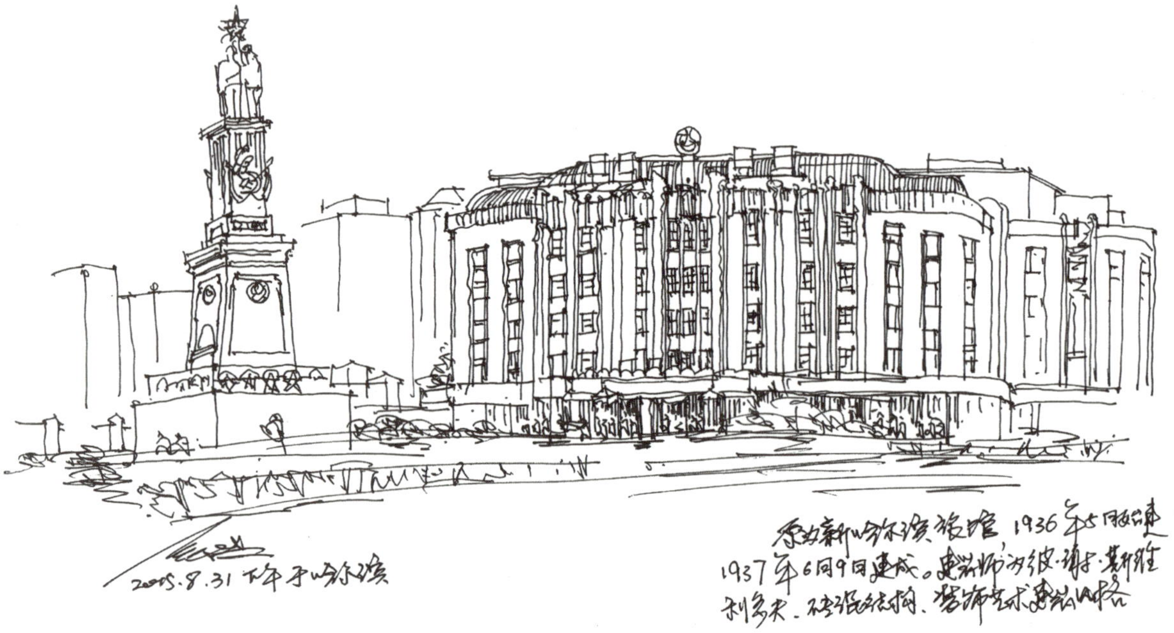

知间书坊所在建筑——哈尔滨国际饭店（作者绘于 2015 年 8 月 31 日）

① 该期《哈尔滨史志》封面为作者的钢笔速写《哈尔滨防洪纪念塔》。

"知间"了。

步入面对着当年的圣·尼古拉教堂广场的建筑入口，沿着室内商业街踱步至端头的知间书坊，深绿色点缀的深褐木质绝对极致地吸人眼球，主人低调的雍容着实令人叹为观止。整个书坊布局清晰，动线流畅，动静有序，色调典雅。左手的一隅是少儿阅读区，通高的黑白书架辉映浅蓝色的马赛克地面铺筑，直曲相间，明暗"知间"，让成年人也有了重返年少的阅读冲动。顺沿着吧台的延展，欧式的穹窿拱廊陪伴着书籍的展陈，把读者导引到后边的另一片历史文化天地。穿越右手的阅读区，尽端的读者沙龙区豁然开朗，定期的沙龙活动一定招惹读者共度"知间"美好时光。读者心向的是主题演讲，期待的是具有主持人背景的书坊主人以及那生动的访谈。要特别留意消隐在角落里的主人录音工作室，它让访客更加坚定了哈尔滨的普通话很标准的信念，哈尔滨真的是优秀播音员和主持人的诞生地，无论是音质还是风采，不管是感怀还是情愫。

阅读和朗读的确是哈尔滨的文化标签，南来北往的国内外人口会聚于哈尔滨，百年的城市发展史已经谱写出标准普通话的地域诗篇，凝聚起中华文化，传播着华夏文明，生于此长于斯、当过校园播音员和大学话剧社成员的我

知间书坊室内悬挂着作者的哈尔滨历史建筑速写

摆有作者著作和建筑作品 3D 纸模的专柜

知间书坊入口一侧悬挂着作者的钢笔速写画

对此更是深有感受。无论传播技术如何发展，纸质阅读和吟诵纸质都不能够也不可能被时代所替代，因为文字的阅读、声音的表达和语言的传承是人类生存发展的根本基底。书籍传承的是文明，阅读表达的是传承，朗读承载的是表达，书坊纪实的是承载。

夜色渐深，对面的省博物馆建筑夜景灯光已经熄灭，白天的"知间"品读即将结束，期许的将是明天的阅读盛宴。照亮黑暗的是人类思想的精神光芒，从阅读中充实精神思想，传递这不灭的光芒去化作明天早晨的灿烂霞光！

一切尽在知间书坊，知间书坊铭刻着将要发生的一切。

二

城乡篇——布局谋划

关于规划和建设我市观光巴士系统的思考①

出版物 Publication：

《哈尔滨市情活页》

期号 Issue No.：

2021 年第 2 期，总第 105 期

页面 Pages：

40—41

主办方 Organizer：

中共哈尔滨市委史志研究室

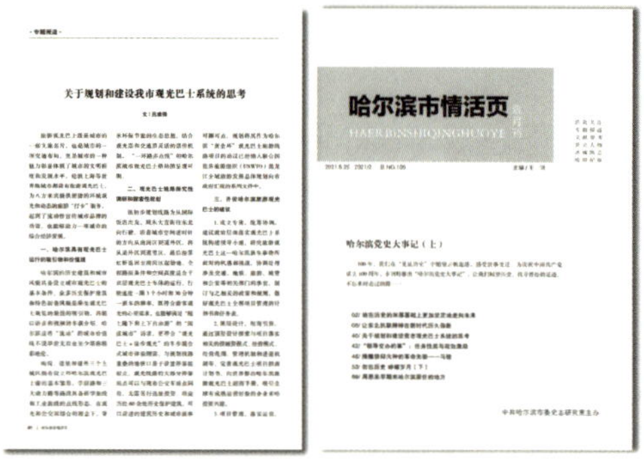

旅游观光巴士既是城市的一张文旅名片，也是城市的一种交通设施，更是城市的一种魅力彰显。伦敦、上海等世界级城市都设有旅游观光巴士，为八方来宾提供便捷的环城观光和动态的旅游“打卡”服务，起到了流动性宣传城市品牌的作用，也能够助力一座城市的综合经济发展。

观光巴士运行的吸引物和价值线

哈尔滨的历史建筑和城市风貌使这座城市具备设立旅游观光巴士的基本条件，众多历史保护建筑和特色街巷风貌是游客乘坐观光巴士观览的最佳吸引物，再辅以语音和视频的车载介绍，哈尔滨这些“流动”的城市价值线不说举世无双，也至少堪称精彩绝伦。

南岗、道里和道外三个主城区拥有设立环哈尔滨观光巴士游的基本雏形，学府路和三大动力路等路段具备研学旅线和工业旅线的点线形态。在观光和公交双结合的理念下，秉承环保节能的生态思想，结合灵活的观光票和交通票票价机制，“一环路多点线”的哈尔滨旅游观光巴士格局图呈现可期。

观光巴士调研和规划

初步规划线路从国际饭店出发，顺东大直街往东北向行驶，沿着城市空间逆时针从南岗区到道外区，再到道里区，最后经霁虹桥返回南岗区起始地。全程路面条件和空间高度适合双层观光巴士车体的运行，行驶一圈 3 个小时和 30 分钟一班车的频率，既符合游客观光的心理期待，也能够满足“随上随下和上下自由游”的“阅读城市”诉求，更符合“观光巴士 + 徒步观光”的车步混合式城市体验需求。与规划线路重叠的地铁口可设置停靠接驳点，观光线路的大部分停靠站点可以与现有公交车站点同位，无须另行选址投资。沿途历经 60 余处历史保护建筑，可以讲述的建筑历史和城市故事可圈可点。哈尔滨“黄金环”观光巴士旅游线路项目的动议已被纳入向省政府汇报的联合国世界旅游组织黑龙江省全域旅游发展总体规划系列文件中。

开设观光巴士的建议

一是成立专班，统筹协调。建议政府层面落实观光巴士系统构建领导小组，研究旅游观光巴士这一哈尔滨新生事物所面对的机遇和挑

① 本文被哈尔滨市归国华侨联合会作为 2021 年政协哈尔滨市第十三届委员会第五次会议书面发言稿。

哈尔滨市龙塔（作者绘于 2017 年 10 月 31 日）

战，协调处理涉及交通、地铁、旅游、城管和公安等相关部门的事宜，制定与之相关的政策和规则，做好观光巴士全程项目管理的计划书和任务表。

二是顶层设计，招商引资。通过顶层设计探索与项目落实相关的投融资模式、经营模式、经营范围、管理机制和进退机制等。完善观光巴士项目招商计划书，向世界推出哈尔滨旅游观光巴士招商手册，吸引全球有成熟运营经验的企业来哈投资兴建。

三是项目管理，落实运营。政府各相关部门要因事制宜地制定好相应的法规和条例，在观光巴士项目运营中，让市场要素发挥积极作用，让市民拥护赞同，让游客用“脚”投票，让运营有钱可赚，让项目成为哈尔滨文旅“热源”。加强事前的权责设定、事中的督查和管理、事后的告知和处罚，让项目整体运营有序可循、有管可理、有法可依和有罚可戒。

四是营销城市，推广形象。利用观光巴士线路同地铁站点和公交站点叠加的优势，智能化地设计好站点和宣传小品，车身的色彩和广告效应使观光巴士成为城市宣传的“流动橱窗”。通过观光巴士这一城市“亮点”，助力经营哈尔滨城市的实效，让小巴士发挥大作用，让冷建筑散发热动能，让旧街区焕发新活力，让黄金环绽放大异彩，让全世界知道哈尔滨。

观光巴士白天运行，能够助力城市公交系统；晚上延时运营，能够助推城市夜经济的发展，步行加车游的城市观光模式满足观光者游览的各种需求。观光巴士项目占地省、投资小、见效快、价值高、形象佳和意义大，更适合多元化的招商引资模式。

东北地区农村人居环境范式和乡村振兴之路

出版物 Publication：

《哈尔滨市情活页》

期号 Issue No.：

2020 年第 3 期，总第 102 期

页面 Pages：

23—24

主办方 Organizer：

中共哈尔滨市委史志研究室

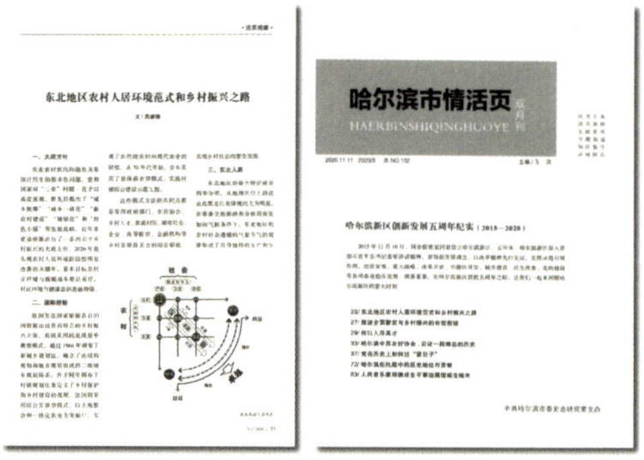

大政方针

农业、农村、农民问题是关系国计民生的根本性问题，党和国家对“三农”问题一直予以高度重视，曾先后提出“城乡统筹”“城乡一体化”“新农村建设”“城镇化”“特色小镇”等发展战略，近年来更是密集出台、实施了一系列关于乡村振兴的大政方针。2020 年是实现农村人居环境阶段性明显改善的关键年，基本目标是村庄环境与面貌基本整洁有序，村民环境与健康意识普遍增强。

国际经验

欧洲发达国家根据各自的国情提出过各具特点的乡村振兴主张。英国采用的是质量平衡型模式，通过 1968 年颁布的新《城乡规划法》，确立了由结构规划和地方规划组成的二级城乡规划体系，并于同年颁布了《村镇规划法案》，定义了乡村保护和乡村建设的规则。法国则采用综合发展型模式，以土地整治和一体化农业为突破口，实现了由传统农业向现代农业的转型。从 20 世纪 70 年代开始，日本采用量体裁衣型模式，实施村镇综合建设示范工程。

这些模式方法的共同点是，都发挥政府部门、农民协会、乡村人才、普通村民、城市社会、企业、高等院校、金融机构等乡村发展攸关方的综合职能，实现乡村社会的繁荣发展。

东北人居

东北地区的最大特征就是四季分明，这点在黑龙江省体现得尤为明显。在寒暑交相辉映和春秋周而复始的气候条件下，东北地区的农村社会遵循气象规律，形成了自身独特的生产和生活基底，乡村人居要素也充分彰显着其特性和本质。

农村人居环境整治是现阶段乡村振兴工作的总抓手和主基调，东北高寒地区农村特有的人居环境决定着其从整治到完善必然是一个复杂的系统工程。探索出并构建起东北农村人居环境范式，使我们的整治工作有标可对和有理可循，是我们开展环境整治工作的前置要素。在 2019 年东北地区农村人居环境整治工作实践的基础上，总结并梳理出农村人居环境范式，尝试走出一条理论来源于实践并被实践所检验，再不断补充完善以指导具体实践的循序闭环之路。

范式解读

乡村、乡亲和乡居构筑着农村概念的轴系，由乡亲居住的乡居构筑了广大乡村的基本形态；

产业、文化和空间构建起农村社会的本体，从农村中来和到农村中去是一切农村工作的出发点和着眼点。乡村振兴的一切工作都应该围绕着经济发展和产业振兴，只有充分了解整体概念上的“集体”和“空间”与个体意义上的“小家”和“乡居”在振兴发展中的辩证关系，只有深度考虑宅前屋后的“家庭菜园”和连接你我的“乡村街道”在人居空间中的互融机理，我们才能在农业发展的人居模式中注入美丽乡村的思想力和生命力。

农村人居环境范式阐述了农村人居环境整治首先要从乡村的经济发展着眼，通过村史馆等文化元素的植入增添乡村人居环境的精神实质；同时，乡村整治要从乡居的小菜园入手，在实现农民个体经济循环带来自身“丰衣足食”的同时，引导农民追求文化层面的精神“富裕”。在此基础上，农村人居环境范式进一步描绘了由每家每户共同编织起的乡村节点同乡村道路的线网一起，共同构建起耦合融汇的“点”和“线”并最终成为乡村“面”的整体风貌。

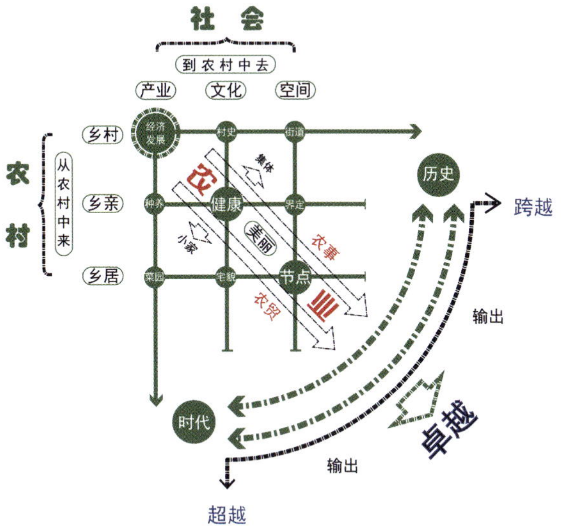

东北农村人居环境范式（宜吾设计绘制）

乡村振兴

整治举措必须符合东北实际。高寒地区农村特有的人居环境决定着其从整治到完善必然是一个科学的系统工程，所有工作要从具有东北特质的全生命周期管理视角出发，植入逻辑清晰的统筹流程。2019 年 10 月 24 日，由黑龙江省农业农村厅主办的“黑龙江省农村人居环境整治现场推进会”在七台河举办，为东北人居环境整治树立了示范样板。

环境整治必须做到标本兼治。农村人居环境整治的目的是标本兼治，要通过治标推进治本，要通过治本而最终实现乡村振兴的完美达标。环境治理应该道法自然地对村落进行“微雕”和“细刻”，而不是“改天换地”的“大拆大建”。在农村人居环境整治中我们应该更多地运用“柔化”和“美化”来面对需要治理的脏乱差问题，以完善空间功能需求的“柔化”为出发点，以完美表现审美需求的“美化”为方法论，在保护好我们的乡村文脉和自然肌理的同时开展整治工作。

乡村振兴必须依靠创新发展。乡村振兴发展的一切主张都应该结合农村的实际现状，在农村和社会的二维结构中创新性地确立振兴目标，制定发展方针。乡村振兴的一切工作都应该围绕着经济发展和产业振兴，要明辨社会层面上的农村与个体意义上的乡居在创新发展中的辩证关系，只有这样才能在农业发展的人居模式中定位农村振兴的思想力、注入美丽乡村的生命力和激活农民本体的创新力。

七台河市茄子河区铁山乡四新村人居环境整治新颜旧貌实景
（左图由作者摄于 2019 年 5 月 24 日，
右图由作者摄于 2019 年 9 月 6 日）

发展夜间经济 赋能黑土地全时生活

出版物 Publication：

《奋斗》

期号 Issue No.：

2020 年第 5 期，总第 609 期

页面 Pages：

96—97

主办方 Organizer：

中国共产党黑龙江省委员会

发展夜间经济 赋能黑土地全时生活

发展夜间经济是摆在我们全省面前的一项崭新课题，在新征程、新时代，我们应该研究黑龙江省的傍晚和夜晚经济产业，并以打造新经济业态为工作撬动点，发展黑龙江省夜间经济，赋能黑土地全时生活。

寒地特色和城市主张

黑龙江省已经迎来了前所未有的历史发展机遇，夜间经济更是以超越以往任何时期的速度倍道兼进。“下班聚一聚”“今晚看演出”“今晚喝一杯”这样的招呼语已经在平民百姓中深入人心。

黑龙江省的地理位置和气候条件决定了其特有的傍晚和夜晚休闲时段，东北人的文化底蕴乃至豪爽义气的“把酒临风”也决定了其特有的消费场所供给和夜间经济发展模式。参阅国内外夜间经济的发展案例，我们应该结合黑龙江省的特点提出独特化的寒地夜经济和避暑晚休闲主张。哈尔滨冬季天黑得早和夏季天黑得晚的星辰时序，决定了我们应该探索出自己的消费时段。也就是说，我们应该依据黑龙江省一年四季不同的时间节奏，找寻市场消费机制，挖掘夜间经济规律，因“时”制宜和因“省”制宜地制定我们的城市夜生活主张。

闲暇时段和消费意愿

国外的统计数据显示，美国人有 1/3 的时间、1/3 的收入和 1/3 的土地面积用于休闲产业，而其中 60% 以上的消费活动在夜间发生。中国的统计报告指出，北京王府井出现超过 100 万人的高峰客流是在夜市的时间，上海夜间商业销售额占白天的 50%，广州服务业产值有 55% 源于夜间经济。①

傍晚和夜晚消费的首要前提是人们有充裕的闲暇时间，其次是人们有足够的消费意愿，二者结合才能够构筑起夜间消费的根基。中国许多城市已经进入各项体系较为健全和物质生活相对丰富的时代，社会各阶层人士都有着强烈的在休闲时间出行的意愿。从早晚街头广场舞的兴起和大城市周末夜晚的交通拥堵，我们已经明显地感受到全社会强烈的休闲需求。

有了休闲时间，百姓是否愿意去消费或旅游者是否愿意去享受夜生活，则在很大程度上取决于我们的城乡是否能够提供让人“心甘情愿去花钱的地儿”，或者说我们有没有契合夜间经济市场需求的供给侧产品，这是我们的城乡管理者和市场经营者需要共同思考和关注的问题。

① https://baijiahao.baidu.com/s?id=1641396524118368266&wfr=spider&for=pc.

巩固存量和谋划增量

黑龙江省各县市已经具有了夜间消费的基本格局，以哈尔滨的中央大街和七台河的火车头小镇为例，无论是旅游者还是普通市民，一年四季都对“夜逛街”“夜漫步”“夜餐饮”呈现出向往之意。主要城市核心区和大学附近的夜市也汇聚着相当数量的“夜业态”，尤其在夏季，个别具有“夜烧烤”的街巷更是人满为患。但总体来讲，我们对夜间经济的认识还有继续解放思想的空间，“夜供给”的品类还有相当的提升潜力，哈尔滨、齐齐哈尔和佳木斯等主要城市与“城”俱来的音乐、戏剧、电影、博览和冰雪等文化类夜间经济产品还有待进一步开发，通过夜间经济拉动城市整体发展的机制还相当滞后。

巩固夜间经济存量、谋划夜间经济增量和践行夜间经济实践应该成为今后一段时间振兴黑龙江经济工作的主要抓手。为此提出如下建议和举措：

一是要确立发展夜间经济的基本思想。随着新时代所产生的经济新思想和新技术带来休闲新需求，我们传统的经济发展思维模式、休闲产品的供给机制和消费价值的需求取向都面临着前所未有的巨大挑战。我们需要顺应城市居民和旅游客源夜间消费行为的规律，提升夜间经济管理水平，出振兴夜间经济牌，下发展夜间经济棋，从思想上再出发，在行动上再迈步，只有这样才能同我们所处的新经济时代密切铆合，同新时代的夜间消费者同思共享。

二是要设立服务型的夜间经济管理组织。各主要城市应该把打造“避暑全时城”和“寒地不夜城”纳入城市发展的总体战略目标中，建立多方协同的服务型夜间经济管理组织，设立“夜市长”（Night Time Champion）运作机制。通过组织的运营工作，找准丰富黑龙江省夜间经济的发力点和聚焦点，谋划具有质量价值的“夜产品”，统筹制定夜间经济发展的总方略。

三是要调研省域夜间经济发展现状。我们要组织相关部门或第三方机构全面梳理黑龙江省现有的夜间经济状况，调研要以问题为导向，以事实为依据，着眼于发现省域夜间经济产品的供给空白点，提出能够补短板和出实效的具体意见，拿出切合我们寒地冰省和避暑夏域的夜间经济分析报告，为出台突破瓶颈和弯道超车的黑龙江版夜间经济提升方案提供实践真知和数据支撑。

四是要学习国内外相关发展实践。我们要积极领会国务院关于发展夜间经济的相关文件精神，比较研究国内外城市在夜间经济领域的相关立法政策，采用请进来和走出去的方法，提升感性认知，体验优秀实践案例，转变“黑龙江冬季寒冷，不适合打造夜间经济”的陈旧观念，增强集中精力发展黑龙江夜间经济产业的信心。

五是要提出黑龙江特色的夜间经济主张。我们要从黑龙江夜间经济发展调研报告入手，细分城镇市民和外来游客夜间消费意愿，分析特定消费群体的消费动机，“量体裁衣”地统筹规划黑龙江夜间经济产业，策划好有利于夜间经济发展的“夜项目”和“夜体验”，规划好确立发展夜间经济的市、区、片、街、巷和点，使每一处“夜项目”都具有规划的功能性、设计的艺术感和国际的时代范儿。

六是要建立具有项目管理思维的推进机制。我们要确立夜间经济产业项目化管理的思维方法，从全程项目管理的视角看待夜间经济环节中的每一个项目，遵从夜间经济的市场规律，道法自然地引导发展，避免过度的行政强制。要注重夜间经济项目的全生命周期建设，把握好政府管理、企业投入、产出回报和市场调节的辩证关系，找寻夜间经济和社会发展的最佳结合点。

夜间经济是现代城市的重要发展形式，囊括了夜和晚的全部消费形态，包括但不限于购物、餐饮、健身、娱乐、培训、演艺、影视和博览等。让我们以夜间经济为抓手，为全面振兴黑龙江省经济而奋斗。

点亮夜生活炫彩霓虹·赋能哈尔滨夜间经济①

出版物 Publication：
《哈尔滨市情活页》
期号 Issue No.：
2019 年第 9 期，总第 96 期
页面 Pages：
12—15
主办方 Organizer：
中共哈尔滨市委史志研究室

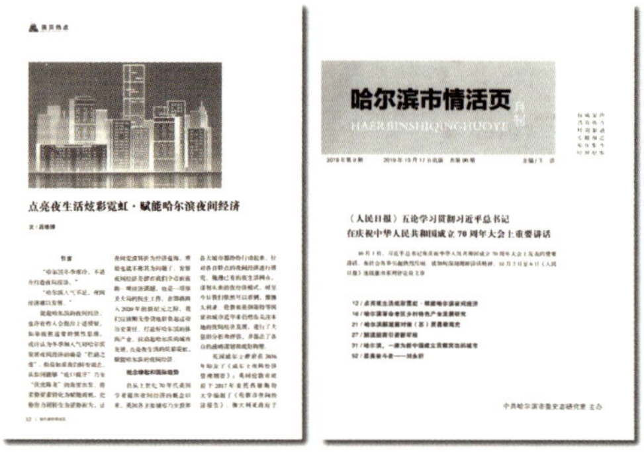
点亮夜生活炫彩霓虹·赋能哈尔滨夜间经济

哈尔滨市情活页

引言

“哈尔滨冬季寒冷，不适合打造夜间经济。”

“哈尔滨人气不足，夜间经济难以发展。”

提起哈尔滨的夜间经济，也许有些人会提出上述质疑。如果按照惯性思维，或许冬季和人气的确是哈尔滨发展夜间经济的“拦路之虎”。但是如果我们转变观念，从如何能够“虎口拔牙”乃至“伏虎降龙”的角度出发，将劣势要素转化为赋能商机，把势穷力屈转变为逆势而为，让夜间荒漠转换为经济蓝海，质疑也就不再是问题了。发展夜间经济是摆在我们全市面前的一项经济课题，也是一项事关大局的民生工作。在即将跨入 2020 年的新纪元，我们应该责无旁贷地肩负起这项历史重任，打造好哈尔滨的休闲产业，拉动哈尔滨的城市发展，点亮夜生活的炫彩霓虹，赋能哈尔滨的夜间经济。

概念缘起和国际趋势

自从 20 世纪 70 年代英国学者提出夜间经济（Night Time Economy，NTE）的概念以来，英国各主要城市乃至世界各大城市都纷纷行动起来，针对自身夜间经济进行研究，梳理已有的夜生活网点，谋划未来的夜间经济模式。时至今日我们依然可以看到，像澳大利亚、伦敦、曼彻斯特等国家和城市近年来仍然在关注本地的夜间经济发展，进行了大量的分析和评估，并提出了各自的战略谋划和规划构想。

英国威尔士政府在 2016 年印发了 *A Framework for Managing the Night Time Economy in Wales*（《威尔士夜间经济管理纲要》），英国伦敦市政府于 2017 年委托威斯敏斯特大学（University of Westminster）编制了 *A Report into Aspects of London's Evening and Night-time Economy*（《伦敦市夜晚经济报告》），澳大利亚政府于 2018 年发布了 *Measuring the Australian Night Time Economy*（2016—2017）［《澳大利亚夜间经济评估报告（2016—2017 年）》］。上述案例使我们清楚地了解到，世界各国各地在发展各自的夜间经济方面可谓是有板有眼和不遗余力。

国家政策和上海实践

2019 年 8 月 23 日，国务院办公厅印发了《关于进一步激发文化和旅游消费潜力的意见》，第七条明确提出大力发展夜间文旅经济，建设一

① 在本文基础上凝练的《发展城市“夜经济”促进消费升级的建议》为作者在 2020 年 1 月 17 日举办的政协哈尔滨市第十三届委员会第四次会议开幕式上的大会发言稿。

批国家级夜间文旅消费集聚区的经济发展方略。

在此之前的2019年4月，上海市商务委等九部门就已经联合出台了《上海市商务委等九部门关于本市推动夜间经济发展的指导意见》（以下简称《意见》），首次提出围绕打造“国际范儿”“上海味”“时尚潮”夜生活集聚区的目标，推动上海“晚7点至次日6点”夜间经济的繁荣发展。《意见》实实在在地归纳出发展夜间经济的十条“干货”，条条“一目了然”，项项“直截了当”，直接点中发展上海夜间经济的“穴道”，研读起来觉得酣畅淋漓，十分解渴。《意见》明确阐述将打造一批地标性夜生活集聚区，引进培育沉浸式话剧、音乐剧、歌舞剧等夜间文化艺术项目，这些举措紧扣上海实际，展现出上海实践的精准性和特色性。对深夜影院、深夜书店、音乐俱乐部、驻场秀等夜间文化娱乐业态，《意见》用了“秉持包容审慎的态度”这样的开放性措辞，这更是突破了传统思维的桎梏，为上海的品质化发展再次助力添彩。

休闲习惯和城市主张

哈尔滨这座城市曾经的夜间经济发展趋势可谓彰明较著，改革开放后，城市迎来了前所未有的历史发展机遇，夜间经济更是以超越以往任何时期的速度倍道兼进。“下班聚一聚”“今晚看演出”“今晚喝一杯”这样的招呼语已经在市民百姓中深入人心。

哈尔滨的地理位置和气候条件决定了其特有的傍晚和夜晚休闲时段，哈尔滨人的豪爽义气和“把酒临风”也决定了其特有的消费场所设置和夜间经济模式。参阅国内外夜间经济的发展案例，我们应该结合哈尔滨的特点提出自己的夜间经济主张。就时间段定义来讲，英国把发生在当日18:00至次日6:00的消费定义为夜间经济的范畴，西方各国也以此为参考标准；上海则把晚7点至次日6点定义为夜间消费时段，对哈尔滨而言这些显然不合地方时宜。哈尔滨冬季天黑得早和夏季天黑得晚的星辰时序决定了我们应该探索出自己的消费时段。也就是说，我们应该依据哈尔滨一年四季不同的时间节奏，找寻市场消费的机制，挖掘夜间经济的规律，因地制宜和因“市”制宜地制定我们的城市夜主张，拉动经济发展，提升消费能级。

闲暇时间和消费意愿

国外的统计数据显示，美国人有1/3的时间、1/3的收入和1/3的土地面积用于休闲产业，而其中60%以上的消费活动在夜间发生。中国的统计报告指出，北京王府井出现超过100万人的高峰客流是在夜市的时间；上海夜间

哈尔滨市征仪路土地一级开发项目夜景鸟瞰图（宜吾设计，2010年）

哈尔滨道外区三马地区城市设计夜景鸟瞰图（宜吾设计，2010年）

商业销售额占白天的50%，上海核心地区的非餐饮类商店都是营业至22点；重庆2/3以上的餐饮营业额在夜间实现；广州服务业产值有55%源于夜间经济。①

傍晚和夜晚消费的首要前提是人们有充裕的闲暇时间，其次是人们有足够的消费意愿或者消费动机，二者结合才能够构筑起夜间消费的根基。中国许多城市已经进入各项体系较为健全和物质生活相对丰富的时代，法律规章为劳动者享有自由的闲暇时间提供了可靠保障，无论是在职人士还是赋闲人员，都有着强烈的在休闲时间出行的意愿。从街头广场舞的兴起和周末夜晚的交通拥堵，我们已经明显地感受到全社会休闲意识的提升和强烈的休闲需求。

有了休闲时间，百姓是否愿意去消费或旅游者是否愿意去享受夜生活，即是否有消费动机，在很大程度上取决于我们的城市是否能够提供让人“愿意去花钱的地儿”，或者说我们有没有吻合市场需求的供给侧产品，这是我们的城市管理者和市场经营者需要共同思考和关注的问题。

我们应该首先细分哈尔滨市民和外来游客夜间消费意愿，并根据细分人群厘清其消费意愿点在哪里？是什么？平均肯花多少钱？再按照动机管理的模块逐项分析特定消费群体的特殊消费动机，然后“按图索骥”和“量体裁衣”地统筹规划，布局好夜间经济的商业业态，保证好供给侧的产品质量。

哈尔滨已经具有夜间消费的基本格局。以中央大街为例，无论是旅游者还是普通市民，一年四季都对中央大街的“夜逛街”“夜漫步”“夜音乐”“夜餐饮”呈现出向往之意，中央大街的夜晚也总是洋溢着熙熙攘攘的人气氛围，当然夏季比冬季会更为热闹。哈尔滨其他区域的核心区和大学附近的夜市也汇聚着相当数量的“夜业态”和“夜热点”，尤其是在夏季，个别具有“夜烧烤”的街巷更是“人满为患”，甚至“摩肩接踵”。但总体来讲，哈尔滨的夜间经济还基本停留在“吃”的层面，“夜供给”的品类还有相当大的提升空间，哈尔滨与“城”俱来的音乐、戏剧、电影和博览等文化类夜间经济产品还有待进一步开发，通过夜间经济拉动城市整体发展的机制还相当滞后。

以2010年我受道外区政府委托完成的三马地区城市设计为案例，通过分析哈尔滨发展夜间经济所具有的资源条件和区位优势，探索以城市规划引领哈尔滨夜间经济发展的实践路径，为哈尔滨城市夜间经济的重塑提供策划范例和规划样本。尽管该案例是近十年前的规划设计成果，因一些原因没有具体推进和实施，但今天回眸审视，其仍然不失为打造哈尔滨夜间经济的典型案例。

三马地区位于道里、道外和南岗三个城区交汇处，北临松花江，东靠中华巴洛克历史街区，西临滨洲铁路，南望哈尔滨市八区体育场。由于受滨洲铁路路基限制且三马地块内拥有大量集散交通需要，该地区交通要素混杂，交通可达性较低。道外区靖宇街区域有着丰富的历史文化资源，三马地区的开发肩负着将这些资源融合聚集、延续区域文脉特征、重整地区曾经的“商贸山河”的重任。

① https://baijiahao.baidu.com/s? id=1641396524118368266&wfr=spider&for=pc.

哈尔滨市道里区通江公园规划设计夜景鸟瞰图（宜吾设计，2010 年）

项目提出打造“哈尔滨 24 小时不夜城”的规划口号，规划内容如下：道里、道外、滨水和八区“四方联通”；将“空中商业步行街”作为南北主轴，通过架空天桥连接江沿，使之“通江达水”和“全向可达”；引入具有生态景观意境的慢行系统，并同区域中心广场以及毗邻的“桃花巷”广场共生共荣；将商业、居住、道路、绿化、地下空间和大小广场合理组合，创造多元化的“夜商圈”和“夜邻里”；采用窄马路密路网的道路布局理念，聚合商气和人气；借鉴国际成功案例，打造宜人、开放和可达的街区体系；在保留新闻、电影中所述历史风貌的同时，构建格局清晰和整体有序的有机城市结构；塑造兼容老城特色风貌并独具现代都市风格的哈尔滨城市新空间。

结语

夜间经济不同于一般意义上的夜市，它是一种基于时段性划分的经济形态，是以现代服务业为主体的城市经济在第二时空的延伸和拓展。夜间经济是现代城市的重要业态形式，囊括了夜和晚的全部消费形态，包括但不限于购物、餐饮、旅游、娱乐、学习、影视、休闲和博览等。夜间经济的构成主体既包括本地市民，也涵盖外地和外国的旅游观光客。

哈尔滨应该把打造“寒地不夜城”纳入城市发展的总体目标，设立“夜市长”管理组织和运作机制，统筹制定夜间经济发展方略和综合管理措施，精准调研和梳理现有的夜间经济形态，科学策划有利于夜间经济发展的“夜项目”和“夜体验”，规划好确立发展夜间经济的区、街、巷和点，使每一处“夜项目”都具有设计感和国际范儿。

“夜晚是人生的另一半，而且是重要的一半。”让我们以夜间经济为抓手，打造“以城留人”的哈尔滨城市大格局，振兴哈尔滨的士气，点亮哈尔滨的夜气，聚集哈尔滨的人气，火爆哈尔滨的商气，兴旺哈尔滨的财气。

哈尔滨夏季旅游应该端上避暑经济的“招牌菜”

出版物 Publication：
《哈尔滨市情活页》
期号 Issue No.：
2019 年第 7 期，总第 94 期
页面 Pages：
14—16
主办方 Organizer：
中共哈尔滨市委史志研究室

引言

在 6 月 21 日举办的 2019 中国（长春）避暑旅游产业峰会上，中国旅游研究院和携程旅游大数据联合实验室发布了《2019 年中国避暑旅游预测报告》。该报告是基于携程 3 亿会员、线下 7 000 多家门店、避暑旅游产品以及业内规模最大的跟团游、自由行订单数据，对全国避暑旅游市场情况和游客预订消费行为进行全面梳理后汇编而成的，在一定程度上反映了 2019 年夏季全国避暑旅游的大趋势。无论是 2019 年最受欢迎的避暑目的地前十名，还是 2019 年暑期最受避暑游客欢迎的十大县级城市，该预测报告中没有哈尔滨，也没有黑龙江省的其他市县的踪影，最具有避暑温度竞争力的省市居然没有一项上榜，这不能不引起我们的思考和关切。

气候禀赋

在中华人民共和国的版图上，黑龙江省是独具四季旅游风采的省域，哈尔滨是当之无愧的具有气象“温度”的城市。全年 −25～25℃的 50℃温差跨度，为哈尔滨的旅游经济注入了得天独厚的发展动能，特别是其夏季凉爽的气候禀赋使这座城市具备引爆世界级避暑活动的条件。

从中央气象台发布的 2019 年 7 月 29 日 2 时—30 日 2 时的 24 小时全国最高气温实况图可以看出，哈尔滨的气温在 25～30℃，这夏季怡人的温度当然还没有包括早晚更酷爽的温差变化。在全国除西藏自治区以外的大面积范围普遍处于 30℃以上的盛夏，哈尔滨的适宜温度毋庸置疑地会令世人纷至沓来。

避暑趋势

随着全球气候变暖日益加剧，“夏季向北”和“一路向北”的避暑旅游甚至是避暑居留会在全球范围内成为一种全新的夏天生活场景，黑龙江因其独特的地理位置和气候条件，更应该在世界避暑经济的浪潮中占有一席之地。以气候特征、绿色食品、滨江湿地、民俗民风和中俄风情等魅力要素为基底，哈尔滨的夏季旅游应该对标世界避暑旅游的大格局，顺势而为，抢占风口，烹饪出避暑旅游的“满汉全席”。

哈尔滨的夏季旅游经济发展还处在由纯旅游业态向“避暑旅游＋”转变的过程中。我们已经具备“避暑旅游＋居留”“避暑旅游＋会展”，甚至“避暑旅游＋生活”的多元化旅游基本条件，只要我们重视避暑经济的“新鲜事”，“爽毙了”的哈尔滨不但会吸引“冬季南下”的属地居民夏季回归，重回故里，安营扎寨；还会吸引“北上避暑”的国内客源蜂拥而至，天然空调，酷爽宜人；更能够吸引欣赏“北国好风光”的国际客源接踵沓来，寻城市文脉，走白山黑水。向全世界端出避暑经济的“招牌菜”应该成为哈尔滨夏季旅游工作的“传家宝”和“压舱石”。

避暑经济

避暑旅游是因为人体的生理需求而产生的心理期许，它的实现度远远超越了单纯旅游的动机实践，也就是说避暑出游的迫切度远高于普通旅游的必要度。携程的旅游大数据分析显示，中国青睐避暑出行的城市多集中在一线城市和二三线的高温城市，订制的行程多以一周以内的高档旅游产品为主，而且结伴和“组团”出行占大多数，这与经济发达地区大多数高收入人群的旅游出行期望十分一致。

将气候资源作为旅游导向的“定海神针”，通过休闲、度假、康养和居留等旅游活动形成的避暑产业和经济现象我们称之为避暑经济。避暑经济的特征是温度经济，以气候温度为依托，以区域本底为铺垫，温度为纲，温度为魂，只要“上纲上线”，就一定会纲举目张。根据“温度旅游”资源的关联度和“温度产业”现象的耦合度，我们可以将避暑经济统筹为宏观、中观和微观三个层面，并进而概括出外延产业、主导产业和核心产业。避暑经济宏观层面的外延产业很宽泛，涵盖社会经济结构的各个关联点；中观层面的避暑经济主导产业则渗透旅游经济的全域体系，在原有旅游矩阵态的基础上，每个产业点都增加了避暑的关键元素，进而倍数级地放大了旅游效应量；微观层面的避暑经济核心产业当然就是避暑旅游本体，伴随时代的发展，今天的旅游客体仍然在不断地丰富着避暑行为的功能语义。

行动策略

中商产业研究院报告指出，目前我国避暑经济产业规模在 7 500 亿元左右。如此庞大的产业效益，如此巨大的“蛋糕盛宴”，应该引起我们的关注再关注，而且不应只是关注，还应该激发我们的行动再行动，对哈尔滨而言，已经没有再比发展避暑经济更“硬核”的道理了。

首先，我们必须加快研究和梳理哈尔滨避暑经济发展的瓶颈问题。我们的旅游决策层要从《2019 年中国避暑旅游预测报告》数据入手，对比性地分析原因，数据化地寻找差距，相关研读要脚踏实地，务实求真，要以问题为导向，既不唱赞歌，也不唱衰歌，并且要着重于发现避暑旅游产品的供给空缺，补短板，抓实效，在实际调研和深度研析的基础上，提出突破瓶颈和弯道超车的系统性解决方案。

黑龙江省（国家级）现代农业示范区概念性规划设计鸟瞰图（宜吾设计，2010 年）

哈尔滨市阿什河湿地公园概念性规划设计鸟瞰图（宜吾设计，2012 年）

其次，我们必须加快调整和转变哈尔滨避暑经济发展的思维理念。新时代旅游新思想和新技术带来旅游新需求，我们传统的旅游管理模式、产品评估机制和旅游价值取向都面临着前所未有的巨大挑战。有挑战才有机遇，有机遇才有发展，我们需要顺应旅游发展的规律，更新我们的旅游发展理念，提升哈尔滨的旅游管理水平和景区景点的国际化水准，出避暑牌，下避暑棋，摆脱为了评级而搞旅游的思想束缚，在思想上再出发，在行动上再迈步，只有这样才能同我们所处的旅游新时代密切铆合，同新时代的旅游消费者同思共享。

再次，我们必须加快制定和推出哈尔滨避暑经济发展的提升策略。我们要加快制定和推出具有避暑质量价值的旅游供给侧产品，推出具有国际水平的旅游服务通则，这是改善哈尔滨避暑经济旅游消费不平衡的发力点和聚焦点。我们要具有主项目引领和众项目围攻的避暑经济新思维，丰富旅游的层级和宽域，进而提升避暑旅游的整体基本面。我们要以信息化管理和智能化体验为避暑经济的新抓手，创造性地以新科技造就旅游智慧，提升哈尔滨的全域旅游能级。我们要以历史筑基底和文化再创新为避暑经济的新势能，制造避暑旅游 + 文化的东北大都市氛围，以国际旅游语言演绎中国旅游的真谛。

最后，我们必须加快完善和再造哈尔滨避暑经济发展的品牌项目。我们要创造性地开发出避暑旅游新产品并在原有产品中注入避暑旅游的新动能，这需要我们的旅游管理者和旅游开发者重视创新研发和设计创造。长期以来我国的旅游业界一直存在轻生态重建设、轻设计重施工、轻无形重有形、轻创意重套路、轻独特重俗成的思维阻尼。我们要将避暑经济发展的质量点聚焦于生态、设计、无形、创意和独特上，使哈尔滨的避暑旅游事业在生态化、设计感、无形态、创意丰和独特征等层面上良性循环和持续发展。

结语

习近平总书记“绿水青山就是金山银山”的重要论断，为我国加强生态文明建设与发展绿色经济指明了方向，也为我国旅游文化产业的换挡升级提出了历史性的重大课题。我们要按照党中央确定的旅游发展目标，咬定绿水青山不放松，让绿水青山化作提升经济发展的内在动能，让气候温度化作助推避暑旅游的内生机制。“春种一粒粟，秋收万颗子”，我们要一坑一粒种子地培育哈尔滨旅游的内质潜能，特别是挖掘哈尔滨独具优势的避暑经济潜能，立体化地再造哈尔滨全域全季全时的旅游新面貌。

区域新中心 东极佳木斯

——佳木斯城市空间发展探索与规划

出版物 Publication：

《佳木斯论坛》① /《友声：佳木斯建设区域中心城市论坛》

期号 Issue No.：

2018 年第 8 期，总第 161 期/2018 年特刊

页面 Pages：

13—20/37—43

主办方 Organizer：

佳木斯市社会科学界联合会、佳木斯市社会科学院/政协佳木斯市委员会

摘要 Abstract：

本文从东北亚、佳木斯和主城区三个层面立题切入和研析探究，以佳木斯所处的国内外地域环境为本底，以国家近年来出台的一系列大政方针为依据，以佳木斯得天独厚的自然禀赋为内生动能，以黑龙江的经济产业导向为势能支撑，综合阐述佳木斯作为黑龙江东北部区域中心城市的客观性和必然性，同时提出佳木斯建设区域中心城市的总目标、着重点和总原则，并探索性地建议巩固优势和去化劣势的规划实践方法，为把佳木斯打造成为区域中心城市献计献策和出谋划策。

关键词 Key words：

区域中心城市　佳木斯　东极丝绸之路　冰上丝绸之路　北极航线　滨水空间

引言

随着国务院办公厅 2017 年 1 月 14 日对《佳木斯市城市总体规划（2011—2020 年）》的正式批复，作为黑龙江东北部中心城市的佳木斯已经梳理容颜准备闪亮登场，开始以焕然一新的面貌履任新时代区域中心城市。在 2018 年的当下，随着哈尔滨至佳木斯高速铁路的开通，佳木斯这片中国东北的东北区域正以雄健的身躯和开放的襟怀，豁然走出广袤的三江平原，以其清丽富饶的颜值再次走进人们的视野。

区域中心城市这个全新的城市定位对佳木斯来讲既是“而今迈步从头越”的新坐标和新聚焦，也是“雄关漫道真如铁”的新使命和新担当。时代给予佳木斯从头越的历史机遇，未来则寄予佳木斯挑战自我的雄心和意志。本文从东北亚、佳木斯和主城区三个层面立题切入和研析探究，以佳木斯所处的国内外地域环境为本底，以国家近年来出台的一系列大政方针为依据，以佳木斯得天独厚的自然禀赋为内生动能，以黑龙江的经济产业导向为势能支撑，综合阐述佳木斯作为黑龙江东北部区域中心城市的客观性和必然性，同时提出巩固优势和去化劣势的规划实践方法，为把佳木斯打造成为区域中心城市献计献策和出谋划策。如有不当之处，敬请批评指正。

从东北亚层面

1. 东极之路

佳木斯是我国东北地区古驿道的主要节点之一，这是有证可查和有源可溯的事实。随着

① 在 2018 年 8 月 14 日举办的“佳木斯建设区域中心城市论坛”上，作者发表了题为“区域新中心·东极佳木斯”的主题演讲，本文应《佳木斯论坛》约稿，以 PPT 演讲稿为蓝本撰写而成。

历史的发展演绎，自金代在现黑龙江境内设立蒲峪路和胡里改路这两处中华版图北部的行政管辖机构之后，驿商兼容的地理通商路线便更加清晰地浮现在辽阔的东北大地上。其中位于佳木斯松花江段上游现依兰行政区划内胡里改路的设立，进一步明确了经佳木斯取道哈巴罗夫斯克进而沿黑龙江顺流而下直达庙街（原属中国领土，现俄称“尼古拉耶夫斯克”）的商道路径。这是中国历史版图上无数条商道之一，因为地处中国的最东端，我愿称之为古“东极之路”，又因为该商道位于高纬度的寒带地区，冬季以马拉爬犁为交通工具，也可称之为古“冰上之路”。今天在国家“一带一路”的战略框架下重新审视这条古时就形成的驿路商道，不但具有深远的历史意义，对于佳木斯这座新兴的区域中心城市而言更有着广博的现实意义。如果我们进一步沿着“东极丝绸之路”的概念去调研和探索，相信通过对大量数据和信息的采集和挖掘，更多佳木斯能够成为中国东北乃至东北亚区域中心城市的佐证将会一一呈现出来。

2. 通江达海

地处东北亚的我国东北区域能不能通江达海形成战略出海口，是“中蒙俄经济走廊”和黑龙江省“龙江丝路带”建设的关键点所在。研读东北亚格局，梳理东北亚脉络，我们惊奇地发现，东北有出海口，就在松花江流入黑龙江的交汇点同江市。随着同江深水码头的建设，中国东北的出海口正在逐步揭下其神秘的面纱，以深谋远虑的大智慧凸显于东北亚的地理版图上。

理论上讲，从同江深水码头出发的货轮可以沿黑龙江主航道顺流北上，到达庙街的出海口，构筑起佳木斯有别于其他区域中心城市的地缘优势。如果在不久的未来高铁线路能够跨越正在建设的同江跨境铁路大桥继续往北铺设至庙街，那就建构了我国东北地区江海联运和陆海联运的双通道出海方式，这种“双龙戏珠”的出海宏图必将为佳木斯带来重大的发展机遇，为黑龙江带来振兴发展的历史时刻，也为我国东北地区的地缘格局带来具有划时代意义的突破，同时为东北亚经济共同圈带来举世瞩目的经济活力，古“东极之路”必然以新时代“东极丝绸之路”的注解而焕发出世纪的魅力。

3. 北极航线

2013 年，中国中远集团的“永盛”轮从大连港出发，经白令海峡穿越北极圈东航线抵达鹿特丹港，航行时间为 27 天，比穿过马六甲海峡的传统航道减少了约 9 天的时间。这条新闻在当时并不十分显眼，但其背后隐含着的重大商业资讯足以给东北亚经济发展带来革命性的变革，同时也为助力大东北和助力佳木斯的发展提出了一个时代性的战略命题。一条中国到欧洲最短距离的北极商运航线呼之欲出，世界航运史因为这条新航路的出现正在被刷新和续写，这就是北极航线，同时也是攸关东北经济的复兴航线和命运航线。

俄罗斯运输部早已针对北极航线作出官方预测，因为距离的优势和成本的功效，因为战略的安全和航道的通达，2030 年亚洲至欧洲货运量的 25%将走北极航线。从航行里程上计算，佳木斯同江深水港经庙街出海口至白令海峡的航道是中国陆地港口至白令海峡距离最短的航道，随着江海、陆海、江陆海乃至江陆空海等各类跨境联运物流链的形成，佳木斯必将以新时代东北亚枢纽城市的身姿横空出世，佳木斯作为区域中心城市的地位将更加彰显，在此机缘背景下佳木斯能否在未来跻身东北亚层面的区域中心城市并昂首屹立于世界东方而非单一的黑龙江省区域中心城市呢？这将由佳木斯在未来的答卷中书写，特别是在中美贸易战剑拔弩张的当前，北极航线的商贸价值已经远远超越了东北出海口的定义，而上升为国家的战略思考和发展定力。

4. 区域中心

国家区域中心城市处于中华人民共和国住房和城乡建设部、中国城市规划设计研究院联合编制的《全国城镇体系规划（2006—2020 年）》提出的城镇体系第二层级——城镇层级，被确立为黑龙江省东北部区域中心城市的佳木斯就属于该层级。如果我们俯瞰大东北或者整个东北亚地区，在上述宏观战略的利驱下，我们能不能从更大处着眼来审视佳木斯的区域中心城市地位呢？是否能据此回答佳木斯是哪个层面的区域中心城市这个命题呢？

首先，佳木斯应该被确立为黑龙江东部区域中心城市而不是东北部区域中心城市，尽管只少了一个“北”字，但其含义和规模却截然不同；其次，佳木斯应该战略性地提出跻身东北亚中心城市行列的构想，而非仅仅局限于黑龙江东部区域中心城市，这种战略考量和理论探讨应该被纳入技术研究的范畴，以便早准备、早启动、早布局、早实施。从东北亚目前的格局来看，我们还没有发现哪一个城市或城市群因为举足轻重而成为东北亚区域中心城市，佳木斯的未来机遇或许就在其中。

通过进一步分析我们不难发现，因为地缘政治、地理条件、地区人口和消费市场等要素的叠加作用，未来东北亚区域中心城市很可能产生于中国版图，理由可以概括如下：一是我国东北拥有宽广的地域空间；二是我国东北富有沃饶的自然资源；三是我国东北具有庞大的消费市场；四是我国东北拥有国家乡村振兴战略的政策扶持；五是在我国历史上，东北亚许多地区是中国的版图，只是在清朝后期到新中国成立这百余年间，这些风水宝地被列强垂涎、觊觎、侵扰、蚕食和瓜分了。如果佳木斯成为东北亚区域中心城市这个有待研讨的命题能够成立，那么“大”佳木斯就是当之无愧的区域首选。

5. 区划再造

把佳木斯建设成为黑龙江东北部区域中心城市，并进而把佳木斯锻造成为黑龙江东部区域中心城市和更高的目标——东北亚区域中心城市，我们应该实施行政区划再造工程，编织“大”佳木斯的区域空间格局，谱写“大”佳木斯的行政区划篇章，整合区域优势资源，增强区域综合竞争力，促进各类生产要素高速流动，破除经济发展的界限壁垒，赋予佳木斯更多的

佳木斯市博物馆建筑设计方案效果图（宜吾设计，2021 年）

动能和势能。

首先，佳木斯市的行政区划面积为 3.27 万平方千米，从黑龙江东北部区域中心城市的定位上讲，其规模还比较小，难以形成集散作用，更谈不上引领和辐射作用的发挥，增量扩容形成“大”佳木斯的设想正在或已经初见端倪并成为新时代和新发展的条件必选项；其次，佳木斯市与鹤岗市、双鸭山市主城区的距离都只有约 60 千米，如此近的距离却划分出平级的行政管辖区域，既存在较大的行政资源浪费问题，也存在条块分隔和发展制约的区囿藩篱；再次，七台河市的区划面积为 0.622 万平方千米，仅为佳木斯市面积的五分之一，不科学和不平衡的行政区划问题更显突出；最后，鹤岗、鸡西、七台河和双鸭山这些原有的煤炭能源重镇在生态环保要求的严控下也面临经济转型发展的问题，“抱团取暖”和“相互依托”式的区域协同发展思维也正在逐步形成。如果能够借鉴上海市早年将南市区整合进黄浦区和近年将闸北区整合进静安区的区划再造思路，将佳木斯、鹤岗、七台河、鸡西和双鸭山编制为一个行政区划，推出“1+4”的“大”佳木斯行政新区划，形成总面积为 9.922 8 万平方千米的去掉引号的真正大佳木斯，将五个手指攥成一个拳头，用五个脚趾共同蹬地起跑，必将极大地丰富区域中心城市佳木斯的功能内涵和效能外延。

如果大佳木斯的动议付诸实施，那么佳木斯由黑龙江东北部区域中心城市演变为黑龙江东部区域中心城市自然水到渠成，要有“欲穷千里目”的攀登，就必须有“更上一层楼”的行动。从表面上看如此这般是简单地弃掉一个“北”字，但是从概念到定义、从广度到深度和从内质到外延上去探索，对佳木斯区域中心城市的诠释必将产生“会当凌绝顶”的深远历史意义，并进而为佳木斯登顶东北亚区域中心城市的峰巅打下扎实的基础和埋下战略的伏笔。

从佳木斯层面

1. 东北特征

佳木斯坐拥美丽富饶的三江平原，是东北粮仓，更因是大陆最早迎接太阳升起的地方而被誉为中国“东方第一城”。油油的黑土地承载着先辈们战天斗地和辛勤开垦的印迹，随着步入全新理念的区域中心城市建设，必将迸发出新时代赋予的勃勃生机。

东北有东北的独特，佳木斯有佳木斯的特殊性，只有依照佳木斯的地域属性去探究区域中心城市课题，研究才最具针对性和聚焦性。首先，东北具有独有的气候特征，一年四季分明、阴阳有序，庄稼都是单季产出，生产都有开合张弛，漫长的冬季使东北人民享受着南方地区所不曾拥有的另一种生活节奏和社会氛围；其次，东北地广天高，山阔水渺，大自然的秉性塑造出东北人豪爽的处事方式和畅达的行为空间，东北的城市空间句法明晰地体现着这种地域特征；最后，佳木斯的城市建设史尽管仅有短暂的百余年，但确称得上可圈可点和可歌可泣，只有抓住那份跌宕起伏的城市文脉，才能绘就其作为区域中心城市的波澜壮阔的当代画卷。

2. 规划思考

如何谱写佳木斯这曲华彩的区域中心城市乐章，是摆在我们面前的一项紧迫而重大的现实任务。总结改革开放四十年来我国城乡建设的历史经验，结合当今城市规划工作中碰到的新情况和面临的新问题，从佳木斯城市的实际状况入手，让我们把思考的焦点聚合到以下四大主题上。

第一，我们需要解析佳木斯总体的发展现状，以其自身独具的资源内涵为着力点，梳理包括国内和国外在内的周边区域的总势态和大环境，从中找寻佳木斯的优势在哪里和劣势是什么，并进一步定义我们所面临的机遇是哪些和挑战在哪里；第二，我们需要用城市规划的语法和技术去研读佳木斯的城市形态、产业特征、空间布局、交通体系、生态环境和人口状况等城市要素，研判要素和数据中体现出来的优劣、利弊、轻重和多少，为后续的城市规划提供任务书和导航仪；第三，我们需要评估佳木斯工程建筑和街区空间的城市功能、组合空间、艺术美学、建筑色彩、高度密度、节能环保和建设标准，为区域中心城市意义上的城市街道空间提供修辞手段和更新策划；第四，我们需要品读建设管理和城市运营的思想和策略，以工程项目管理的思维审视城市发展建设的谋略境界和营建水准，确立区域中心城市的管理刻度和竞争标杆。

3. 规划结构

研读佳木斯现有的行政区划，分析佳木斯的经济地理要点，佳木斯线性轴状的发展势态为佳木斯的规划结构确立了串联的总框架和赋能的主旋律，一主三副的带状城市规划结构道法自然地奠定了佳木斯的格局基准。佳木斯在区域中起着龙头主导的统领性作用，从佳木斯向东北方向串联，形成从富锦至同江再到抚远的一个主城三座副城的空间结构形态。抚远作为佳木斯的东极，当然也是中国的东极，规划以旅游经济为城市抓手；同江作为跨境铁路通达的口岸城市，规划以枢纽经济为牵动点；富锦作为三江平原的切入点，肩负着农业生产的重责重任。在一主三副区域中心城市的结构总括下，植入和穿插全旅游、强农机、大健康、最湿地、链数据、智农业、捷物流、泛会展、低空域、乐居住、绿食材和质服务等城市特质功能，这种产业共振的叠加效应共同搭建起佳木斯区域中心城市的规划结构。

4. 规划策略

根据佳木斯的东北地域特征，通过对其缜密的规划思考和战略定夺，在确立的规划结构基础上，建议实施如下规划策略：第一，要落实区域协调，通过健全市场机制，增强城市间的相互促进和影响，发挥资源优势互补的凝合力，振兴区域产业发展，优化区域经济结构；第二，要坚定生态导向，以生态绿色促进社会生活文明，采取措施增强人口导入，特别是高端人口导入，保证资源利用高效和经济增长合理，以生态系统完善引领人居环境和谐；第三，促进产城互融，通过完善产业结构来提升城市内在动能，搭建普惠的融资平台，以优招商和效引

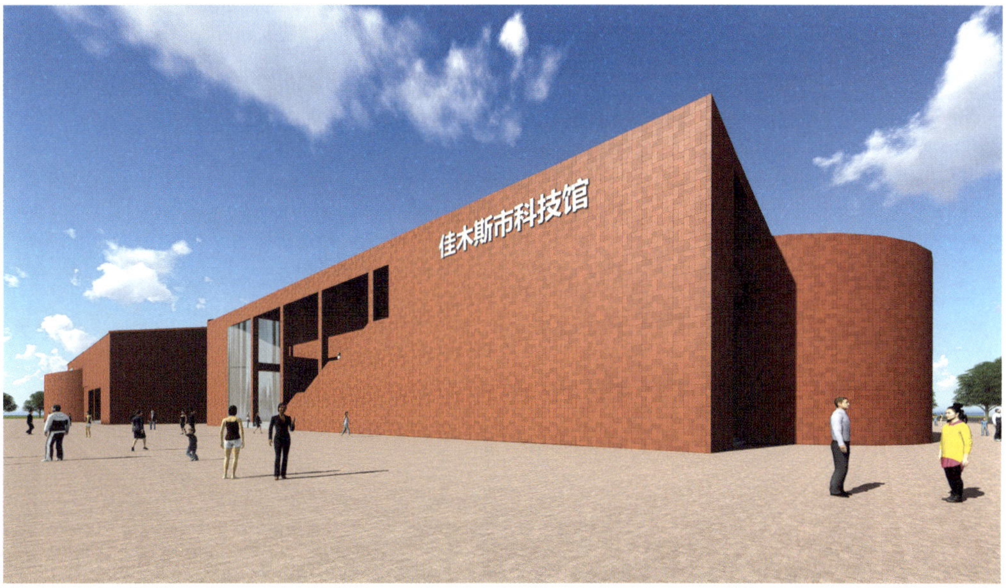

佳木斯市科技馆建筑设计方案效果图（宜吾设计，2021 年）

资为立足点拓展区域中心城市内在价值，完善产城一体化的城市布局，并以此助推区域产业的优化升级；第四，加强文旅统筹，提升城市精神文明水准，使佳木斯成为文化旅游宜居胜地和医养健康休闲宝地，通过营销和经营城市以及完善公共设施建设，促进社会精神文明和物质文明双丰收。规划策略的终极目标是将佳木斯打造成为生态天地、枢纽口岸、农机高地和康居世界的东北亚区域中心城市。

5. 城市定位

确立佳木斯的城市定位，不能仅从佳木斯看佳木斯，而是要跳出佳木斯看佳木斯。我们要从佳木斯的资源特质和禀赋特征出发，放眼包括鸡西、鹤岗、双鸭山和七台河在内的“大”佳木斯，分析优劣势，找寻突破口。更进一步讲，我们不但要放眼“大”佳木斯，而且要统揽东北亚，从东北亚的高度审视佳木斯，洞察未来佳木斯在东北亚的潜质内效，并努力在城市定位和战略布局中释放出内在活力，使未来的佳木斯在东北亚格局中脱颖而出，把“龙江经济带”的畅想落到实处，把“一带一路”的国家战略在东北亚广域上播种耕耘并进而生根开花。

要成为新时代的黑龙江东部区域中心城市，佳木斯必须在“引领”“辐射”“集散”这六个字和三个词义上寻求定位和制定战略，围绕这三个含义做大文章、布大格局、绘大蓝图和抓大特写。从引领的视角看，佳木斯的产业结构必须创新性地升级提挡；从辐射的高度看，佳木斯的发展模式必须生态型地转变换挡；从集散的广度看，佳木斯的服务设施必须科技性地智能上挡。佳木斯要紧紧抓住区域中心城市所赋予的时代机遇，切实采取对内跨地域和对外跨国界的行动战略，以“滨城田海”为绿色发展衬底，打造从城市到区域的共同经济圈，促进从农业到健康的特质产业化，构筑从居住到乐居的人民幸福感，展现从实力到魅力的品牌美誉度。

从主城区层面

1. 地缘堪舆

佳木斯主城区是一片沿松花江南岸生长延

黑瞎子岛东极宝塔（作者绘于2018年6月25日）

展的空间区域，背靠潺潺流水的松花江，南望巍巍壮美的四丰山，东西环绕音达木河和杏林河，三水坐拥，一山独傲，堪称绝对的堪舆佳和风水正。在四丰山和柳树岛正南北轴向间裹挟的是佳木斯的主城区，王三五河和杏林河宛如两条绸缎般的彩带萦绕簇拥着城区的制高点水源山，如此灵动而致远，那么缠绵而境深，一派佳木斯地理地缘所独有的潇洒和妩媚。置身于东西双河怀抱的水源山，天元般地雄踞城市的地脉中央，构成“穴道”，点出“穴位”，登水源山而招，自然“臂非加长也，而见者远”，更有“顺风而呼，声非加疾也，而闻者彰”。在佳木斯百余年的发展历史中，这座城市就这样以自己的通合和气脉，接受着山水的吐纳和时势的境迁，出落成今天奋发图强的崛起表征，并正在以崭新的气魄挥洒着区域中心城市新历程的豪情壮志。

2. 政策精神

2016 年 2 月 6 日《中共中央 国务院关于进一步加强城市规划建设管理工作的若干意见》（以下简称《若干意见》）正式颁布，一些突破原有城市发展观念的新思维被引入我国的城市规划体系，一些城市建设领域的新政策也开始在全国范围内推广实施，在雄安新区的城市规划案例中我们已经很清晰地看到了《若干意见》的执行痕迹和落地举措。

从历史的角度看，佳木斯建设区域中心城市的起步紧随《若干意见》的颁布，时间吻合，机遇巧合，《若干意见》中的新思维和新政策必将对佳木斯的区域中心城市建设产生深远的影响。我们应该认真解读《若干意见》的精神实质，将其融汇到佳木斯宏观战略策划和微观城市规划中，使之成为佳木斯区域中心城市建设所必须遵循的理念条框和技术法则。

对区域中心城市佳木斯而言，《若干意见》中的如下两点特别需要我们在未来城市建设中执行：一是街区制的居住区理念，意见要求“新建住宅要推广街区制，原则上不再建设封闭住宅小区。已建成的住宅小区和单位大院要逐步打开，实现内部道路公共化，解决交通路网布局问题，促进土地节约利用”。二是窄马路密路网的道路设计思想，雄安新区每平方千米约 12 千米的规划指标已经为我们树立了未来中国城市路网密度的新标杆，而像佳木斯这个具有 200 多万人口的大城市，其原有的路网密度只是雄安新区的一半甚至不足，提升空间极大，发展空间广阔。

3. 滨水空间

要把佳木斯建设成为区域中心城市，必须开发和利用好主城区 18 千米长的松花江滨水空间。

佳木斯是一座依傍松花江的滨水城市，滨水空间开发潜力巨大，利用价值无限。国际学术领域早已将滨水地区（waterfront）的开发作为独立的规划领域去研究，有关机构还将滨水空间划分为水域、水际线、陆域三个组成部分，并进而把研究的红线范围圈定在垂直于水岸线 200～300 米的水域范围和与之相邻的垂直于水岸线 1～2 千米的城市陆域空间内。美国学者安妮·布里恩（Ann Breen）和迪克·里贝（Dick Rigby）将滨水空间划分为商贸、娱乐休闲、文化教育和环境、居住、历史、工业港口设施等六大类型并加以细化分析和规划探索。

佳木斯主城区有直线长度约为 18 千米的滨水岸线，通过对滨江段卫星照片的研读可以看出，佳木斯的滨水空间除了西侧局部区域高层林立以至于“板障子”式的沿江高层住宅建筑占据了城市价值最大的土地资源之外，其他滨水区段可开发利用的水岸空间尚有余地。为了建设好区域中心城市，我们应该本着对历史负责任的精神，梳理现有滨水空间资源，并根据梳理的数据加以分析和研究，委托第三方机构高起点、高标准地完成佳木斯滨水空间的战略策划和后续的概念性规划设计，进而为将来的详细规划设计提供任务书和项目支撑点。

4. 城市客厅

要把佳木斯建设成为区域中心城市，必须规划和建设好面积约为 150 公顷的高铁站南广场区域。

随着哈佳高铁的贯通，如何打造佳木斯高铁站南广场已经成为社会各界关注的热点。早在 2016 年 5 月，我在为牡丹江市高铁站贡献规划设计思想时，就曾到佳木斯用半天时间调研正在平整土地的高铁站南广场，深感未来其对于佳木斯城市的价值和意义。佳木斯高铁站南广场是未来佳木斯的城市客厅，代表着佳木斯城市建设的最高水平和最新理念，我们有必要从区域中心城市建设的高度去审视这片150 公顷的土地资源，而不应简单地完成控规后出让土地，仅回收点微利的土地出让金，给历史留下难以更改的遗憾。

理念为尊，规划为辅；思想为上，技术为后；长远价值为大，短期税收为末。这是塑造佳木斯未来城市客厅的关键点和着力点。我们要因地制宜地利用好穿越南广场区域的王三五河，将溪河蓝廊、沿河绿廊、慢行步道、商业配套、公共设施和居民住宅多元融汇，借水源山景，立枢纽点势，借鉴和参阅国内外成功的火车站广场空间规划案例，通过高起点的战略策划、美颜的形态规划、适宜的城市设计、完善的功能分布和精彩的建筑设计定稿佳木斯未来客厅的总体布局。对于这片最能体现佳木斯未来发展的主城区空间，要规划规划再规划，要设计设计再设计，要做精做精再做精，全市上下要一张蓝图干到底，咬住青山不动摇，展现佳木斯建设区域中心城市的决心和信心，将最美好的佳木斯城市客厅奉献给佳木斯市民，将最精彩的中国当代城市实践案例奉献给全世界。

5. 城市更新

要把佳木斯建设成为区域中心城市，必须谋划和运作好老城区更新改造系列项目。因篇幅所限，仅以如下两大综合项目为例加以说明和阐述。

佳木斯市规划馆建筑设计方案效果图（宜吾设计，2021 年 3 月）

第一，启动杏林河“开膛破肚”工程。通过杏林河综合整治工程，还佳木斯城市本源的“道法”于自然，吸取经验教训并告诫未来城市管理者，在未来的城市建设中永远要尊重自然和爱护生态，人类只有对自然负责，自然才会给予人类恩惠。杏林河治理是一项复杂的系统工程，佳木斯要以韩国首尔的清溪川为国际比照案例，要策划、规划和设计好相关子系统的一揽子解决方案，而不是简单的河底水泥板和河岸石栏杆。在通过打开盖板和生态修复还绿水清溪于市民和城市的同时，对杏林河沿线的入江口、胜利公园、西林公园和杏林湖公园四处关键节点高屋建瓴地规划和高瞻远瞩地设计，在杏林河这条美丽的佳木斯项链上镶嵌四颗耀眼的城市珍珠，让后人为我们今天的美学修养和城建手法拍案叫绝和感慨赞誉。与此同时，梳理和策划杏林河两岸的道路交通和街区空间，将单行道、停靠点、绿带廊、停车场、慢行道和休闲角等公共区域有机串联贯通，将购物区、商业楼、美食坊、酒吧街和时尚厅等商业区段有机并联统筹，真正让佳木斯成为一座人们来了就不想离开的城市。

第二，启动主城区现存历史建筑的统计、造册、保护和修复工作。挖掘历史文化和讲述城市故事，让老建筑成为城市历史的倾诉者和讲解员。结合历史文化街区建设，将包括东北银行旧址、东北大学旧址、侵华日军佳木斯松花江铁路大桥桥头堡、合江省政府旧址等历史文化建筑组合串联，形成独具特色的佳木斯历史文化旅游观光线。慢行道的城市通达设计，使佳木斯成为市民和旅游者有得逛、有得看、有得游和有得玩的历史之城、文化之城和魅力之城，使佳木斯的建筑可以阅读、街区可以漫步和城市具有亲切宜人的暖度，这才是我们将要为之努力建设的区域中心城市。

结语

佳木斯建设区域中心城市的总目标是要实现佳木斯在东北亚的主导地位，强化佳木斯在统筹黑龙江东部产业发展和优质生活圈建设中的挈领作用，强化佳木斯与周边国内外城市优势互补、分工合作、协同发展的集散效应，成为具有广泛区域影响力的贸易中心、物流中心、资讯中心和生产服务中心，并最终成为中国东北参与全球发展的区域中心城市和新型的国际城市。

佳木斯建设区域中心城市的着重点就是要构建面向整个东北亚的区域中心功能，并带动全区域融入国内外的市场一体化和经济共同圈，打造东北产业门户和综合交通枢纽，发展成为东北亚农产业的生产制造中心和信息服务中心，形成在全球化进程中保持国家农业长远利益和核心竞争力的产业集群，突出高端引领和辐射带动能力。

佳木斯建设区域中心城市的总原则就是运用全过程项目管理的哲学思维和技术路径去分解组成要素和审视发展项目，搞好先期战略策划和资本运作，搞好早期的城市规划、建筑设计和景观设计等系统设计，搞好中期的施工建设和成本控制，搞好后期的运营管理和投资回收，并最终搞好佳木斯的城市经营和品牌输出。

在佳木斯市委和市政府坚强和科学的领导下，只要我们做足功课并以工匠精神严格地走好项目进程的每一个阶段，就一定能够书写好黑龙江东北部区域中心城市这篇大文章，就一定能够下好跻身东北亚重要节点城市的这盘大棋，就一定能够把佳木斯建设成为享誉东北亚的卓越的区域中心城市。

挖掘城市内涵·塑造历史街区

——以香坊区开埠历史文化街区为例①

出版物 Publication：

《哈尔滨市情活页》

期号 Issue No.：

2018 年第 5 期，总第 80 期

页面 Pages：

16—18

主办方 Organizer：

哈尔滨市人民政府地方志办公室

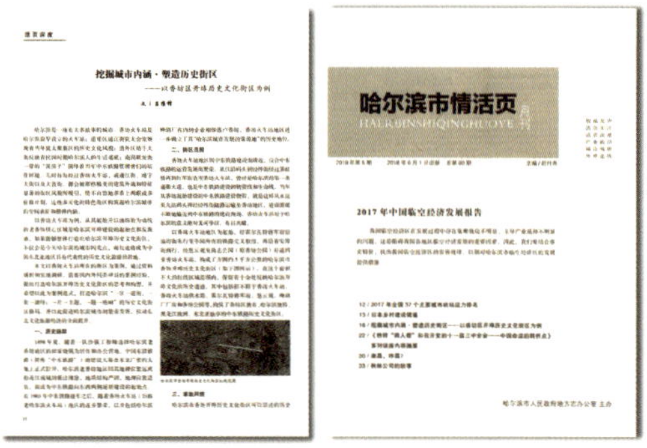

挖掘城市内涵·塑造历史街区

哈尔滨市情活页

2017 年中国临空经济发展报告

哈尔滨是一座有太多故事的城市。香坊站（旧称老哈尔滨站）是哈尔滨最早设立的火车站；道里区通江街犹太会堂展现着当年犹太聚集区的历史文化风貌；道外区靖宇街反映着民国时期哈尔滨人的生活基底；南岗区联发街一带的“黄房子”演绎着当年中东铁路管理者们的居住环境。儿时每每经过香坊站，或者每每经过通江街、靖宇街以及大直街，我都会被那些精美的建筑外观和特征显著的街区风貌所吸引而情不自禁地多看上两眼和多驻留片刻，这些多元化的特色街区构筑起哈尔滨城市的空间表征和精神内涵。

以香坊站为例，以其为起始并以油坊街为动线的老香坊核心区域是哈尔滨开埠建设的起始点和发源地。如果能够整体打造出哈尔滨开埠历史文化街区，其不仅将成为哈尔滨的城市闪光点，还将成为东北亚地区具有代表性的历史文化旅游目的地。

下面以香坊站所在的街区为案例，通过资料研析和实地调研，借鉴国内外同类项目的案例经验，提出打造哈尔滨开埠历史文化街区的思考和构想，并希望以此为案例范式，打造哈尔滨“一区一道街，一街一演绎；一片一主题，一题一绝响”的历史文化街区格局，且以此促进哈尔滨城市的繁荣发展，推动东北文化旅游经济的全面提升。

历史脉踪

随着 1897 年深秋第一批沙俄勘察队抵达哈尔滨，以及 1898 年夏天抵达的沙俄工程师们将老香坊地区的田家烧锅作为居住和办公营地，中国东清铁路（简称“中东铁路”）的建设大幕在东北广袤的大地上正式拉开。哈尔滨老香坊地区因其地理位置远离松花江流域的低洼滩涂，地质结构严固，地理位置适宜，成为中东铁路向东、西两侧延展建设的起始点。在 1903 年中东铁路通车之后，随着香坊站地区的逐步繁荣，以及包括哈尔滨啤酒厂在内的企业相继落户香坊，香坊站地区进一步确立了其作为哈尔滨城市发展策源地的历史地位。

街区范围

香坊站地区因中东铁路建设而缘起，应合中东铁路的运营发展而繁荣。从江沿码头到经纬街，经过霁虹桥再到红军街，直至香坊站，这是哈尔滨的第一条通衢大道，也是中东铁路建设的物资线和生命线，当年从香坊起始建设的中东铁路的建设物资就是这样水运至九站码

① 本文为作者参加 2019 年政协哈尔滨市第十三届委员会第三次会议的委员提案。

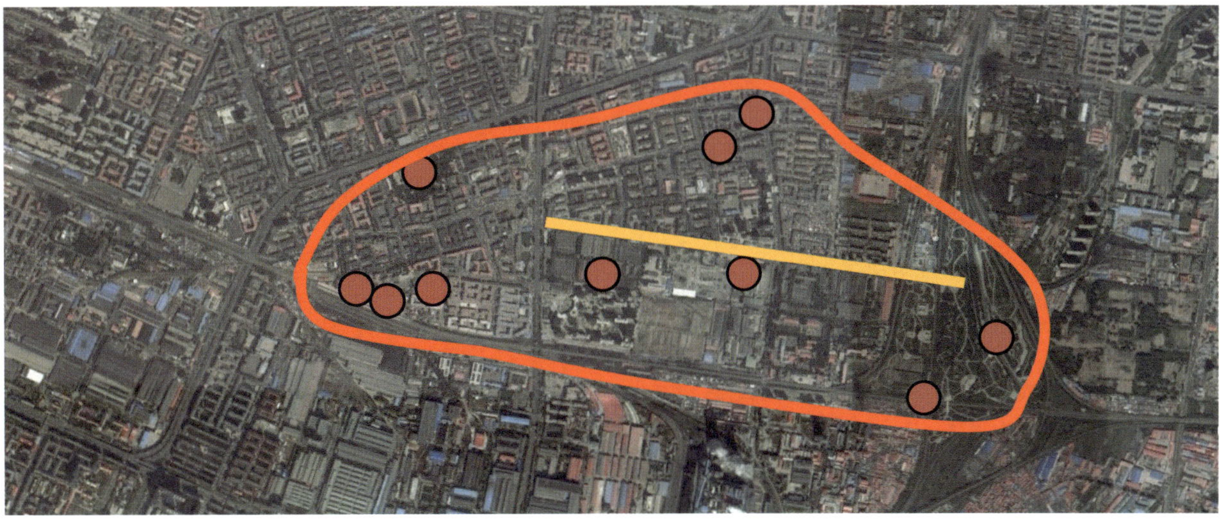

哈尔滨市香坊区开埠历史文化街区红线范围（宜吾设计绘制）

头，再经经纬街陆路运输至香坊地区，并进而源源不断地输送到中东铁路的建设现场的。香坊站对于哈尔滨的意义无可争议，大家有目共睹。

以香坊站地区为起始，经霍尔瓦特将军府沿油坊街东行至亭园所在的铁路交叉枢纽，再沿着安埠街西行经慈云观至尚志公园（原香坊公园）并返回香坊站，构成了方圆约 5 平方千米的哈尔滨市香坊区开埠历史文化街区。在这个面积不大的红线区域范围内保留有 10 余处反映哈尔滨开埠文化的历史遗迹，包括但不限于香坊站、香坊站供水塔、霍尔瓦特将军府、慈云观、啤酒厂厂房和香坊公园等，它们构筑起香坊区独有、哈尔滨独特、黑龙江独到、东北亚独享的中东铁路历史文化街区。

掌故风情

哈尔滨市香坊区开埠历史文化街区可以讲述的历史人物和历史事件有许许多多，其中不得不提的就是田家烧锅的掌故。田家烧锅开设于清朝咸丰年间，原字号“永兴德”，后来人们直接称呼“田家烧锅”。有史有记有故事的田家烧锅在香坊的起源发展过程中扮演着十分重要的角色，人们至今还议论评述着田家烧锅点点滴滴的那些事和那段情，从昔日的历史照片我们可以清晰地看出当年田家烧锅的规模和风貌。今天田家烧锅的后人已经重新注册了田家烧锅的白酒品牌，随着哈尔滨市香坊区开埠历史文化街区的建设，相信田家烧锅的励志创业故事将更加广为流传。同样值得说上许许多多的掌故风情还包括霍尔瓦特将军府和慈云观等历史遗迹。

区域现状

随着时代的变迁和历史的演绎，这些反映哈尔滨城市发展百年史的遗存、遗址和遗迹正在逐步被新建设所掩盖和替代，讲述了百年的哈尔滨城市发展故事正在被年轻一代所遗忘。哈尔滨啤酒厂原厂址已经被平整为七通一平用地，或许即将投入土地市场，仅靠油坊街的老门卫和一处厂房得以保留，还不知未来的土地开发商将如何处理这处历史遗迹。与啤酒厂紧邻的轴承厂地块或也将成为建设用地，厂区内天福面粉厂的厂房以及建设于不同历史阶段的厂区建筑不知将面临怎样的命运！

定力思考

根据以上的史实分析和场景研读，借鉴国内外城市更新的优秀案例，依据城市规划创作

香坊火车站（作者绘于 2016 年 3 月 11 日）

的实践经验，我对哈尔滨开埠历史文化街区提出如下思考和构想：

（1）哈尔滨开埠历史文化街区能够反映帝国主义殖民侵华史和中国人民的抗争史，是鲜活的爱国主义教育基地。

（2）哈尔滨开埠历史文化街区历史价值巨大，现实意义重大，文化内涵丰厚，产业要素明晰。

（3）应该把哈尔滨开埠历史文化街区看作哈尔滨的一张珍贵名片，是哈尔滨城市软实力的代表要素。

（4）应该把哈尔滨开埠历史文化街区上升到哈尔滨城市新一轮经济发展的高度去考量和定位。

（5）哈尔滨开埠历史文化街区是香坊区新一轮发展建设的重要抓手，以街区为基底，以发展为主题，以点带面，纲举才能目张。

（6）与其谈单体历史建筑保护，还不如设立历史文化街区，统一策划、统一规划、合零为整、聚散成面，只有这样才能形成旅游线和观光面，整体推出和展示哈尔滨开埠历史文化。

（7）应该把哈尔滨开埠历史文化街区的历史价值、城市记忆和文化基因深度挖掘出来，向世界展示哈尔滨开埠文化就是向世界宣传哈尔滨城市。

（8）应该把哈尔滨开埠历史文化街区看作香坊区核心区域凤凰涅槃的引爆点，通过开埠历史文化街区的浴火重生把哈尔滨引领到新的城市发展高度，吸引全世界的关注目光。

（9）我们今天在城市发展方面所做的事，不应该被后代耻笑为“没文化”。我们现在后悔哈尔滨喇叭台（圣·尼古拉教堂）、哈尔滨老火车站等历史建筑的拆除，所以不要因为各种理由让后代继续后悔我们今天没有努力建设香坊区开埠历史文化街区。

（10）借哈尔滨开埠历史文化街区塑造之范例在全市范围内宣传近代建筑保护理念，提升城市管理者和广大市民爱护建筑艺术的意识。保护好哈尔滨这些国际范儿的建筑艺术就是我们城市最大的招商引资。

（11）应该把哈尔滨开埠历史文化街区改造的资金运作模式同国家推广的 PPP 和英国的 PFI

融资等模式相结合，以政府采购服务的方式解决哈尔滨开埠历史文化街区发展的资金问题。

发展战略

哈尔滨开埠历史文化街区的总体定位应该是“开埠老街区·北国新天地”，通过老和新对比展现出哈尔滨的发展历程和历史变迁，记忆过往，正视历史，传承文脉，讴歌当今。哈尔滨开埠历史文化街区项目战略如下：展现城市开埠历史，探究城市人文记忆，形成城市独特街区，提升城市文旅层级。项目以定位定格局，以战略定策略，充分表达香坊区开埠历史文化特色街区内含，并以此构建香坊区旅游点线面①深度发展的基本框架。

案例借鉴

西班牙的毕尔巴鄂通过一个崭新创意的现代美术馆建筑把这座濒临衰落的城市推到了世界级观光旅游目的地的地位，哈尔滨能否以香坊区开埠历史文化街区为抓手，引爆哈尔滨城市新动力？

上海新天地曾经有拆除的打算，但通过同济大学相关团队的规划和各方面的努力支持，现在已经成为上海街区的时尚名片，城市夜生活的首选目的地。香坊区开埠历史文化街区某种意义上具备超越上海新天地的历史素材和人文元素。

香坊站供水塔（作者绘于 2017 年 6 月 25 日）

纽约曼哈顿中城西侧的线型空中花园——高线公园（High Line Park）原来是 1930 年修建的一条连接肉类加工区和三十四街的哈得孙港口的铁路货运专用线，后于 1980 年功成身退，一度面临拆迁危险，在纽约 FHL 组织的大力保护下，终于存活了下来，并建成了独具特色的空中花园走廊，为纽约赢得了巨大的社会经济效益，成为国际设计和古高架桥梁更新的世界典范。香坊区开埠历史文化街区的许多元素都比纽约 1930 年的铁路专用线有历史感。

组织方略

建议成立隶属于哈尔滨市的开埠历史文化街区管理委员会（以下简称“管委会”），具体指导和服务文化街区建设，以政府搭台、企业唱戏、齐抓共管、分项实施的模式建设开埠历史文化街区，可以运用各类资金模式，按项目分别成立项目法人公司，在管委会的指导和帮助下，各个子项目独立经营，自负盈亏。

结语

以上为哈尔滨开埠历史文化街区城市更新的思考和建议，因对相关背景情况不够了解，方案中难免有瑕疵和不足，衷心希望各界人士批评指正。期冀哈尔滨市的每个主城区都能以特色历史街区的塑造和建设为城市活力的撬动点和经济提升的拉动点，进一步完善历史文化街区选择、定位、规划、投资、设计、管理和市场运营机制，科学化地确立建设决策，保护性地植入项目功能，避免更新式的再破坏，以项目管理的思维系统性打造历史文化街区，创造更加美好的哈尔滨城市未来。

① 参见吕维锋著《筑道：吕维锋论文集》（上海科学技术出版社，2013 年）中《旅游建筑点线面发展研究》一文。

关于哈尔滨城市公共停车空间设置的若干思考①

出版物 Publication：

《哈尔滨市情活页》

期号 Issue No.：

2017 年第 10 期，总第 73 期

页面 Pages：

40—41

主办方 Organizer：

哈尔滨市人民政府地方志办公室

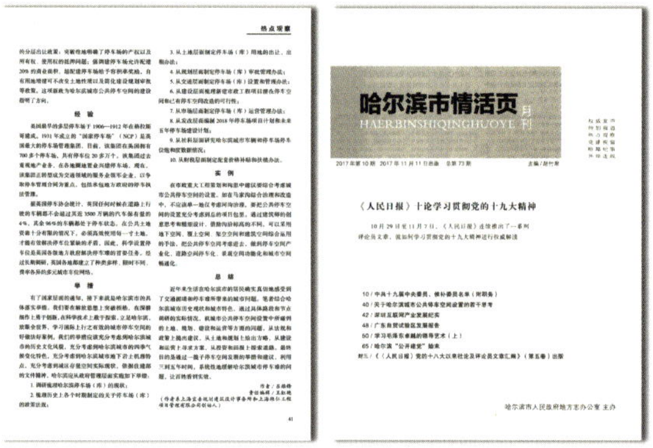

前言

中国城市的停车问题由来已久，哈尔滨城市停车难的问题尤为突出，进入 2016 年，哈尔滨交通拥堵的状况更是愈演愈烈，这已经严重地制约了哈尔滨的城市发展。我们都知道这样一个道理：城市街道的行车面积是一个固定值，但家庭汽车拥有量不断增加，这时如果没有新增停车库（场）的消解，就会造成城市交通的拥堵甚至是瘫痪。不变的是城市的道路面积，变化的是汽车的年增加量，同样可以变化的还有城市公共停车空间。

数据

2016 年 11 月 3 日，高德地图联合交通运输部科学研究院、清华大学-戴姆勒可持续交通研究中心、阿里云、清华同衡规划设计研究院等权威数据机构发布《2016 年第三季度中国主要城市交通分析报告》，数据显示哈尔滨高峰时段平均车速为 20.08 千米/小时，季度日均拥堵里程为 470 千米，每月通勤因拥堵造成的人均时间成本约为 580 元，拥堵主要与哈尔滨该季大量修路、修地铁有关。

该分析报告数据显示哈尔滨第三季度的交通拥堵情况在全国排第一，根据在哈尔滨的生活经历，我认为缺乏适量的公共停车空间应该是哈尔滨城市拥堵的另一个原因。城市交通拥堵和停车难是矛盾的共生体，因为缺少便捷的停车库（场），需要停留的汽车只能在马路上寻寻觅觅，这就增加了单位道路面积内的汽车数，同时在速度上也给通过车辆带来行驶影响，这些都是造成城市交通拥堵的原因。

政策

2016 年 8 月 31 日，《住房城乡建设部 国土资源部关于进一步完善城市停车场规划建设及用地政策的通知》出台，哈尔滨迎来了解决城市公共停车空间的历史机遇。我们注意到这份文件是以“通知”的形式发布的，就是说必须这么干，而不是以“意见”或“条例”的形式先说如何干，“通知”更强调的是执行和落地，也就是告诉我们各级政府要开动脑筋、集思广益和真抓实干。

这份通知有这样一些亮点：首次提出“停车产业化”；鼓励超配建停车场和增建公共停车场；重视停车场用地政策层面的解决，提出土地的出让政策；突破性地明确了停车场的产权以及使用权的抵押问题；强调建停车场允许配

① 本文为作者参加 2017 年政协哈尔滨市第十三届委员会第一次会议的委员提案。

建原则上不超过 20%的商业面积，超配建停车场给予容积率奖励，自有建设用地增建公共停车场可不改变土地性质；简化建设规划审批；等等。这些新政为哈尔滨城市公共停车空间的建设指明了方向。

经验

英国最早的多层停车场于 1912 年在格拉斯哥建成。1931 年成立的国家停车场（National Car Parks，NCP）是英国最大的停车场管理集团，目前该集团在英国拥有 700 多个停车场，共有停车位 20 多万个。该集团以前重视地产业务，在各地圈地置业兴建停车场，目前该集团正转型成为交通领域的服务业领军企业，以争取停车管理合同为重点，包括承包地方政府的停车执法管理。

据英国停车协会统计，英国任何时候在道路上行驶的车辆不超过其近 3 500 万辆汽车保有量的 4%，其余 96%的车辆都处于停车状态。在公共土地资源十分有限的情况下，必须高效使用每一寸土地，才能有效解决停车位紧缺的问题，因此，科学设置停车位是英国各级地方政府解决停车难的首要任务。经过长期调研，英国各地都建立了种类多样、限时不同、费率各异的多元城市车位网络。

举措

有了国家层面的通知，接下来就是哈尔滨市的具体落实举措。我们要在解放思想上突破桎梏，在深耕细作上勇于创新，在科学技术上敢于探索，立足哈尔滨，放眼全世界，学习国际上行之有效的城市停车空间的好做法、好案例。我们的举措应该充分考虑哈尔滨城市的历史文化风貌，充分考虑哈尔滨城市的四季气候变化特色，充分考虑哈尔滨城市地下岩土肌理特点，充分考虑城区存量空间实际现状。本提案依据住房和城乡建设部的文件精神，从政府管理层面提出如下举措：①调研梳理哈尔滨停车场（库）的现状；②梳理历史上各个时期制定的关于停车场（库）的政策法规；③从土地层面制定停车场（库）用地的出让、出租办法；④从规划层面制定停车场（库）审批管理办法；⑤从交通层面制定停车场（库）设置和管理办法；⑥从建设层面梳理新建市政工程项目潜在停车空间和已有停车空间改造的可行性；⑦从市场层面制定停车场（库）运营管理办法；⑧从发改层面编制 2017 年停车场（库）项目计划和未来五年停车场（库）建设计划；⑨从社科层面研究哈尔滨城市车辆和停车场（库）停车位饱和度数据情况；⑩从财税层面制定配套价格补贴和扶植办法。

实例

建议在市政重大工程策划和构思中要综合考虑城市公共停车空间的设置。例如，在马家沟综合治理和改造中，不应该仅考虑河沟治理，而要把公共停车空间的设置充分考虑到总的项目包里。通过建筑师的创意思考和精细设计，借助沟沿标高的不同，可以采用地下空间、覆土空间、架空空间和建筑空间综合运用的手法，把公共停车空间考虑进去，做到停车空间产业化、道路空间停车化、景观空间功能化和城市空间畅通化。

结语

近年来生活在哈尔滨市的居民确实真切地感受到交通拥堵和停车难所带来的城市问题。本提案结合哈尔滨城市历史现状和城市特色，通过调研具体路段和节点的实际情况，就城市公共停车空间设置中所碰到的土地、规划、建设和运营等方面的问题，从法规和政策上提出建议、从土地和规划上给出方略、从建设和运营上寻求方案、从投资和回报上探索道路。提案的最终目的是通过一揽子停车空间发展的举措和建议，利用 3～5 年时间，系统性地缓解哈尔滨城市停车难的问题，让百姓看到实效。

延寿县老城初考

出版物 Publication：

《哈尔滨史志》/《哈尔滨历史文化研究（第二辑）》

期号 Issue No. /时间 Time：

2017 年第 2 期，总第 83 期①/2020 年 7 月

页面 Pages：

11—14/39—42

主办方 Organizer/ 出版社 Publishing House：

哈尔滨市人民政府地方志办公室、哈尔滨市地方志学会/黑龙江大学出版社

西护城河现状（作者摄于 2017 年 3 月 23 日）

初考背景

应延寿县人民政府的邀请，我于 2017 年 3 月22 日第一次来到延寿县，就城市发展建设相关事宜对延寿县进行了为期两天的调研，并同相关部门举办了两场座谈会，初步了解了延寿县的基本情况。2017 年 4 月 17 日，我第二次来到延寿县，为延寿县党政干部举办了《品读城市规划·赏析建筑艺术》的讲座，同时针对延寿县城市规划进行了为期五天的考察调研。调研期间我翻阅了延寿县志，拜访了熟悉延寿县历史的老同志，实地探察了老城遗址，沿着现存护城河进行了全方位勘察，在老城门的现址进行拍照，调研了延寿县南北山脉和水系，完成了对延寿县城域的初步考证。

城址变迁

据史料记载，延寿在立县之前的初址位于现城址西 5 千米的烧锅甸子，就是今天的延河镇兴安村周家屯一带。② 公元 1881 年（清光绪七年），首任分防巡检张绍庚以“坐福朝寿，苍龙巨器”的风水堪舆为依据，另择福山屯为新址，意欲弥彰“坐北福山，南朝长寿山”之道，今天的延寿县城址就这样被选择和定义，并于 1903 年正式设县治名长寿县，可谓福寿双全，绵亘久长！③

西护城河和南护城河转角处现状（作者摄于 2017 年 3 月 23 日）

① 该期《哈尔滨史志》封面为作者的钢笔速写《哈尔滨清真寺》。

② 《长寿县乡土志》，刘清书等监修（清），光绪三十三年（1907 年）长寿县署抄本。

③ 《延寿文史资料》，政协延寿县委员会编，2006 年。

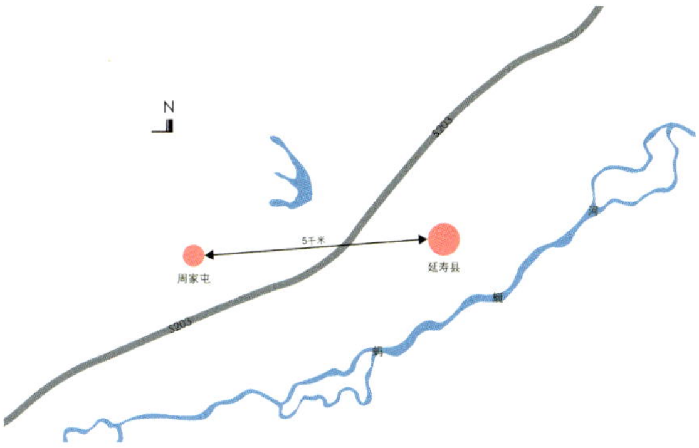

延寿县初址和现址位置关系（宜吾设计绘制）

烧锅甸子城址并没有城墙城门，其设置之始只是巡检站而已，或许就是板障子围合起来的几间土坯站房，而真正成规模的县治是在今天的延寿县城址上。为了科学地称谓这两个不同阶段的延寿城址，本文建议将位于烧锅甸子的延寿城初址称为古城，将现在县城所在地称作老城，这既有利于表达敬仰纪念之意，也能真切反映出城源兴始演绎之实，更便于后人考证和名书。

1897 年（清光绪二十三年）延寿始建城墙，据县志记载，当时的城墙高一丈二尺、厚六尺、周围一千一百丈、城壕宽一丈。如果以现代计量单位来换算，当时的城墙高度为 4 米、墙厚度为 2 米、城墙的周长约为 3 667 米、护城河宽约为 3 米。

提到延寿县始建城墙，有必要对比阐明哈尔滨开始修筑中东铁路的时间。在延寿县开始筑墙为城的第二年，也就是公元 1898 年，沙俄工程师开始进驻香坊的田家烧锅，哈尔滨这座城市就簇拥着母亲江河松花江和阿什河诞生了它的使命。无论是延寿缘起的烧锅甸子，还是哈尔滨溯源的田家烧锅，这两处地景都巧合地宗祖于白酒作坊，或许正是这酒的香醇首先沐浴了蚂蜒河畔的福寿之地，然后飘逸过大青山，沉浸于阿什河并一路裹挟而下至松花江口，以惊人的芬芳润熟了那片被叫作哈尔滨的宝地，天地造化，造化天地。

筑城伊始，延寿县共建城门七座，尽管史书上没有记载取七座城门之寓意，但笔者认为除了地形地貌和卜八卦观星辰外，取七星高照的含义也不失为一种可能。延寿县的七座城门分布如下：东侧城墙设置三座城门，由北向南分别为望紫门、聚祥门和齐巽门，其中聚祥门为正东门，位于今天的公安街与南东风路交叉口处，望紫门位于现同庆街与北东风路交叉口处，齐巽门位于现东新华街（原同正大街）与南东风路交叉口处；西侧城墙设置两座城门，由南至北分别为挹爽门和育生门（后更名为同庆门）①，其中挹爽门为正西门，位于公安街与南城西路交叉口处，育生门位于同庆街与北城西路交叉口处；北城墙设置一座城门，即迎恩门，位于现北吉盛路与城北路交叉口处；南侧城墙布置一座城门，即延薰门（后更名为大同门）。县城城墙四角当年还设有炮台，以抵胡匪袭扰。

建城初始，延寿县老城的中心点位于公安街和南吉盛路的交会处，这里既是老城地理位置的中点，也是交通和县貌的中心，更是东、西正门通衢的中心点。后随着同庆街向东、西两侧延伸成为主要的交通干道，公安街的核心交通功能逐步被同庆街所替代，并由此产生了南北向路的命名以同庆街为分界，而不是顺延历史上以公安街为分界。例如，北吉盛路和南吉盛路以同庆大街为分界点。由于近代城市的开发缺乏老城保护意识，道路已经被房地产开发商所挤占，这不能不说是一种历史遗憾，希望在后续的城市规划中能被重点保留，不能再让新建项目吞噬我们的城市历史。

根据我在陕西省礼泉县从事城市规划工作时的调研资料，陕西省礼泉县唐代老城的南门也称作迎恩门，而且迎恩门外正对面还设有李世民祠堂，这同李世民曾经经过礼泉县至麟游县九成宫避暑有关。延寿老城北门为何称为迎

① 《延寿县志》，1943 年。

恩门？同礼泉县的迎恩门有无关联？全国还有哪座古城有名迎恩门的城门？这些还有待进一步查史考证。

筑城理论

如果对中国历朝筑城设池的布局进行穷源溯流，我们不难发现其皆依据春秋战国时期成章的《考工记》一书中阐述的营国理论。延寿县城的营建也同样沿用了《考工记》中的筑城思想，反映了中华文明的源远流长和城市规划哲学的源清流洁。《考工记》曰：“匠人营国，方九里，旁三门。”这是古人对城池布局的基本定义。通过对古今度量的比较考证，我们得出这样的结论，周秦时期 300 步为一里，如果换算成今天的米，周秦时期的一里相当于今天的 415.8 米。“方九里”意味城墙的标准周长是 3 742.2 米。九是古人心目中最高等级的数字，中华设九州，故宫太和殿是九开间，筑城以九为建制，表明的是至高和敬重，同时也蕴含着吉祥和昌盛。通过对延寿县 CAD 地形图上的城墙走位进行测量，我们发现延寿县城墙的周长约为3 240米，这同《考工记》中“方九里”的描述仅相差约 502 米，对于延寿县这等边远的县治规模，这种差距应该算是很小了。

延寿县东城墙开设望紫门、聚祥门和齐巽门三座城门，也符合“旁三门”的开辟城门的原则，一方设三门是城池的最高建制，延寿老城的理想和襟怀在此可见一斑。延寿建城之初在齐巽门外设有社稷坛，或称“先农坛”，这是祈求风调雨顺的场所，体现着农耕文明的文化精髓。《考工记》对社稷布局的描述为“左祖右社，面朝后市”。如果从上北、下南、左西、右

延寿县老城（宜吾设计绘制）

东的地理方位看，延寿老城的社稷坛布局在城右，顺应了“右社”的布局理念。更为贴切的是，延寿县县衙和城隍庙的布局也顺应着“面朝后市”的城市规划思想。当年延寿县衙位于挹爽门里路北，而城隍庙则位于县衙北侧的城西北育生门里路北，同样是严格恪守古人的朝市分布观点。可以探索性地猜想延寿老城或许是筑城最晚但遵循古制最完整的中国城市，或者说是“中国古制最新城”。如果从 1897 年延寿建设城墙到 1912 年清朝覆灭这 15 年间没有新城建设的记载，那么延寿老城的历史价值和城建意义就更加重大了。

延寿县城布局继承了《考工记》“匠人营国”的基本理念，但也不是生搬硬套和牵强附会，而是遵循道法自然、因势利导、择地而势和堪舆为尊的传统道家思想，这点在南城墙的走势上体现得最为明显。根据对现留护城河走向的判断，结合调研访谈的情况，我们发现延寿老城南城墙呈折曲线形，西窄东阔，收放有秩。这显然是按照蚂蜒河岸畔的走向灵活布局城墙的结果，并没有因循守旧地照搬照抄古制的清规戒律。另外，整个延寿老城的南北方位同正南北向呈现约 34 度的夹角，也就是说延寿老城不是正向坐南朝北的布局，这是因为蚂蜒河走向是从西南流向东北，延寿老城的布局顺应蚂蜒河总体走向，地理地势决定了延寿县城墙的顺势而为。

西城墙胡同标牌和现状（作者摄于 2017 年 3 月 23 日）

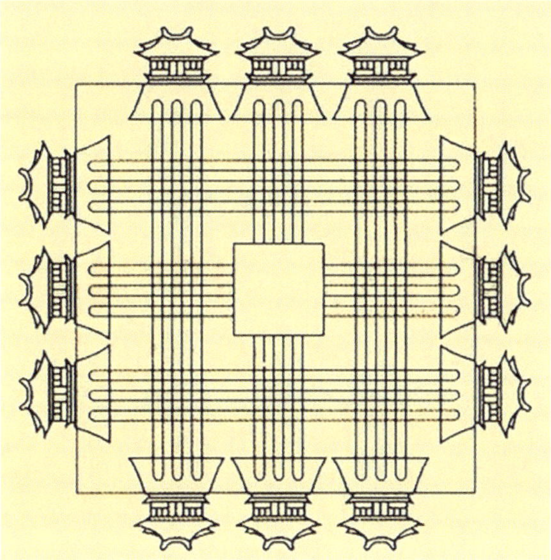

根据《考工记》营国理论绘制的城市布局（宜吾设计绘制）

结语

今天，延寿老城的所有建筑物已经荡然无存，从遗存的西护城河和河畔的大树还依稀能感受到老城当年的壮美和厚博。考证是为了再现历史，再现是为了传承历史，传承是为了延续历史，延续是为了发展历史。对延寿县老城溯源的目的是唤醒今人对历史古城和历史建筑的保护意识，我们的城市管理者肩负着传承中华历史和文明的重大历史使命。守得住青山绿水就是守得住金山银山，而守得住古城古迹就是守得住文明文化，“硬建筑”建设可以一年两年而就，而“软文化”建设则百年千年都不一定有所得。我们今天在欣赏 100 多年前先人们为历史留下的精美延寿县城的同时，应该思考我们这代人能给 100 年后的后人们留下怎样的城市遗产。相信我们做的同样能够让后人赞美和感怀！

三

评议篇——箴言献策

塔头湿地新名片·青山绿水哈尔滨①

出版物 Publication：

《哈尔滨市情活页》

期号 Issue No.：

2020 年第 4 期，总第 103 期

页面 Pages：

85—86

主办方 Organizer：

中共哈尔滨市委史志研究室

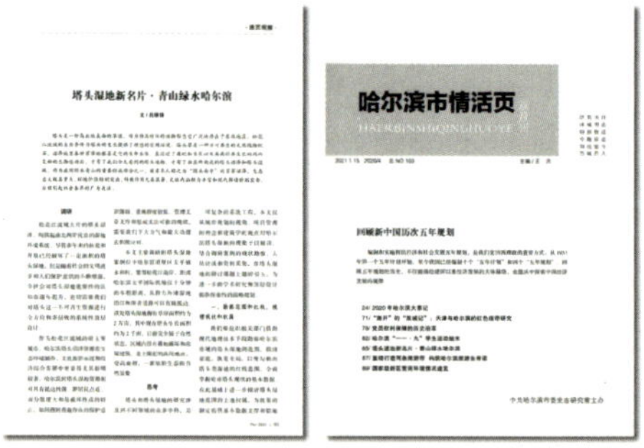

引言

塔头是一种高出地表面的草墩，作为独具特征的植物形态，广泛地存在于东北地区，松花江流域的自然条件为塔头的生长提供了理想的空间环境。塔头草是一种不可再生的天然植物化石，沼泽地里各种苔草的根系是它的生命本体，在经过腐烂、生长、再腐烂、再生长的周而复始的生物运动后，才有了我们今天看到的塔头植物，才有了由其所构成的塔头沼泽和塔头湿地。作为我国绿水青山的重要组成部分，被东北人称为“塔头甸子”的苔草沼泽，生态意义极其重大、环境价值特别突出、科教作用尤其显著、文旅内涵颇为丰富和现代解读特别必要，应该引起我们社会各界的广泛关注。

调研

松花江流域大片的塔头沼泽，构筑起南北两岸优良的湿地环境系统。尽管多年来的拓荒和开垦已经破坏了一定面积的塔头湿地，但是随着社会文明的进步和人们保护意识的不断增强，全社会对塔头湿地重要性的认知在逐年提升，我们应对保护和利用塔头这一不可再生资源进行全方位和多层级的系统性顶层设计。

哈尔滨是松花江流域的主要城市，其塔头沼泽资源在生态环境涵养、文化旅游示范和经济综合发展中发挥的作用彰明较著。哈尔滨的塔头湿地资源相对具有抵达性强、距居民点近、面分散度大和易破坏性高的特点，如何扭转普遍存在的对塔头湿地资源保护意识薄弱、重视程度较低、管理无章无序和惩戒无法可依的现状，需要我们花大力气和做大功课去积极探索。

本文主要调研的塔头湿地案例位于哈尔滨道里区太平镇永和村，紧邻松花江南岸，距离哈尔滨太平国际机场仅 10 分钟的车程距离，可以从群力外滩湿地沿江坝沥青道路直接抵达。该处塔头湿地拥有草原面积约 13 平方千米，其中现存塔头生长面积约为 1.3 平方千米，目前完全属于自然状态，区域内没有耕地破坏和房屋建筑。走上附近的高岗地点，登高而招，一派原始生态的自然景象。

思考

塔头和塔头湿地的研究涉及不同领域的众多学科，是一项复杂的系统工程，本文仅从城市规划的视角、项目管理的理念和建筑学的观点对哈尔滨塔头湿地的现象予以解读，结合调研案例的现状勘察、人员访谈和资料采集，在

① 本文为作者参加 2021 年政协哈尔滨市第十三届委员会第五次会议的委员提案。

哈尔滨湿地博物苑建筑设计方案鸟瞰图（宜吾设计，2015 年 3 月）

塔头湿地的研讨课题上抛砖引玉，为进一步的学术研究和顶层设计提供探索性的战略规划。

1. 勘察范围和红线，梳理现状和权属

我们要组织相关部门借助现代地理技术手段勘察哈尔滨市域内塔头湿地的范围，摸清家底，纵览全局，以便勾勒出塔头类湿地的红线范围，全面掌握我市塔头现状的基本数据。在此基础上进一步摸清塔头湿地的土地权属，为政策的制定提供基本数据支撑和措施依据。

2. 制定政策和法规，定义保护和利用

结合哈尔滨塔头湿地的勘察调研报告，组织专家学者编制保护规划，根据规划内容出台哈尔滨塔头湿地保护和利用的管理条例，明确禁止进入区、科研进入区和开发利用区的定义和法律条款，为在保护塔头湿地的同时合理开发建设塔头湿地公园提供法律保障和政策支持。

3. 创设机构和组织，筹措资本和基金

采取政府搭建和社会参与的多元模式，组织创建塔头湿地保护的非政府性和非营利性组织，并设立具有公共监督机制的塔头湿地保护基金。该组织将围绕塔头湿地的保护和利用开展工作，与国际上类似的环境保护基金会开展合作交流，定期举办塔头湿地保护和利用发展论坛。择期择地在哈尔滨建设塔头湿地保护和利用国际中心，展示围绕塔头主题的科技、科研和科普内容，将其作为把哈尔滨打造成为国际化城市的重要手段。

4. 划定区域和红线，示范湿地和公园

建议选择类似于本文调研过的塔头湿地作为预备选址，划定区域红线范围，建设塔头湿地保护和利用示范项目，积累保护经验，探索利用方式，为未来一系列塔头湿地的保护和利用提供数据样板和实践案例，以进一步促进哈尔滨世界古生物保护示范城市的建设。

5. 鼓励投资和融资，平衡保护和开发

以塔头湿地保护和利用项目为载体，鼓励各类投资和融资模式的项目探索，通过保护增加城市的“肺活量”；通过利用增加保护的资金储备。平衡保护和利用的关系，找准共赢点，激活原动力，让用于保护的投资通过利用持续增加，让利用所得收益通过保护性投入提升湿地产业的经济能级。

结语

塔头湿地保护和利用系列举措以及示范性项目的推出，能够使哈尔滨成为全国首个提出专业性湿地主张的城市，并进而使哈尔滨有机会与国际生态保护组织沟通，跻身国际生态环保城市的行列。将现有湿地资源为我所用，供市场之给，解时代之需，创生态之特，扬国际之名，这是在投资最少的情况下，扩大城市品牌度和知名度的最佳方法。向世界端上地球古生物资源保护这道“招牌菜”，将为未来的哈尔滨增添一张亮丽的新名片。塔头湿地新名片，青山绿水哈尔滨。

以供给侧结构性改革为突破口全面提升我国旅游发展质量

背景 Background：

2019 年，根据民革黑龙江省委的工作安排，作者启动了对中国入境游客源人数呈下降趋势情况的专题研究。作者结合早年攻读同济大学硕士研究生时关于旅游建筑发展的学术研究、近年在国内各地的规划设计经验、多年来国际性的旅游研修体验，以及作为联合国世界旅游组织编制《黑龙江省全域旅游发展总体规划》和《黑龙江省冰雪旅游产业发展规划》的专家组成员参与黑龙江省旅游规划的工作实践，在对国内外旅游数据研读的基础上，带着对境内外旅游市场比较性研究的思考于 2019 年春撰写本文。

在 2020 年新冠肺炎疫情发生之后，以本文为框架完成的《疫情后时代旅游赋能的措施建议》的建言经民革黑龙江省委的推荐被中国国民党革命委员会中央委员会采纳。

数据研读

根据 2018 年的中国旅游业统计数据，中国公民出境旅游 14 972 万人次，比 2017 年同期增长 14.7%；国际入境旅游 14 120 万人次，比 2017 年同期增长 1.2%。入境外国游客 4 795 万人次（含相邻国家边民旅华人次），亚洲占 76.3%，美洲占 7.9%，欧洲占 12.5%。按入境旅游人数排序，我国主要客源市场前四位的国家分别是缅甸、越南、韩国和日本。2018 年的旅游统计数据有三点需要引起我们的特别关注：一是中国公民出境游人数增长率是国际游客入境游人数增长率的 10 余倍；二是在外国游客来源国中亚洲国家占据了前四位，而西方发达国家远远排在其后；三是在国际入境游客中欧美发达国家的人数占比为 20.4%，仅占总入境游客人数的五分之一。

这三个关注点提醒我们我国旅游业吸引西方发达国家游客的能力较低，我国旅游产业出入境消费值的逆差在增大，我国贸易的顺差正在被国际旅游的逆差所削弱和摊薄。如果这样的状况持续发展下去，我国的旅游消费逆差将会继续扩大，外汇储备的平衡将会受到冲击，内需的经济拉动作用将会被抑制，对我国经济的基本面将产生负面影响。我们应该高度重视我国旅游业发展所面临的新问题，努力找寻根源性的解决方案，靠前站位，预判形势，采取措施，积极应对，为此提出如下建议。

措施建议

1. 加快研究和梳理旅游发展的瓶颈问题

中国传统的旅游资源博厚丰实，为国内外旅游者熟知的旅游目的地星罗棋布。但是随着时代的发展和旅游需求的转变，有些过去品牌性的旅游资源已经难以满足新型消费者的价值需求，加之我国旅游业的功能创新性不足和深度开发性不强，旅游新产品和新服务的供给相对滞后，大量旅游发展的瓶颈性问题相继出现。

加快研究和梳理这些阻碍我国旅游业发展，特别是国际旅游业发展的屏障，应该成为近期我国旅游管理部门和旅游研发机构的重要任务。我们的旅游相关研究要脚踏实地，务实求真，不能仅停留在论文和演讲的层面，不能简单地沉醉在星级景区的数量和旅游统计报表当中。各级文旅部门要借助文旅融合的组织结构变化，以问题为导向深化旅游改革，既不唱赞歌，也不唱衰歌，要着重于发现新兴旅游产品的供给空缺，提出系统性重塑中国国际旅游形象的解决方案。

2. 加快调整和转变旅游发展的思维理念

多年来，我国的旅游行政管理已经形成了一套传统的方式和方法，这在旅游从“无”到

“有”的年代是行之有效的并也取得了相应的成绩，但是随着新时代所产生的旅游新思想和新技术所带来的旅游新需求，我国的旅游管理模式、旅游评估机制和旅游价值取向已经面临前所未有的挑战，2018 年的旅游统计数据已经说明了这一点。我们需要顺应世界旅游发展的规律，更新我们的旅游发展理念，提升我国的旅游管理水平和景区景点的国际化水准。

要造就适合于国际消费水平的旅游产品，必须以境外游客的所思所想而不是我们自己如何想为出发点，思考我国既有的旅游管理方法是否适合当今旅游的时代价值和国际规律，站在国际消费者的视角放大我国旅游格局和评判我国旅游产品。中国旅游需要彻底转变景区景点以评比为依托和以星级为目的的管理方法，减少因此而产生的人力、物力和财力的行政性浪费，铲除滋生腐败的温床，以市场化的思维助推景区的自我创新，杜绝景区“千篇一律”的同质化现象。从目前很多旅游景区不愿意参加级别评审的情况可以看出，评级式的旅游管理模式应进行一定程度的调整。

3. 加快重塑和构建旅游规划的功能内涵

国际游客量较少的一个基本原因是我们的景区景点缺乏时代创新性，我们的旅游景区或多或少地存在“千篇一律”“老套路”“旧模式”现象，看一处就知道全部，看一遍就不想再来，很多具有交通衔接性不够、规划环境感不强、场地设计感缺失、标识导引性不足和解说内容浮浅等问题。强化我国旅游的规划设计、建筑设计、环艺设计和标识设计等的引领作用，是提升我国旅游发展质量的关键所在。我们必须研究国际旅游在规划和设计层面的思维理念和导则标准，使旅游思想同我们所处的“旅游 +”时代密切铆合，同我们面对的国际消费者同思共享。

我们需要改革旅游规划的管理方法和评估体系，广泛吸纳优秀规划师和建筑师的创意思想，借鉴当代国际旅游在风格特色、地域文脉、建筑艺术、导引标识、文创研发和智慧旅游方面的经验，提升我国旅游产品的管理质量、规划质量、设计质量和文创质量。我们必须破除旅游管理部门自设旅游规划资质的行业垄断思维，改变旅游规划就是为了评审通过、评审人员来自内部“专家”、评审通过就能拿星摘牌、有星有牌就是优秀景区的“自媒体”和“内循环”模式，开拓宏观视野，聚焦国际需求，让

沈阳故宫博物院（作者绘于 2020 年 9 月 19 日）

市场要素在旅游业中发挥主导作用。欧美旅游市场既没有几A几星的旅游评级，也没有庞大的旅游管理编制，在走中国特色旅游发展之路时我们需要加以借鉴和学习。

4. 加快制订和推出旅游发展的提升策略

我们要加快制订和推出具有质量价值的旅游供给侧产品，推出具有国际水平的旅游服务通则，这是改善国际旅游消费不平衡的发力点和聚焦点。

首先，我们要以主项目引领和众项目跟随为旅游新思维，创造性地以大旅游项目拉动小旅游项目，丰富旅游的层级，进而提升旅游的整体基本面。其次，我们要以信息化管理和智能化体验为旅游新抓手，创造性地以新科技造就智慧旅游，增强旅游运营管理的科学统计性和市场研判性，提升我国的全域旅游能级。再次，我们要以历史筑基底和文化再创新为旅游新动能，创造性地将老的旅游故事讲出新的旅游语义，吸引老游客回头光顾，吸引新游客，特别是年轻游客流连忘返。最后，我们要以聚焦国际化和放眼全球化为旅游新格局，创造性地以新视野打造旅游新亮点，通过创新塑造旅游项目的新风貌。

5. 加快完善和再造具有国际水平的旅游产品

旅游市场是需要长期培育的经济要素，而不是一时轰轰烈烈的短期“速成班”，创新经营和永续运作是旅游发展的制胜法宝。旅游产品从来就不应该是门票经济，而应该是深度开发所形成的质量型经济。长期以来，我国的旅游业界一直存在轻生态重建设、轻设计重施工、轻无形重有形、轻创意重套路、轻独特重俗成的思维阻尼，我们要以加快完善和再造具有国际水平的旅游产品为驱动力，将旅游发展的质量点聚焦于生态、设计、无形、创意和独特上，使我国的旅游事业在生态化、设计感、无形态、创意新和独特性等方面良性循环和持续发展。

成都太古里（作者绘于2018年9月9日）

我们要创造性地开发出新景区新产品，锐意创新，避免雷同，这就要求旅游管理和旅游开发者要重视超前研发、规划引领、设计创造和客户导向。要增加国际旅游客源的入境率，必须要有“出类拔萃”的好项目和好景点，这就需要在符合时代的旅游管理体系支撑下，研究和出台能够形成闭合旅游产业链的顶层设计和实施细则，以重振中国旅游为目的，推出吸引国际旅游消费的旅游群和价值包。

结语

习近平总书记“绿水青山就是金山银山”的重要论断，为我国加强生态文明建设与发展绿色经济指明了方向，也给我国旅游文化产业的换挡升级提出了历史性的重大课题。我们要按照党中央确定的旅游发展目标，咬定青山绿水不放松，让青山绿水化作提升我国经济的内在动能，解放旅游思想，转变旅游观念，补齐旅游短板，彰显旅游特色，全方位地振兴旅游经济，立体化地复兴全域旅游产业。

刍议人口半世纪·思考城市新未来

——对1949年前哈尔滨人口变迁的刍议和思考

出版物 Publication：
《哈尔滨市情活页》
期号 Issue No.：
2020年第1期，总第100期
页面 Pages：
63—66
主办方 Organizer：
中共哈尔滨市委史志研究室

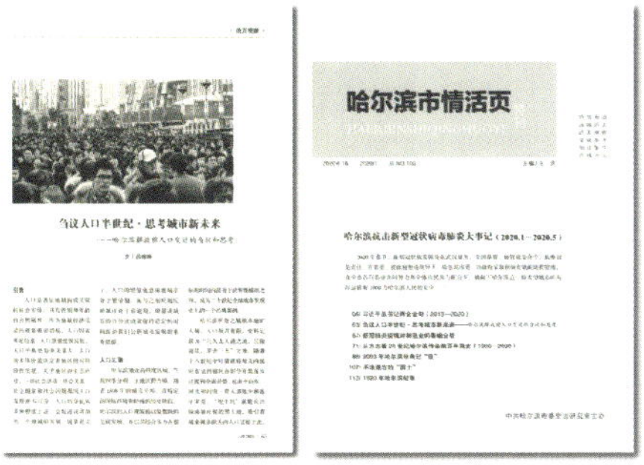

引言

人口是表征地域构成关联的社会实体，具有性别和年龄的自然属性。作为地域经济活动的重要衡量指标，人口因素举足轻重，人口质量统领发展，人口平衡更是事关重大。人口的本体价值决定着地区的可持续性发展，关乎地区的生态环境，一切社会活动、社会关系、社会现象和社会问题都同人口发展密不可分。人口的变化从某种程度上讲，会促进或者制约一个地域的发展。通常意义上，人口的增量化意味着城市处于繁荣期，人口的减少则反映城市处于衰退期，增量或减量的百分比或者保持稳定的时间是我们分析城市发展的重要依据。

人口会聚

哈尔滨地处高纬度区域，气候四季分明，土地沃野万顷。随着1898年城市开埠，在特定的国际环境和特殊的历史阶段，哈尔滨的人口规模以倍数级疾速发展，哈尔滨凭借其综合实力在很短的时间内跻身国际性城市之列，成为20世纪全球城市发展史上的一个经典案例。

哈尔滨所处之域原本地广人稀，人口极其有限，史料记载为“乃久无人迹之地，丘陵起伏，茅舍三五”之地。随着18世纪中叶清政府对关内流向东北的移民由部分开禁逐步过渡到全面开禁，以及山东、河北和河南一带人多地少、连年灾荒，“挖个坑”就能长出绿油油庄稼的黑土地吸引着越来越多的关内人口迁徙至此，并在此繁衍生息。根据《拉林舆地全图》(1896年)的标注所示，哈尔滨当时仅有傅家店、秦家岗、田家烧锅等地方名称，充其量只不过几十个村落，二三百户人家，人口总数不过数千。

随着1898年6月第一批沙俄工程人员的进驻，以及其后大量的沙俄官员、铁路管理人员、工程技术人员、中东铁路护路队士兵和工人、来自山东和河北等地国内劳工的大批涌入，哈尔滨陡然间由“无人迹之地”发展为人口会聚之域。

据有限资料的不完全统计，1898年6月，中国筑路工人仅有不足万人，1898年年底增加至2.5万人，而1900年年初则近6.5万人。令人难以想象的是，到了1900年6月，随着中东铁路建设大规模的展开，相关人口数量迅速攀升至17万人。顷刻间，哈尔滨宛如“蛟龙出水”，成为彼时世界上发展最快的城市，并跻身世界新型中等城市之列。

人口集聚

中东铁路的建设就像是注入东北寒地上的一剂兴奋剂，令这片荒芜和闭塞的处女地一夜之间抖落封尘，展现出其别样的妖娆和富美，令世界为之惊叹。随着中东铁路的修建，进入哈尔滨的各国侨民也日益增多，由最初沙俄高薪招聘的勘察、工程和气象等方面的专家，逐步发展到包括材料、机械、规划、建筑等行业在内的技术人员。资料显示，1898 年中东铁路建设初期，招收的人员为 1 800 余人，其中半数还是俄国人。而到了 1907 年，仅中东铁路机械总工厂一家企业就拥有包括从沙俄招聘而来的 300 名技术工人在内的 1 300 名员工。

1904 年日俄战争爆发，哈尔滨成为沙俄备战的后方基地。为了满足前线战场的补给，需要大量的物资集聚和大批的人力劳作，哈尔滨的城市人口在本已呈现爆发式增长的基础上，再次得以迅猛增加。据史料记载，在日俄战争期间，哈尔滨的工商业急剧发展，人口骤增至 25 万人。

另据 1911 年 7 月 21 日的《远东报》报道，哈尔滨 59 677 人，有俄国人、日本人、朝鲜人、德国人、希腊人、英国人等。由此可见，在 1911 年仅中东铁路局系统内部就拥有近 6 万名员工，如果按照一比五的铁路人口和非铁路人口比例推演，哈尔滨彼时的总人口达到 30 万人，而且在其人口构成中，外籍人士占比达到空前的高值。

人口暴增

十月革命的一声炮响，为我们送来了马克思和列宁主义。1917 年，当列宁领导的俄国取得十月革命的胜利之后，沙皇时代的大批资本家、军官、官吏以及受到十月革命冲击的其他社会群体纷纷打点行装，沿中东铁路顺势而东，逃亡至我国东北，涌入新兴城市哈尔滨，其中少部分人口南下移居至上海等地。这一阶段哈尔滨的俄侨数量由 1916 年的 34 115 人，迅速飙升至 1922 年的 155 402 人，五年间翻了五倍之巨，当然，这还仅仅是俄侨的统计数据。

从哈尔滨整体人口规模来看，自 1918 年开始，随着俄侨的大量涌入，哈尔滨人口进入另一个全新的增长期。最保守地估计，在 20 世纪 20 年代，哈尔滨城市人口总体规模应该在 35 万～40 万人，外籍人口占全市总人口的比例极高，哈尔滨被称为东方的“莫斯科”自然也就不足为奇了。这时的哈尔滨宛如俄国的后花园和世界的文化场，除了欧洲传统古典文化快速凝聚之外，大量欧陆的新文化、新时尚、新艺术和新技术也同时鱼贯而入，古典和现代交相辉映，贯穿至哈尔滨社会的方方面面，渗透进哈尔滨城市的基因和血脉中。

20 世纪 20 年代的哈尔滨是人口红利的受益者，无论是文化艺术，还是工程技术，哈尔滨都承载了世界上已经发展成熟或者刚刚开始日新月异的一切。彼时哈尔滨已经由开埠时的稚嫩和童真，步入了发育成长的伊始，在人口红利的助推下，采撷着世界文明沉淀的光芒，散发着自己独有和特殊的时代芬芳。

人口质衰

随着日本侵略者于 1932 年 2 月 5 日占领哈尔滨、1933 年 7 月将原哈尔滨四个部分统一起来建立“大哈尔滨”，哈尔滨的城市人口步入发展的低谷时期。由于日本的控制性占有和日本资本的大量侵入，哈尔滨原本蓬勃发展的商贸活动、欣欣向荣的文化艺术，特别是新兴的民族工商业受到严重摧残，大批中国劳动力另谋生路，大量外籍人士纷纷弃业迁离，最终导致哈尔滨人口质量急剧下降。

日本侵略者为了掌握“市势”，进行了一次大规模的“哈尔滨特别市户口调查”。调查结果显示，截至 1934 年 12 月 1 日零时，哈尔滨全市

哈尔滨市中央大街西八道街马迭尔宾馆（作者绘于2017年6月25日）

人口为500 526人。该次调查或许是哈尔滨有史以来较详细、具体和接近实际的一次人口统计，为我们今天研究哈尔滨人口发展历史提供了基础的数据支撑。

人口繁荣

1945年哈尔滨解放，这座城市再次回到人民的怀抱。1947年9月进行的一次户口全面申报登记工作显示，哈尔滨市共有人口643 621人，其中外国侨民28 964人。另有资料显示，截至1948年年末，哈尔滨市人口规模达到创纪录的76万余人。从以上数据我们可以看出，在1947年9月至1948年年末的短短15个月间，哈尔滨城市人口净增12万人。除了人口的自然增长之外，很大一个原因是哈尔滨的解放早于国内其他城市，大批革命干部、技术人才和知识分子从四面八方来到哈尔滨，为全国的彻底解放做最后的备战准备。

思考启示

纵观1898年哈尔滨始建到1949年中华人民共和国成立的半个世纪，哈尔滨在经历了五个发展阶段之后，由松花江畔的小渔村和香坊田家烧锅的泥草房，一跃而成为远东地区最为令人瞩目的城市，人口数量由数千发展到76万，这不能不说是人类发展史上的一个奇迹。在半个世纪的峥嵘岁月里，历史的原因和时代的脚步使哈尔滨的人口规模历经了早期的会聚、初期的集聚、中期的暴增、后期的质衰并最终走向繁荣，顺应着城市螺旋式发展上升的规律，应和着世界总人口数量增长的格局。从哈尔滨的人口发展过程我们能够梳理出以下对城市未来发展具有思考意义的启示。

1. 建设宜居宜业城市

哈尔滨俗称“火车拉出来的城市”，缘铁路而生，因铁路而兴，其产业发展、商贸物流、城市规划、建筑艺术、社会生活、科学技术和人文素养等都具有国际性的示范意义，按照时下的标准，哈尔滨曾经是宜居宜业的振兴型城市。因为时代原因但更因为宜居，哈尔滨吸引了大批国际性人口在此生活；也因为“好做买卖”的宜业，哈尔滨吸引了无数创业者或“淘

哈尔滨市伏尔加庄园（作者绘于2019年9月4日）

金人”在这块土地上深耕细作。

今天在创新型城市发展理念的引领下，哈尔滨应该借鉴荷兰阿姆斯特丹和法国巴黎等欧洲传统历史老城的发展经验，解放思想，崭新作为，走出因循守旧的“老哈尔滨”思维，在城市空间上更新修补老城区，在建筑艺术上探索发展新形式，在核心区保护历史风貌，在开发区建设现代哈尔滨。同时，哈尔滨应该积极改善营商环境，建设亲民政府，创建留人留业留历史和宜居宜业宜现代的面向21世纪的新城市。

2. 提高人口增长率

人口增长率是一座城市进步和繁荣的“晴雨表”，世界城市史的演绎已经历史性地证明这个颠扑不破的道理。美国作为一个移民国家，在初期发展中离不开大量移民的迁入，他们为美国带来了劳动力、生产经验乃至先进的科学技术。反观与我国一衣带水的近邻日本，自20世纪90年代经济泡沫破灭以来，人口出生率一路走低，且因执行严苛的居留制度，日本经历了被称为“失去了的二十年”的颓势，经济整体发展缓慢。

哈尔滨应该在人口增长率上突破思维藩篱，在提高人口出生率的总基调下，积极出台政策引进国内外高素质人才。借助哈尔滨新区的综合优势，参照国务院制定的《中国（黑龙江）自由贸易试验区总体方案》的要求，出促进哈尔滨人口增长的牌，下提升哈尔滨人口质量的棋，在新时代背景下恢复哈尔滨曾经的人口增长率。

3. 引进和留住人才

一方面，我们应该建立适合时代发展的引进人才政策，只有海纳百川，才能乘风破浪。曾经的哈尔滨吸引了大量东欧各国、犹太裔无国籍人士中的工程师、艺术家、医生和教师等，奠定了其优良的城市发展基础。如今的哈尔滨需要放眼未来，以宜居宜业的城市环境招揽天下英才，筑牢城市发展的人才根基。

另一方面，我们需要积极挖掘内部人才潜力，在创造能出能进的宽松人才环境的同时，关注和关心哈尔滨市内的优秀人才，只要不拘一格，必定“才气滚滚”。哈尔滨高校和科研院所林立，仅学府路就汇聚了50余家教育和科研组织，让内部人才释放出热能和发挥出动能，应该成为哈尔滨的基本“市策”。

结语

历史是一本书，翻阅这本书是为了读史而明智。本文通过研读史料和参阅文献，结合哈尔滨的历史发展脉络，梳理出哈尔滨人口发展的五个阶段。通过对人口“五段论”的阐述，我们得以以人口为切入点，走进哈尔滨的文脉历史，厘清其发展进步的人口动力和变迁脉络，并通过分析人口资源的表象，透视其社会演绎的本质机制。期冀大家能够从中获得关于历史发展的启示，以正确的人口观审视当代哈尔滨的发展，为实现哈尔滨未来的辉煌而作出科学研判。

赋能侨界特征 踊跃参政议政①

出版物 Publication：
《哈尔滨市侨联十二届三次全委（扩大）会议会议材料》
时间 Time：
2020 年 5 月
页面 Pages：
55—62
主办方 Organizer：
哈尔滨市归国华侨联合会

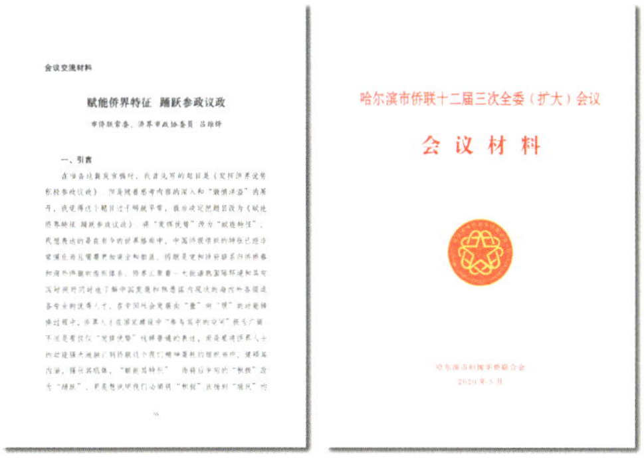

引言

在准备这篇发言稿时，我最初起的题目是"发挥侨界优势，积极参政议政"，但是随着思考内容的深入和"激情洋溢"地展开，我觉得这个题目过于稀疏平常，最后决定把题目改为"赋能侨界特征 踊跃参政议政"。将"发挥优势"改为"赋能特征"，我想表达的是在当今的世界格局中，中国侨联组织的特征已经非常明显，但还要更加突出和彰显，侨联是党和政府联系归侨、侨眷和海外侨胞的组织体系，侨界会聚着一大批熟谙国际环境和具有国际视野，同时也了解中国发展和熟悉国内现状的海内外各领域各专业的优秀人才，在中国社会发展由"量"向"质"的动能转换过程中，侨界人才在国家建设中可参与的空间极为广阔。不能仅仅用"发挥优势"这样普通的表述，而是要将侨界人士的动能强大地融汇到侨联这个我们精神寄托的组织当中，丰富其内涵，强壮其机体，"赋能其特征"。将后半句的"积极"改为"踊跃"，更是想说明我们必须将"积极"张扬到"踊跃"的程度。最后确定的发言题目，我想也契合这次侨联大会的宗旨，把哈尔滨在全世界的华人华侨和归国人员拧成一股绳，伴随着中国社会的新征程，聚精会神赋能侨界特征，争先恐后踊跃参政议政。

情怀的归宿

经常有人问我：你过去在英国生活，现在又工作和生活在上海，怎么老是参与哈尔滨的事？我经常这样回答：是哈尔滨市归国华侨联合会使我找到了"回家的感觉"。侨联组织是一条民意通道，具备同党委和政府沟通的渠道优势、资源优势、专业优势和视角优势。侨界人士拥有海外学习、工作和生活的背景和经历，具有世界性的开拓眼光和对比审视国计民生的独到视角，将他们用真情实感凝练出的良言建议倾注于参政议政的组织平台上，是侨联宝贵的资源和永续财富。

早在 2015 年 12 月，当我从媒体上得知哈尔滨霁虹桥因火车站的改造工程要整体拆移时，就奋笔疾书撰写了既不拆移霁虹桥，又保证交通畅通的 2 800 字的书面谏言《关于哈尔滨霁虹桥地区改造的建议方案》，并组织公司员工连夜加班绘制了霁虹桥地区的规划设计方案、制作了辅助的 3D 动画。哈尔滨市归国华侨联合会在第一时间通过正式渠道将该方案呈交给市政府，方案得到时任市长的批示，这使我真切地感受

① 本文为作者在哈尔滨市侨联十二届三次全委（扩大）会议上的大会发言稿。

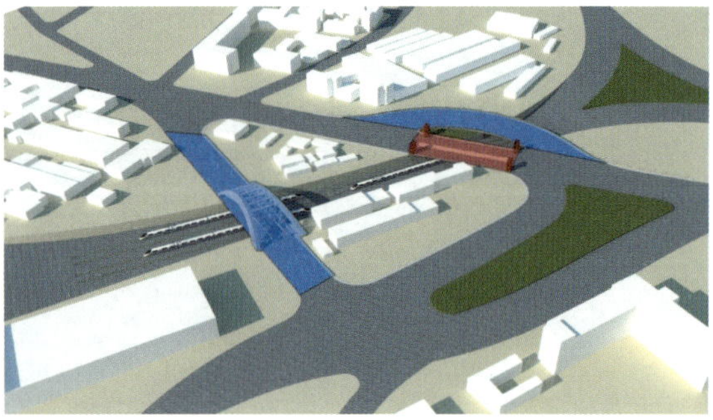

哈尔滨市霁虹桥区域规划设计鸟瞰图（宜吾设计，2015 年 12 月）

到侨联组织在参政上的行动力、执行力和建议力，再就是体会到哈尔滨市归国华侨联合会的那种亲和力和感召力，能那么重视一个家乡人对城市的谏言。经过短短一周的时间，市长就安排建委主任打电话给我并讨论实施事宜。漂泊在外的我从家乡哈尔滨真正感受到“找得到北”的组织依赖感，办实事的侨联工作值得我参与，高效率的人民政府使我“意犹未尽”，我应该继续努力，把在海外学习和工作所获得的知识和经验用到家乡的建设上。

侨声的实效

在“霁虹桥”的建议之后，在侨联的帮助下，我得以有更多的机会参与为哈尔滨城市发展建言献策。通过侨界搭建的组织平台，我先后撰写了《关于哈尔滨城市公共停车空间设置的若干建议》《关于提升哈尔滨驻外办事处品牌形象的建议》《关于推进哈尔滨历史文化特色街区建设的提案——以香坊区开埠历史文化街区为例》三篇建议，同时还执笔完成了《关于哈尔滨新区建设的若干建议》（2017 年）、《把哈尔滨建设成为世界冰雪产业发展高地的建议》（2018 年）和《发挥界别优势 增强履职实效》（2019 年）三篇哈尔滨市政协会议侨联的组织提案。2018 年 10 月 17 日，由中国侨联主办的《侨情专报》（第 4533 期）刊发了由我代表侨联执笔撰写的《把中国东北部地区建设成为世界冰雪产业发展第 5 极的建议》，为向中央委员会书记处汇报黑龙江省归国华侨联合会的建议做出侨界一分子力所能及的贡献，为省、市侨联赢得国家荣誉。上述建议都得到了相关政府部门的积极回应，我们看到了侨联同社会发展同步的组织意义，也体会到了侨界组织的高效管理能力和体系发力效果。

在 2020 年 1 月 18 日举办的哈尔滨市政协会议开幕式上我作了题为《发展城市“夜经济”促进消费升级的建议》的大会发言，再一次令我感受到我们侨联强大的组织力量。感谢侨联让我作为大家的代表在台上“抑扬顿挫”，我发言背后凝聚的是侨联组织的缜密筹划和细心工作。争取政协会议开幕式上的大会发言是一项极具挑战性的艰巨任务，每个界别团体每年都铆足了劲去“竞争”仅有的几个发言名额。从选题到内容，从建议到措施，都要经过“过五关斩六将”的严格选拔。我们侨联每年都精心策划至少两个选题，并广泛沟通和认真调研，为此侨联领导团队付出了大量的辛劳，功夫不负有心人，我们“夜经济”的课题终于实现了久盼的夙愿，而且尤为特殊的是，我们这次的大会发言不但代表侨联，还“跨界”代表其他党派和团体，意义和影响极为深远。通过这次代表发言，我真切体会到今天的侨联不但“做大做强”了，而且着实“做精做美”了，对每个“侨家人”来讲，我们侨家更加“做亲做仁”了，我们在“侨家”的生活更加共贯同条和同音共律了。

参政的选项

参政议政如何切入？选题或选项十分重要，我的体会就是 10 个字——从实践中来，到实践中去。我们要根据自身的工作实践和专业特长，从实践中凝练出参政主题，并将主题延展到实践中，去精准解决实际问题。延寿县曾是哈尔滨市的贫困县，我们侨界能在扶贫帮困上为延寿县做点什么呢？带着侨联领导的嘱托，我于 2017 年 3 月和 4 月分两次到达延寿县，就城市发展建设进行调研，了解延寿县的基本情况、贫困原因和发展需求。在第二次到延寿县时，我有的放矢地从城市建设角度入手，义务为延寿县党政干部举办了城市建设发展的专题讲座并画了相关区域的规划构思草图，从城市规划和区域建设上为脱贫出主意、找思路。最后我撰写了题为《延寿老城初考》的调研报告，希望将侨界对延寿老城的研究化作延寿县旅游开发的撬动点和支撑点，实现帮扶帮在“点穴上”和扶贫扶在“长效里”的目标。《延寿老城初考》被哈尔滨市人民政府地方志办公室刊物《哈尔滨史志》2017 年第 2 期采用发表，在助力延寿县发展旅游和脱贫摘帽上起到了良好的推动作用，今天我们欣喜地看到延寿县已经正式脱贫摘帽。

“哈尔滨历史建筑 3D 纸模”参展 2017 年第十三届中国（深圳）国际文化产业博览交易会

推进招商引资和促进产业发展一直是我们侨界关注的重点，侨界的关注点就是我们的选题点。2017 年 5 月，我以“哈尔滨历史建筑 3D 纸模”项目代表市侨联参加哈尔滨代表团在第十三届中国（深圳）国际文化产业博览交易会上的招商推介展演，通过哈尔滨的建筑文创产品吸引世界客商。2017 年 9 月 8 日在北京举办的 2017 年国际冬季运动（北京）博览会上，我通过前期的沟通协调，将自己熟悉的海外冰雪资源招商引资到哈尔滨，促成了在博览会芬兰日哈尔滨市道里区人民政府和芬兰世界冰雪论坛（World Snow & Ice Forum，WSIF）组织正式

在 2017 年国际冬季运动（北京）博览会芬兰日上，作者主持哈尔滨中芬冰雪产业园签约仪式

签约，共同建设哈尔滨中芬冰雪产业园。与此同时，我将参与哈尔滨中芬冰雪产业园建设的我市企业和项目用地范围撮合对接到位，并义务规划出中芬冰雪产业园的方案。中芬冰雪产业园项目的落地将把哈尔滨的冰雪面貌全面提升到世界标杆的高度，直至今天，市侨联仍然在为此做着积极的协调和努力。

侨界人士既要参政议政，也要“技政术政”，更要“智政慧政”。用知识技术和才情智慧帮助政府运筹帷幄、助力城市出谋划策、辅佐百姓群力群策和投身项目献计献策是我们侨界义不容辞的社会责任。2019 年 1 月哈尔滨市两会期间，市侨联领导当得知马旭文博艺术中心的众多设计方案始终不令人满意且工期已经迫在眉睫的时候，把我这个海归建筑师推荐给了相关领导，并一再嘱托我不能“掉链子”，只能打胜仗，不容失败。组织的呼唤就是冲锋的号角，这不是个人的生意问题，而是代表着侨界的荣誉和承担着侨联的责任，在各方的热诚期待下，当然这对我来讲也是巨大的压力，我提出先免费进行方案设计和春节前拿出草案的

马旭文博艺术中心夜景透视图（宜吾设计，2019 年）

应急设计措施。建筑形象是看得见、摸得着、谁都能评价两句的立体艺术，特别是公共建筑往往众说纷纭和众口难调，但从落成后各方的反馈情况看，在今天的侨联大会上我可以向侨联组织郑重汇报，“我们打赢了”。

议政的撰写

我结合在中英两国接受教育时的写作操练和这些年议案撰写的经验，同侨界同人们分享下议政写作方面的体会。首先，标题要聚焦和务实，也要抢眼和时尚。聚焦就是要“掷地有声”地说明题意，务实就是不说套话客话，要说实话和真话；抢眼就是要让题目有穿透力，直捣受众的心窝子，时尚当然就是要在现代社会的语境下撰写，平时读书看报多留意大标题可以提高这方面的能力。其次，在通篇结构上个人体会是坚持“三段论”，开头直接言明主题背景和议政缘起，平铺直叙调研数据和所见所闻，可以分成一段或两段，最好不要三段；中间的“躯干”部分是主体内容，可以分为若干段来评议主题，每段可以设大标题，也可以将分标题放在段首加粗，注意在评议的同时一定要提出解决方案，只提问题不给措施，不能算作参政建议；“三段论”的结尾要勾勒议题愿景和再点主题，形成文体闭合和记忆存留，这时不需要一大堆“表决心”和“空口号”，不应再加入新的评论和观点。再次，提案文体要用正式语言，文风要信达直白，适当用点“时髦”词语也并非不可，可以活跃文章的氛围。最后，在遣词造句上要长句子和短句子混合使用，总是长句子很累，总是短句子则缺乏文采，通篇用词尽量不要重复。最终能否将议政文章撰写到“怎一‘雅’字了得”的程度，则取决于作者的文学素养和知识储备。

结语

作为侨界的一员，我愿意继续做好参政议政工作，紧密围绕哈尔滨市归国华侨联合会的战略定力，创新再创新地努力探索侨界人士参政履职的工作方法和路径，为侨界工作的聚合力和辐射力添砖加瓦。作为侨界推荐的市政协委员，我愿意在界别的代表性、领域的深度性、建议的专业性和监督的实效性上发挥更大的议政作用，将侨界零碎和分散的意见归纳提炼为整体性的参政诉求，体现更广泛的侨情侨意，为哈尔滨市新一轮的建设和发展贡献侨界人士应尽的力量。

杨浦区四个居委会登记预约购买口罩情况的调研报告

背景 Background：

在疫情突然来临之时，该如何面对迫切的紧急形势？这对每座城市都是一场大考。这次疫情初期的口罩供给是“牵一发而动全身”的重要事项，处理不好必然给后续的防控带来不利影响，我们已经通过媒体看到国外大排长龙购置口罩的新闻。上海市在第一时间推出了口罩预约制的购买政策，最大限度地调配紧缺的口罩资源，及时平复了市民买不到口罩的焦躁心情，也减少了多买囤积的不良现象发生，在疫情危机管理初期精准地交出了一份满意的答卷，为防控工作的最终胜利奠定了扎实的群众基础。作者深入基层和走访社区，调研上海口罩的预约情况，描绘上海疫情管理这篇考卷中口罩预约的运作状况，在为上海方案的给力实效予以真实报道的同时，记录上海政府和人民在疫情面前百折不挠和团结一致的精神风貌。

由于新型冠状病毒肺炎疫情的影响，防护口罩成为紧俏商品，全国多地出现居民早起排长队购买口罩的情况，也偶见网传的上海排队现象。上海市人民政府及时采取措施和颁布政策，从 2020 年 2 月 2 日开始，实行截至 2020 年 2 月 11 日的“居（村）委会预约登记 + 指定药店购买”的第一轮方案，确定每一户可购买5 只口罩，每一户仅限预约购买一次。这在最大程度上缓解了买口罩难的问题，平复了市民由于排长队或买不到而产生的焦虑心情。

这个政策执行落实得如何？百姓的反应如何？居委会增加了相当大的工作量，工作人员的工作状态如何？带着对这些问题的思考，我对杨浦区四个居委会的口罩预约运行情况调研如下。

杨浦区五角场街道三门居委会

预约第一天（2 月 2 日）上午有排队情况，下午无须排队。由于天气晴好，阳光普照，佩戴口罩的居委会工作人员在室外空间的院外和院内分别设置预约服务台。第一组服务台验证预约者的身份证信息，详细问询居住地点、是否外出（如外出则说明外出地点和出行方式）等，并在信息表上登记其身份证号和手机号，预约者需签名确认。第二组服务台一名工作人员根据信息核实情况并在总表上登记，另一名工作人员则在预约购买凭证上填写预约号码，然后发放印有药店名称、药店地址和药店营业时间的预约购买凭证。最后工作人员叮嘱居民需要等待居委会电话通知购买时间，然后凭证凭号到药店购买。

杨浦区五角场街道吉浦一居委会

因场地有限，只能在一楼的室内设置服务台。第一组两名工作人员有序工作，工作流程同三门居委会。第二组工作人员发放同样格式的预约购买凭证。工作人员叮嘱同三门居委会。

杨浦区五角场街道政民居委会

在一楼的室内设置服务台。第一组和第二组工作流程同三门居委会。特别之处是让登记者现场扫码加入口罩预约购买微信群，嘱咐其按照群里通知的时间去药店购买，买好口罩后在群里反馈确认。

杨浦区同济新村居委会

因为天气晴朗，在同济新村合作楼一楼设置半开放服务台。其他流程类似上述三个居委会。

杨浦区江湾清真寺（作者绘于 2020 年 5 月 3 日）

结语

通过对四个居委会预约登记现场情况的调研发现，上海市该项口罩预约购买政策出台及时、措施得当、组织有序和流程精准，居民认同。居委会操作性工作准备充分，表单设计清晰明确，两组服务台分工合理，政民居委会的微信群通知和反馈确认工作考虑细腻。所有居委会工作人员全程都佩戴口罩，工作有条不紊，有问必答，态度热诚，反复叮嘱注意事项，给居民留下深刻影响。

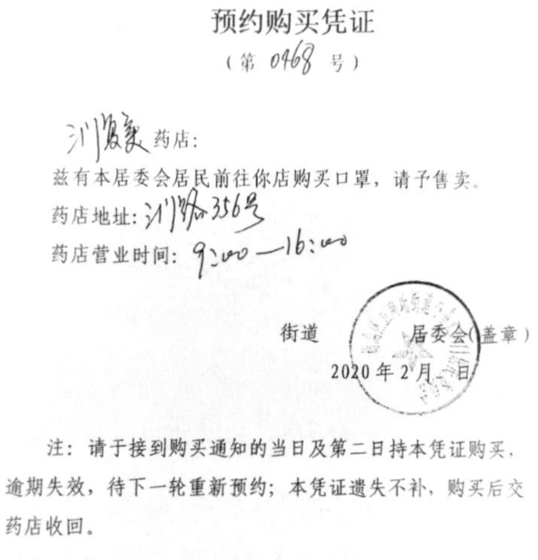

预约购买凭证

（第 0468 号）

药店：

兹有本居委会居民前往你店购买口罩，请予售卖。

药店地址：

药店营业时间：9:00—16:00

街道　　　居委会（盖章）

2020 年 2 月　日

注：请于接到购买通知的当日及第二日持本凭证购买，逾期失效，待下一轮重新预约；本凭证遗失不补，购买后交药店收回。

杨浦区居民口罩预约购买凭证

提升驻外办事处品牌形象·塑造哈尔滨城市精神[①]

出版物 Publication：
《哈尔滨市情活页》
期号 Issue No.：
2019 年第 11 期，总第 98 期
页面 Pages：
26—27
主办方 Organizer：
中共哈尔滨市委史志研究室

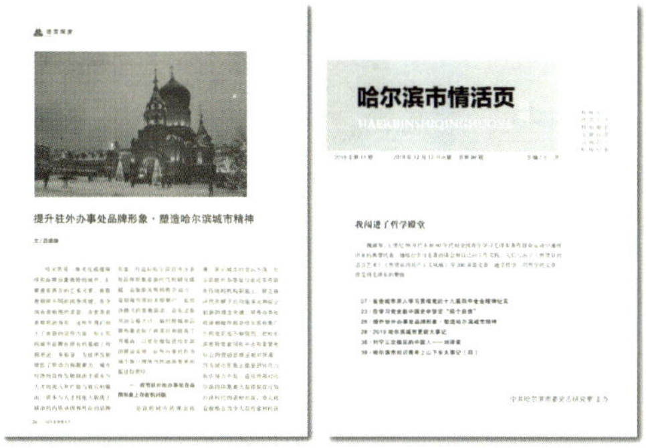
提升驻外办事处品牌形象·塑造哈尔滨城市精神
哈尔滨市情活页

哈尔滨是一座文化底蕴深厚和品牌形象独特的城市，汇聚着东西方的艺术元素，弥散着别样不同的四季风情，在全国有着响亮的美誉，在世界有着精彩的身形。

这些年我们加大了旅游宣传力度，哈尔滨的城市品牌在原有的基础上得到更进一步彰显，为经济发展增添了驱动力和凝聚力。城市经济的良性发展有赖于资本与人才的流入、产能与效应的输出，资本和人才的流入有赖于城市的内质动因和外在的品牌形象。

打造好哈尔滨驻外办事处品牌形象是新时代的研究课题，是旅游发展的吸引动力，是招商引资的无形资产，是经济腾飞的客观需求，是东北振兴的方略大计。使城市品牌形象美好了再美好和提高了再提高，从而更好地促进哈尔滨的建设发展，七个驻外办事处作为城市窗口，理所当然地要承担起这份责任。

驻外办事处品牌形象存在的问题

一是宣传城市的理念淡薄，展示城市的意识不强。哈尔滨驻外办事处目前还多停留在传统的机构职能上，缺乏新时代所赋予的功能多元和综合创新的理念突破，对自身软件和硬件都是哈尔滨形象广告的认识还不够充分，把哈

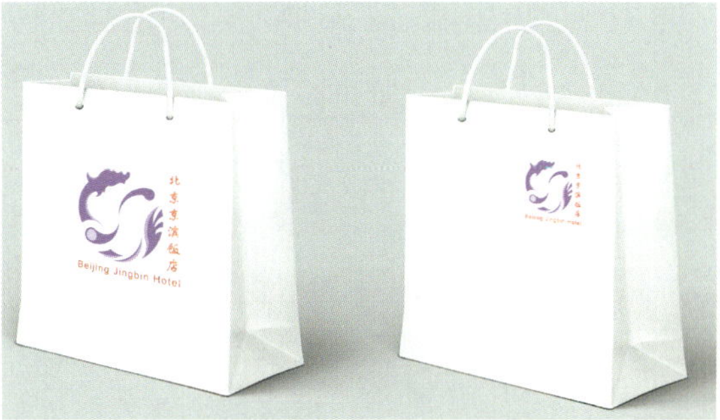

哈尔滨市驻北京办事处京滨饭店 logo 设计
（宜吾设计，2018 年）

尔滨独特要素同驻外办形象紧密结合的营销思维还相对淡薄。因为对城市形象正能量的宣传力和引导力不足，外部对哈尔滨的印象要么停留在计划经济时代的老哈尔滨，要么桎梏在当今人员外流和经济下滑的负面感受里，提振和加强哈尔滨的对外影响力和感染力已经刻不容缓。

二是构筑城市品牌的方法简单，硬件设施的展示不足。以驻北京办事处为例，京滨饭店地处阜新门外大街醒目的十字路口处，地理标识性显著，人员往来密集，但除了一楼和裙房在销售北方特色食品，使人感觉这里同东北有关之外，其他的广告、标识、外饰、门脸和大厅等有形的建筑设施都看不出任何哈尔滨特色，无形的形象宣传力度更是微乎其微，哈尔滨营

① 本文为作者参加 2018 年政协哈尔滨市第十三届委员会第二次会议的委员提案。

销城市的方式和方法还有很大的提升空间。

三是综合推广的软实力不足，哈尔滨的“正态”形象烘托不佳。驻外机构未充分利用信息智能化的城市推广手段，没有把微信公众号、办事处企业网站、建筑标识、视觉识别（Visual Identity，VI）系统、哈尔滨宣传册（片）和信息外文翻译等现代化推广手段用好用精，没有形成体系化的城市营销模式。驻外办事处的窗口宣传哈尔滨重大城市活动的即时性不足甚至空白，没有形成市内和驻外同时发布和宣传的传导效应。

提升驻外办事处品牌形象的建议

全面提升哈尔滨城市品牌形象要以党的十九大精神为统领，以新时代新思想新内涵为改革创新的指南，把哈尔滨驻外办事处建设成为展示我们城市实力的形象窗口。

一是梳理驻外办事处形象提升内容。以现代城市运营理念为基础，结合每个驻外办事处的地理位置、建筑功能、形象特点、装修现状、办公 VI 和内容需求，从营销城市的视角梳理哈尔滨驻外办事处窗口形象的软、硬件内容，并将内容细化分解为可以分项预算、分期实施的独立项目。项目内容以市场效应为根本，以合理可控为前提，做到精、准、美，力求新、特、好。

哈尔滨市驻京办事处京滨饭店改造建筑设计透视图
（宜吾设计，2018 年）

二是强化哈尔滨特色要素的植入和融汇。驻外办事处的整体形象提升一定要融汇哈尔滨城市本体的特色要素，并在此基础上按照时代的诉求加以提炼和萃取，既不要一味地崇洋复古和照抄照搬，也不能忽略哈尔滨特色地复制抄袭。要重视形象设计的创新性和识别性，要具有形象品牌知识产品保护的意识，要注重品牌形象在软、硬件方面的系统性和连续性，根除东北形象就是傻、大、憨、粗的被动局面，以崭新的哈尔滨形象昭示世界。

三是加强营销城市的组织保障和资源统筹。从根本上提升哈尔滨驻外办的品牌形象，需要建立强大的组织保障系统。政府要加强人员、部门、资金和流程的统筹协调；驻外办要协调好驻地政府配合落实解决方案的策划、设计和实施；各市委办相关部门要利用好政策和资源，配合和支持形象改善工作。要从管理体系和操作流程上树立形象提升的组织机制，在形象再造和实施效果方面，邀请第三方机构提供专业服务，从财务预算和成本审批上明确流程规则，为综合和统筹地完善驻外办事处形象确定制度保障和管理标准。整体形成项目有负责、资金有通道、管理有控制和成效有评估的落实机制，用 2～4 年时间使所有驻外办品牌形象上一个台阶。

哈尔滨驻外办事处要在原有的信息传输、经济协助和接待服务的职能基础上，注入具有现代理念的城市营销职能和软实力推广职能，深化驻外办事处的创新改革，形象提升就是最好的招商引资。驻外办这一城市窗口功能的更新和提升，让哈尔滨人民更加自信满满，让全国人民重新认知哈尔滨的城市精神，让国际友人再次赞赏新时代哈尔滨城市的价值内涵。

发挥界别优势 增强履职实效①

出版物 Publication：

《中国政治协商会议哈尔滨市第十三届委员会第三次会议大会履职类发言材料》

时间 Time：

2019 年 1 月 9 日

页面 Pages：

144—147

主办方 Organizer：

中国人民政治协商会议哈尔滨市委员会

引言

在政协的组织构架中，界别是基本的构成要素。界别是人民政协形成和发展的最基本的组织基础、存在保障和履职单元，是有别于其他政治组织的最凸显的本体表征，是发挥参政议政作用的最主要的履职载体。如果说人民政协是具有中国特色的制度安排的话，那么界别的组织单位则是具有人民政协特色的议事机制。作为党领导下的多党合作和政治协商的重要机构和社会主义协商民主的重要渠道，政协界别发挥作用的效果，直接关系人民政协的履职水平和谏言成效。

侨联界别的特征

2014 年 9 月 21 日，习近平总书记在庆祝中国人民政治协商会议成立 65 周年大会上的讲话中指出："要适应经济社会发展和统一战线内部结构变化，深入研究更好发挥政协界别作用的思路和办法，扩大团结面、增强包容性，拓展有序政治参与空间。"总书记在这里不但谆谆告诫我们政协界别的重要意义，还为在政协工作中发挥界别的独特作用指明了方向。

侨联是党和政府联系归侨、侨眷和海外侨胞的组织体系，会聚着一大批谙熟国际环境和具有国际视野，同时也了解中国发展和熟悉国内现状的海内外各领域各专业的优秀人才，在中国社会发展由"量"向"质"的动能转换过程中，侨界人才在国家建设中"参与的空间"极为广阔。

一个界别就是一条民意通道，在政协里侨联的界别具有人才荟萃、融通中外、联系广泛和作用独特的内质优势，具备政治协商机制下的渠道优势、资源优势、专业优势和视角优势。侨界政协委员大多拥有海外学习、工作和生活的背景和经历，具有世界性的开拓眼光和对比审视国计民生的独到视角，他们用真情实感凝练出的良言建议是我们政协宝贵的议政资源和界别财富。

侨界委员的履职

历届哈尔滨侨界政协委员在履职过程中都发挥了其应有的建言献策作用，这些前辈们尽心尽责，是我学习的榜样。在履职本届政协委员工作的两年时间里，通过侨界搭建的组织平台，我先后撰写了《关于哈尔滨城市公共停车空间设置的若干建议》和《关于提升哈尔滨驻外办事处品牌形象的建议》两篇协商建议，同

① 本文被哈尔滨市归国华侨联合会采用并作为 2019 年政协哈尔滨市第十三届委员会第三次会议大会履职类发言稿。

时还执笔完成了《关于哈尔滨新区建设的若干建议》(2017年)和《把哈尔滨建设成为世界冰雪产业发展高地的建议》(2018年)两篇侨界的政协会议组织提案，这些建议都得到了相关政府部门的积极反馈。

其中，《关于哈尔滨城市公共停车空间设置的若干建议》提案在调研过程中充分体现了侨联界别的海外资源优势和广泛人脉优势，我们以英国城市公共停车空间的数据为参考，结合英国停车协会关于城市道路行驶汽车在汽车保有量中的占比的研究成果，依据哈尔滨的路况和汽车保有量的实际情况，列举了解决哈尔滨停车空间短缺问题的十大行动举措，达到了案例化、数据化、系统化和措施化的质量深度和实效广度，该建议分别收到了来自哈尔滨市城乡规划局和哈尔滨市国土资源局的及时反馈。在收到提案反馈之后，我同市政协领导一起邀请相关部门共同座谈研讨，了解到市政府已经组织专门的领导小组负责落实解决哈尔滨城市交通拥堵的问题，缘起有缘生，花开有花落，我们着实看到了政协履职的组织意义，也体会到了政协委员的社会价值。

《关于哈尔滨新区建设的若干建议》(2017年)组织提案得到了哈尔滨新区工作领导小组办公室的积极回复，他们用11页纸的篇幅系统地回应这份提案，不应付不走过场，句句说实话，条条见落实，如此高水平的反馈文件给我留下了深刻的印象，也使我们从监督的角度看到了政府部门的工作效率和执行力度。我非常希望哈尔滨新区工作领导小组办公室对《关于哈尔滨新区建设的若干建议》(2017年)的回复文件，能够作为各级政府部门回应民主协商建议的学习范本，共同推动提案建议和反馈回复向更高的质量水平发展。

侨界专家的帮扶

延寿县是哈尔滨市的贫困县，我们侨界能在扶贫帮困上为延寿县做点什么呢？带着侨联领导的嘱托，我于2017年3月和4月两次到达延寿县，就城市发展建设的相关事宜进行调研，同延寿县相关部门进行了两场座谈研讨，了解了延寿县的基本情况和发展需求。

在第二次到延寿县时，我有的放矢地从城市建设角度入手，为延寿县党政干部举办了城市建设发展的专题讲座，在城市规划和区域建设上出主意、找思路。考察期间，我翻阅了延寿县志，拜访了熟悉延寿县历史的老同志，实地探察了老城遗址，沿现存护城河进行了全方位勘察，在老城门的现址拍照记录，调研了延寿县南北山脉和水系，完成了对延寿县城域的初步考证，最后撰写了题为《延寿老城初考》的调研报告，希望将侨界对延寿老城的研究化作旅游开发的撬动点和支撑点，实现帮扶帮在系统上，扶贫扶在长效上。

《延寿老城初考》被《哈尔滨史志》(2017年第2期)收录，在助力延寿的旅游发展上起到了宣传和推动作用。

侨界分子的情怀

在履职哈尔滨市政协委员之前，作为有多年海外生活背景的侨界一分子，我实际已经参与到对哈尔滨城市发展的建言献策当中。早在2015年12月，当从媒体上得知哈尔滨霁虹桥因哈尔滨火车站的改造工程要整体拆移时，我就撰写了既不拆移霁虹桥，又保证交通畅通的2 800字的书面谏言《关于哈尔滨霁虹桥地区改造的建议方案》，并组织公司团队连夜加班编制霁虹桥地区的规划设计方案、制作辅助的3D动画，然后通过侨联的组织平台呈交哈尔滨市人民政府，仅一周的时间就得到了时任市长的批示回复，责成住建委负责人同我联系沟通。

有关部门以最快的速度落实市长的批复，邀请我参与项目议事，我得以有机会深度了解霁虹桥改造项目的推进历程，并以建筑师的身

哈尔滨市霁虹桥区域规划设计鸟瞰图（宜吾设计，2015 年 12 月）

份将保留霁虹桥的区域规划建议方案当面陈述给相关部门负责人，特别是霁虹桥改造的设计单位铁道第三勘察设计院集团有限公司的工程师们，这是专业人员与专业人员的技术协商，也是英国注册建筑师把世界的工程经验同哈尔滨城市建设相融合的实践应用。从建议被采纳的最终结果来看，我深切地感受到政府在工作中对侨界意见的重视和对侨情侨意的关心与关注。

侨界侨声的实效

我执笔完成侨界组织提案《把哈尔滨建设成为世界冰雪产业发展高地的建议》，于2018 年 1 月在政协大会上接受媒体采访并被《黑龙江日报》报道，引起了黑龙江省人大代表焦宏伟的重视，两会期间他主动上门了解情况，提出以联合议案的形式将建议提交给省人大议案部门，目前该议案已经作为黑龙江省人大代表的正式议案纳入处理程序。

哈尔滨市侨界的政协建议能被黑龙江省人大关注并成为省人大提案，我们深切地感受到协商渠道的通达和履职责任的重大。更令人兴奋的是，该提案还被中华全国归国华侨联合会汇录于 2018 年 10 月 17 日印发的《中国侨联侨情专报》（第 4533 期），这也是来自黑龙江省的建议第一次被刊登在《中国侨联侨情专报》上。

结语

界别是政协履行职能和发挥作用的基本依托，人民政协的性质定位和优势特点通过界别的组织细胞体现和表述。在今后的政协委员履职工作中，我们要围绕创新再创新，努力探索侨界履职的工作方法和路径，提升侨界工作的聚合力和辐射力，把侨界人员零碎和分散的意见归纳提炼为整体性诉求。

作为来自侨界的政协委员，我愿意在界别的代表性、领域的深度性、建议的专业性和监督的实效性上发挥更大的履职作用，体现更广泛的侨情侨意，共同为哈尔滨市新一轮的建设和发展贡献我们的力量。

关于哈尔滨新区建设的若干建议①

出版物 Publication：
《哈尔滨市情活页》
期号 Issue No.：
2017 年第 9 期，总第 72 期
页面 Pages：
24—26
主办方 Organizer：
哈尔滨市人民政府地方志办公室

关于哈尔滨新区建设的若干建议
哈尔滨市情活页

确立建设哈尔滨新区（以下简称“新区”）既是党中央和国务院对哈尔滨以往工作的肯定，也是其对哈尔滨未来发展寄予的厚望。如何建设好新区已经是摆在我们面前的一项紧迫任务，也必将成为今后一段时间我们工作的着力点和关键词。我想从以下三个方面浅谈对新区建设的思考和建议。

坚持党的领导 创新组织形式

1. 架构

新区建设必须坚持党对新区的绝对领导，强化党委的班子建设，党组织是新区建设的指挥部和智慧部。在完善落实党组织的基础上，以创新的思维构建新区建设的政务管理组织架构。组织为魂，架构为本，新区前期管理架构以建设为目的，中期管理架构保证建设和运营目的相融合，后期则以政务管理为主，并在此基础上建立与其相匹配的组织架构和人力资源配置。

哈尔滨市人民政府办公大楼（作者绘于 2016 年 8 月 6 日）

2. 开合

各阶段组织架构要兼具开放和闭合的特点，适应国际城市最新发展需求，开放意味着职能鲜活和顺势而为，闭合意味着功能完备和覆盖详尽。例如，我们可以设置知识管理部门，统筹新区知识管理。学习中国（上海）自由贸易试验区经验和成果，在新区建立初始就按照东北亚自由贸易区的目标去组建、去再创新，从振兴东北经济和吸引南雁北飞的角度看，新区整个组织体系无论怎样突破和创新都不过分。

3. 人才

要在全省乃至全国范围内挑选政治过硬、思维国际和经验丰富的新区区长人选，实施政府组织责任化管理，公务事宜项目化管理。副区长和所有管理团队成员面向全世界选拔招聘，对人才的管控以前述新区先期、中期和后期的岗位需求为准，人才的岗位描述以组织架构为依托，使人才出进有序，将人才动态管理。以项目管理理念统领新区管理，以职业经理人的

① 本文被哈尔滨市归国华侨联合会作为 2017 年政协哈尔滨市第十三届委员会第一次会议的组织提案。

视角看待管理人员，以市场化的薪酬体系配置管理人员，以国际项目管理协会制定的职业标准评估和考核职业经理人。打破编制结构，不设行政级别；建立职业保险体系，控制职业风险；建立官邸制度，公开议事机制。

结合东北实际 创新产城融合

1. 缘起

100 多年前的哈尔滨因铁路而成市，我们说哈尔滨是一座拥“道”的城市；100 多年后的今天，新区因“一带一路”而奠基，我们应该说哈尔滨是一座有“道”的城市。我们要咬紧“一带一路”的历史机遇，借助发展创新建设新区的东风，创新地再造哈尔滨城市，并进而创新地带动黑龙江省的全域发展。

2. 农林

黑龙江是农业大省，也是森林大省，我们要把新区建设成为“农城”融合和“林城”融合的地域特征明显的寒地夏都型城市。新区核心区要有核心区的“农城”和“林城”交融模式，新区扩展区要有扩展区的“农城”和“林城”交融模式，我们要因地制宜、因产制宜、因城制宜，因“冰雪”而制宜，因“夏都”而制宜，并最终因“生态”而制宜。未来在新区我们应该看到夏天城市中的麦浪滚滚，冬天冰雪旅游的热火朝天；我们应该看到春天城市中的林木吐枝，秋天城市森林的丰盈多彩。新区的一年四季“城”结出一年四季“产”的硕果，在一年四季“色”的产城融合中体验一年四季“情”的释怀。

3. 冰雪

冰雪生活是我们的城市基底，冰雪产业是黑龙江特色产业。新区建设伊始就应该把冰雪产业融入城市战略发展，融入城市规划设计，这一点并无可以参考的案例，如果打造出来冰雪产业之城，那么新区就是世界上独一无二的，而如何打造则是摆在我们面前的一项创新任务。哈尔滨市“全民冰雪”是我们的期待和期盼，新区“全域冰雪”更应该成为我们的发展共识。

哈尔滨出生长大的我们具有独特的冰雪感受，这种冰雪体验伴随着一生的成长和进步，培育了品性，锻炼了意志，塑造了坚忍，也增强了体质。在幼儿时我们有堆雪人、打雪仗、打爬犁、玩脚滑子等游戏；小学时我们有冰道和小冰场可以打出溜滑、抽尜儿；中学时师大附中有冰场可以上速滑课；大学时有冰球场和冰球队，可以吆喝呐喊为母队的冰球英雄加油鼓劲；中年时我们有各类滑雪场可以尽情滑翔。这就是“全民冰雪”和“全域冰雪”的概念思维，也是冰雪新区的基本理念，更是我们今天应该重塑和再造的哈尔滨生活本体。

落实若干意见 打造时代街区

1. 精神

2016 年 2 月 6 日中共中央和国务院印发的《关于进一步加强城市规划建设管理工作的若干意见》（以下简称《若干意见》）是今后未来一段时间城市建设的大政方针，其中最引起热议的一段描述是“新建住宅要推广街区制，原则上不再建设封闭住宅小区。已建成的住宅小区和单位大院要逐步打开，实现内部道路公共化，解决交通路网布局问题，促进土地节约利用”。这是我们新区规划建设的首要原则。

2. 过去

中国上一版本的城市新区建设，多以宽马路和大街区为主，以马路宽、直、长为出发点，恨不得双向十几个车道，而两个马路口之间形成的街区也以大为喜，大到沿马路几百米也在所不惜，再加上围墙一围形成封闭的小区，造成城市起毛细血管作用的道路和公共空间丧失殆尽，由此带来了城市的交通拥堵，城市居民被挤压到仅有的大马路人行道上和少数大公园里，形成了城市的主角是大马路和快速行驶的汽车的局面，而忽略本应该是城市主角的行人

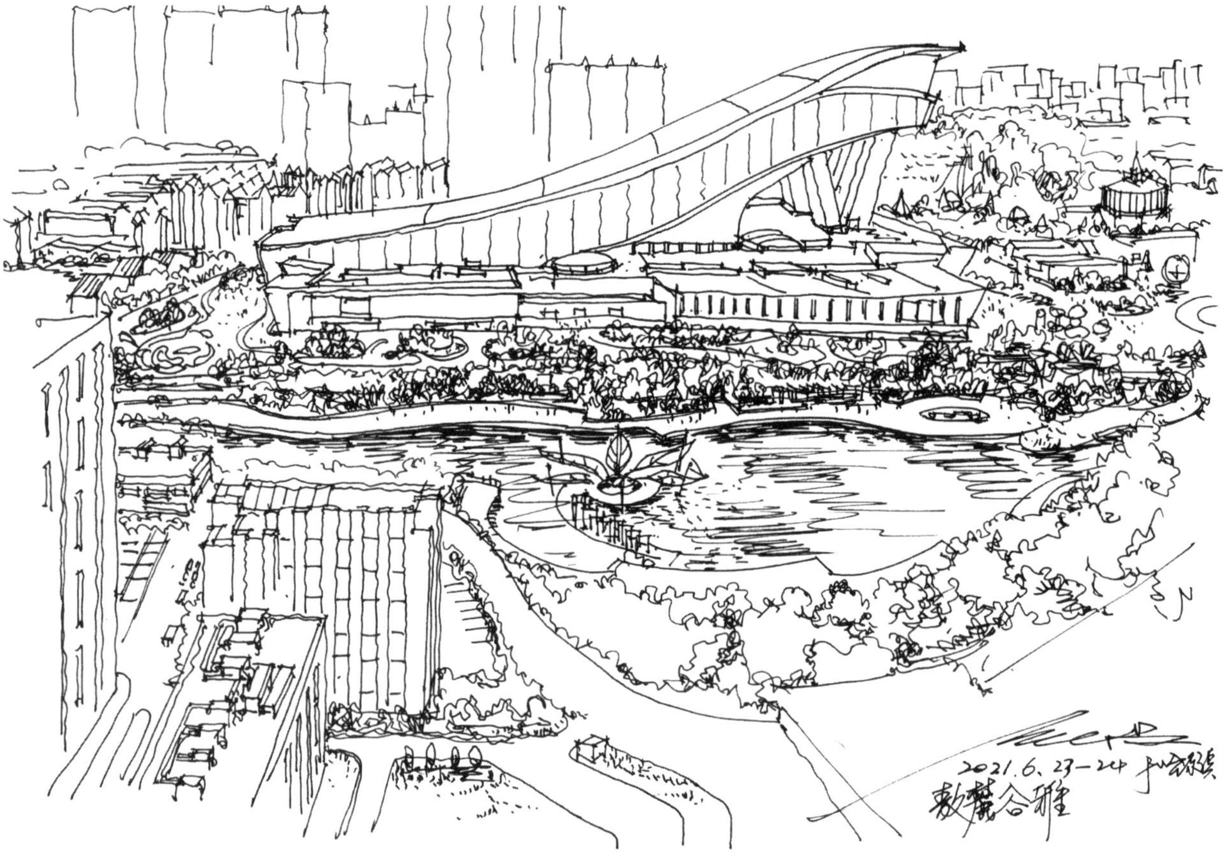

哈尔滨新区融创茂（作者绘于 2021 年 6 月 23—24 日）

和行人尺度的小空间甚至微空间。

3. 落实

新区规划我们一定要遵循《若干意见》精神，在城市核心区以窄马路和密路网为规划要素，以单行道为车流运行模式，开创城市无交叉慢行交通体系。远说借鉴纽约曼哈顿城市核心区路网尺度，中说学习巴黎台方斯新区建设经验，近说参考柏林中心波兹坦广场规划和运作模式，把新区打造成为未来国际性新城。中国（上海）自由贸易试验区已经实施了建筑师负责制，柏林波兹坦广场的大街区也是分别由不同的建筑师总控，我们新区的城市规划和建筑艺术一定要保证专业的事由专业人员干，杜绝凭领导的个人喜好主观决策。

从建筑上讲，新区要把建筑当作当代艺术品来营造，可以借鉴欧洲古典元素，也可以借鉴中国古典元素，但是新区建筑一定要既不全面抄袭中国古典建筑，也不全面崇拜欧洲古典建筑，新区应该建造具有材料技术特征和东北地域文脉的新建筑。没有创新、一味复制古典，就会毁灭我们的时代性，不要让后代嘲笑我们这代只会模仿欧洲人已经不玩了却在哈尔滨大行其道的古典主义建筑。在建筑艺术上一定要落实习近平总书记提出的文化自信，创造独具特色的新哈尔滨当代建筑艺术。

关于哈尔滨霁虹桥地区改造的建议方案

媒体 Medium：

“宜吾设计”微信公众号

时间 Time：

2015 年 12 月 22 日

背景 Background：

2015 年 12 月，当从哈尔滨地方报纸上得知霁虹桥要在 2016 年 3 月动工拆除的消息时，我撰写了本文并呈交给哈尔滨市政府有关部门，同时组织公司力量连夜赶制保留霁虹桥的区域规划设计方案。时任哈尔滨市市长收到本文后立刻批示并责成相关部门联系我讨论霁虹桥保留方案。

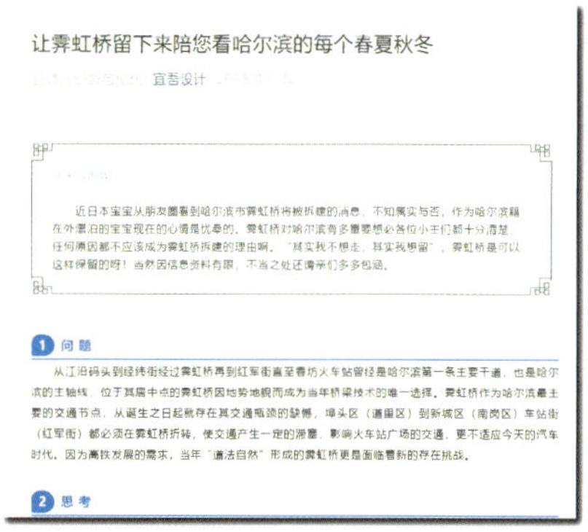

让霁虹桥留下来陪您看哈尔滨的每个春夏秋冬

宜吾设计

近日本宝宝从朋友圈看到哈尔滨市霁虹桥将被拆建的消息，不知属实与否，作为哈尔滨籍在外漂泊的宝宝现在的心情是忧桑的。霁虹桥对哈尔滨有多重要想必各位小主们都十分清楚，任何原因都不应该成为霁虹桥拆建的理由啊。“其实我不想走，其实我想留”，霁虹桥是可以这样保留的呀！当然因信息资料有限，不当之处还请亲们多多包涵。

1 问题

从江沿码头到经纬街经过霁虹桥再到红军街直至香坊火车站曾经是哈尔滨第一条主要干道，也是哈尔滨的主轴线，位于其居中点的霁虹桥因地势地貌而成为当年桥梁技术的唯一选择。霁虹桥作为哈尔滨最主要的交通节点，从诞生之日起就存在其交通瓶颈的缺憾，埠头区（道里区）到新城区（南岗区）车站街（红军街）都必须在霁虹桥折转，使交通产生一定的滞塞，影响火车站广场的交通，更不适应今天的汽车时代。因为高铁发展的需求，当年“道法自然”形成的霁虹桥更是面临着新的存在挑战。

2 思考

尊敬的哈尔滨市霁虹桥改造主管部门负责人：

您好！

近日从微信朋友圈中看到哈尔滨市霁虹桥将被拆除的消息，不知属实与否，作为哈尔滨籍的游子甚感忧虑，我认为任何原因都不应该成为霁虹桥被拆除的理由，霁虹桥对哈尔滨有多重要，我觉得哈尔滨人民都十分清楚。今致信仅从建筑师的角度为霁虹桥地区的规划献计献策，因信息资料有限，不当之处还请多多包涵。

问题

从江沿码头到经纬街，经过霁虹桥再到红军街直至香坊站，这是哈尔滨第一条主要干道，也是哈尔滨的主轴线，位于其中的霁虹桥因地势地貌而成为当年桥梁技术的唯一选择。霁虹桥是哈尔滨重要的交通节点，从诞生之日起就存在作为交通瓶颈的缺憾，埠头区（道里区）到新城区（南岗区）车站街（红军街）必须在霁虹桥折转，使交通产生一定的滞塞，影响火车站广场的交通，更不适合今天汽车的车行速率。因为高铁发展的需求，当年“道法自然”形成的霁虹桥更是面临着新的挑战。

思考

对于霁虹桥的问题我有如下思考：

（1）应该把霁虹桥的问题放在霁虹桥区域乃至火车站北侧广场的整体规划中统一考虑。

（2）应该把霁虹桥地区历史遗留和今天面临的城市和高铁交通问题确定为主要矛盾。

（3）应该把霁虹桥看作哈尔滨的一张珍贵名片，将其作为哈尔滨城市软实力的代表元素。

（4）应该把霁虹桥的历史价值、城市记忆和文化基因深度挖掘出来，向世界展示霁虹桥就是向世界宣传哈尔滨。

（5）应该把哈尔滨的高铁发展看作霁虹桥凤凰涅槃的引爆点，通过霁虹桥的浴火重生把哈尔滨引领到新的城市发展高度，吸引全世界的目光。

（6）我们今天城市发展所做的事，不应该被后代们耻笑为“没文化”。我们现在后悔哈尔滨喇叭台（圣·尼古拉教堂）、哈尔滨火车站等历史建筑的拆除，不要因为各种理由让后代继续后悔我们今天拆除霁虹桥。

（7）借此事在全市范围内宣传近代建筑保护理念，提升广大市民爱护建筑艺术的意识。保护好哈尔滨这些国际范儿的建筑艺术就是城市最大的招商引资。

（8）应该把霁虹桥区域改造的资金运作模式同国家推广的 PPP 和英国的 PFI 融资（我在英国读工程项目管理硕士学位课程时的老师 Tony

Merna 是该领域的鼻祖）等模式相结合，以政府采购服务的方式解决霁虹桥区域发展的资金问题。

案例

西班牙的毕尔巴鄂以一个美术馆把濒临衰落的城市推向世界，哈尔滨能不能以一座具有百年历史的霁虹桥引爆城市新动力？

上海新天地曾经有被拆除的计划，但后来在同济大学有关人士的规划和各方面的努力支持下，它现在已经成为上海的时尚名片。

纽约曼哈顿中城西侧的线形空中花园——高线公园原来是 1930 年修建的一条连接肉类加工区和三十四街的哈得孙港口的铁路货运专用线，后于 1980 年功成身退，一度面临拆迁危险，在纽约 FHL 组织的大力保护下，终于存活了下来，并建成了独具特色的空中花园走廊，为纽约赢得了巨大的社会经济效益，成为国际设计和古高架桥梁更新的世界典范。

方案

基于上述思考和案例，我提出如下的霁虹桥地区规划草案。

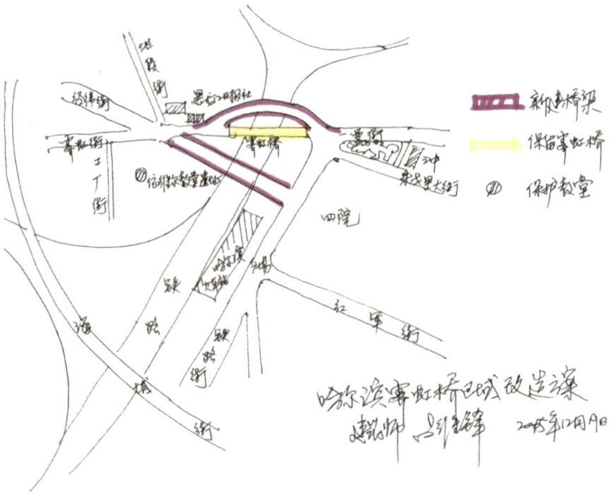

霁虹桥区域规划设计总平面草图（作者绘于 2015 年 12 月 19 日）

说明

（1）方案主题为“双龙戏珠”，把两座新桥比喻为时代的双龙，把霁虹桥看作哈尔滨的珍珠。哈尔滨是天鹅项下的珍珠，霁虹桥是哈尔滨城市的珍珠。

（2）通过一弧一直两座新桥的建设，一劳永逸地解决霁虹桥地区的交通瓶颈问题。弧形桥梁可以设为一曼街到经纬街或地段街方向的单向三车道。经纬街通过直线形新桥同红军街直交，道路系统更加简明通畅。

（3）原汁原味地提高霁虹桥的水平标高，满足桥下高铁的高度需求，霁虹桥不再通行机动车，改为露天桥梁博物馆。系列国际范儿的城市设计和空间设计，使其成为世界级的露天博物馆、城市新客厅、旅游大广场、历史真遗迹、灯光不夜城、桥梁展现廊。

（4）利用提升后的桥下空间和两侧空间建立步行廊桥，使参观者能够近距离欣赏桥梁工艺。这方面有太多的国际案例可以枚举。

（5）在一弧一直的两座新桥上和其他绿化区域设置旅游观赏点，把霁虹桥作为哈尔滨压箱底的珍珠宝贝一样来观赏，展现霁虹桥两侧的浮雕艺术，运用灯光技术塑造霁虹桥的夜景特色。桥下跑的是现代化的高速火车，铁路上矗立的是百年历史的桥梁艺术，这是历史与当代相结合的城市艺术呀！

（6）两座新桥梁的设计以现代技术进步为主题，同时融汇霁虹桥的历史元素，不复古、不崇洋、不欧式、不抄袭，其设计应该完全现代、完全独有，自然也就完全哈尔滨了，当然也是完全国际化的。历史的哈尔滨需要时代的新足迹。

（7）霁虹桥地区步行系统缺位，借此次区域改造的机会，建立霁虹桥地区步行系统，同时建立城市慢行系统，让行人、自行车爱好者、旅游观光车可以无障碍地抵达霁虹桥。

（8）采用全真三维扫描手段，提升后的桥梁无论内部还是外部都完整保留一切，哪怕是已有的瑕疵。大力宣传霁虹桥改造采用的高科技技术，使霁虹桥的新技术成为被世界称道的关注点，把霁虹桥同1889年建成的巴黎埃菲尔铁塔对标。当代的新技术使霁虹桥改造的一切创意皆成可能。

（9）把霁虹桥改造建设的整个过程和所采用的新技术措施通过桥梁博物馆展现出来，使其成为哈尔滨观光旅游的新景点。

（10）运用我们的无穷智慧化霁虹桥改造的难题为哈尔滨城市更新的动力，既出政绩，又出文化；既出形象，又出精彩；既解决资金问题，又减少政府负担，何乐而不为呢！

组织

新桥梁建设和霁虹桥改造可以运用PPP模式，也可以借鉴英国的PFI模式，甚至再解放思想让民营资本全进入，成立项目法人公司——霁虹桥管理公司，独立经营，自负盈亏。政府和市民组成监事会督导霁虹桥管理公司经营。

资本

（1）把霁虹桥地区的广告经营权永久交给对应法人实体。

（2）把霁虹桥旅游观光收益全部归企业所有。

（3）减免企业营业税。

（4）政府根据车辆通行数量，每年花钱购买城市服务，按年结算补贴资金于企业。

（5）政府根据桥梁生命周期补贴维修保养费用。

（6）霁虹桥管理公司能够做到8～10年收回投资，通过后续的细腻经营管理获利。

（7）霁虹桥管理公司可以通过融资融券或上市运营解决投入资金问题。

（8）靠持续的管理经营做到财务平衡和获利收益。

技术

改造项目可采用的技术如下：全真三维扫描技术（上海外白渡桥有成功案例）、桥梁整体提升技术、桥梁BIM技术、桥梁太阳能灯光技术、桥梁太阳能发电技术、桥梁仿真模拟技术、智慧城市大数据技术、互联网+霁虹桥技术。

结语

以上为关于哈尔滨霁虹桥区域城市更新的思考和建议，因对相关背景情况不够了解，设计草案中难免有瑕疵和不足，衷心希望各方面人士批评指正。让我们共同为霁虹桥区域的规划建设而努力，不留遗憾、对得起后人地解决我们今天面临的发展难题。

霁虹桥——哈尔滨人心中的桥！让我们留住它吧！

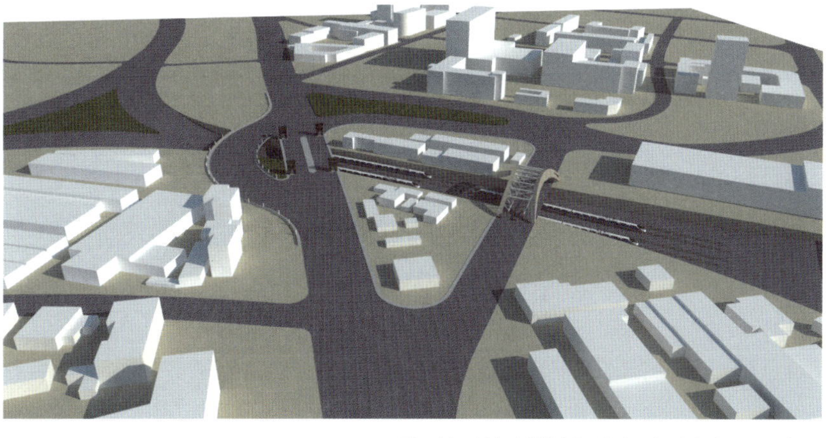

霁虹桥区域规划设计鸟瞰图（宜吾设计，2015年）

四

国际篇——透视海外

曼城学联的第一份通讯

出版物 Publication：

《海归学人》

期号 Issue No.：

2018 年第 6 期，总第 54 期

页面 Pages：

55—56

主办方 Organizer：

上海市欧美同学会、上海市留学人员联合会

曼城学联的第一份通讯

曼城学联全称为“曼彻斯特中国学生学者联合会”，英文翻译为 Chinese Students and Scholars Association-Manchester，英文简称 CSSA-Man。曼城学联是全英中国学生学者联谊会（以下简称“全英学联”）下属的分支机构，由在大曼彻斯特地区的中国留学生和访问学者们自主、自愿、自荐、自费组成，按照中国驻曼彻斯特总领事馆的指导开展工作。《曼城学联通讯》由曼城学联主办，宗旨是拓展渠道、搭建平台、凝聚力量、汇聚资源和交流信息，使其成为在曼彻斯特中国留学生、学者和各界华人的共享媒介。

在 20 世纪 90 年代留学英国期间，我有幸参加了第一期《曼城学联通讯》的筹划和编辑工作，在此记录点滴，书表一二，感想颇多地回顾四分之一世纪前的那段留学经历，描绘 20 世纪 90 年代留英学生们的真实生活，为中国学生留学英国的历史充实史料文件和档案素材。

时间萦回到 1995 年，在中国改革开放继续向纵深发展的时代背景下，裹挟在走出国门和放眼世界的大潮中，我初来乍到于英格兰西北城市曼彻斯特，人生从此翻开另外一个前所未有的页面，也就此拉开第二番切换时空频道的生命序幕。如果说从东北哈尔滨考入同济大学建筑系，从北方文化环境走进江南氛围是一番生活场景的起承转合，那么从大上海走进异国他乡的曼彻斯特，则是另一场转斗千里的脱胎换骨，仅仅是文化冲击就足以让人在成年之际再面临一次岁序更新。曼城学联是每个抵达曼彻斯特的中国留学生必须联系的中国学生组织，曼城学联的邮箱群则是必须加入的共享信息平台。无论是找人、找房子，还是交易二手货，曼城学联的邮箱群总会有求必有应和有应必有果。

那时中国在曼彻斯特的留学生人数同今天的数量相比简直就是凤毛麟角，大多数为国家公派，自费留学者的比例相当低，大家基本上都注册于曼彻斯特大学，也有些分布在曼彻斯特城市大学和索尔福德大学。我的母校以学科创新著称，是全英规模最大的大学，并因此将曼彻斯特推上了学术之“最”的宝座。

在我到达曼彻斯特的 1995 年，正逢新一届全英学联成立，由杨进先生出任第七届全英中国学生学者联谊会主席。曼城学联作为全英学联的最大分支，也紧随其后召开了新一届班子的组建大会，由鲍修鋆出任新一届曼城学联主席。在 1995 年 12 月出版的首期《曼城学联通讯》第二版上可以看到当时曼城学联新班子的成员名单。

曼城学联有了新的组织架构，要做的第一

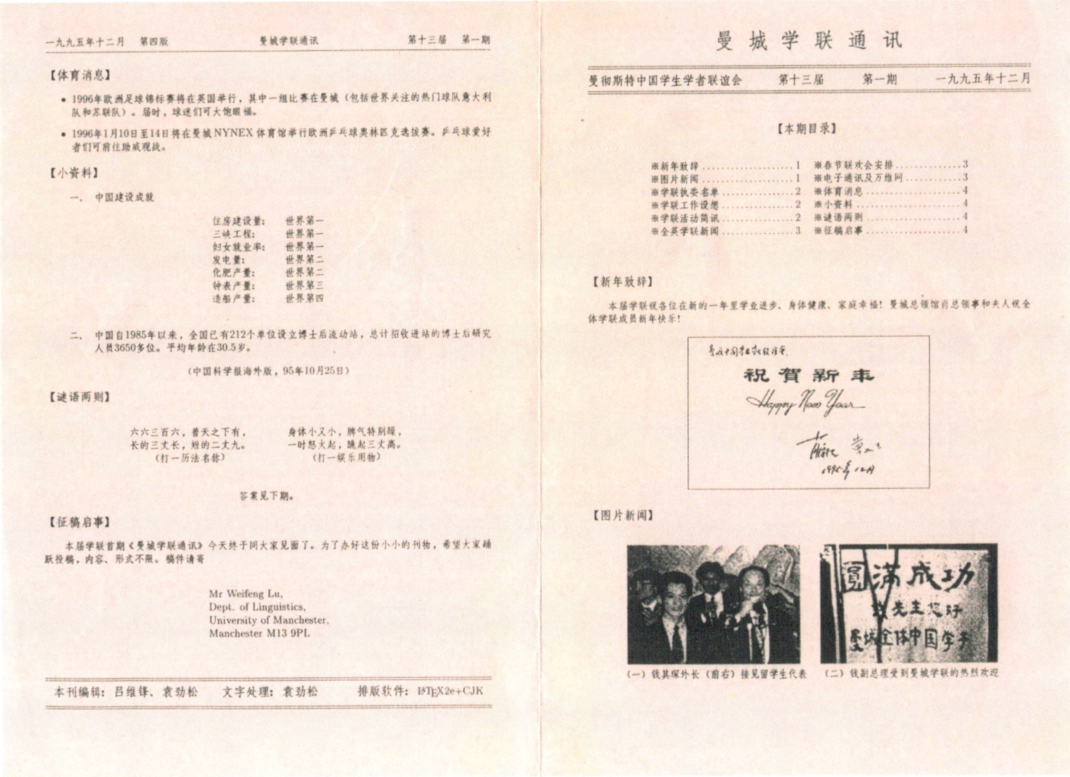

曼城学联通讯

曼彻斯特中国学生学者联谊会　第十三届　第一期　一九九五年十二月

【本期目录】

【新年致辞】

本届学联祝各位在新的一年里学业进步、身体健康、家庭幸福！曼城总领馆肖总领事和夫人祝全体学联成员新年快乐！

【图片新闻】

（一）钱其琛外长（前右）接见留学生代表　（二）钱副总理受到曼城学联的热烈欢迎

一九九五年十二月　第四版　曼城学联通讯　第十三届　第一期

【体育消息】

- 1996年欧洲足球锦标赛将在英国举行，其中一组比赛在曼城（包括世界关注的热门球队意大利队和苏联队）。届时，球迷们可大饱眼福。
- 1996年1月10日至14日将在曼城NYNEX体育馆举行欧洲乒乓球奥林匹克选拔赛。乒乓球爱好者们可前往助威观战。

【小资料】

一、中国建设成就

住房建设量：　世界第一
三峡工程：　世界第一
妇女就业率：　世界第一
发电量：　世界第二
化肥产量：　世界第二
钟表产量：　世界第三
造船产量：　世界第四

二、中国自1985年以来，全国已有212个单位设立博士后流动站，总计招收进站的博士后研究人员3650多位。平均年龄在30.5岁。

（中国科学报海外版，95年10月25日）

【谜语两则】

六六三百六，普天之下有，
长的三丈长，短的二丈九。
（打一历法名称）

身体小又小，脾气特别躁，
一时怒火起，跳起三丈高。
（打一娱乐用物）

答案见下期。

【征稿启事】

本届学联首期《曼城学联通讯》今天终于同大家见面了。为了办好这份小小的刊物，希望大家踊跃投稿，内容、形式不限。稿件请寄

Mr Weifeng Lu,
Dept. of Linguistics,
University of Manchester,
Manchester M13 9PL

本刊编辑：吕维锋、袁劲松　文字处理：袁劲松　排版软件：LaTeX2e+CJK

《曼城学联通讯》第 1 期

项工作就是筹划出版《曼城学联通讯》，在采用传统通信手段的 1995 年，纸质媒介是十分重要的交流平台。鲍修銮是位品学兼优、助人为乐的好主席，在他的主持下，我和曼彻斯特大学数学系的袁劲松马不停蹄地行动起来，开始了《曼城学联通讯》的编辑和排版工作。我负责征稿、组稿、编辑文字，袁劲松负责软件排版，经过一段时间的努力，我们在 1995 年 12 月圣诞节前完成了曼城学联有史以来的第一份纸质刊物《曼城学联通讯》出版的全部工作。为了刊物后续的出版发行，在第四版的最后设置了征稿启事并刊印了我的英文名字和投稿地址，本文所附图片就是这份在英国收藏 5 年并辗转带回国内，又继续珍藏 18 年的原件影印件。

当年这份通讯必须赶在 1995 年圣诞节前出版有以下三个原因：一是这份通讯必须在留学生最集中的曼城春节联欢会上分发；二是英国大学的圣诞长假要持续到 1 月中旬，所以排版、印刷一定要赶在圣诞节前完成；三是圣诞节、元旦时中国驻曼彻斯特总领事馆都有招待活动，《曼城学联通讯》可以陈列在外交活动现场以崭露头角。第一份《曼城学联通讯》就这样如期完成，在曼城学联集体的共同努力下顺利发行。

留学过程是我人生一段十分难忘的经历，它所留下的回忆和感慨在时间的年轮上镌刻隽永，以超然的驱动力闪耀光芒并引航前行。不知道它是不是全英学联的第一份纸媒，也不知道它是不是全欧洲中国学联第一份媒介，更不知道它是不是海外所有中国学联的第一份通讯，但作为它的参与者和见证人，作为它的编辑者和筹划人，更作为它的收藏者和叙述人，《曼城学联通讯》永远是我心底里的第一、唯一和至一。

曼城过春节 越过越中国

出版物 Publication：
《海归学人》
期号 Issue No.：
2018 年第 2 期，总第 50 期
页面 Pages：
54—55
主办方 Organizer：
上海市欧美同学会、上海市留学人员联合会

曼城过春节 越过越中国

春节已经不光是中国人的节日，当下的春节已经演变成为世界的庆典。每逢春节，全世界几乎所有的角落都洋溢在春节的气氛中，因为随着国力的提升，中国人的足迹似乎已经踏遍地球上的所有土地，并将春节这一中华传统节日播耕到天涯海角，传布到四面八方，融流入不同国度，弥散进各民族人民的生活里。

曼彻斯特春节的热闹可谓年深日久，而且随着时间的推移，桂馥兰香地越发积厚流光，仅用热闹两个字已经不足以形容曼彻斯特的春节了。中国城（China Town）是曼彻斯特春节的主场，从节前的张灯结彩和繁弦急管，到节中的锣鼓喧天和摩肩接踵，再到节后的笑逐颜开和花好月圆，整个正月里中国城都洋溢在语笑喧阗和普天同庆的气氛中，红色的喜气洋洋浸透了曼彻斯特主城区的大街小巷。

春节中的曼彻斯特中国城（作者摄于 1997 年 2 月）

曼彻斯特的中国城紧邻具有市中心意义的皮卡迪利公园，以 Faulkner St.，Nicholas St. 和 George St. 围合而成的街心广场为中心向四周铺展，形成面积约为 1.5 公顷的曼彻斯特中国城，有坊有亭满是中文字，有情有景就是中国城。位于配以中式传统亭榭的街心广场东南角 Faulkner St. 上的中国牌坊是整个区域的标志性构筑物，所有的节日欢庆理所当然都围绕着这尊牌坊展开。曼彻斯特中国城的牌坊可以说是英国所有中式牌坊中最雄伟的，规模气势远超伦敦和利物浦中国城的牌坊，这可是有五年曼彻斯特居住史的我的一面之词哟！

每年春节曼彻斯特都有两场大型公共庆典演出，一场是节前在大学礼堂由曼城学联举办的春节联欢会，这是中国留学生和曼城华人的展演舞台，各路文艺才俊集聚一堂共庆春节；另一场是在中国城街心广场临时搭建舞台，由华人社团以及国际狮子会等英国民间社团组织联合举办，英国人和中国人同台献艺，同场欢聚，开敞空间的欢歌笑语把曼彻斯特市中心喧嚣得热气腾腾。这两场春节大戏一场在室内，一场在室外；一场节前，一场节中；一场由国内留学生组织，一场由曼城华人国际社团组织，这一唱一和并且相映生辉的春节大戏升腾于曼彻斯特，浸染在英伦大地，并随着各个信息渠道在世界华人圈里广泛传播，英国的小春晚美名也就如此不胫而走了。

除了前述的两场民间庆祝活动，中国驻曼彻斯特总领事馆每年春节前都会举办一场外交层面的春节招待会，邀请近百位英国和大曼彻斯特地区的政府市长、大学校长、外国驻曼彻斯特总领事和友华团体代表同贺中国农历春节。这场规模盛大的春节招待会通常需要相当多的人手帮忙，中国留学生们自然承担起这份应尽的职责，作为工作人员协助领馆完成迎接、引导、服务、保安和送行等工作。我当年有幸参加过两次这样的工作，体会到这份外交活动的组织意义和国际价值。

中国的春节基本都是在1月或2月，这也正是英国圣诞节长假后开始进入工作状态的伊始，也是学生们长假后考完试新学期开始的时间，人员集中，空多闲满。一城人都赶来蹭中国春节所带来的福分和喜气，再加上来自周边城市的海量人流，万人庆春节于曼彻斯特来说也就言之不为过了。与中国春节元素有关的各类食品和货品在这春节季都抢手得发烫，小吃就不说了，文化产品如剪纸、春联、灯笼、印章、书签等都是供不应求，就连设摊把英文名字写

1996年4月30日作者在曼彻斯特举办个人建筑设计作品展

成中文的商家都可以卖到累得抬不起胳膊，中餐馆也都是加薪加时以应对大客流的来临。

曼彻斯特大学有个国际社会组织，为当地有需要的英国家庭建立同外国留学生的联系，形成家庭学生的友好关系，而机制内的中国留学生春节期间一定会被邀请到 host family 去做客。他们知道中国的春节就是英国的圣诞节，不搬出圣诞节最隆重的烤火鸡大餐就不算表达盛情。住在城南威姆斯洛的乔治家庭就是这样的 host family，他们一般会先问清楚中国春节的准确时间，提前定好邀请的日子，预约接送地点，并且亲自开车来迎接。乔治曾经在东方服

作者于曼彻斯特大学图书馆

过兵役，对中国人有特别的感情，他对结对子的留学生要求就是必须是中国人。同英国家庭过吃火鸡的中国春节，异国他乡的新年感受只有经历过了才有体味。当然，献上北方人最拿手的包饺子是绝对的良策，在西方人对神奇饺子的赞美声中，在东方人对硕大火鸡的夸耀声中，过年的符号就这样定格在了曼彻斯特过春节的文字里。

春节是英国人逛中国城、看中国戏、吃中国餐、买中国礼的一场狂欢，而且比圣诞节更加热烈、热情、热潮、热闹和热乎。年轻人如果不会用中文说两句“你好”和“谢谢”，在其朋友圈里一定是 out 的，如果再能秀点中国春节纪念品，那就更荣耀了，或许再展示一下毛笔书写的中英文姓名，那就一定能够成为新年的圈子王。中文随着中国人的春节文化正在以超过以往任何年代的广度和深度走进西方人的生活，曼彻斯特图书馆是英国城市中少有的设有中文部的图书馆，提供各类简体和繁体的中文书刊，读中文图书的英国人也越来越多，春节自然成为中文部招揽读者借阅中文书的最好窗口。

DEPARTMENT OF CIVIL AND STRUCTURAL ENGINEERING

Department Tel No: 0161-200 4605
Department Fax No: 0161-200 4646

Direct Tel No: 0161-200 4594/4618

denise.bower@umist.ac.uk

UMIST

PO Box 88
Manchester M60 1QD
United Kingdom

Tel 0161-236 3311
Fax 0161-228 7040

Ref. postgrad/dissertations/reca

16 November 1999

Mr W Lu
Flat 201, No 151
B6 Das Lou
Tongji Village
Siping Road
Shaghai
200092
P R China

Dear Mr Lu

MSc in 'Engineering Project Management' – Dissertation

Following a meeting of the Board of Examiners on Thursday 11th November 1999, a recommendation has been passed to UMIST Graduate School that your dissertation be classified as Grade A, that is "award with no corrections".

May we take this opportunity to congratulate you on your performance throughout this programme of study, and in particular on the high standard of your dissertation. May we also wish you every success in your future career.

UMIST Graduate School will write to you under separate cover to confirm your result and to advise you of the arrangements for graduation.

Please be advised that the Registrars Department will send out Graduation Certificates, and any queries should be directed to them.

Yours sincerely

Dr D Bower
EPM Course Director

THE PRINCE OF WALES AWARD For Innovation 1993 and 1994
THE QUEEN'S ANNIVERSARY PRIZE 1994, 1996 and 1998
DTI EXCELLENCE IN TECHNOLOGY TRANSFER
THE QUEEN'S AWARD FOR EXPORT ACHIEVEMENT

Nothing in this letter constitutes an order unless accompanied by an official order form.

作者的英国曼彻斯特大学硕士毕业论文获 A 级成绩通知书

作者曾经在曼彻斯特工作的 CMC 公司铭牌

有了春节文化熏染的序幕，中国商品、中国旅游、中国艺术、中国故事等中国概念也就随之被更多地关注和解读，中国的就是世界的，世界的也在慢慢被中国化，这就是春节的世界魅力吧！中国的年讲究的是个“过”字，过了年这个怪兽，才能有幸福平安的新春开始，走过、路过、逛过、看过、听过、尝过、买过和玩过等都是新年“过”的程序和范式。这年就像《哈利·波特》小说中的魔法，只要你过过中国年，你就中了这道魔法，会着魔，会上瘾，一生都惦记着与年相伴。曼彻斯特的春节如此，全世界各地的春节也同样，中国这年就是如此越过越浓郁，越过越稠叠，越过越幸福和越过越中国！

本文收尾后，又从曼彻斯特传来关于今年春节活动盛况的消息，英国女王代表 Warren Smith 先生和曼城市长 Councillor Eddy Newman 参加了 2018 年曼彻斯特春节的几场庆典，春节就这样过在曼彻斯特。

曼彻斯特的咖吧街

出版物 Publication：
《海归学人》
期号 Issue No.：
2018 年第 1 期，总第 19 期
页面 Page：
47
主办方 Organizer：
上海市欧美同学会、上海市留学人员联合会

曼切斯特的咖吧街

提起英国曼彻斯特，人们首先想到的就是曼联队。的确，一座城市的品牌因为球队而显得厚重，但重要的是这座城市其实已经具有它的内涵，否则再出色的球队也很难烘托。曼彻斯特就是这样的城市，它不但具有闻名的足球队，还有历史遗留的纺织重镇美誉；不但有恩格斯给马克思投过信件的邮筒，还有永远值得徜徉的街头巷尾。

Canal Street 是曼彻斯特有名的酒吧一条街，位于曼彻斯特大学旁边，离市中心广场皮卡迪利公园只有几个街区的距离。它全长约 800 米，整条街临河道东西向伸展。到过曼彻斯特的人一定要到 Canal Street 走走，这样才能体会英伦酒吧文化的奥秘。英国人爱泡酒吧，可能是因为健力士（GUINNESS）啤酒的浓重和醇苦，也可能是因为咖啡的浓香和释怀。曼彻斯特地处英国西北部，冬季寒冷阴湿的天气更促使人们在酒吧中找到暖意和温馨。寒风凛冽的深冬循着咖啡的飘香找到一处酒吧，端着一杯暖手更暖心的咖啡，每个人都会找到心灵的一丝平静。冬有冬景，夏有夏意。若是在夏日的阳光下，在 Canal Street 上你会看到手拿大杯健力士黑啤的男人，谈天说地，侃山侃水。如果说中国的茶馆文化是优雅静远，那么英伦的酒吧文化应该是彪悍畅达，茶文化的意味深长和酒文化的酣畅淋漓就是东西方人文的个性写照。

曼彻斯特 Canal Street（作者摄于 2011 年 7 月 10 日）

偶尔，一条自驾的游船沿河道而来闯入平静的酒吧生活，水中岸上的挥手和寒暄弥补着相互的认同，延展的人情和停留的画意随着游船的驶离而消散在街巷的氛围中，但化作自然的元素拥抱下一个不期的客人。期盼上海的河道也能展示这份诗情酒意，同时也期盼上海有这样的酒吧街。

五年的生活里，我无数次地走过 Canal Street，走过约会的焦急，走过安然的漫步。曼彻斯特的这条酒吧街总是昭示着别样的不同。天，地，人；情，景，心。街道是凝固的美酒咖啡，慢慢品味你会流连忘返；生活是流动的巷头街尾，徜徉赏析你会倍加珍惜。

遇见 Mardi Gras

出版物 Publication：
《海归学人》
期号 Issue No.：
2017 年第 4 期，总第 46 期
页面 Page：
49
主办方 Organizer：
上海市欧美同学会、上海市留学人员联合会

遇见Mardi Gras

今年 5 月 20 日，同济大学迎来了建校 110 周年庆。当天学校附近的饭店和住宿都被订满，同学们提前筹划着约在哪里见面，以避开同济大学区域范围内的热烈喧嚣。一家坐落于上海兴国路上名为 Mardi Gras 的场所进入搜索视野，既能喝茶品咖，也能圆桌豪饮；既有花园绿叶，又有宅墅故事。

Mardi Gras——一种相聚，一种狂欢，单凭这名字就足以成为我们选择它的理由。校庆同学聚会，走入最上海的街弄，归隐到名为 Mardi Gras 的都市静谧，呼应城市另一端的同济喜庆，在三杯两盏淡酒之后，也就无所谓夏晚风急了。建筑师们留恋的是这街道尺度，是这梧桐繁茂，是这曾经走过、画过、爱过的魔都空间。

第一次知道 Mardi Gras 这个词，是在 20 年前的曼彻斯特，当时并没有关注这词的源意。后来发现，每年盛夏，Mardi Gras 都在曼彻斯特举办，连续三天的沸腾狂欢彻底淹没了这座英伦城市。Canal Street 是 Mardi Gras 的主阵地，这条 800 米长的酒吧一条街平日到傍晚就已经摩肩接踵，在 Mardi Gras 的日子里自然簇拥得更加水泄不通。

每年一届的曼彻斯特 Mardi Gras（作者摄于 1997 年）

当我在同学微信群里说明 Mardi Gras 在曼彻斯特的意思之后，身在法国的同学首先说这词是法语，是狂欢节之意。紧接着，有同学上百度检索了 Mardi Gras 的意思：Mardi Gras 是天主教徒在复活节之前的一个斋戒仪式，在这个斋戒之前自然要有吃喝、有庆祝，通常庆祝的活动会持续两个星期，在这个过程中，过节的气氛一天比一天浓郁，Mardi Gras Day 当天达到最高潮，所以 Mardi Gras 的含义也就这样应运而生。又有身居欧洲多年的同学指出，Mardi 是法语“星期二”的意思，Gras 是法语“油腻”的意思。同学们的轮番解读将 Mardi Gras 的词源词义挖掘得越发深刻，解释的是词意，严谨的是学问，崇尚的则是探究精神，最终体现的更是同学们一如既往的辩论掰持劲和班风热闹劲。

一场校庆拥见的聚会，凝聚到对 Mardi Gras 词意的钻研，释放于上海独特的街头巷尾，展演在同学们的释怀杯盏，应和着同济大学校园的欢腾，连接着地球各处的学友。Mardi Gras 在这里、在上海、在同济、在同学之间，有了东方的诠释，期待明年的同济 Mardi Gras！

初见建筑大师安德鲁

——首届中法文化论坛相遇记

出版物 Publication：
《海归学人》
期号 Issue No.：
2016 年第 6 期，总第 42 期
页面 Page：
42
主办方 Organizer：
上海市欧美同学会、上海市留学人员联合会

初见建筑大师安德鲁

作者于北京饭店同安德鲁交流

中国人知道法国建筑师安德鲁（Paul Andreu）大多源于与北京天安门广场毗邻的国家大剧院，由他设计的这座美轮美奂的玻璃建筑宛如凝固的音乐沉浸于古都的金瓦红墙中，演奏着首都北京的时代旋律。在 2016 年 5 月 25—27 日于北京举办的首届中法文化论坛上，我有幸多次同安德鲁交流畅谈，亲身聆听他的建筑语言和感受他的艺术思想，东西方建筑师的心灵火花在文化主题的论坛活动中得以交融和凝聚。

在 25 日下午于北京饭店金色大厅举办的论坛预备会上，作为中方理事的我同安德鲁有了第一次的握手和互致问候。此时的金色大厅华灯溢彩、金碧辉煌，在同法国里昂市市长 Gerard Collomb 互递名片和寒暄问候后，我被他介绍给在旁边的法国 Egis 公司副总裁 Jean Francois 先生，而当聊到我是中国建筑师后，他指着不远处正在同别人交谈的安德鲁说：这位是国家大剧院的建筑师安德鲁，你们都是建筑师，应该相互认识。在我离开他们同其他法国朋友交谈了 10 分钟后，安德鲁主动走向我并自我介绍说："我是 Paul Andreu，我的法国朋友告诉我说你也是建筑师，让我们认识一下。"他边说边掏出名片。我立刻迎上前去，一手拿稳红酒杯，一手接过名片，随后紧紧握住他的手自我介绍说：我是来自上海宜吾（EVE）建筑设计事务所的吕维锋，很高兴能够认识您。这位建筑界的国际级巨匠，能够走出围绕着的交谈者，主动走过来打招呼，使我倍感亲切，顷刻间仿佛一股暖流激荡心间，我在朦胧恍惚中缓过神来，自己心目中的建筑大师不就在身边吗！

首届中法文化论坛开幕式于 26 日上午在人民大会堂隆重举行，宣读习近平总书记的贺信，领导们主旨发言结束后，第一位登台进行主题演讲的嘉宾就是安德鲁，他以简明扼要的发言阐述了对国家大剧院的思考和建筑艺术的理念，掷地有声，感怀至深。第二次聆听建筑大师的高屋建瓴，我更加感觉醍醐灌顶和茅塞顿开，又进一步走进了安德鲁内在的精神世界和文化空间。

在 27 日的午餐中，我又有机会同大师相遇了。我们打着招呼一前一后共同走进了北京饭店二楼餐厅。和煦的五月北京阳光明媚，我们选择了里边安静的位置就座，沐浴着长安街南向照射进来的阳光，我同安德鲁开始了第三次交谈。他向我询问中国设计市场上企业的情况，描述在中国项目中碰到的各类问题，并对中国城市发展表述了他的观点。也许只有同行间的交流最能滋润心田，半个小时的畅谈在啤酒的碰杯声中，在话题的欢笑声中，在前来要求同其拍照留念的招呼声中，在相约七月上海再见的确认声中，我和安德鲁共同度过开心的午餐时光。

27 日下午的文化主题论坛在距离北京饭店一刻钟车程的北京市东城区东黄城根北街甲 20 号的艺术 8 举办，我和安德鲁同车前往，并共同走进大门，我在留言簿上他的签名旁签上了自己的姓名，似乎落笔生花，使人心驰神往。在整个下午的时间，我们有论坛开始前的促膝交流，也有论坛间歇中的茶歇畅谈。这座由中法大学旧址改造的艺术 8 汇聚着中法两国悠久的文化情愫，作为首届中法文化交流分论坛场地，传统的北京四合院同法兰西文化碰撞出最具时代性的融合。

紧接着的闭幕晚宴再次回到北京饭店金色大厅，所有的告别和祝福在碰杯声中弥漫于宏大的柱式空间，并将彩灯化为星空，充盈着寰宇，浸染着夜空。同安德鲁的告别既是首届论坛的分手，也是第二届里昂中法文化论坛的始

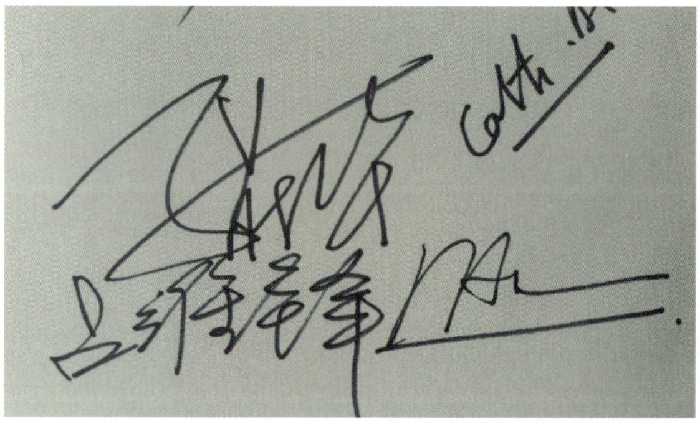

作者同安德鲁并列签名

端。他坐在主桌的座位上，几天的密集交流活动已经透支了这位 78 岁长者的体能。我不忍心让他站起来，就着他斜坐的身躯，我蹲下身贴近他的耳朵说最后的告别感言。在大厅热闹和沸腾的中法友谊气氛中，我在大师身上体味到了那份其独有的艺术宁静和神思灵动，宁静得犹如稳坐泰山，灵动得仿佛撼动寰宇。也许他在同不远处的国家大剧院默默告别，离别的滋味就是充满悲伤；也许他在中国谱写的那么多建筑交响乐都赶来为他欢送，围绕他的才智欢唱。我实在不愿过多地打扰这位站在世界建筑艺术顶峰的长者，留下祝福并默默离开。希望他有更多的时间表述自己内心对中国的独白，期待下一次热烈的拥抱！

在即将结束本文的今天上午，我高兴地收到了安德鲁回到巴黎后发来的邮件。你若顺利平安，便是美丽夏天！

作者在北京饭店金色大厅同安德鲁交谈

十二最生肖

——记泰国清迈 Mo Rooms 十二生肖酒店

出版物 Publication：
《生态设计》
期号 Issue No.：
2016/08-09（创刊号）
页面 Page：
205
主办方 Organizer：
国际生态环境设计联盟

关于十二生肖记载的书籍可谓汗牛充栋，数不胜数，而把十二生肖作为建筑语言，世界上恐怕仅此一家。坐落在泰国清迈市 Thapae Road 上的 Mo Rooms 酒店就是这样一座因十二生肖主题特色而闻名世界的酒店，其永远需要预定的客房已经告诉我们它的魅力，不管你是何种国籍，在这里你一定能够找到属于你自己的那一间客房。当然，中国文化中的十二生肖不是所有种族的人都知道，但没关系！Mo Rooms 会帮您算出您的生肖八字。既然全世界的旅行者都在追逐那一间自己的唯一，可想而知预约得房的确难上加难，看运气了！诚然，一夜的经历已经足以让时空得以驻足，让感怀得以释放，让心灵得到静寂，让智慧得以超然，这就是 Mo Rooms，人世间独特的一处生态风景。

没有招牌的流光溢彩，十二生肖黑白图案的 logo 在闷热的清迈空气中独具特色和晶莹剔透。入口地面 10 厘米厚、80 厘米宽、8 米长的曲弯古树木铺筑昭示着酒店身价的非同寻常和设计手法的独具匠心，它对外是一种招引和盛邀，以木质的纯雅迎来送往；对内则是一种归隐和脱俗，以古朴的生态无声挽留。经过 Thapae Road 的人们无不被这躺着的古树年轮所震撼和感召，而走出这扇入口的居者无不再回首我心依旧，只有千年的容颜才可以讲述如此委婉动听的生肖传奇，也只有万年的种子才足以培育这副伟岸的材质胚胎，这就是泰国的 Mo Rooms 十二生肖酒店！

入口实木铺地（作者摄于 2016 年 3 月 25 日）

缓步直行，顺势右转，又一个大写的震惊扑面而来，令人豁然开朗。一池碧水要多勾人就有多勾人，要多令人释怀就有多令人释怀，面积尽管不大，也就 18 平方米，但曲线的围合和白色的饰材已经足以让汗流浃背的客人忘乎所以和情不自禁。设计师招招真功夫，式式见功力，让你在空间中找到即刻最需要的，而且层出不穷，环环相扣。一层别有洞天，举步楼上一定更是精彩纷呈。

果不其然，折线的楼梯依然梦幻地引导你前行，去领略十二生肖的神秘。别急，先让我们回首一番古人的十二生肖诗怀，以状言表。南北朝时，著名文士沈炯创作了我国第一首含十二生肖的诗："鼠迹生尘案，牛羊暮下来。虎啸生空谷，兔月向窗开。龙隰远青翠，蛇柳近徘徊。马兰方远摘，羊负始春栽。猴栗羞芳果，鸡砧引清杯。狗其怀物外，猪蠡窅悠哉。"这首诗按序在句首嵌入了十二生肖名称，突出了每种动物的生性特点，画龙点睛般神妙，可谓别开生面，文采娱人。今天我们同样可以用其含义引语 Mo Rooms 的十二间客房，并且有过之而无不及。猴间的黑油灵延，蛇间的柔缓曲弯，马间的雄腾呼起，……，尽管因有客为先没能多看几间客房，但是 Mo Rooms 的宣传

Mo Rooms 酒店招牌（作者摄于 2016 年 3 月 25 日）

Mo Rooms 酒店戏水池（作者摄于 2016 年 3 月 25 日）

Mo Rooms 走廊的空中休息挑台（作者摄于 2016 年 3 月 25 日）

册已经告诉我们一切。每一间客房都是匠心独运，每一处创意都是精诚所至，泰国酒店建筑设计和室内设计，各领风骚，Mo Rooms 的品位超然得独特，独特得令你永生难忘，难忘得令你难以舍离，舍离了你还会再来，这就是 Mo Rooms。

坐在走廊的空中挑台，心潮激荡，浮想联翩。Mo Rooms 最伟大的设计在于它没有设计，它是一种随笔的流淌，生态得水到渠成。这是道家的无，也是佛家的空，无得彻思，空得深邃。它采撷了自然却又奉献给了自然，人间不过是自然中的过客，走过了不留下一丝痕迹。说这是生态设计也好，说这是绿色设计也好，泰国 Mo Rooms 体现的就是泰国文化熏染下的自然的走心和归隐的逍遥，这也是陶渊明般的悠然见南山，东方得绝对东方。难说再见，Mo Rooms，东方的也是世界的，泰国的当然也是世界的。

桥梁的世界文化遗产

——英国铁桥案例赏析

媒体 Medium：

“宜吾设计”微信公众号

时间 Time：

2015 年 12 月 25 日

主办方 Organizer：

上海宜吾规划建筑设计事务所

背景 Background：

2015 年 12 月，因为对哈尔滨市霁虹桥规划设计的探究，作者以位于英国的铁桥为研究对象撰写本文，以期通过对比性的案例分析，为保护霁虹桥不被拆除提供支撑依据。

概况

位于英格兰（England）的科尔布鲁克代尔（Coalbrookdale）塞文河（River Severn）上的铁桥（Ironbridge）建于 1779 年，是 18 世纪英国工业革命的象征。铁桥为拱形结构，桥体跨度为 30.6 米，高度为 15.8 米，宽度为 5.5 米，全部采用铸铁材料，重达 384 吨。作为世界上同类桥梁构筑物中的第一座，该桥以其古典的匀称和雅致成为世界桥梁技术史上的一座里程碑。

策划

绰号为“铁疯子”的英国人约翰·威尔金斯（John Wilkins）是一位铸铁锻造爱好者，在铁桥镇当地和威尔斯（Wales）都有钢铁锻造厂。1773 年，约翰联合科尔布鲁克代尔地区的钢铁业巨头以及其他合伙人共同发起了铁桥建设计划，并委托建筑师托马斯·法诺·伯里卡特（Thomas Fano Burycarter）负责工程设计。

建造

1777 年开始浇铸铁桥的拱肋和桥面构件，其中的主要拱肋每根就重达 5.1 吨，在当年可谓是超级庞然大物。铁桥采用类似木结构连接的结构形式，用互相扣住接头的楔子连接各个铸铁构件。1779 年，在不中断河道交通运输的情况下，建设者们用了几个月时间才将大桥竖立在塞文河之上。在经过桥面建造和路面铺设后，铁桥于 1781 年元旦顺利通车。

效应

铁桥的建设可谓当年的一个奇迹，引起了人们的广泛关注，直至今天铁桥仍然吸引着世界各地的游客前来驻足赏析。从铁桥落成之时起，在桥的北段就开始形成每周一次的自由市场，并逐渐发展成为现在的铁桥镇（Ironbridge Town）。直至今天，每个星期五这里依然人声鼎沸、热闹非凡。一座桥孕育了一个城镇，一座桥绵亘了一段历史，一座桥反映了一场进步，一座桥改变了一个社会。1795 年，大桥毫发无损地经受住了赛文河肆虐的洪水，除了这座铁桥外，赛文河上其他石桥全部被冲毁。这场突如其来的自然灾害就像无声的广告宣传，为约翰的工厂带来来自四面八方的铁桥订单，为当地带来空前的经济繁荣。

遗产

今天的这里早就成为包括科尔布鲁克代尔铁器博物馆、老科尔波特（Cole Porter）工厂的瓷器博物馆、兹克雷文·邓妮尔（Zike Lei Wen-Deng Neil）工厂装饰瓷砖博物馆，以及重建的19世纪90年代的布里斯特·希（Briest Sealed）工业小镇在内的峡谷博物馆群。20世纪70年代，铁桥进行了整修，成为铁桥峡谷博物馆群的中心建筑，向全世界展示着世界传统工业的发展历史。

意义

当我们走进以铁桥和鼓风灶为主题景点的铁桥峡谷，由采矿区、铸造厂、工厂、车间和仓库组成的不同功能区让我们仿佛置身于18世纪的工业大革命时代，由巷道、轨道、坡道、运河和铁路编织成的古老运输网络让游客叹为观止，这是何等的人类进步足迹呀！作为工业革命的发源地，英国铁桥峡谷早已闻名遐迩，对原有工业遗产进行保护，为当地经济的发展创造了可观的旅游收入。

遗产

目前这片青山绿水掩映着的古老工业遗产已经形成了占地面积达10平方千米的保护区域，成为由7个工业纪念地和博物馆、285个保护性工业建筑组成的旅游目的地，每年能够吸引30万名游客来此观光游览。1973年，在铁桥镇召开了第一届国际工业纪念物大会；1986年，铁桥峡谷成功被收录为世界文化遗产，这是世界上首例以工业遗产为主题的世界文化遗产。

英国铁桥（作者绘于2022年5月1日）

接地气的 Bjarne Mastenbroek

媒体 Medium：

大师之旅的博客

时间 Time：

2014 年 7 月

大师之旅的博客

博客认证

http://blog.sina.com.cn/architour [订阅] [手机订阅]

首页 | 博文目录 | 关于我

新锐建筑师系列讲演会第11回——观众反馈 (2014-07-03 17:57:04)

转载

在“大师之旅”新锐建筑师系列讲演会第11回 Bjarne Mastenbroek “GROUNDED”讲演会结束后，有不少观众给到我们宝贵的反馈意见和建议。Bjarne Mastenbroek对于建筑设计的独特理念以及现场独树一帜的讲演风格，让参与的观众都印象相当深刻。同时，我们也收到了不少来宾所写的观后感。其中有他们听完讲演会后的感受，也有对于Bjarne Mastenbroek先生作品的独特见解。在此，我们选择了几篇与大家一起分享，希望能给各位带来更多对于建筑理念和思想的启发，激起更多的创意与灵感。

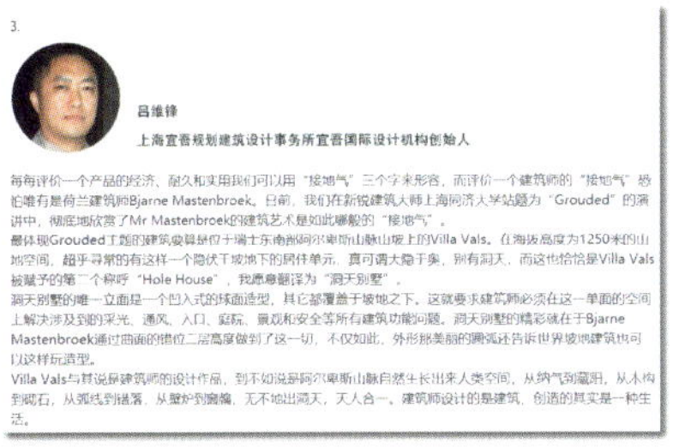

3.

吕维锋

上海宜吾规划建筑设计事务所宜吾国际设计机构创始人

每每评价一个产品的经济、耐久和实用我们可以用“接地气”三个字来形容，而评价一个建筑师的“接地气”恐怕唯有是荷兰建筑师Bjarne Mastenbroek。日前，我们在新锐建筑大师上海同济大学站题为“Grouded”的演讲中，彻底地欣赏了Mr Mastenbroek的建筑艺术是如此哪般的“接地气”。

最体现Grouded主题的建筑要算是位于瑞士东南部阿尔卑斯山脉山坡上的Villa Vals。在海拔高度为1250米的山地空间，超乎寻常的有这样一个隐伏于坡地下的居住单元，真可谓大隐于奥，别有洞天，而这也恰恰是Villa Vals被赋予的第二个称呼“Hole House”，我愿意翻译为“洞天别墅”。

洞天别墅的唯一立面是一个凹入式的球面造型，其它都覆盖于坡地之下。这就要求建筑师必须在这一单面的空间上解决涉及到的采光、通风、入口、庭院、景观和安全等所有建筑功能问题。洞天别墅的精彩就在于Bjarne Mastenbroek通过曲面的错位二层高度做到了这一切，不仅如此，外形那美丽的圆弧还告诉世界坡地建筑也可以这样玩造型。

Villa Vals与其说是建筑师的设计作品，到不如说是阿尔卑斯山脉自然生长出来人类空间，从纳气到藏阳，从木构到砌石，从弧线到错落，从壁炉到窗牖，无不地出洞天，天人合一。建筑师设计的是建筑，创造的其实是一种生活。

评价一个产品的经济、耐久和实用，我们可以用“接地气”三个字来形容，而能被评价为“接地气”的建筑，恐怕可圈可点的唯有荷兰建筑师 Bjarne Mastenbroek 的 Hole House。目前，我们在新锐建筑大师上海同济大学站题为 Grouded 的演讲中，彻底地感受到 Mr Mastenbroek 建筑艺术的“接地气”。

最体现 Grouded 主题的建筑要数位于瑞士东南部阿尔卑斯山脉山坡上的 Villa Vals。在海拔高度为 1 250 米的山地空间有这样一个隐伏于坡地下的居住单元，真可谓别有洞天，这也恰恰是 Villa Vals 被赋予第二个称呼 Hole House 的原因，我愿意翻译为“洞天别墅”。

Hole House 庭院（作者绘）

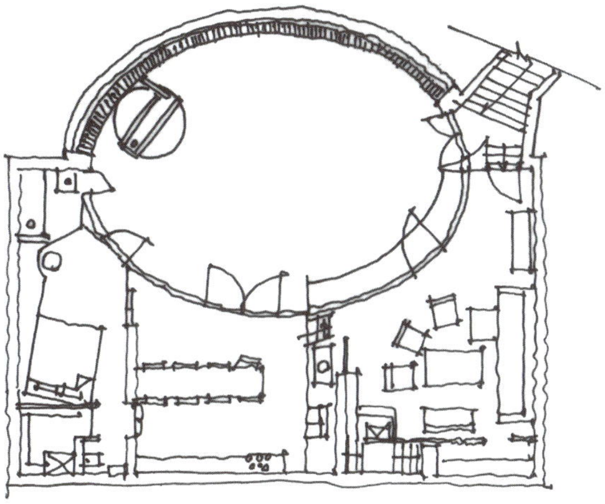

Hole House 平面图（作者绘）

洞天别墅的唯一立面是一个凹入式的球面造型，其他都被覆盖于坡地之下。这就要求建筑师必须在这一单面的空间上解决涉及的采光、通风、入口、庭院、景观和安全等建筑功能问题。洞天别墅的精彩就在于 Bjarne Mastenbroek 的屋面曲面从一层升起到二层，将两层室内空间统一在“同一屋檐下”，外形那美丽的圆弧还告诉世界坡地建筑也可以这样玩造型。

Villa Vals 与其说是建筑师的设计作品，倒不如说是阿尔卑斯山脉自然生长出来的人类空间，从纳气到藏阳，从木构到砌石，从弧线到错落，从壁炉到窗牖，无不天人合一。建筑师设计的是建筑，创造的其实是一种生活。

五

冰雪篇——寒地文化

规划定位冰雪·设计赋能项目①

媒体 Medium：

2020 哈尔滨冰雪旅游发展研讨会

时间 Time：

2020 年 3 月 31 日

承办方 Undertaker：

哈尔滨冰雪大世界股份有限公司

主办方 Organizer：

哈尔滨市文化广电和旅游局

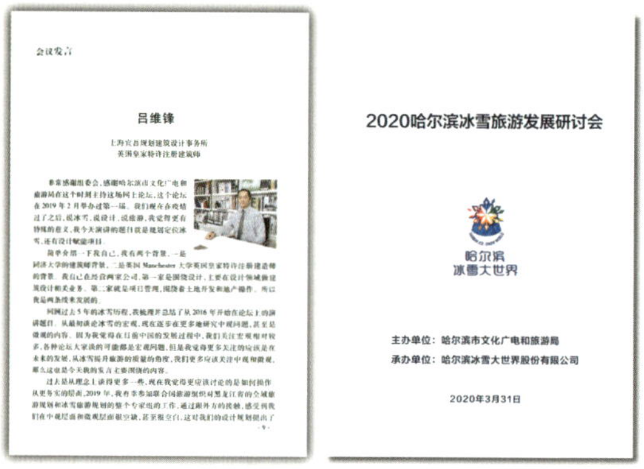

宾州府衙署旧址城市更新设计冬景效果图（宜吾设计，2021 年）

非常感谢组委会，感谢哈尔滨市文化广电和旅游局在这个时刻主办这场网上论坛。在疫情高峰刚过之后，我们现在说冰雪、说设计、说旅游，我觉得具有特殊的意义。我今天演讲的题目是《规划定位冰雪·设计赋能项目》。

简单地介绍一下我自己，我有两个专业背景：一是同济大学的建筑学背景，我是职业建筑师和规划师；二是英国曼彻斯特大学工程项目管理专业背景，我是英国皇家特许注册建造师。我自己经营的两家公司也正围绕这两个学术专业背景：一家是围绕设计，主要做规划和建筑设计等相关业务；另一家做项目管理，围绕土地开发和地产操作。我是按照这两条职业线发展的。

回顾过去 5 年的冰雪历程，我梳理并总结了从 2016 年开始在冰雪论坛上的演讲题目。最初谈论冰雪的宏观方面，现在逐步在更多地研究中观问题，乃至微观的内容。因为我觉得在目前中国的冰雪发展过程中，关注宏观的相对较多，各种论坛大家谈的可能都是宏观问题，但应更多关注未来的冰雪发展，从提升冰雪旅游的质量角度出发，我们应该更多地关注中观和微观的问题，这也是今天我的发言主要围绕的内容。

过去从理念上谈得更多一些，现在我觉得更应该讨论的是如何操作，从更务实的层面切入。2019 年，我有幸参加联合国旅游组织黑龙江省全域旅游规划和冰雪旅游产业规划专家组的工作，通过跟外方的接触，感受到我们中观层面和微观层面很空缺，甚至很空白，这些都对我们的设计规划提出了更高的要求。所以，我今天的主题就围绕规划设计。

第一个观点是在哈尔滨，在东北黑龙江这样的地方，我们更多的项目应该具有冰雪思维。这里我提一个“九入法”：在冰雪项目和城市建设上，我们应该有文化的植入；在政策上，要围绕着冰雪切入；在教育和体育方面，一是要灌入，二是要深入；在意识上，要把冰雪纳入我们的思维状态；在项目上要渗入；在节庆活

① 本文由主办方根据作者在 2020 哈尔滨冰雪旅游发展研讨会上的演讲录音整理而成。

动中融入；资金上要投入；前面的这“八入”都要围绕让百姓步入冰雪。我们有时候更多讨论的是单纯的冰雪，实际上可以提个观点——全域冰雪。很多事情都可以融入冰雪这个概念，最后让百姓能步入我们的冰雪行业。

例如，在市政工程上，哈尔滨很多重大项目如马家沟改造项目，我们有没有考虑冰雪的融入？现在哈尔滨花 17 亿元进行中央大街改造，我们有没有植入冰雪的理念？这些实际上都是需要我们来考虑的，而不是说单就冰雪而论冰雪，我们谈的是一个广域的冰雪概念。那么，接下来我就拿我自己设计的案例跟大家做个分享。

下面这个项目就是我谈的中观和微观层面比较具体的项目，就在哈尔滨友谊宫旁边，通江街与友谊路交叉口，现在是片绿地和停车场，旁边就是过江隧道的位置。这个项目是在 2010 年，土地局系统找我做规划，他们希望可以做成一片绿地。在规划这个项目的时候，我就考虑了如何把冰雪的内容植入进去。不管是夏天还是冬天，绿地都能被市民享受，这些圆弧形的部位在北方叫滑梯或者坡道，冬天用雪用冰浇筑在上面，就可以打滑梯玩耍。我们设计和规划的时候就要融入冰雪的概念。虽然这个项目最终没有实现，但我想谈的一个观点就是我们要融入冰雪的设计思维。

哈尔滨市道里区通江公园规划设计鸟瞰图（宜吾设计，2010 年）

另一个项目是 2010 年黑龙江省农业科学院委托我在道外区的民主镇（那个时候叫民主乡）做一个黑龙江省（国家级）现代农业示范区。

黑龙江省（国家级）现代农业示范区滑雪场规划设计总平面图（宜吾设计，2010 年）

在最初考虑这个项目的时候，我也注入了很强的冰雪概念。这个地方正好有一个坡度，像悬崖一样，大概有 40 米的高差，那么利用高差正好可以做成一个滑雪场。滑雪场现在都没有实施，这是我规划的内容。大家可以看到两条索道、四个滑雪道，同时结合旅游、宾馆，这就是我们如何把冰雪的思维贯穿到项目中。

第二个观点就是冬季塑造品牌，全年产生效益。我们现在所有的冰上项目可能考虑的都是冬季，我们大家都存在疑问：如何在夏季也能产生效益？我这里谈一下亲身体验过的案例，即芬兰的拉赫蒂这座城市的冰雪项目。2017 年北欧世界滑雪锦标赛我就在现场，亲身体验了拉赫蒂的体育场馆设施。那里算是世界最大型的跳台滑雪场地和看台。看台上人山人海，都是来看比赛的。冬季没有问题，可以举行这样的锦标赛，夏季如何利用场馆呢？夏季它可以是个运动场，设有游泳池。这是在体育场馆设施建造的时候，就已经把冬季跟夏季的应用场景考虑好，采用了全季运营的思维。

那么反过来，我们现有的项目是不是可以考虑类似问题？例如哈尔滨群力外滩，我们花了 20 多亿元来造这样一个外滩。我们在里面是不是植入了冰雪的内容？我们是不是把冰雪的内容跟我们夏季游玩的内容也结合起来？现在我们把自然的变成了人工的绿地，而没有把这些项目融合进去，如何让市民同时享受到这块空间所带来的冰雪题材和夏季的乐趣？

在芬兰交流的时候，芬兰一个滑雪场的老板说：你能不能给我设计一下，夏季能让中国人也到我这儿来。我规划时把夏季商业街、别墅、山地自行车等元素融入设计，同山顶上建设的观光塔呼应。我们只要脑子里有冰雪这根弦，做这些项目一定不是问题。

最后一个观点，我想谈的是各类设计都应以细节取胜。我们现在的项目，大家更多关注宏观，关注中观和微观的比较少，我这里谈一个八步法，我觉得从规划师和建筑师的角度，我们必须这样做。

首先，我们要有战略策划，也就是找项目，以及项目中能融入哪些冰雪的内容。然后，依次是城市规划、建筑设计、景观设计和室内设计。此外，有没有好的平面设计（包括标识设计，即 logo 设计）、文创产品设计或其他类型的产品设计？这些都是在一个项目当中需要考虑的。可能在我们的项目当中，我们考虑得很宏

哈尔滨冰雪博览会标识（宜吾设计，2020 年）

联合国世界旅游组织专家 Christopher Hinteregger 和 Stuart Gilchriest 先生的冰雪肖像

（作者绘于旅途巴士的玻璃窗上，2019 年 12 月）

大，如“一圈两点”这种提法，很多区域性规划都是这样。但项目落地时，细节几乎就是空白，或者我们根本不关注建筑的品质和艺术性。东北曾经有一个滑雪场，居然是在楼上换好衣服再到楼下出发厅出发，人们穿得很厚重却还要从楼梯上走下来。

关于建筑设计，我们要考虑由谁设计。有请外国人设计的，例如这次黑龙江全域旅游规划跟冰雪旅游规划，请的是联合国世界旅游组织，总共有 9 位外国专家。也可以请一些国企设计院，当然还可以请不同类型的人，看你找谁。但我们要了解这些做设计的人，他为什么做设计。他是为了混口饭吃，还是为了完成单位的一项工作，还是为了荣誉？为了荣誉而做设计，我觉得与前两种情况截然不同。截然不同的人产生不同的设计方式，所以我现在在各种论坛上更多的是呼吁大家要重视中观和微观的东西，这些最终决定我们产品的品质。

这里我想提出一个概念——设计为攻。虽然我们有政府的市场调控，但我们更应该关注的是客人的体验。从客户抵达我们的主题景区，抵达是否舒适？停车是否方便？步入是否有序？建筑是否具有艺术性？整个建筑的功能是否合理？雪上项目需要更衣，更衣室是否有隐私度？所有的装备，特别是疫情时期是否有消毒设备用于消毒，我们能否让客户看到我们这些装备已经消毒？看到经过消毒的产品，人就有愉悦感，满意度就会提高。这些经验是 2019 年我跟联合国世界旅游组织专家在黑龙江调研后整理总结出来的。调研过程中与专家讨论，我们发现很多景区、很多项目，也包括我们的冰雪项目，都存在这些问题，细节考虑都非常粗，甚至几乎没有。提升整个黑龙江的旅游或者冰雪旅游、冰雪文化的产品品质，我们应该更多在这些细节上做文章。

黑龙江甚至全国各地的滑雪场地很多，入口基本上都是这样的大广场，地面没有绿化，停车也很乱。夏天很热，冬天没有遮挡，风也很大。我们的思维过于简单，这些广场甚至都没有请建筑师设计。我们景区、文化和冰雪产品当中设计的不足太多了。所以我不再去说那些很宏观的、很宏大的，应该更关注一个景区的发展，关注细节，如导引系统、人的舒适度等。

我今天的主题围绕规划设计，阐述了三个观点，第一个是冰雪思维引领全域规划项目，就是我们所有的项目都应该考虑冰雪元素，这是我们可以推广的全域冰雪的概念。第二个观点就是冬季塑造品牌，全年产生效益。第三个观点就是设计为攻，每一个设计都决定了我们产品的质量。

以冰雪产业为抓手提升哈尔滨城市能级

背景 Background：

一天之计在于晨，冰雪之计在于春，尽管哈尔滨室外的冰雪即将消融，但是围绕冰雪的话题仍在继续。新春伊始，由哈尔滨市文化广电和旅游局主办，由哈尔滨冰雪大世界股份有限公司承办的“哈尔滨冰雪旅游发展研讨会”于2019年2月22日上午在松北香格里拉酒店举办。哈尔滨市政府主要领导以及各委办局的相关领导参加了本次研讨会。作为研讨会的第一个主题发言者，作者以《以冰雪产业为抓手提升哈尔滨城市能级》为题，从五个方面阐述了哈尔滨如何深入推动冰雪产业发展，并提出了组建哈尔滨冰雪产业集团、建立哈尔滨版冰雪评估体系和发布哈尔滨冰雪指数等新思路和新概念。会后，哈尔滨市领导为作者颁发了哈尔滨市冰雪旅游专家委员会专家委员的聘书。

引语

发展哈尔滨冰雪产业，是我们全市所面临的一个重大项目，如何把这个重大和重要的庞大冰雪项目做好、做优、做美、做实，是时代赋予我们的机遇，更是历史赋予我们的挑战。我们有2022年冬奥会的强劲东风，我们有三亿人上冰雪的强大动力，我们有同纬度冰雪强国的压力挑战，我们有哈尔滨市民玩冰弄雪的强烈需求，哈尔滨冰雪产业必须发展，必须追赶，甚至必须“弯道过人”，而且时间紧迫，“已经进入了短道速滑的最后一圈”，时不我待。

冰雪产业是一个庞大的总项目，按照项目管理的科学理念，总项目下有众多子项目，它们形成哈尔滨冰雪产业项目群，有时子项目同子项目紧密相关，有时子项目又分解出更多分项目。发展哈尔滨冰雪产业就是要在有总项目、大目标的前提下，完成好每个子项目，完成好每个项目群，这样才能形成闭合成功的冰雪产业项目。

我们应该从宏观、中观和微观三个视角去评价冰雪项目。冰雪产业的总项目属于宏观层面的问题，它是战略、是格局、是定位、是目标，也是我今天发言的重点话题，至于中观、微观层面，以及分项目、子项目层面留待于今后的时间同相关领导和相关部门继续沟通和交流。哈尔滨冰雪产业的宏观层面就是我们政府的顶层设计，是政府在管理城市冰雪和运营城市冰雪方面的高瞻远瞩和宏图大志。今天在有限的时间里，我着重从宏观层面探讨哈尔滨如何在冰雪产业上有所作为。我提出以下五点建议。

主项目引领 · 众项目围攻

——创造性地以冰雪项目提升城市能级

以冰雪大世界和雪博会等为代表的主项目已经成为哈尔滨冰雪产业的增长点，办得好、办得漂亮，并正在不断向纵深推进，这些主要项目已经产生良好的社会效应，带动了相关产业的发展。但是我们还需要众项目围攻，我们需要冰雪项目的层次感和纵深感，例如，最近哈尔滨的冰雪主题演出就是很好的实例。我们需要策划和提炼出围绕主项目的子项目，这方面还需要我们集思广益。

冬季塑品牌 · 全年争效益

——创造性地以冰雪产业拉动城市经济

哈尔滨市冰雪大世界和雪博会过了冬天就结束了，我们目前的冰雪项目都是“单季稻”，“割完了没有第二茬”，如何让场地、场所和其周边全年都形成效益，让游客在春、夏、秋三季继续体验别样的特色，继续拉动城市经济，这需要创新型思维和市场化理念，需要研究冰雪项目全生命周期管理和运营。例如芬兰拉赫蒂的高台滑雪场地夏天就变成水上乐园。只要思想创新，一切皆有可能。

信息化管理 · 智能化体验

——创造性地以冰雪 AI 造就城市智慧

我们要将信息化和智能化技术手段运用到哈尔滨冰雪产业发展中，在这个领域我们有太大的潜力可以去挖掘。冰雪产业信息化管理主要是给政府提出的要求，政府要在信息化上积极“抢跑”，中国的信息技术水平是世界一流的，如何把一流的技术运用到我们 14 亿人口的庞大冰雪市场上，还需要有规划地逐步发展。智能化体验主要针对冰雪客人，也针对我们的运营市场主体。例如，我们要在保护隐私的情况下采集哈尔滨冰雪旅游人群的手机号码，第二年发送短信告诉这些人哈尔滨又增加了什么冰雪项目，欢迎他们再来，欢迎他们推荐朋友来，等等。我们的目标是打造世界独创的冰雪 AI。

历史筑基底 · 文化再创新

——创造性地以冰雪文化重塑城市形象

哈尔滨市道外区民主乡老年社区规划设计鸟瞰图
（宜吾设计，2009 年）

哈尔滨有着独特的历史文化，是世界绝无仅有的城市，如果将冰雪文化的品牌同哈尔滨的固有品牌相嫁接，定会使哈尔滨“于无声处听惊雷”。冰雪文化是哈尔滨重塑城市品牌的抓手，我们不能沉睡在历史积淀上，历史给我们留下了很多欧陆风情，今天我们还在欧陆风情上睡大觉就是缺乏创新。哈尔滨的冰雪文化要体现出 21 世纪时代的特征，甚至展望未来的寒地都市特征。如何在理念上解放思想，突破固有思维的禁锢，产生哈尔滨的现代感？在这方面，曾经的奥运会举办地巴塞罗那、历史城市得以焕发青春的毕尔巴鄂等国际城市都是很好的案例。

聚焦东北亚 · 放眼全球化

——创造性地以冰雪层级打造城市特色

发展哈尔滨冰雪产业要在聚焦东北亚的同时放眼全世界，研究别人的发展路径，研读别人的实践案例，不能闭门造车，不能空喊口号，只有见多才能识广。我们这个冰雪委员会成立了，建议组织力量做案例研究，以冰雪委员会专刊的形式发布国际冰雪案例、发布哈尔滨冰雪指数，最终将其办成世界冰雪界的主要刊物。这里我仅仅是用专刊的案例来说明放眼全世界冰雪的重要性。

结语

上面我从发展哈尔滨冰雪产业这个大项目入手，从主项目和众项目、冬季和全年、信息和智能、传承和创新，以及本土和世界五个方面谈哈尔滨冰雪发展。作为在学府路长大的家乡人，作为在冰雪环境下长大、对冰雪有着深厚感情的东北人，我愿意加入发展哈尔滨冰雪产业的队伍，为哈尔滨在世界冰雪舞台上绽放作出自己应有的贡献。

把哈尔滨建设成为世界冰雪产业发展高地的建议[①]

出版物 Publication：

《哈尔滨市情活页》

期号 Issue No.：

2018 年第 1—2 期合刊，总第 76—77 期

页面 Pages：

43—44

主办方 Organizer：

哈尔滨市人民政府地方志办公室

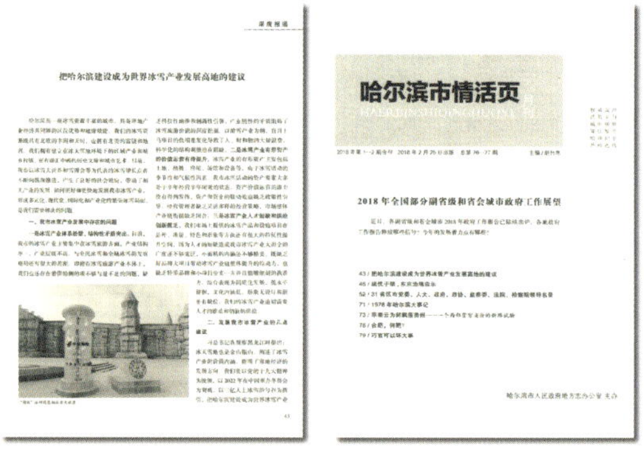

把哈尔滨建设成为世界冰雪产业发展高地的建议

哈尔滨市情活页

2018 年全国部分副省级和省会城市政府工作展望

哈尔滨是一座冰雪资源丰富的城市，具备寒地产业经济共同圈的区位优势和地缘效能。我们的冰雪资源既具有北欧的丰润和天时，也拥有北美的富饶和地利。我们拥有建立在冰天雪地环境下的区域产业和城乡村镇，更有融汇中西的历史文脉和城市艺术。目前，我市以冰雪大世界和雪博会等为代表的冰雪增长点在不断向纵深推进，产生了良好的社会效应，带动了相关产业的发展。如何更好和更快地发展我市冰雪产业，形成多元化、现代化、国际化和产业化的繁荣冰雪局面，是我们需要解决的问题。

…我市冰雪产业发展中存在的问题…

一是冰雪产业体系松散，结构性矛盾突出。目前，我市的冰雪产业主要集中在冰雪旅游方面，产业结构单一，产业层级不高，与全民冰雪和全域冰雪的发展格局还有很大的差距。即使在冰雪旅游产业本体上，我们也还存在供给侧质不够与量不足的问题，缺乏科技性助推和创新性引领，产业链性的矛盾阻碍了冰雪旅游价值的深度挖掘。以滑雪产业为例，盲目上马项目的低端重复化导致了人、财和物的大量浪费，科学化的结构调整迫在眉睫。

二是冰雪产业有形资产的价值运营有待提升。冰雪产业的有形资产主要包括土地、植被、房屋和设备等，由于冰雪活动的季节性和气候性因素，我市冰雪活动的资产要素大多处于半年经营半年闲置的状态，资产价值运营的潜力没有得到发挥，资产和资金的联动效益缺乏政策性引导，经营管理者缺乏灵活多样的经营策略，市场整体产业链衔接缺乏闭合。

三是冰雪产业人才短缺和供给创新匮乏。我们市场上提供的冰雪产品和设施项目在品种、质量、特色和形象等方面还有很大的特征性提升空间，人才的短缺造成我市冰雪产业大而全的广度还不够宽泛，小而精的内涵还不够精美，既缺乏好品牌、大项目带动冰雪产业链整体提升，也缺乏特质品牌和小项目。综合表现为同质化发展，低水平徘徊，文化内涵低，形象无设计和服务有缺位。我们的冰雪产业迫切需要人才的推动和创新的供给。

① 本文被哈尔滨市归国华侨联合会作为 2018 年政协哈尔滨市第十三届委员会第二次会议的组织提案，后被黑龙江省归国华侨联合会采用，以《把中国东北部地区建设成为世界冰雪产业发展第五极的建议》为题呈报中华全国归国华侨联合会并刊发于《中国侨联侨情专报》第 4533 期。

···· 发展我市冰雪产业的几点建议 ····

习近平总书记在视察黑龙江时指出“冰天雪地也是金山银山”，这一论述阐述了冰雪产业的价值内涵，指明了寒地经济的发展方向。我们要以党的十九大精神为统领，以 2022 年在中国举办冬奥会为契机，以三亿人上冰雪的号召为指引，把哈尔滨建设成为世界冰雪产业发展高地。把“全民冰雪”的生活方式落实到位，把“全域冰雪”的发展理念融会贯通，更好地推动哈尔滨经济的发展和产业的升级。

一是梳理冰雪家底，研究国际冰雪。对内我们需要委托第三方机构全方位和系统性地摸清哈尔滨冰雪相关要素的基本家底，按类别划分，按行业统计，以数据为基准，以图表为说明，重点分析冰雪要素对产业的影响力和对经济的拉动力，形成文图并茂和因果有序的哈尔滨冰雪要素统计分析报告。对外我们需要研究中欧、北欧、北美和日韩这世界四大冰雪产业供给端的发展现状和动因，按区域划分，按城市分类，提出建立哈尔滨冰雪产业高地的参照系和坐标点。

二是规划冰雪体系，架构冰雪格局。系统性做好不同层面和不同类别的冰雪战略规划和产业发展规划，分项完善冰雪产业的发展布局、功能形态、体育场馆、教育培训、赛事训练、冰雪装备和科研创新等系列规划和实施方略。规划要有韬略、具理念、能落地和重实效，在广域上要同国际接轨，在微观上要各具特色。提出把哈尔滨建设成为世界冰雪产业发展高地的 2020 年近期发展纲要、2025 年中期发展策略和 2035 年远期发展规划。

圣·索菲亚教堂雪地画（作者绘于 2018 年 2 月 1 日）

三是设立冰雪论坛，培育国际组织。设立机制创新和运营自主的哈尔滨国际冰雪产业发展论坛（以下简称“论坛”），建立永久会址，结合论坛活动每年定期举办功能多样和题材丰富的哈尔滨冬季博览会，并将冰雪赛事贯穿其中，助力提升已经具有一定知名度的哈尔滨冰雪大世界的效应。随着论坛影响力的逐步扩大，将论坛培育成为国际性的冰雪组织，并进一步通过该组织举办冰雪赛事、制定冰雪标准、创新冰雪项目和引领世界冰雪。

马旭文博艺术中心冬景效果图（宜吾设计，2019 年）

黑龙江省（国家级）现代农业示范区入口广场冬景鸟瞰图（宜吾设计，2010 年）

四是创建冰雪基金，构筑产业园区。建立哈尔滨冰雪产业发展基金，运用金融平台和资本杠杆将冰雪产业资本化和国际化，撬动冰雪产业的创新性研发，促进冰雪经济跨越式发展。创立混合所有制形式的哈尔滨国际冰雪产业园，将冰雪产业相关的制造、代工、教育、培训、训练、研发、营销、网络、软件、影视和旅游等进行集合发展和主题推广，以中国庞大的冰雪市场为基底，以国际范式的冰雪运营模式为样板，多元合作，齐头并进，打组合牌，下格局棋。

五是重视冰雪工程，强化项目管理。树立冰雪产业项目化管理的思维，从全程冰雪项目管理的视角去看待冰雪产业环节中的每一个项目，把握好投入、产出和市场的辩证关系。冰雪产业项目要做到明确组织形式，遵从市场规律，处理好投资造价、时间进度和质量供给这三方面的关系。要从冰雪项目的策划入手，以规划设计定形态，以建筑设计定形象，以景观设计定环境，可以借鉴欧洲古典元素，也可以借鉴中国古典元素，但要做到既不习古也不崇欧，要创造具有材料技术特征和东北地域文脉的规划和建筑，形成建筑艺术领域的哈尔滨新时代风格。建议在哈尔滨重大市政工程项目中加强冰雪产业相关主题的植入和融合，重视项目策划阶段冰雪主题的论证咨询，找寻城市和冰雪的最佳结合点。

六是加强国际交流，抢占冰雪高地。哈尔滨东有北美冰雪市场，西有欧洲冰雪市场，近有日韩冰雪市场，属地庞大的冰雪市场消费人口和广袤的冰雪资源利用基底使我们具备成为国际冰雪市场新高地的基础和条件。我们要通过国际交流，先期学习世界上好的理念和模式，并在我们的主场加以运用；中期不断努力和探索，建立中国特色的冰雪产业体系；后期通过发展和创新，形成本土化和独特化的冰雪产业集群，走出哈尔滨自己的冰雪产业发展之路，形成引领东北亚冰雪产业发展的核心区，真正成为世界冰雪产业发展的高地和极点。

结语

哈尔滨要发挥政府、协会、企业、院所和智库的冰雪优势，请进来、走出去，关注冰雪大市场，分析冰雪大数据，聚焦冰雪产业链相关项目的全生命周期管理。哈尔滨要成为世界冰雪产业发展的高地，必须从资本上撬动好冰雪产业、从市场上找准冰雪价值、从教育上普及冰雪运动、从装备上促进冰雪产业、从管理上掌控冰雪项目、从形态上规划冰雪本底、从功能上布局冰雪节点、从形象上设计冰雪建筑、从景观上塑造冰雪环境。我们要建立冰雪体系的矩阵态和模式块，连通冰雪产业项目链和点阵群，打造冰雪信息的立体网和智能端，形成冰雪旅游的观光线和产业带，把哈尔滨建设成为世界冰雪产业发展的新高地。

世界冰雪论坛是平的①

出版物 Publication：

《净·悦·灵》/《哈尔滨统战》

时间 Time/期号 Issue No.：

2017 年/2017 年第 9 期

页面 Pages：

30—31/20

主办方 Organizer：

世界冰雪论坛/中共哈尔滨市委统战部

世界冰雪论坛从创建之日起，就是世界冰雪领域里一个充满活力的平台。在这个平台上聚集着组织者、供应商、场地商、建筑商和使用者等冰雪产业的攸关方，他们切磋技术和共享资源，引领世界冰雪活动不断向前发展。世界冰雪论坛需要冰雪攸关方的参与和支持，冰雪攸关方需要世界冰雪论坛的组织和平台。随着 2022 年北京冬季奥运会的召开，中国的冰雪攸关方更加需要世界冰雪论坛的组织支持、信息交流、技术分享、人员培训和论坛互动。

中国北方冬季寒冷地区面积大、幅度阔、人口多和资源广，有丰厚的冰雪产业发展空间。习近平总书记参加黑龙江省代表团审议时指出“冰天雪地也是金山银山”。这句睿智的话语阐述了冰雪产业的价值内涵，为寒地人民指明了冰雪产业的发展方向。以 2022 年冬奥会为契机，以三亿人上冰雪的号召为指引，中国的冰雪旅游产业再发展又迎来新的历史机遇。寒地志，冰雪魂，“全民冰雪”是我们的期待和期盼，“全域冰雪”更应该成为我们全社会的发展共识。

为了充分分享世界冰雪论坛组织搭建的平台，为了把全民冰雪方式推向深处，把全域冰雪理念贯穿始终，我们应该重视和加强以下三个方面：强化冰雪工程项目管理、重视冰雪系统规划和倡导冰雪建筑艺术。从管理上讲，我们要具有冰雪产业项目化管理的思维，从全程冰雪项目管理的视角去看待冰雪产业，明确组织形式，遵从市场规律，按照全程项目管理的理论体系和思维方法去做项目。从规划上讲，我们要做好不同层面和类别的冰雪产业规划，规划要有战略、具理念、能落地和重实效，在广域上要同国际接轨，在微观上要各具特色。从建筑上讲，我们要从冰雪项目的策划入手，把建筑当作当代艺术品来营造，创造具有材料技术特征和地域文脉的新建筑。我们要借助世界冰雪论坛这个平台，从投资上撬动好冰雪产业，从管理上掌控住冰雪项目，从形态上规划好冰雪肌理，从功能上布局好冰雪节点，从形象上设计好冰雪建筑，从景观上塑造好冰雪环境，从舒适上装饰好室内空间。只有每个冰雪项目个体成功，才能带来冰雪产业的全面成功。

让我们行动起来，群力群策，务实真干，利用好世界冰雪论坛这个大平台，高起点、国际化地制定冰雪旅游产业点线面体发展的战略。

① 本文是作者应世界冰雪论坛邀请，为其参加 2017 国际冬季运动（北京）博览会的宣传册《净·悦·灵》所撰的稿。

百年世界·精彩芬兰①

出版物 Publication：
《净·悦·灵》
时间 Time：
2017 年
页面 Pages：
32—33
主办方 Organizer：
世界冰雪论坛

百年世界 · 精彩芬兰

斗转星移，日月如梭，在过去的 100 年里，世界以前所未有的变化谱写着人类社会的飞速发展。2017 年，人们的视线聚焦一个独立 100 周年的伟大国度——芬兰。在过去的百年历史长河里，芬兰带给世界太多的绚丽和惊艳，它的设计和创新今天仍在引领世界砥砺前行和跨越发展。百年世界，精彩芬兰。

建筑是流动的音乐，音乐是凝固的建筑，而芬兰既拥有音乐艺术，也拥有建筑艺术，家喻户晓的音乐家西贝柳斯和建筑师阿尔托在为芬兰历史引吭高歌的同时，也奠定了未来芬兰艺术创新、科技创新、智慧创新和人文创新的自由民主之路。了解芬兰必须耳濡西贝柳斯的《芬兰颂》，了解芬兰也必须目染阿尔托的芬兰地亚大厦，它们不但展现着雄卧北欧寒地的芬兰过去骁勇独立的精神，同时也象征着芬兰将要呈现给世界的精彩创意。

作者同世界冰雪论坛（WSIF）主席（Arto Ojala）和副主席（Erpo Heikkila）在赫尔辛基合影

从南到北，从芬兰湾到拉普兰，从赫尔辛基到罗瓦涅米，芬兰的精彩无处不在，芬兰的世界无不精彩。赫尔辛基最具芬兰特色的建筑当数芬兰地亚大厦，这座被誉为芬兰现代建筑艺术明珠的公共建筑纯白宁静地伫立在德勒湾畔，展演着属于芬兰的独特和优雅。在拥有 20 万人口的坦佩雷，位于坦麦科斯基河西岸建于 1890 年的坦佩雷市政厅作为城市的核心建筑，连同其广场共同演绎着这座城市的历史沧桑。在拉普兰省 Suomu 滑雪场，10 个滑雪道足够体验北欧的沃雪，无论您去过世界上多少个滑雪场，滑一场北极的雪肯定是另一番独特体验。

芬兰的精彩很多很多，但最为精彩的还是芬兰桑拿，一定要是最古老、最传统的烟熏桑拿（Savusauna）。最具挑战性的是在寒冷的冰天雪地，带着满身的汗热赤体走出桑拿屋，踏着冰雪光脚跑到湖岸边，扶着搭建在岸边捆绑有

① 本文是作者应世界冰雪论坛邀请，为其参加 2017 国际冬季运动（北京）博览会的宣传册《净·悦·灵》所撰的稿。

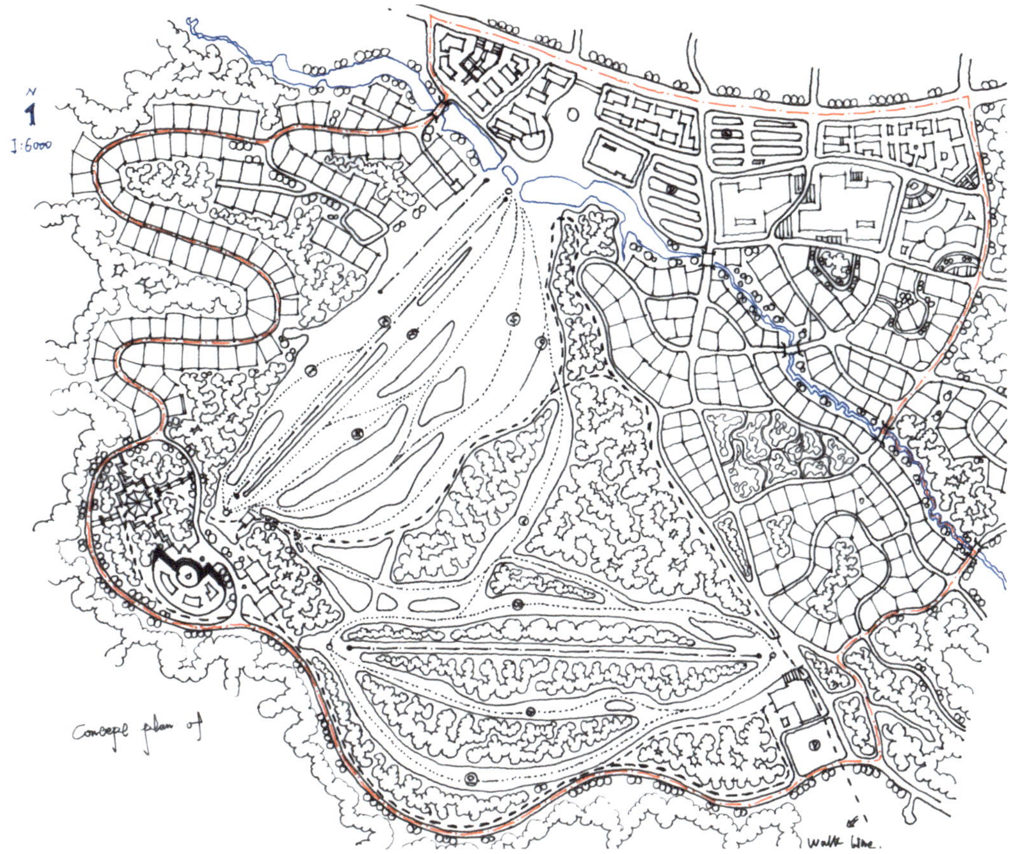

芬兰拉普兰省 Suomu 滑雪场规划设计（宜吾设计，2017 年）

粗绳扶手的铁梯下水，将全身浸入在湖面上特意凿开的冰窟窿里。只有当完成了入水、沉浸、登梯、出水和回奔这一系列的动作后，才算是体味了纯正的芬兰烟熏桑拿浴。身体的冷热洗礼是短暂的物理体验，而精神的锻铸洗礼则是永恒的人生经历。芬兰桑拿浴赋予人类的是意志的挑战、精神的洗礼、思想的重生和生命的

作者在 Suomu 滑雪场同其所有者共同滑雪

超越。

芬兰的精彩还有木质建筑艺术。在芬兰首都赫尔辛基喧嚣的闹市区，有一处可圈可点的静谧归然之处，那就是位于纳瑞卡广场的康比静默教堂。在一片钢筋混凝土的建筑环境中，这座色泽鲜明和体量迷你的木制微教堂格外耀眼夺目，它以其下收上扩的弧线造型吸引着南来北往人流的眼球。这座建筑被美国“今日新闻网”评为“十个非去不可的世界新地标”。

芬兰的精彩还在继续演绎，独立百年的国度还在继续前行。让我们继续关注芬兰，关注它的发展和进步，关切它的建筑和环境，关爱他的自然和艺术。最后愿以参观康比静默教堂的感想结束此文：在繁忙而杂乱的生活中，只有这片走心的天地才是情愫的最后归宿吧，或许也只有在这点集束的宇宙空间你才能意识到自己的心在哪儿和在那儿！

把全域冰雪理念贯穿始终①

出版物 Publication：

《黑龙江日报》

时间 Time：

2016 年 12 月 20 日

页面 Pages：

第 6-7 版

主办方 Organizer：

黑龙江日报报业集团

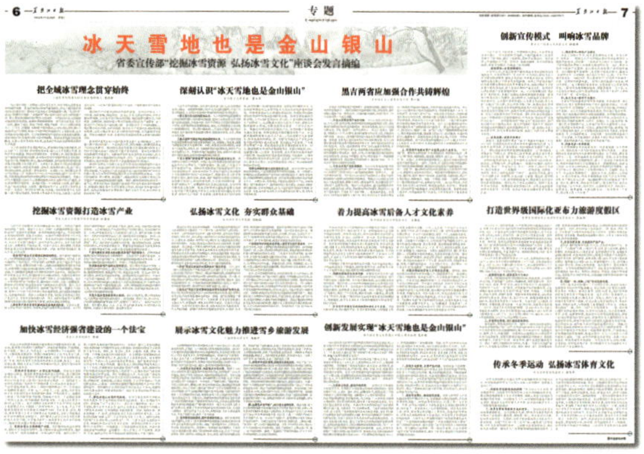

6 专题 7

冰天雪地也是金山银山

省委宣传部“挖掘冰雪资源 弘扬冰雪文化”座谈会发言摘编

把全域冰雪理念贯穿始终

深刻认识“冰天雪地也是金山银山”

黑吉两省应加强合作共铸辉煌

创新宣传模式 叫响冰雪品牌

挖掘冰雪资源打造冰雪产业

弘扬冰雪文化 夯实群众基础

着力提高冰雪后备人才文化素养

打造世界级国际化亚布力旅游度假区

加快冰雪经济强省建设的一个法宝

展示冰雪文化魅力推进雪乡旅游发展

创新发展实现“冰天雪地也是金山银山”

传承冬季运动 弘扬冰雪体育文化

黑河市广电中心二号演播厅冬景效果图（宜吾设计，2018 年）

哈尔滨是一座世界级的城市，从它诞生之日起就具有浓郁的国际风情。黑龙江因为哈尔滨的世界性和中东铁路的横跨与穿越而具有中西方融汇的独特表征。从冰雪意义上讲，哈尔滨同样也是一座世界级的城市并引领黑龙江步入寒地产业经济的国际共同圈。我们的冰雪资源具有北欧的丰润和北美的丰富，具东北亚之雄冠，享北半球之佳誉。黑龙江是围绕寒地的地理地貌发展起来的省域，我们有建立在冰天雪地环境下的区域产业和城乡村镇，更有融汇中西的历史文脉和建筑艺术。我们有在四季分明的地域上出生长大的勤劳人民，他们耐严寒、勤耕作，绘就了白山黑水的人间壮美。

习近平总书记参加黑龙江省代表团审议时指出“冰天雪地也是金山银山”。这句睿智的话语阐述了冰雪产业的价值内涵，为黑龙江人民指明了寒地产业的发展方向。以 2022 年在中国举办冬奥会为契机，以三亿人上冰雪的号召为指引，黑龙江的冰雪旅游产业再发展又迎来新的历史机遇。哈尔滨有国际上规模最大的冰雪艺术节，每年为哈尔滨带来冬季的城市沸腾。黑龙江各地以冰雪产业为抓手，在这个寒冷的冬季我们已经感受到做好冰雪这篇大文章的热度和气概。

寒地志，冰雪魂，“全民冰雪”是我们的期待和期盼，“全域冰雪”更应该成为我们全社会的发展共识，并且要将其熔铸到我们的生活方式里。哈尔滨出生长大的我具有熟悉的冰雪感受，这种冰雪体验伴随我一生的成长和进步，

“挖掘冰雪资源 弘扬冰雪文化”座谈会后

作者接受黑龙江电视台的采访

① 本文为作者在黑龙江省委宣传部“挖掘冰雪资源 弘扬冰雪文化”座谈会上的发言稿。

黑河市铁路遗址空间规划设计冬季效果图（宜吾设计，2018 年）

培育了品性，锻炼了意志，塑造了坚忍，增强了体质。在幼儿时，我们有堆雪人、打雪仗、打爬犁、玩脚滑子等游戏；小学时，我们有冰道和小冰场可以打出溜滑、抽尜儿；中学时，我们有冰场可以上速滑课；大学时，我们有冰球场和冰球队，可以吆喝呐喊，为母校的冰球英雄加油鼓劲；壮年时，我们有各类滑雪场可以尽情滑翔。这就是全民冰雪的总体概念，也是东北冰雪的基本机制，更是我们今天应该重塑和再造的生活本体。

为了把全民冰雪方式推向深处，把全域冰雪理念贯穿始终，我们应该重视和加强以下三个方面：强化冰雪工程项目管理、重视冰雪系统规划和倡导冰雪建筑艺术。从管理上讲，我们要具有冰雪产业项目化管理的思维，从全程冰雪项目管理的视角去看待冰雪产业，明确组织形式，遵从市场规律，按照全程项目管理的理论体系和思维方法去做项目。从规划上讲，我们要做好不同层面和类别的冰雪产业规划，规划要有战略、具理念、能落地和重实效，在广域上要同国际接轨，在微观上要各具特色。从建筑上讲，我们要从冰雪项目的策划入手，把建筑当作当代艺术品来营造，既不习古，也不崇欧，而是创造具有材料技术特征和东北地域文脉的新建筑。不要让后代人嘲笑我们这代人只会模仿欧洲古典主义和中国古代建筑，而不具有时代的创新性。全域冰雪是一个大概念和大思维，我们要以黑龙江地域为魂志，从投资上撬动好冰雪产业，从管理上掌控住冰雪项目，从形态上规划好冰雪肌理，从功能上布局好冰雪节点，从形象上设计好冰雪建筑，从景观上塑造好冰雪环境，从舒适上装饰好室内空间。只有每个冰雪项目个体成功，才能带来冰雪产业的全面成功。

我们冰雪产业要走国际市场的道路。冰雪大市场是一个共同体，相互影响，相互作用。黑龙江东有北美冰雪市场，西有北欧冰雪市场，近有东北亚日韩冰雪市场，我们需要先期学习、中期探索、后期创新，最终形成个性化和独特化的冰雪产业要素，走出黑龙江自己的冰雪产业发展之路。在发展国际冰雪市场的道路上，我们要关注大市场、分析大数据、聚焦冰雪产业链相关领域的研发和深耕，这样才能在黑龙江省内培育共同市场，共同赢得市场效益。在这方面，政府、协会、企业和院所有很大的介入和参与空间。

在刚刚结束的 2016 中国伊春冰雪旅游产业国际峰会上，来自瑞士的学者告诉我们一个这样的信息：阿尔卑斯山的滑雪胜地这个时间还无积雪。欧洲的常态冰雪胜地无雪意味着中国黑龙江的冰雪市场具有吸引国际滑雪爱好者的潜质。如果我们具有时刻准备着的市场意识，当欧洲滑雪胜地无雪的机会来临时，向世界推出我们的冰雪资源和综合服务，并在广告宣传和市场聚焦上有的放矢，就会给我们的冰雪产业创造增长点和利润点。

我早年在同济大学的硕士论文是《区域旅游建筑点线面发展研究》，通过我们的实际规划和建筑设计阐述如何拉动旅游经济发展。今天我认为“冰雪旅游产业点线面发展研究”和实际案例对黑龙江冰雪经济的发展同样具有深刻的现实意义。让我们行动起来，群力群策，务实真干，高起点、国际化地制订黑龙江冰雪旅游产业点线面体发展的战略。调研、梳理和研究现有冰雪产业节点，摸清我们的冰雪旅游产业家底并制订形态规划和实施纲领，连通我们的冰雪产业项目链和点阵群，形成冰雪旅游线和产业带，最终打造黑龙江冰雪旅游产业的立体信息网、综合供给面和流动客户群。

六

地产篇——开发管理

关中古城新生六部曲

出版物 Publication：
《地产评论》
期号 Issue No.：
2015 年 1 月刊，总第 50 期
页面 Pages：
67—69
主办方 Organizer：
世联地产

摘要 Abstract：

从古代围城筑邑到功能性城市的形成，再到城市化、城市郊区化、逆城镇化和再城镇化的变革演绎，城市的内涵随着岁月变迁自然转变。信息网络、空间交通和建筑技术的发展推动城市的进步更新，城市更新已成为世界性的实践课题。其中，城市有机更新是指控制适当的规模，采用合适的尺度，按照城市的新功能和新内涵，运用科学的空间规划和城市设计，柔性解决现有城市问题。本文以礼泉县核心区城市更新规划为案例，着重阐述如何从历史遗址的重现、地域资源的挖掘、地下空间的开发、慢行系统的建立和宗地价值的评估等方面对城市进行有机更新。

关键词 Key words：
礼泉　核心区　规划设计　古城　地下空间　慢行系统

引言

陕西省礼泉县位于关中平原中部，面积超1 000 平方千米，地势西北高、东南低，是大唐遗迹唐昭陵和唐建陵所在地。今天的礼泉县城始建于明太祖洪武二年（1369 年），是礼泉历史上第四次县治迁徙所在地，2019 年礼泉将迎来建城 650 周年。城市更新区域选址于礼泉县城核心城区，东至建设路，南至 312 国道（西兰大街），西临南北大街，北接中山东街，总面积为 92.7 公顷。根据路网结构，将规划范围划分为六个街区，由北向南分别为第一街区至第六街区，涵盖中山东街、南北大街、市政东大街、兴华街、建设路、312 国道（西兰大街）和兴礼北路七条城市主要道路。

礼泉县城市更新规划设计效果图（宜吾设计，2013 年）

规划结构

城市格局展现着城市发展，城市肌理表达着城市精神。礼泉县核心区的形成和演变以城市格局为表征，以城市肌理为衬底，展现了这座城市悠久的历史文脉和厚重的文化底蕴。城市更新规划立足于城市既有格局，保留特色的肌理背景，在保持城市原有风貌特征的基础上，对城市进行有机梳理，并融入新的功能内涵。总体规划采用“一脉、三纵、四横、六区、二十二宗地”的结构形式。“一脉”是指穿越规划区域的三支渠；“三纵”是指从西向东依次规划南北大街、兴礼北路和建设路；“四横”是指从

礼泉县城市更新规划总平面图（宜吾设计，2013 年）

北向南依次规划中山东街、劳动路、市政东大街和西兰大街；“六区”是指按从北向南顺序划分的第一街区至第六街区；“二十二宗地”是指规划梳理出来的二十二幅宗地。

历史挖掘

通过对古地图和现有城市道路的比较研究，我们确立了明清时期礼泉南门迎恩门的现存位置和南城墙走向，并进而证实了现有的劳动路即为古代的护城河填筑而成，这为规划确立了城市的历史发展线索。城墙和城门是彰显礼泉古城存在肌理的重要资源，在拒绝复建城墙和城门、不制造假古董的理念下，规划借鉴现代国际上对古城的修复经验，提取古城门的历史性建筑元素和要件，用现代的建筑语言加以演绎，形成了具有传承特征的现代城门建筑和与之相配套的市民休闲广场。同时通过对迎恩门遗址的深度挖掘、古道和古树资源的梳理，形成礼泉特有的历史风貌街巷，并且采用智能导识系统设置、模型博览展示和考古图纸展示等手段，向人们提供追思城市历史的博物场所。

渠道改造

三支渠是穿越礼泉城区的一条人工灌渠，因年久失修，垃圾淤塞，个别区段已被建筑占用。改造三支渠使其两岸成为休闲漫步的场所，成为市民的殷切期盼。城市更新以整治三支渠为突破点，还清水于市民，还绿化于百姓，同时梳理沿渠部分地块，进行功能置换和腾笼换鸟。首先，清理渠道和两岸的废弃垃圾，疏通整条三支渠道。其次，以泥沟河为供水源头，将水源用泵站供水的方式输送至三支渠的高程点，使水流沿渠道流经城区后自由回流至泥沟河，形成一条城市循环水系统。最后，在三支渠的两侧开发步行商业街、特色餐饮业、主题旅馆业等业态功能，构建休闲、娱乐和餐饮互补互融的都市氛围。

地下空间

劳动路是礼泉最宽阔的一条街道，中间为绿化带，两侧商业氛围浓郁。对该段道路的更新采取开发南大街至兴礼北路地下商业空间的方式，使之成为关中地区的立体步行商业街。采用两层建筑形式，在步行街上设置九处商业点式建筑，增设座椅、绿化和装饰，使之成为礼泉休闲购物的首选街区。地下步行商业街东侧连接迎恩广场的地下商业空间，通过下沉式广场疏散客流。步行街和迎恩广场浑然一体，运用线面结合的空间设计手法，既增加了城市商业空间的面积，又立体疏导了城市人流。迎恩广场的地下停车库系统性地解决了城市停车难的问题，周边商业和住宅的开发能够为城市带来人气活力。

慢行系统

慢行系统包括步行、自行车和公共交通道路系统以及与之相配套的街头广场、绿地公园和自行车停放或者租赁点。礼泉城市更新规划以三支渠整治为契机，打造渠岸步行系统和自行车道路系统，并设置四处自行车停放点。该慢行系统由四个城市广场绿地串联而成，完全禁止机动车通行，若干横跨渠道的艺术桥梁点缀其间，组成了一幅当代关中城市的“清明上河图”。这条慢行系统的建立可以进一步治理各类杂乱无章的广告牌和错乱交织的电线杆，倡导城市绿色出行，减少汽车尾气排放，构建绿色生态城市。

礼泉县城市更新规划设计夜景鸟瞰图（宜吾设计，2013 年）

宗地评估

在城市有机更新的规划中，我们特别注重梳理可用于开发的建设宗地，使政府能够将规划成果直接用于土地招商。礼泉城市更新对规划范围内的每一个地块都进行了详细的投资静态分析，包括可建建筑面积、土地成本、总投资额、营销成本、租赁收益和效益分析。这样的规划内容打破了既有城市规划只有用地性质的色块、没有建筑形态和市场要素的传统城市规划模式，使政府看得到成效，让开发商看得到价值，使市民看得到形态，让城市看得到未来。城市有机更新是城市规划领域的一个国际性命题，是城市可持续发展战略的具体实践，其宗旨是保留城市原有的有机结构和城市的多样性，并赋予城市符合时代发展的新内涵和新动力。礼泉城市更新规划是礼泉梦系列规划中的一项具体实践，希望通过创新型的城市规划手法，让政府、开发商和市民共同参与到城市有机更新过程中，打破城市规划只是墙上挂挂的陈规陋习，使规划成为看得见、摸得到、品得出和做得出的真实成果。

浅谈开发区空间战略发展市场调研方法

——以江苏邳州经济开发区空间发展市场调研为例①

摘要 Abstract：

城镇化进程加速是当代中国社会的显著特征之一，如火如荼的城镇化建设给城市规划带来了前所未有的机遇和挑战。本文以江苏邳州经济开发区空间战略发展为案例，综述城市空间市场调研的方略、路径和机制，尝试创新构建城市空间战略发展的调研范式，探索市场调研活动对经济开发区建设发展的指导作用，为未来的城市空间市场调研工作提供实践性的工作箱和模块包。

关键词 Key words：

开发区　空间战略　市场调研　问卷调查

开发区综述

开发区是指各级人民政府在上级主管部门的批准下，以城市规划范围内的适当地域为红线设立的实行特定优惠政策的区域，它包括但不限于经济技术开发区、保税区、高新技术产业区和旅游度假区等，开发区意味着该红线区域在经济、人文、环境等方面具有被挖掘的潜力。

1. 开发区发展历史

1981 年，经国务院批准，我国在沿海开放城市首先实行了建立经济技术开发区的战略。1984 年 5 月，中国正式决定开放大连等 14 个沿海港口城市，并在这些城市先后建立了 15 个经济技术开发区。1993 年年初，中国已有 13 个开放城市建立了经济技术开发区；2009 年，国务院先后批准 74 个省级开发区；截至 2014 年 6 月，全国共有国家级经济技术开发区 215 个。

2. 存在的问题

1）规划现实碰撞

有些开发区的规划脱离现实，开发区发展战略不明确，造成了“规划规划，墙上挂挂”的表面现象。有些开发区的引进项目五花八门，良莠不齐，给产业结构布局带来一定程度的影响。另外，开发区规划布局相对随意的问题也比较突出，形成一定量的“插花地带”和“国道经济”等现象。

江苏省邳州市吴闸商业中心实景（宜吾设计，2013 年）

① 本文合作者：刘洋、吴佳颖。

2）基础设施屏障

一些开发区在建设初期，要么存在不注重基础设施的建设，急于求成的招商引资；要么受“想要富，先修路”的传统思想影响，大刀阔斧地盲目铺建道路，这些都对开发区的投资环境造成一定的负面影响。

3）土地管理无序

有的地方和入驻开发区企业存在盲目扩大用地规模，甚至圈而不用、等待升值的行为，在利益的权衡上存在明显的偏差，简单完成“硬指标”考核的问题突出，为招商而设立的现象严重，造成一定程度的短期行为和重复建设现象。

4）招商引资低效

招商引资中存在手段单一和地域狭窄等问题，造成开发区项目履约率低、科技含量低、投资强度低、资金到账慢和竣工投产慢等问题。

5）产业结构雷同

邻近开发区之间存在产业布局重复和社会资源配置浪费的现象，单纯以土地降价与变相减免税收的方式吸引投资，而忽略了产业的优化和结构的差异，造成中观区域内社会资源和土地资源的不均匀性浪费。

6）农民生计受损

由于一些开发区的过度建设和实施低价供地，对农民的补偿标准相对偏低甚至没有足够的资金用来兑现补偿，使农民的土地财产权利受到一定的损害。

3. 结论

我国的开发区建设之所以在发展历程中遇到诸多问题，究其原因多数在项目立项前期没有遵循项目的生命周期法则，准备不够充分，调研不够彻底，谋划不够到位。我们应该遵循“从城市中来，到城市中去”的可持续发展思想，在开发区建设中首先进行现状调查分析，开展缜密的调研工作，发现优势、弱化劣势、捕捉机遇和规避威胁，为开发区建设提供导向精准的方向标，为城镇化发展设定切实可行的依据尺。

基本调研方法

市场调研的内容包罗万象，市场调研的方法更是多种多样。就城市规划类市场调研的方法而言，本文归纳为以下四种。

1. 自然信息采集

城市规划类市场调研首先应该梳理城市的自然地理地貌相关数据，为工程建设提供决策数据和技术依据。这项工作主要包括：工程地质，例如，城市地质构造，地面土层物理状况，规划区内不同地段的地基承载力，以及滑坡、崩塌等情况的基础资料；地震地质情况，即城市所在地区断裂带的分布及活动情况，城市规划区内地震烈度区划等基础数据；水文地质情况，即城市所在地区地下水的存在形式、储量、水质、开采及补给条件等基础资料。

2. 问卷调查

在城市规划调研中，应该针对不同的问题以问卷的方式对相关人群进行问卷调查，这类调查通常题材广泛，涵盖内容多样，针对企业的可以包括对生产情况、运输情况、基础设施配套情况的评价，也可以包括居民对企业经营行为的评价等；而针对居民的则可以包括居民

邳州市建设路沿街西立面（选段）（宜吾设计，2013 年）

对其居住地区环境的综合评价、购房的意愿、改建的意愿、迁居的意愿、对城市设计的评价、对公众参与的建议等。

3. 访谈和座谈会

这类调查性质上与抽样调查类似，但访谈与座谈会更偏重调查者与被调查者的面对面交流。在规划实践中，这类调查主要运用在以下三种状况：一是针对无文字记载也难有记载的民俗民风、历史文化等方面的历史状况描述；二是针对尚未文字化或对一些愿望与设想的调查，如市民对未来发展的期冀愿景等；三是城市空间使用行为的讨论性情景访谈。

4. 文献资料的运用

采集运用的文献资料主要包括：历年的统计年鉴、各类普查（如人口普查、工业普查、房屋普查）资料，城市志、县志以及专项的志书（如城市规划志、城市建设志等），历次的城市总体规划、规划所涉及政府文件和已有的相关研究成果，等等。

调研实践活动

1. 项目背景

江苏邳州经济开发区位于邳州新城区，东临新亚欧大陆桥东方桥头堡连云港，西依历史文化名城徐州，总面积为 72.3 平方千米，著名的“天下第一水杉路”——邳苍公路横贯其中。江苏邳州经济开发区于 2001 年启动建设，2006 年被正式批准定位为江苏省省级开发区。

开发区按照“一区两园”的空间布局，分置东和西两个园区。西部园区为主园区，规划面积为 42 平方千米；东部园区为开发区高新技术产业园，规划面积为 30.3 平方千米。

江苏邳州经济开发区下辖 14 个社区（村），分别为吴闸、徐塘、戴场、八杨、马场、邵场、五杨、红旗、刘庄、林子、曲坊、耿埠、楚埠、寨墩，截至 2012 年年底，江苏邳州经济开发区常住人口共计 46 051 人。

2. 调研理念

调研是一个根据现状和事实采集信息、归纳梳理、分门别类、统计总结的过程，是在公开的信息、文件和数据中找寻对成果主题有价值的东西。它既不能凭空创新出信息数据，也不意味着大家都知道的信息就不是调研的成果，报告成果中的多数内容都应该是已知信息和数据的归纳和梳理。

3. 调研方法

在江苏邳州经济开发区空间战略发展市场调研活动中，调研团队采用了以下十种具体的调研方法。

1）走访调研

调研团队对江苏邳州经济开发区的市场调研首先采用的是走访调研的方法，走访的对象有政府相关部门、房地产开发商、地区企业家和房产消费人群等。其目的在于对邳州市及邳州经济开发区的历史、区位、自然、资源、人文、交通、水利、环保、卫生、物价、消费、旅游、教育等各领域的基本现状做到总体了解，为接下来的市场调研工作奠定基础和拟定提纲。

2）售楼处调研

对邳州市 21 家最新楼盘售楼处开展问询调

研、资料收集、楼盘采样和电话回访，对邳州市所有正在销售楼盘进行数据梳理和统计分析，为邳州经济开发区未来楼盘的发展提供预期性参考依据。

3）邳州年鉴信息检索

对邳州市2007—2012年共六年的统计年鉴及相关数据进行检索和刊录，将邳州市经济、金融、贸易、产业、投资、保险、税务、人口和收入等方面六年来的所有数据以柱状图的方式绘制成图，为数据分析和趋势研判提供研读支撑。

4）城市数据采集

调研团队分别走访了邳州市国土局、旅游局，并通过电话联系了其他相关部门，收集了邳州市土地市场、房地产市场和星级酒店市场等信息，并对其进行梳理和统计。

5）相关人员访谈

利用网络和公开统计数据，对相关信息进行采集和整理。为了确保调研数据的完整性，对于无数据可查的相关内容，我们通过对相关人员进行访谈的形式获取第一手资料。

6）问卷调查和分析

问卷调查是城市调研过程中不可或缺的重要方法，根据邳州经济开发区的要求，调研设计了三种问卷调查表格。针对开发区所属的14个社区（村）现状情况的调查共下发问卷14份，分发对象为相关社区（村）的负责人，全部问卷都得到积极反馈；针对消费者购房意愿的调查共下发问卷200份，回收70份；针对市民对拆迁安置房意愿的调查共下发问卷200份，回收132份。全部问卷调查共计414份，问卷回收率约为52.2%。

江苏邳州经济开发区办公楼鸟瞰图（宜吾设计，2013年）

7）政府网站信息采集

随着网络技术的快速发展和政府信息公开化的进一步提升，从政府网站收集相关信息已经成为城市调研的基本方式。本次调研分别登录了中国徐州网、中国邳州网、邳州经济开发区网站及其他相关网站，从宏观、中观、微观三个层次对邳州经济开发区在淮海经济圈、徐州市、邳州市的区位、环境和经济等要素进行采集和研读。

8）对重点项目、街道和设施的勘察和拍照

调研走访了开发区相关的21个住宅项目、数十家商业项目和近百家中小型企业项目，获得了第一手勘察成果和照片文档。在对邳州市城市街道和设施的调研过程中，勘察了邳州市的主要街区干道，拍照留档并通过后期软件处理，编辑绘制出邳州市主要干道选段的沿街立面图，为主要干道立面改造项目储备数据资料。

9）相关文献和论文的信息采集

通过网络平台检索搜集邳州市以及徐州市的相关研究文献和学术论文等信息资料。

10）政府公布的各类文件

调研成果涵盖了政府公布的与本次城市调研具有相关性的文件数据。

结语

城市调研是城市规划设计工作的必要前提，优秀的规划设计是翔实城市调研的必然结果。在邳州经济开发区空间战略发展市场调研中，我们秉持项目全生命周期管理（project lifecycle management）的思想，真实采集信息，收集真实信息，将城市的全真市场状况和分析研判情况如实呈现给城市发展的决策者。城市调研成果所涵盖的内容反映了调研时段以及调研时段之前城市所发生的事实和所产生的结果，随着城市的不断发展，时间的不断延展，新的项目和新的数据必然会持续形成和产生，因此城市调研的成果需要不断地更新和完善，并伴随城市的前行绘就出城市发展的别样史书。

从“现金为王”到“物业为本”

出版物 Publication：
《地产评论》
期号 Issue No.：
2014 年 3 月刊，总第 49 期
页面 Pages：
45—46
主办方 Organizer：
世联地产

中国房地产行业经过起伏跌宕的螺旋上升式发展，政府、开发商和消费者的“铿锵三人行”大戏迎来了史无前例的历史性“拐点”。对消费者而言，需求持续强劲，仅婚房刚需就足以主打二三成江山，紧随其后的还有改善型、动迁型、学区型、民工型、投资型和综合型等各类客源；对地方政府而言，在涨和跌的暧昧摇摆中，行政调控和既得收益的盾与矛此起彼伏、轮番挥舞，打着虚实不定的中国式太极；对开发商而言，利益驱动永远是心中的太阳。尽管“三人行必有我师”，但到了关键的利益点，却谁都“好为人师”。政府从百姓利益出发，希望稳定房价；百姓希望房价降下来，如果血汗钱都用在买套房子上，养老又会有问题；开发商举着红脸的旗唱着白脸的戏，我又不是做慈善，没我就没这台戏！中国房地产一路走来，政府、开发商和消费者三方始终围绕各自内心的“私人定制”，在纠结中前行，在前行中纠结。

……走出“衣带渐宽”的藩篱……

从我国房地产市场发展的内涵来看，多年来开发商一直因循一条固有的模式，即购买土地—规划设计—建筑设计—施工建设—营销出售，后续的物业管理或另外成立公司自营或外包管理，无论是设计规划取胜也好，还是物业管理得道也好，无非都是在传统模式上标注上某类特色品牌而已，因为国家房地产开发的流程就是这样固定的通道。再从房地产的外延面看，急功近利的城市建设模式让天告别了色，地失去了土，食没味，观无景，严酷的现实足以让我们反思。过去的城市建设有着太多的不尽如人意，规划方面或有规模而无品质，建筑方面或有营造而无艺术，工程方面或有土木而无精细，风格方面或有体量而无文化。从 2013 年年底开始，国家出台的一系列政策中已发生鲜明的转变，各类不计文化损伤后果的大拆大建在被喝止，各种不计生态破坏结果的圈城运动在被叫停，各类歌功颂德般的大广场、大绿化政务区开发走下“圣坛”，各类品位皆无的规划和建筑设计也正在被新意识所摒弃。

随着 2013 年党的十八届三中全会的召开，中国社会深化改革的大幕正式拉开，中央政府的体系化顶层设计开始扬帆：中国城镇化发展规划总体方案已经在润色讨论，不动产登记局已经在国土资源部悄然挂牌成立，不动产全面登记条例年中即将出台；见山见水忆乡思的规划形态和建筑肌理已经被高层定义；房产税正由局部试点转向全国铺开；鼓励创新的设计行业国家级工作会议已经召开……新年伊始房地产行业的这一系列“千里莺啼绿映红”，应该引起我们业界“春江水暖鸭先知”的探究和思索。转变发展模式，探索新的路径，成为我们的房地产和我们所居住的城市走出“衣带渐宽”深重藩篱的必要功课。

可以肯定，平稳发展一定是国家对房地产总的期望，体系化设计一定是国家对房地产发展方式的总体思考。房地产的“铿锵三人行”大戏在这一剧情将峰回路转，政府的智慧将消解百姓的焦虑，双方在基本层面共识趋同，并把“戏眼”丢给了开发商。那么，开发商应如何审时度势地顺应国家改革开发的大势，转换经营模式和利益诉求，欲穷千里目，更上一层楼呢？

…从“现金为王”到“物业为本”…

未来我们的城市如何建设，我们的房地产如何开发？这道真切的命题严峻地摆在了全社会面前。原有的造好卖和卖好再造的盈利模式必将逐步退出主流舞台，全新的“部分销售+部分持有”模式或者“全部持有后续运营获利”模式正浓妆淡抹般登场，中国房地产发展正由小资本小运作的销售型模式逐步向大资本大运作的持有型模式转变。“房地产”一词英文为 Real Estate，恰当地反映了其真实含义——实物的财产。如果造好了物业全卖掉，用利润加投资再造再买，其实开发商永远没有资产在握。持有物业并以此为根基在资本循环中不断完成资金投入和资产产出，这才是真正拥有房地产的开发商。现阶段发展得如火如荼的商业地产就是房地产模式的典型佐证，开发商持有物业并通过资产运营获利增收就是其精彩之道。尽管这种持有模式回收期限远超销售模式，但是从长远来说，在回收期完成后就是纯的物业利润，房屋产出了，开发商才是真正意义上的房产商。

中国房地产从销售模式向持有模式转变，是当下乃至未来一段时间内国家的宏观政策、房产商的中观解读和消费者的微观需求共同作用的必然结果。首先，可持续发展是未来房地产的基本理念，传统销售模式在解决固有时段物业需求的同时也带来了诸多问题，其中主要原因之一就是现金已经落袋，谁还会管你冬夏与春秋呢！而持有型物业则需要经营获利，肯定主张在环境资源友好的状态下步步为营的市

常宁湘南纺织产业基地环保设施园规划设计鸟瞰图（宜吾设计，2019 年）

江西信丰县高铁新城项目鸟瞰图（宜吾设计，2020 年）

场法则。其次，从开发商角度讲，持有型物业可以节省大笔的销售税金，而政府获得长期稳定的税收来源则远胜过一次性的营业税收。再次，蓬勃高涨的休闲地产、养老地产、旅游地产和文化地产等是未来最具潜力的市场，一旦拥有将获益终身，转型是市场驱动力的结果。同时，从融资层面来看，持有物业就像是一个"金盘子"，需要资金时能够通过各类金融方式"化干戈为玉帛"。最后，持有物业是一个企业品牌的最佳广告，拥有物业并经营有方，相当于在市场化的社会拥有一面一切尽在不言中的旗帜。如果过去我们说"现金为王"，那么今后在新的社会和市场格局下我们得说"物业为本"了。

从"短平快"到"稳艺精"

中国房地产经营模式的变革对企业提出了更高的组织要求和管理保障。从房地产项目生命周期来讲，过去我们过多地强调销售，而忽略了品质的价值，即便注重品质的企业，也还是投入重金在销售上，而今后房地产企业的重心将后移至持有物业的经营管理上。公司组织结构的设计将弱化销售部门，强化直至单独设立招商和经营管理机构。例如，持有物业的养老地产需要良好的管理经营作为盈利的保障，旅游地产需要优秀的组织运营才能吸引客户，文化地产需要围绕文化主题的精细化管理才能获利，商业地产更需要体系化的招商管理和整体运营。迪士尼主题公园类地产在世界范围内的成功就是典型案例。

中国过去的房地产行业讲的是"短平快"，以拿地和售出的资金快速进出为法则；而今后的房地产讲究的是"稳艺精"，以稳妥的现金流塑造蕴含建筑艺术的传世精品。早年我们的开发商多以李嘉诚为偶像，其实李氏家族的物业类别过半数是持有型物业，以稳健的物业租金现金流支撑着其庞大的资本帝国。知其然更要知其所以然，伴随中央一系列顶层设计制度的推出，地方政府将调整土地财政的思维模式并探索新的财税渠道；开发企业将转变经营模式，以文化地产、旅游地产、养生地产和商业地产为依托发展居住地产；广大消费者将更加理性地看待房屋的功能意义，投资的泡沫将被挤出。中国房地产理性发展的全真时代即将到来。

三层透视 Street Mall

出版物 Publication：
《地产评论》
期号 Issue No.：
2013 年 9 月刊，总第 48 期
页面 Pages：
104—105
主办方 Organizer：
世联地产

自古以来，中文“买东西”一直是人们表述购物行为的概念。从商业宏观层面上讲，“买东西”涉及中国的城市布局和交易方式，因为我们从来不说“买南北”；我们应该通过“买东西”一词探索出其使用的实体空间的建立机制，这属于商业项目的中观层面；商业项目案例是一个个“买东西”的集合体，它们是商业微观层面的主题。

中文“城市”一词由两部分组成：一是“城”，意指用来生活和防御的城，城在中间，在城里有深宅大院，住着王公贵族、高官名士；二是“市”，市在周围，用来交易，市里多是开门店铺，在市里住着贩夫走卒、普通百姓。可见商业的概念与城俱来，更可谓无商不城，商举城立。建筑的采光通风要求决定了中国城市以南北向为主轴和主要街道走向，布置着宗教、衙门等机构，而留给市民的只有东西向的街巷，这也是“买东西”一词的由来。

中国的商业文化是街巷文化，无论北方的胡同、条里，还是南方的弄堂、街段，都是充满着喧嚣商业氛围的交易聚集地，宋代的《清明上河图》就是对此最好的诠释。而西方的商业文化是广场文化，商业文化围绕广场而起源发展，其中当然也涉及气候因素、建筑材料、民俗习惯和政治要素。我们可以认为东方的商业文化是街巷文化，产生了围绕 Street 的商业形式；而西方商业文化是广场文化，产生了 Mall 的商业概念。无论 Street 还是 Mall，归根结底都界定了商业的宏观范畴，Street Mall 就是我们今天对商业建筑的综合表述。

项目管理涵盖了商业地产中观层面的内容，从这个角度审视购物中心，可以使我们透视宏观层面的框架，把握购物中心项目的建立机制，进而为社会提供最好的购物中心产品。商业项目从立项到运营是一个全生命周期（lifecycle）的过程，对购物中心类商业项目而言，全生命周期由策划、规划、设计、建设、营销和运营六个阶段构成，其中每一阶段又包含了很多细分内容。例如，项目策划阶段应该包括投资机会研究、初步可行性研究、详细可行性研究和项目评估等内容；项目规划阶段应该包括控制性详细规划和修建性详细规划的内容；等等。除了上述项目管理内部功能外，商业项目管理还包括外部关联功能。

传统的商业项目建设理念在任务导向上往往是技术至尊，轻组织管理而重技术经济，这就造成商业项目全生命周期中局部阶段似乎成功了，但总体上却存在偏差、失误和浪费，维修返工、设计缺陷、能源浪费和招商艰难等问题无法解决。而现代商业项目管理哲学从思维和理念上已经产生了颠覆性的质变，它把组织和管理视为项目成功的生命，只有在严密的组织和科学的项目管理统筹下，技术问题才能等到解决，项目目标才能得到控制，商业项目才能获得成功。

尽管在不同形式的营销吆喝下，国内购物中心似乎各领风骚、群芳斗艳，但是从建筑形式和技术表现上来说，这些购物中心几乎千篇一律、似曾相识，缺乏建筑设计和材料技术上的独特创新。坐落在德国法兰克福的采尔购物中心（MyZeil Shopping Center）可以给我们许多启示和借鉴。

采尔购物中心于 2009 年 2 月 26 日正式营业，因其位于法兰克福市中心的步行街采尔大街而得名。项目策划之初就提出了“我的采尔，我的风尚（MyZeil-My Style）”的商业口号和推广 logo，并将这个理念贯穿到项目的全过程管理之中。项目基地红线呈 L 形，沿街面宽约 50 米，L 形街区的尽端则是一座历史保护建筑，从房地产开发角度看，可谓是“螺蛳壳里做道场”，开发难度极大，设计难度极高。荷兰开发商 MAB Bowfonds 视角犀利，匠心独运，将购物中心、办公楼和宾馆合理布局，商业建筑临主要街道，宾馆和办公楼则从次要街道进入，可独立运营，功能上互不干扰，它们通过曲面钢构架连接。采尔购物中心打造了一个属于社会的建筑艺术，人们愿意畅游其中休闲购物，这种理念远远高于我们有些开发商建设一个只属于自己的建筑盒子而使自身脱离周围环境和人文社会。

采尔购物中心的故事要从喇叭口玻璃幕墙的呼唤意向开始说起。购物中心的外表平常无奇，但每一个走过的路人都会被它那有旋涡般吸引力的凹窗所打动而驻留。只有到走入购物中心抬头看，人们才会理解，其实这个“喇叭口”既是外墙也是屋顶，建筑设计的美妙之处就在于将外墙和屋顶的玻璃幕墙曲线贯通和融为一体。购物中心的建筑物外墙形成一个孔洞，似一空心管道直达商场之中，让光线射进每一层。或许只有意大利建筑师马希米亚诺·福克萨斯（Massimiliano Fuksas）才能创造出如此拉丁神话般的炫目艺术，他打破了德国人引以为豪的包豪斯思维，给予德系传统建筑强烈的视觉震撼。

采尔购物中心的总建筑面积为 77 000 平方米，销售面积为 47 000 平方米。地面以上为八层建筑，主要功能是零售、饮食、健身、儿童天地、健康中心、影院等，设计每小时客流量为 14 000 人，地下停车位有 1 390 个，其中公共停车位 900 个，约占总停车位的 65%，建筑总造价为 13 500 万欧元。

采尔购物中心内部设计线条丰满、动感流畅，配合各层的曲线造型与长短不一的自动扶梯，极具时代感和未来气息。游走于其中，曲线的不确定性就像一个旋涡攫取着顾客的心智，使人忘乎所以地消费，空间的营销超越商家的卖力推销和打折广告，俨然成为采尔购物中心的品牌主题。最吸引顾客视觉的是一条长达 42 米、全欧洲最长的室内电梯，由地面抵达四楼要 120 秒，便于直接疏散高层的人流。

采尔购物中心为世界商业地产树立了一个历史性标杆，它将购物体系结构与零售休闲业态完美地组合起来，展现了全新的购物体验和休闲理念，在承载欧洲历史的同时展现着购物中心的未来发展趋势。这个项目案例应该引起我国购物中心投资商们的关注，好的商业地产必须将艺术和技术相融合，将科技和材料相结合。我们的购物中心应该为明天而建筑，而不只是为今天所存在。

工程项目动机管理 3D 模型构建研究①

出版物 Publication：
《项目管理技术》
期号 Issue No.：
2013 年 8 月，总第 122 期
页面 Pages：
54—59
主办方 Organizer：
机械工业信息研究院

摘要 Abstract：

在国际工程建设领域，工作动机研究作为潜质要素已然成为项目管理中人力资源管理领域最关键的组成部分。本文从历史发展的视角比较、梳理西方的动机理论研究，借鉴动机理论体系价值内涵，构建反映个体动机与项目活动关联度的工程项目 3D M-A 模型。通过案例研究得出该模型可以为工程项目管理提供动机管理图式，进而为量化动机管理参数和研发动机管理软件提供理论方法。

关键词 Key words：
动机管理　3D M-A 模型　动机理论体系　项目管理

前言

人类社会正步入一个经济和技术环境不断变化的崭新时代。在工程建设领域，各类项目组织都面临在变革中寻求自身发展的项目命题，项目成功越发依赖于项目组织的结构适应力和调控的更新力。在这种工程环境中，动机（motivation）作为影响人类行为的心理活动因素，已经成为当代管理科学特别是工程项目管理研究的重要课题。西方的学者们在过去的几十年当中对动机管理进行了一系列研究，也形成了基本的理论体系。但是将动机管理应用到工程项目管理专业的学科关联研究还相对比较薄弱，对于人力资源动机和项目活动的耦合性研究还略显不足。在我国工程项目人力资源管理中，动机管理的研究和应用也还处于刚刚起步的初级阶段。本文试图通过对动机管理理论的梳理和探究，结合工程项目实践，建构符合项目发展特征的 3D 动机-活动（3D M-A）模型，为项目管理学科提供人力资源动机管理的可视性和数字性方法。

动机理论概述

第二次世界大战之后，西方学术界对行为动机的研究日趋活跃，出现了描述各种工作动机的术语，例如健康卫生、劳动权益、归属关系、人力投入、效益产出等。与此同时，也形成了若干动机理论。被学术界认为相对成熟的动机理论可以概括为如下两大类：内质型理论（Content Theories）和进程型理论（Process Theories）。内质型理论通过挖掘自然人本体对实现目标的基本需要，探究激发人类潜在动能

① 本文合作者：刘洋、王健。

的方法；而进程型理论则通过对动机催发要素的研究，找寻激发人类潜能并使之保持延续的方法。内质型理论和进程型理论的基本内容如表1所列。

从表1可以看出，通过构建各种要素对个体动机影响以及后续工作表现的动机理论研究体系，学者们研究的焦点随着时间的推移已经从回答“动机能否影响绩效”的问题，转移到通过过程情境去激励个体的分析研究。

工程项目3D M–A模型

1. 动机的定义

工程建设领域还没有关于“动机”的行业标准定义。工程项目的实施是一个综合的过程，动机的定义必须真实地反映建筑行业的活动特性。在工程项目中动机可以定义在项目实施过程中的心理学范畴内，它与提高人们工作相关行为的功效强度和确立工作行为目标方向相关，它能够影响项目进程中人力资源表现的质量和劳动产出的指标。

表1　动机理论研究体系

动机理论分类	动机理论	学术观点	研究者	研究时间
内质型理论（Content Theories）	需求层次理论（Hierarchy of Needs）[1]	生理需求、安全需求、归属需要、尊重需要、自我实现的需要	亚伯拉罕·马斯洛（Abraham H. Maslow）	1943年
	动机–健康双因素理论（Motivation-Hygiene Theory）[2]	动机因素：提高工作满意度的内在因素，与工作自在属性相关。 健康因素：导致工作不满意的外在因素，与工作外在环境相关	弗雷德里克·赫茨伯格（Fredrick Herzberg）	1959年
	X理论和Y理论（Theory X and Theory Y）[3]	X理论：代表消极的人生观念，认为人天生不喜欢工作，需要督导和管控。 Y理论：代表积极的人生观念，认为人天生并不懒惰，能够自我指导	道格拉斯·麦格雷戈（Douglas McGregor）	1960年
进程型理论（Process Theories）	期望理论（Expectancy Theory）[4]	期望–绩效关系：个体感到通过一定努力可以达到某种工作绩效的可能性。 绩效–回报关系：个体相信达到一定绩效水平后即可获得满意酬劳。 效价或奖励的吸引力：从工作中可以获得回报对个体的重要程度	维克托·弗鲁姆（Victor H. Vroom）	1964年
	公平理论（Equity Theory）[5]	投入：投入的工作量。 所得：工作所得的报酬	约翰·斯塔希·亚当斯（John Stacey Adams）	1965年
	目标设定理论（Goal-setting Theory）[6]	具体目标能够提高工作成绩； 困难的目标如果被人接受，将会比容易的目标产出更高的工作效率	爱德温·洛克（Edwin A. Locke）	1968年
	ERG理论（ERG Theory）[7]	存在需求：关注于满足基本的物质存在需求（生存和繁衍的需要）。 关系需求：维持人际关系的愿望需求（社会需要和尊重需要）。 成长需求：对于个人发展的内在愿望需求（个人成长需要）。 三种需求可同时实现	克雷顿·奥尔德弗（Clayton P. Alderfer）	1972年
	三重需要理论（Three Needs Theory）[8]	成就需要：达到标准、追求卓越、争取成功的需要。 权力需要：以某种方式行为控制他人的需要。 归属需要：建立友好和亲和人际关系的需要	戴维·麦克里兰（David C. McClelland）	1975年

2. 动机研究状况

虽然学术界关于动机的研究不胜枚举，但是特别针对工程建设行业的动机研究却相对有限。Maloney and McFillen[9]明确指出了建设行业动机研究相对缺乏的三点原因：

①多数研究动机管理的学者并不熟悉和了解工程建设行业；②工程建设行业未能足够重视动机管理在行业内的价值，致使研究资金投入不足；③工程建设领域内行家学者们更多关注工程技术问题，而缺乏动机管理研究所必需的心理学和生理学知识。

总体来说，工程建设领域的动机研究不但需要有动机管理学科的学术背景，更需要具备建设行业的专业知识。

3. 3D M-A 模型

在工程项目进度计划中，每项任务作为一项工作活动都必须由一组专业的人力资源来完成。工程项目全过程能够分解成的单位任务数量取决于项目和项目组织体系的规模和工程复杂程度，并运用工作分解结构（Work Breakdown Structure，WBS）的思维方法解构诠释。完成一个项目意味着需要完成所有的任务活动。[10]工程单位任务和其持续时间之间的逻辑关系可以通过网络图来描述，这种不同形式的网络图已经被广泛地运用于项目规划、任务组织和过程管控中。在人力资源方面，传统网络图仅能描述任务团队的人员、人数和分工，如果能够将个体动机以量化或图表的方式表达出来，则是工程管理领域的一项巨大跨越。为了体系化地进行便于量化研究的项目动机管理综合分析，以便最终能够研发出工程项目动机管理软件，需要构建如图 1 所示的项目 3D M-A 模型，并对项目节点全部要素进行分析计算和度量呈现。

McGregor[3]在他著名的 X 理论和 Y 理论中，将动机管理分为对立的两个方面。X 理论认为，员工在严格控制和指导下，工作更有效率；Y 理论认为，如果员工能够参与工作决策，则工作更有效率。在 McGregor 的 X 理论和 Y 理论的基础上，本文提出工程项目管理 3D M-A 模型。

在 3D M-A 模型中，立体空间的三个轴分别代表时间、X 理论和 Y 理论，这就构成了按照项目进度时间从开始到结束的项目工作包 3D 模型。在这个模型中，按照时间顺序排列形成了无数个空间层，并用 A_1，A_2，…，A_x 等表示，这就是我们所描述的项目活动或者称之为项目

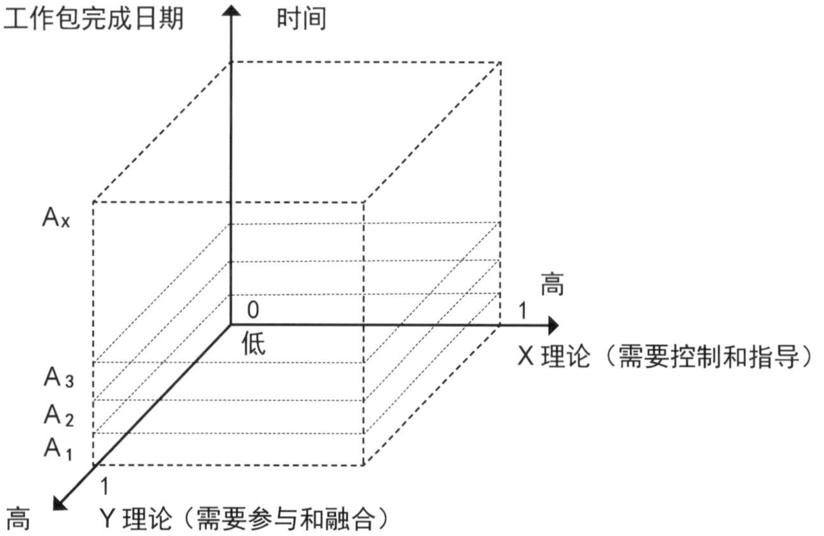

图 1　工程项目管理 3D M-A 模型

工作包，例如，设计管理中的方案设计、施工图设计；施工管理中打桩、土建施工到±0.00标高、封顶等项目活动。项目工作包的数量可以依据项目不同而类推并用数学符号 A_x 来表述。显而易见，量化的个体工作动机指标可以以点位的形式呈现在 3D M-A 模型中。每一个工作包空间层上都存在着无数个点位，也就代表着无数个可能的工作动机趋向，抽象的工作动机心理活动就可以用动态点阵构成面形象化地表述出来。以 3D M-A 模型为基础，融汇动机理论的其他分支体系，可以开发出类似风险分析软件的计算机应用程序来量化动机管理中的功效指标数据，进而为人力资源的科学管理提供决策依据。

动机要素和启示

1. 动机要素

完成 3D M-A 模型的构建后，需要采集符合项目活动中动机形成环境并能按强弱层级纳入模型中的动机要素。要找出这些要素，首先需要掌握动机理论，然后通过各种方式的调查研究获取数据。表 2 列举了西方学者针对工程行业动机要素的研究成果，可以基本反映出各行业动机要素在工程师心目中的重要度。可以看出，项目领域或组织内的成就感是最为主要的动机因素，在两个调研中都分别排在首位。其次是个体被认可度和工作性质的吸引度。这些调查研究尽管时间久远，但对我国当前工程建设行业的人力资源管理同样具有借鉴意义。

工程项目组织可以根据项目的属性，将动机要素通过 3D M-A 模型进行创建和构筑，以便选择最适宜的项目人力资源管理方式和方法。为了优化项目组织的工作效率，项目管理者应该以项目工作包的责任和目标为导向，按照人员个体的动机需求和执行能力，合理配置人力资源。不管对于项目组织还是成员个体，人力优化配置是一个动态的过程，项目管理者必须在变化的资源环境中不断调整组织配置，以适应项目的建设发展。

2. 管理启示

对于工程项目而言，工作类型、项目规模、劳动环境、管理风格、管控质量、沟通效率、奖罚力度等都是影响个体行为动机的情境因素，这些因素随具体的项目活动而不断变化。项目实施过程中，任何组织成员的绩效表现都取决于工作内容、管理能力和动机指标。对项目管理者而言，认清工程项目中个体工作表现的影响因素十分重要，项目管理者应该多沟通、勤交流，采用动机管理的方法，使员工绩效表现达到最佳。

项目管理者应该如何提升员工绩效是一个十分复杂的企业命题和科研课题。本文提出如下人力资源管理公式：绩效表现＝项目活动×个体技能×工作动机。

表 2　动机要素研究

调研者	F. Landis[11]	H. Bogaty[12]
被调研对象	12 家制造设计和研究组织	Hidrich and Herzberg 研究报告
被调研者职位	工程师	工程师
动机要素重要性从强到弱顺序	成就（自豪感、成就感、声誉）、认可（薪水、晋升）、认可（职位、尊重、威望）、挑战性的工作、管理关系、工作性质、个人成长、赋予责任、公司形象、同事关系、工作条件	成就、认可、工作本身、责任、晋升、薪水

从上述公式中可以看出，个体绩效的高低应该是个体该做什么（项目活动）、怎么做（个体技能）和为什么做（工作动机）三方面共同作用的结果。人是工程项目管理中最为复杂的要素，项目管理者必须关注团队成员行为动机的心理图式，结合 3D M-A 模型中的项目活动内容，明确在一定的工序阶段谁最适合干什么。在工程项目活动中，团队成员的技能和动机各不相同，管理者必须敏锐把握和准确甄别，根据发现的情况及时采取措施加以解决。任何项目管理方式和战略措施都必须适用于项目活动中的每一位员工。

案例研究：锦官丽城项目

1. 项目背景

锦官丽城项目位于成都市华阳镇，占地面积为 12 公顷，建筑面积为 12 万平方米，容积率为 1.03，是由新希望集团有限公司于 2004 年开发的住宅小区。新希望集团房地产事业部采用异地多项目矩阵式组织架构，锦官丽城项目作为组织体系中的一个项目经理部，按照模块化的固态管理模式配置完备的人员编制和设施设备。

2. 动机管理

随着新千年的开始，中国房地产市场进入快速发展期，而与之不相匹配的是房地产企业的管理仍处于传统理念下的初级阶段。无论对于国有企业还是民营公司，企业再造（Reengineering）这个 20 世纪 90 年代风靡世界的管理理念已经成为当代组织机构发展的必然需求。在工程建设和房地产领域，涉及考虑动机管理因素的企业改革内容应该包括管理体制重构、员工持股计划推行、目标考核激励、“按劳分配”细则、薪酬制度改革、360 度考核等。

在锦官丽城项目中，企业在动机管理方面主要以项目活动目标为基础建立了如表 3 所列的三种体系并组织实施。这三个体系分别是制度体系、目标实现激励体系和内化动机激励体系。通过动机管理措施的实施，项目经理部在管理理念、投资回报、成本控制和社会效益等综合指标上得到倍数级提升。

3. 项目组织正能量

除了动机管理的要素和措施外，项目组织正能量越来越成为实现绩效的动力源泉。对于房地产企业而言，获得地块就意味着获得机会：企业获得了发展的机会，个体获得了拼搏的机会，技能获得了发挥的机会，资本获得了增值的机会。在锦官丽城项目中，很多员工都将能在本项目上出色工作视为获得职业生涯发展的一个极好机会，将项目作为积累经验和增长才干的事业平台。这种人力资源活力在整个项目实施过程中始终保持着良好的状态。

表 3　实现动机管理的三个保障体系

制度体系	目标实现激励体系	内化动机激励体系
组织成员接受职位设定和执行制度、流程和表单体系	建立目标实现和动机期望、目标成果挂钩的激励机制	内化项目组织目标，使其成为个人的价值观
员工有权与项目公司签订劳动合同，公司应该为员工缴纳社会保险； 项目经理部可以保留一定数量的税后利润； 确立员工岗位的责、权和利； 设定项目目标并落实责任书	除基本工资之外，激励措施包括奖金、补贴、调休和其他福利； 通过 360 度考核，建立项目目标下工作单元的绩效和销售利润之间的关联体系	举行项目间比学赶帮竞赛、举行企业忠诚度教育、组织各类培训和讲座、改善工作环境、确立企业内部的晋升通道和职业发展目标

在锦官丽城项目立项之初，企业再造的新体系就将员工动机要素作为主要考虑内容，明确了以下制度：定期或即兴组织工作午餐、庆祝员工生日和重大项目进展（如破土、落成等）、在非工作时间为主要员工及其家人举行嘉奖仪式和有计划地表彰先进等。实践表明，这些动机管理举措在提高员工热情和鼓励正能量方面起到了十分重要的作用。

结论

动机决定着人类的特定行为，动机管理对工程项目取得成功意义重大。在过去的几十年间，以组织为背景的动机理论研究在西方学术界已经取得了长足发展，我国工程项目管理领域的动机研究和实践应该迎头赶上，与行业的高速发展相匹配。在 X 理论和 Y 理论基础上发展构建的 3D M-A 模型将项目活动、项目组织和动机因素直观地融为一体，能够指导管理者把握建设行业的动机趋向，有效激励个人和团队获得最佳工作绩效，为实现项目管理科学化、数字化、智能化和人文化的辩证统一提供决策依据。案例实践表明，将 3D M-A 模型作为动机管理的工具能够提升工程项目管理的绩效，为深入研究动机管理方法论提供能够量化的空间数据。

参考文献

[1] MASLOW A H. Motivation and Personality [M]. New York: Harper and Row, 1954.

[2] HERZBERG F, MAUSNER B, SNYDERMAN B B. The Motivation to Work [M]. New York: John Wiley & Sons, Inc., 1959.

[3] MCGREGOR D. The Human Side of Enterprise [M]. New York: McGraw-Hill, 1960.

[4] VROOM V H. Work and Motivation [M]. New York: John Wiley & Sons, Inc., 1964.

[5] ADAMS J S. Inequity in social exchange [M] // BERKOWITZ L. Advances in Experimental Social Psychology. New York, London: Academic Press, 1965: 267-300.

[6] LOCKE E A. Towards a theory of task motivation and incentives [J]. Organizational Behaviour and Human Performance, 1968, 3 (2): 157-189.

[7] ALDERFER C P. Existence, Relatedness and Growth: Human Needs in Organizational Settings [M]. New York: The Free Press, 1972.

[8] MCCLELLAND D C. Power: The Inner Experience [M]. New York: Irvington Publishers, 1975.

[9] MALONEY W F, MCFILLEN J M. Research needs in construction worker performance [J]. Journal of Construction Engineering and Management, 1983, 109(2): 245-254.

[10] FULLER C. Planning, Organizing and Controlling Projects [D]. Manchester: University of Manchester Institute of Science and Technology, 1999.

[11] LANDIS F. What makes technical men happy and productive? [J]. Research Management, 1971, 14 (3): 25-42.

[12] BOGATY H. Employees of technical organisations can be motivated [J]. Research Management, 1969, 12 (1): 5-24.

客户需求问卷调查表①

背景 Background：

为了完成江苏邳州经济开发区空间战略发展市场调研工作，宜吾设计团队结合委托方的需求和邳州市房地产市场的状况，编制了针对购房者需求的《客户需求问卷调查表》。该问卷调查表分为综合、房屋、设计、配套、环境、费用、购买和细部八个部分，综合考虑了购房者对房地产项目的关注热点和咨询焦点，分类清晰，简明扼要，填写容易，一目了然，得到了受访者和委托方的一致肯定。

江苏省邳州市新顺居住区规划设计鸟瞰图（宜吾设计，2013年）

今年，您会选什么样的房子？

请在您所选答案编号处打“√”，或按题目要求填写问卷，感谢您的合作与支持。

综合

在选择住宅时，您认为哪方面最重要，请按1—11的次序作出评价：

□物业所处地段及交通

□发展商实力和信誉

□优美的周边环境

□规划完善的小区环境

□设有大型娱乐购物商场

□完善的会所康乐设施

□物业管理商的品牌

□治安良好并有先进的保安系统

□先进的智能化屋宇设备

□价格吸引及价值空间

□区内或附近有幼儿园和中小学

户型、结构与地点

（1）你打算购买的户型：

① 本文合作者：刘洋、吴佳颖。

房间	卧室/间	厅/个	洗手间/间
数量	1	1	1
	2	2	2
	3	3	3
	4	4	4
	5	5	5
其他			

(2) 您打算购买的住宅建筑面积为

A. 60 m^2 以下　　B. 60～80 m^2

C. 80～100 m^2　　D. 100～120 m^2

E. 120～150 m^2　　F. 150～180 m^2

G. 180～220 m^2　　H. 220～250 m^2

I. 250～300 m^2　　J. 300 m^2 以上

(3) 在住宅面积已定的情况下，您愿意选择的厅房面积分布是

A. 客餐厅越大越好，主卧及其他卧室够用便可

B. 主卧及其他卧室应宽敞舒适些，客餐厅够用便可

C. 卫生间和厨房够用即可

D. 卫生间和厨房要尽量大

(4) 您打算购买的住宅类型是

A. 高层住宅（超过 10 层）

B. 小高层住宅（7～10 层）

C. 多层住宅（6 层或以下），有电梯

D. 多层住宅（6 层或以下），没有电梯

(5) 您打算购买的住宅结构为

A. 普通　　B. 跃层

C. 复式　　D. 错层

E. 其他

(6) 请您按 1—5 的次序对住宅朝向要求从高到低排序：

□ 南北对流　　□ 朝南

□ 朝北　　□ 东西向

□ 朝西

(7) 您在邳州市购房的首选地区是________，其次是________，再次是________。

建筑与室内设计

(1) 请您勾选对房间的功能需求：

功能	非常需要	比较需要	有无都可	不太需要	完全不需要
保姆房					
书房					
储物室					
阳台					
主卧设衣帽间					
附在厨房外的工作阳台与晾衣架					
窗台					
向西的房间加设遮阳板					
主卧设阳台					
卧房预留入墙衣柜位置					
入户进厅					

(2) 您希望购买的住宅装修标准是

A. 全毛坯

B. 提供一般装修标准

C. 厨卫高档装修，其他毛坯

D. 开发商提供多种装修套餐供买家选择，装修费用另计

E. 开发商提供精装修

(3) 以下设备如果由开发商提供并收取成本价，您会需要哪些？

A. 全套橱柜　　B. 炉具

C. 抽油烟机　　D. 水过滤器

E. 垃圾处理碎渣机　　F. 热水器

G. 吊顶　　H. 换气扇

I. 洗衣机　　J. 冰箱

K. 微波炉　　L. 冷气柜

M. 都不要

N. 其他（请注明：________）

（4）主卧卫生间是否需要预置以下设备？

主卧卫生间预置设备	非常需要	比较需要	有无都可	不太需要	完全不需要
浴缸					
淋浴间					
按摩浴缸					
吊顶					
电动剃须刀插座					

（5）您比较喜欢的阳台设计是

A. 传统阳台　　B. 落地玻璃窗阳台

C. 封闭式阳台

D. 其他（请注明：________）

（6）您喜欢的住宅每层户数是

A. 2 户及以下　　B. 3～4 户

C. 5～6 户　　D. 7～8 户

E. 9 户或以上　　F. 无所谓

（7）若顶层连天台出售，能否增加您选购顶层的兴趣？

A. 大大增加　　B. 增加

C. 无所谓　　D. 不打算购买顶层

配套设施及物业服务

（1）您目前是否拥有汽车？

A. 有　　B. 没有

（2）购买住宅时，您是否需要停车位？

A. 不需要　　B. 需要一个

C. 需要一个以上

（3）您希望的停车位位置：

A. 室外　　B. 室内地上

C. 地下

（4）您打算购买还是租用停车位？

A. 购买，您认为的合理购买价格是________元/个

B. 租用，您认为的合理租金为________元/月

（5）选购住宅时，您认为小区内是否需要建有以下会所设施？

小区会所设施	非常需要	比较需要	有无都可	不太需要	完全不需要
浴缸					
淋浴间					
按摩浴缸					
吊顶					
电动剃须刀插座					
桌球室					
篮球室					
羽毛球场					
高尔夫球场					
中餐厅					
西餐厅					
乒乓球室					
桑拿浴室					
阅览室					
医疗保健室					
老年人活动室					
缓跑径					
儿童游乐设施					
卡拉 OK 房					
电脑室					
电子游戏室					
练琴房					
壁球					
其他（请注明：　　）					

（6）若会所设有上述设施，您估计每月使用会所的频度是

A. 经常使用（每月超过 10 次）

B. 比较多使用（每月 5～10 次）

C. 比较少使用（每月少于 5 次）

D. 基本不使用

（7）若会所设有上述设施，您愿意每月花________元使用会所内的设施。

（8）请问您认为小区内是否需要为住户提供以下服务？

服务内容	非常需要	比较需要	有无都可	不太需要	完全不需要
幼儿代管服务					
钟点服务					
衣物洗熨					
家居清洁					
主客巴士服务					
桌球室					
送餐服务					
家电维修					
其他（请注明：　　）					

小区环境

（1）您喜欢哪一种住宅？

A. 纯住宅小区，辅以适量商业配套

B. 大型商场上的塔楼住宅（带平台花园）

C. 无所谓

（2）您首选的小区内部花园设计风格是

A. 欧陆式花园

B. 北方庭院式花园

C. 日式花园

D. 江南园林式花园

E. 不需要特别风格，宁静和优美即可

F. 其他

收费与付费

（1）您打算在三年内购买价格在________元/m² 以上的住宅。

（2）您计划用于此次购房的支出最高不会超过________万元。

（3）您认为合理的管理费应为每月________元/m²。

（4）您打算选用何种付款方式？

A. 一次性付款　　B. 建筑期内分期付款

C. 银行按揭

（5）您希望按揭的比例是多少？

A. 五成或以下　　B. 六成

C. 七成　　D. 八成

江苏邳州经济开发区辽河西路大道景观设计鸟瞰图

（宜吾设计，2013 年）

E. 九成或以上

（6）您希望按揭的期限是多久？

A. 5 年以下　　B. 5～10 年

C. 11～15 年　　D. 16～20 年

E. 20 年以上

（7）您愿意负担的首期款最高为________万元。

（8）您愿意负担的月供款最高为______元。

（9）如果租房，您愿意负担的最高月租金为________元。（如不打算可不答）

（10）您购房的主要目的是

A. 自用　　B. 出租

C. 投资（房价增值）　D. 赠送亲友

E. 其他（请注明：________）

购买决策

（1）您认为未来一年邳州市的房价将会怎样？

A. 下跌超过 20%　　B. 下跌 15%

C. 下跌 10%　　D. 基本持平

E. 上涨 5%　　F. 上涨 10%

G. 上涨超过 20%

（2）若您有一笔多余资金作投资，您会选用哪种投资方式？

A. 房地产　　B. 股票　　C. 储蓄

D. 债务　　E. 其他

（3）请您写出您认为邳州市最好的 5 个（高/中低端）住宅楼盘的名称：

① ________　② ________　③ ________

④ ________　⑤ ________

（4）您一般是从哪里得知楼盘销售的有关信息？

A. 报刊广告（请注明报刊名称：____）

B. 电视广告（请注明电视台及频道：______________________________________）

邳州市教育局教育基地建筑设计鸟瞰图（宜吾设计，2013 年）

C. 广播电台广告（请注明电台：____）

D. 网站（请注明网站：____）

E. 亲戚朋友介绍　F. 公共场所派送宣传资料

G. 媒体新闻报道　H. 路过或上门看房

I. 房展会

J. 其他（请注明：________）

(5) 您是否同意以下关于发展商实力与信誉的判断？

(　　)广告版面大的发展商是有实力的

(　　)售楼书制作越精美，发展商实力越强

(　　)售楼处装修越豪华，发展商实力越强

(　　)信誉好的发展商开发的住宅价格较高是应该的

(　　)应根据开发商以前开发楼盘的质量和服务质量来决定对其印象和信任程度

细部处理

(1) 现在居住的房子在托运大件家具时是否遇到如下困难？

A. 电梯入口过窄　B. 楼梯及通道过窄

C. 搬运车辆远离大堂入口

D. 没有电梯

E. 其他（请注明：___________）

(2) 如果您所要购买的小区与著名的大、中、小学校联姻，与大商家、医院等的服务设备实现功能联络，是否会加快您的购买进程？

A. 是　　B. 否

背景资料

如方便，请留下您的信息。

(1) 姓名：________（如愿意）

(2) 性别：

A. 男　B. 女

(3) 年龄：

A. 30 岁以下　　B. 30～40 岁

C. 40～50 岁　　D. 50 岁以上

(4) 家庭年收入：

A. 5 万元以下　　B. 5 万～10 万元

C. 10 万～20 万元　　D. 20 万元以上

(5) 工作单位：

A. 国家机关　　B. 国有企业

C. 股份制企业　　D. 外资企业

E. 私营企业　　F. 个体工商业

G. 学校　　H. 部队

I. 医院　　J. 务农

K. 其他

(6) 从事行业：

A. 国家公务员　　B. IT 行业

C. 金融、证券业　　D. 市场与销售

E. 房地产业　　F. 广告与公关

G. 艺术与文化传播　　H. 教育

I. 制造与加工　　J. 医疗

K. 商业　　L. 其他

(7) 文化程度：

A. 高中　　B. 中专

C. 大专　　D. 本科

E. 硕士或以上

江苏邳州经济开发区标识设计（宜吾设计，2011 年）

江苏邳州经济开发区居民安置情况调查问卷①

亲爱的居民：

您好！我们是江苏邳州经济开发区空间发展市场调研团队，为了解江苏邳州经济开发区在城市开发建设中是否做到和谐拆迁与合理安置，我们特进行此次问卷调查。

本次调查采取无记名形式，绝对保护您的隐私权，希望能得到您的支持与配合。我们会将了解到的情况与意见如实反映，以便为您的生活提供帮助。对您的合作与支持，我们表示衷心感谢！

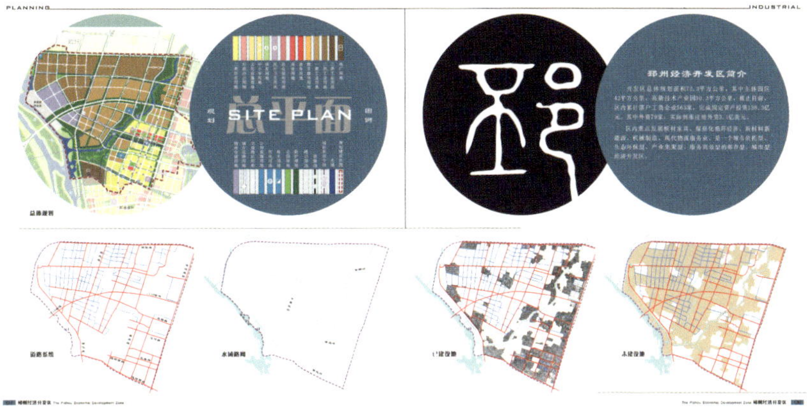

江苏邳州经济开发区宣传册（宜吾设计，2013 年）

请填写或在符合您意见的项目上打“√”。

基本情况

（1）您的年龄为____岁，您家庭的人口数为____人。

（2）您居住的地点属于

A. 老城区　　B. 新城区

C. 开发区　　D. 高新区

（3）您在本地居住时间为

A. 2 年以下　　B. 2～5 年

C. 5～10 年　　D. 10～20 年

E. 20 年以上

（4）您的文化程度是

A. 小学及以下　　B. 初中

C. 高中（含中专）D. 大专及以上

（5）您的职业是什么？

A. 农民　　B. 打工者　　C. 公务员

D. 生意人　　E. 其他

（6）您的家庭月收入是多少？

A. 2 000 元以下　　B. 2 000～3 500 元

C. 3 500～5 000 元 D. 5 000 元以上

（7）您是否经历过拆迁？

A. 是　　B. 否

拆迁情况

（1）您被拆迁的房子是

A. 上辈留下或自己建的私屋

B. 购买的商品房

C. 租的房屋　　D. 其他

（2）您对拆迁的态度是

A. 拆迁有助于城市化进程的加快，十分支持

B. 拆迁可以得到适当的补偿，在对自己没什么损失的情况下支持

① 本文合作者：刘洋、吴佳颖。

C. 如果补偿不满意，坚决不拆迁

D. 不想拆，但是如果大多数人同意，自己也就不坚持了

(3) 您是否了解本地的拆迁补偿制度及相关安排？

A. 非常了解　　B. 略知一二

C. 完全不了解

(4) 在拆迁过程中，拆迁人员与居民有没有发生过纠纷？

A. 经常发生

B. 很少发生，但偶尔也会有

C. 几乎没有

如果拆迁补偿发生纠纷，您倾向于采取哪种解决方式？

A. 接受相关部门调解

B. 诉诸法律

C. 暴力阻挠拆迁进程

D. 其他

(5) 您的居住地有没有出现过强拆现象？

A. 有很多　　B. 有，但很少

C. 没有

如果有，您认为出现强拆现象的原因是

A. 拆迁补偿过低

B. 同意拆迁并不代表民意

C. 有官员违法乱纪

D. 有群众蛮横不讲理

(6) 拆迁中您的周围有没有出现钉子户？

A. 有很多　　B. 有，但很少

C. 没有

如果有，您对个别“钉子户”的看法是

A. 完全是生活所迫，没办法

B. 政府部门安置及补偿不合理，该做法是维护拆迁户的合法权益

C. 故意的，以使政府提供更好的补偿条件

(7) 拆迁过程中有没有出现“晚拆迁的得到更多补偿”的现象？

A. 有　　B. 没有

如果有，你认为出现这种现象的原因是

A. 部分民众有后台

B. 拖延过久，动迁组失去耐心

C. 动迁组受舆论压力不敢强拆

D. 民众“前仆后继”地跟风

(8) 您所得到的主要补偿是

A. 安置房　　B. 补偿金

(9) 拆迁居民期望补偿与实际补偿是否有差距？

A. 差不多　　B. 实际比期望低

C. 实际比期望高

(10) 您认为没有得到合理补偿的原因是

A. 拆迁公司贪图利益

B. 评估公司评估不合理

C. 政府从中作梗

拆迁影响

(1) 总体而言，您对政府的拆迁工作满意吗？

A. 满意　　B. 一般　　C. 不满意

如果不满意，主要原因是

A. 补偿标准过低

B. 拆迁政策前后不一致

C. 安置房源过于偏远

D. 拆迁政策不公开透明

(2) 拆迁后的新生活给您带来了什么好处？

A. 居住环境变好

B. 生活保障变好

C. 交通便利

D. 子女教育变好

E. 社会福利变好

F. 终于成为市民

G. 其他：________

(3) 对于拆迁后的新生活，您最大的担忧是什么？

A. 工作以及未来发展上的竞争加大

B. 子女教育竞争加大

C. 担心大气环境恶化

D. 房价以及其他生活成本增加

E. 不适应城市的生活方式

F. 被老市民看不起

G. 其他

安置房要求

(1) 您希望得到的安置房户型是

A. 一房一厅一卫　B. 两房一厅一卫

C. 两房一厅两卫　D. 三房一厅一卫

E. 三房一厅两卫　F. 三房两厅两卫

G. 四房两厅两卫　H. 四房两厅三卫

I. 五房两厅两卫　J. 五房两厅三卫

K. 五房三厅两卫　L. 五房三厅三卫

M. 其他户型

(2) 您希望得到的安置房建筑面积为

A. 60 m^2 以下　B. 60～80 m^2

C. 80～100 m^2　D. 100～120 m^2

E. 120～150 m^2　F. 150～180 m^2

G. 180～220 m^2　H. 220～250 m^2

I. 250～300 m^2　J. 300 m^2 以上

(3) 在安置房面积一定的情况下，您愿意选择的厅房面积分布是

A. 客餐厅越大越好，主卧及普通卧室够用便可

B. 主卧及普通卧室应宽敞舒适些，客餐厅够用便可

C. 卫生间和厨房够用即可

D. 卫生间和厨房要尽量大

(4) 您倾向的安置房类型是

A. 高层住宅（超过 10 层）

B. 小高层住宅（7～10 层）

C. 多层住宅（6 层或以下），有电梯

D. 多层住宅（6 层或以下），没有电梯

(5) 您倾向的安置房结构为

A. 普通　B. 跃层　C. 复式

D. 错层　E. 其他

(6) 请您按 1—5 的次序对安置房朝向要求从高到低排序：

□ 南北对流　□ 朝南　□ 朝北

□ 东西向　□ 朝西

(7) 请您勾选对安置房功能配备的要求

安置房功能	非常需要	比较需要	有无都可	不太需要	完全不需要
保姆房					
书房					
储物室					
阳台					
主卧设衣帽间					
附在厨房外的工作阳台（带晾衣架）					
窗台					
向西的房间加设遮阳板					
主卧设阳台					
卧房预留入墙衣柜位置					
入户进厅					

(8) 您希望的安置房每层户数是

A. 2 户及以下　B. 3～4 户

C. 5～6 户　D. 7～8 户

E. 9 户或以上　F. 无所谓

(9) 请问您目前是否拥有汽车？

A. 有　B. 没有

(10) 您的安置房是否需要停车位？

A. 不需要　B. 需要 1 个

C. 需要 1 个以上

(11) 您希望的停车位位置：

A. 室外　B. 室内地上

C. 地下

(12) 您打算购买还是租用停车位？

A. 购买，您认为合理的购买价格是________元/个

B. 租用，您认为合理的租金为________元/月

七

商业篇——购物中心

屋顶下的城市

——曼彻斯特 Trafford Centre 案例研究①

背景 Background：

Trafford Centre 位于英国大曼彻斯特特拉福德的邓普林顿区，由皮尔控股公司投资和建设，建筑师为 Chapman Taylor 和 Leach Rhodes Walker。2011 年，英国最大的购物中心营运商 Intu Properties 以 16. 5 亿英镑收购 Trafford Centre。2014 年，Trafford Centre 市值达到创纪录的 19 亿英镑。

关键词 Key words：

Trafford Centre　购物中心　哑铃式平面布局　主题功能区

概况

Trafford Centre 共有 4 层，拥有 280 家商铺，6 家主力店，35 家餐厅和 1 个电影院，总建筑面积为 207 000 平方米，拥有 11 500 个停车位。整个建筑宛如一座屋顶下的精彩城市，吃喝玩乐在这里可以一网打尽，人们待上几天仍然会觉得意犹未尽，这也是其每年吸引3 500 万游客“到此一游”的根本原因。Trafford Centre 就像是一片时代的蓝海，各类商业品牌几乎应有尽有，作为英格兰著名的购物娱乐集散地，绝对值得大家去深度探索和寻觅，仅美食广场每周就吸引超过 28 500 名访客，可见 Trafford Centre 有多么厉害。

建设历程

1984 年，皮尔控股公司获得在该基地上建设大型购物中心的资格，并开始了英国历史上最为漫长且最为昂贵的购物中心建设计划。该项目较为突出的风险点有两个：一是 Trafford Centre 可能给这个小镇的零售商带来失业威胁；二是与购物中心邻近的 M60 高速公路将给大曼彻斯特的卫星城造成潜在的交通问题。经过充分的辩论和论证，因为上议院更看中的是一个地区的经济发展，该计划于 1996 年最终获得通过。Trafford Centre 的概念从提出到获得批准历经 12 年的风风雨雨，1996 年投入建设，建设过程历时 27 个月，投资额近6 亿英镑，于1998 年 9 月 10 日正式对外营业。截至 2014 年，Trafford Centre 总投资额接近10 亿英镑。

区位交通

Trafford Centre 位于高速公路 M60 及 M602 的交会点，邻近 Trafford Park 科技工业区，距离曼彻斯特市中心约 5 英里（约 8 千米），有便利的轻轨交通网络可以通达曼彻斯特市中心，驾驶者下高速公路出口由 Centenary 桥可以直接到达 Trafford Centre。在距离 Trafford Centre 45 分钟车程的范围内居住着英国近 10% 的人口，该人口覆盖度目前超过英国境内任何一个区域性的购物中心。从 M60 高速公路出口到达 Trafford Centre，设有超过 10 122 个小汽车停车位和 350 个大客车停车位，客车停车场建在 John Lewis 商店旁。购物中心的西侧尽头有一个公交站可以接驳大曼彻斯特的大部分城镇，其中最频繁的线路是 X50（市中心—Trafford Park—Trafford Centre）、250（市中心— Hulme—Old Trafford—Trafford Park—

① 本文合作者：任雅微。

Trafford Centre），最近的地铁站有直通购物中心的公交线路。

建筑装饰

Trafford Centre 的设计采用了典型的哑铃式平面布局模式，两端布置主力店铺，中央大厅为美食广场并赋予其主题。英国的几个区域性购物中心，如 Meadowhall（Sheffield）和 The Mall at Cribbs Causeway（Bristol），也都采用该形态布局。尽管都是哑铃式购物中心业态组合模式，但是 Trafford Centre 将这种设计做出了自己的特色。

Trafford Centre 的动线设计以给购物者不同的购物体验为初衷，采用华丽的罗马建筑外饰，给人以独特的第一印象，内部空间则采用生动的洛可可和巴洛克式建筑风格——其建筑形式延续着本地区的历史文脉。相对于其他购物中心简洁的现代主义风格，Trafford Centre 内部宫殿式的装饰、色彩丰富的壁画、精美的雕花都展现出其摄人魂魄的妖艳。夜晚的室内效果更是让人惊艳不已，购物中心中间的圆顶绽放出海洋般的湛蓝，玻璃采光顶将半月形广场、巨型穹顶中庭、华丽商业街、欢乐庄园、东方美餐厅、休闲大厅等不同的功能区域紧密相连，使访客置身于文化和商业的精彩耦合中。

内部格局

Trafford Centre 有三个主题购物区和一个美食广场，分别为 Regent Crescent，Peel Avenue，Barton Square 和 The Orient 美食广场。其中，Regent Crescent 位于 Debenhams 及 Selfridges & Co 之间，Barton Square 位于哑铃状平面中间部分，Peel Avenue 位于 Selfridges 及 Festival Village 之间。入驻其中的 5 个英国著名的主力商店分别为：Selfridges & Co，面积约为 210 000 平方英尺（约 2.0 公顷）；Debenhams，面积约为 131 000 平方英尺（约 1.2 公顷）；Bhs，面积约为 61 000 平方英尺（约 0.6 公顷）；Boots，面积约为 55 000 平方英尺（约 0.5 公顷）；C & A，约占 45 000 平方英尺（约 0.4 公顷）。

Regent Crescent 主题区以流行服饰及居家用品零售业为主；而 Peel Avenue 主题区则以购物街的形式，聚集了 WH Smith，C & A，Boots 及 JIB Sports 等商业品牌。通过一座玻璃桥与购物中心连接的 Barton Square 主题区，面积约为 19 000 平方米，耗资 7 000 万英镑打造，通过人造喷泉和钟楼塔体现意大利广场的古典概念，于 2008 年 5 月开业。Barton Square 主题区主要经营高品质的家具用品，零售店铺包括 Next Home，BHS Home，Dwell，Laura Ashley 和 M & S Home。2013 年 6 月，Sea Life Centre 水族馆在 Barton Square 开业，其游乐休闲区内含有一个 20 厅的电影院、Laser Quest 剧场、Paradise Island 小型高尔夫、Namco Centre 碰碰车、儿童游戏区、保龄球和街机游戏。毗邻的 Trafford Quays Leisure Village 还拥有 Chill Factore、Trafford 高尔夫中心、跳伞运动中心和室内足球设施。

The Orient 内景（作者摄于 2011 年 7 月 10 日）

号称“欧洲最大美食广场”的The Orient位于Trafford Centre中央大厅，以20世纪30年代的游轮为设计主题，拥有1 600个座位，31个餐馆、咖啡馆和酒吧。其中，美食广场的二楼设有包括Exchange Bar & Grill，TGI Fridays，Starbucks，Est Est Est，Ma Potter's，Nando's与Cathay Dim Sum在内的各类餐厅和全球连锁的快餐店。在The Orient，人们可在顶部光罩所投射的阳光下享用美食，一边享受音乐，一边欣赏蓝天白云；当夜幕降临时，星空中的2 000颗星星一览无遗地尽收眼底，吸引着访客停留用餐或驻足观览。The Orient区域又细分出中国、新奥尔良、埃及、威尼斯、纽约及摩洛哥六个主题分区，其成功塑造不同风格室内商业空间的概念将Trafford Centre推向了成功的高点。

The Great Hall区域拥有五家餐厅和咖啡馆，采用玻璃钢架结构，投资2 600万英镑，于2007年5月开业，以优雅的弧形楼梯、来自中国的大理石栏杆和号称世界上最大的吊灯这三处室内特色为吸睛亮点。其中，吊灯内置三层结构，宽11米，高15米，总重达5吨，由英国照明顾问公司设计，中国制造商加工制作，当地承包商组装和安装。

经过对人流动线及消费者行为的分析，设计师及经营者对楼面配置、建筑格局、业态组合和灯光照明等细节都进行了认真研究和反复推敲，以保证消费者能够均匀地分布在商场内，并根据各自的需求找到属于自己的购物、休闲和娱乐空间，从而最大限度地提高经营者的综合收益。

营业就业

在Trafford Centre，大部分店家的营业时间都延长到晚上，电影院及餐厅等甚至营业

Trafford Centre室内空间（作者摄于2011年7月10日）

到午夜凌晨。这样的营业形态，对英国经营者来说绝对是一个巨大的挑战。从Trafford Centre的实际经营情况来看，商家和业主成功地迎合和满足了消费者的需要。Trafford Centre全年只在圣诞节和复活节这两天暂停营业，在节礼日按捺不住寂寞的消费者在这里照样能够找到假日的惊喜。

Trafford Centre共创造了10 000个就业机会，3 000个岗位是在营建期间，7 000个岗位则包含商业、餐饮、保安、行政及管理方面全职及兼职的工作岗位。每天参与营运管理的工作人员约为320人，他们身着具有统一标识的红色西服及黑色西装裤，奉行着不分职级高低都将自身视为顾客协助者的管理理念。

结语

Trafford Centre是最为经典的英国大型室内购物中心案例之一，无论是其建筑设计、业态分布、营建过程和投资效益，还是其所提供的工作岗位和带给购物者的消费体验，都是欧洲乃至全球购物中心的领跑人和佼佼者，消费者永远无法拒绝这样一座屋顶下的城市——宫殿般华丽的室内购物中心。

时尚之巅·商业之母

——浅谈英国曼彻斯特阿黛尔购物中心①

出版物 Publication：
《上海购物中心》
期号 Issue No.：
2015年6月刊，总第26期
页面 Pages：
43—44
主办方 Organizer：
上海购物中心协会
主管机构 Authority：
上海市商务委员会

引言

提到曼彻斯特（Manchester），您的第一印象或许是曼联足球队，其实阿黛尔（Arndale）购物中心同样闻名遐迩。由英国阿黛尔房地产信托（Arndale Property Trust）开发的曼彻斯特阿黛尔购物中心位于曼彻斯特市中心，建设之初定位为英国最大的购物中心，落成之际以欧洲最大的坐落于城市中心的购物中心而驰名于世。在曼彻斯特这座饱含工业革命记忆的城市中，阿黛尔购物中心为购物者和游客提供着现代时尚的商业氛围。作为曼彻斯特的时尚风向标，位于Market Street的阿黛尔购物中心是这座城市中最为璀璨的明星，它典雅和端庄的内涵向世人宣告着曼彻斯特的含义。

概况

两百多年前在曼彻斯特诞生了近代世界上最早的棉纺织工业，工业革命的序幕由此揭开。现在，人们仍然可以在这里依稀找寻到英国工业革命的沧桑痕迹，并在历史的裹挟中触摸这座城市的数字化气息。曼彻斯特不仅是英格兰西北部地区的政治和文化中心，更是商业和就业中心，它以电子、化工和印刷为支柱产业，并涵盖重型机器、织布、炼油、玻璃、塑料和食品加工等七百多种行业。如果说曼联足球队让曼彻斯特享誉世界，那么阿黛尔购物中心则引爆了这座传统工业城市的内在动力。

曼彻斯特阿黛尔购物中心始建于1971年，1975年正式营业，是全球连锁的阿黛尔购物中心中最大的一家，全年总是一派熙熙攘攘、摩肩接踵的购物景象。1996年6月15日，发生在曼彻斯特市中心的爆炸案打破了这种商业繁荣，爆炸损毁了阿黛尔购物中心的部分商铺和人行天桥，这促使阿黛尔购物中心进行了大规模的改造重建，并最终使零售面积扩展至130 000平方米。现在，曼彻斯特阿黛尔购物中心每年接待游客4 100万人，远远超过年接待总人数在英

阿黛尔购物中心西侧入口（作者摄于2011年7月13日）

① 本文合作者：任雅微。

阿黛尔购物中心内景（作者摄于2011年7月13日）

国排名第二、同样位于曼彻斯特的特拉福德购物中心3 500万人的年接待总人数。

构筑

阿黛尔购物中心南北向纵跨曼彻斯特市中心的Market Street，Cannon Street和Withy Grove三个街区，东西向横跨Corporation Street和High Street两个街区，曼彻斯特的唐人街、市政厅和市图书馆都在阿黛尔购物中心的一刻钟步行范围内，区位便利性明显。阿黛尔购物中心主要人行出入口位于东、南和西三个方向，机动车出入口位于西北角的High Street上。这里的停车场是英国城市常见的多层立体停车楼，由NCP管理经营。Cannon Street以类似建筑隧道的形式从一层东西向横穿阿黛尔购物中心，以该路为主要进出口的公共汽车站位于阿黛尔购物中心底层，同整个建筑融为一体。在Market Street上由一座空中廊桥将阿黛尔购物中心同其南部建筑连为一体，串联起市中心的两个商业综合体。在建设之初，大型购物中心模式和建筑综合体的设计并不被市议会认可，评论家评论它为“低俗的庞然大物”并且破坏了市中心的工业遗产。许多人对在推倒大量的小巷、商店和建筑后修建这个“毫无活力”的超大型购物中心议论纷纷，将阿黛尔购物中心外表瓷砖过于光亮视为设计的一大败笔，更有人感慨这座建筑犹如经野兽派艺术改造的厕所。

不可否认的是，大型购物中心的商业模式的确重创了其他商业零售模式，阿黛尔购物中心的营业使得Market Street其他零售店失去了很大一部分份额。阿黛尔购物中心虽然在营业十几年后进行了翻新改造，增设了屋顶灯和盆栽植物等，给每个区域的地板设定一个截然不同的色系，并安装铁制品装饰和增设喷泉，但

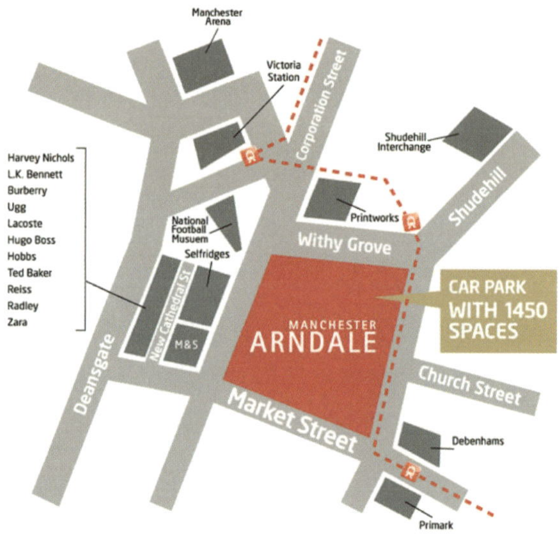

阿黛尔购物中心区位示意

阿黛尔购物中心街区环境艺术（作者摄于 2011 年 7 月 13 日）

是内部小品仍被评论为“精工细作，但是缺乏浪漫”。

重建

1996 年 6 月 15 日，爱尔兰共和军在曼彻斯特市中心制造了一起爆炸事件。这次爆炸事件几乎摧毁了曼彻斯特市中心，有多家店铺受损，阿黛尔购物中心的底层店铺也受损严重。谷物交易所、皇家交易所、隆里奇大厦（Longridge House）和原来的马沙大厦（Marks & Spencer）也遭到破坏。此次爆炸案中，有 200 多人受伤，1 200 座房产受到影响，造成的损失达 4 亿英镑，被称为史上最昂贵的人造灾难。虽然爆炸案对曼彻斯特中心城区造成一定的毁坏，但是曼彻斯特很快就掀起了重建热潮。首先是将爆炸案中被严重破坏的建筑物进行拆毁、重建或修整。除了对阿黛尔购物中心受损店铺进行整修，还将 96 米高的涵盖商业和办公空间的曼彻斯特第五高楼阿黛尔大厦作为改造的一部分，原有建筑的外立面瓷砖换为砂岩和外挂玻璃。

Mall

在阿黛尔购物中心你可以享受一场丰盛的购物派对，这里有近 280 家店铺供你选择。阿黛尔购物中心里面有全英著名的各大品牌，商品应有尽有，从服装首饰到运动时尚，从主力品牌店到 Argos 类型的目录购物商业，你都可以在这里找到自己的所需。同时，这里还拥有大量的餐厅和咖啡馆，在购物之余还可以在这里休息和进餐。像许多大型购物中心一样，阿黛尔购物中心拥有一个有 800 个座位的美食广场，位于三楼的西南部位，消费者可以通过自动扶梯从 Market Street 步行街直达美食广场。无论是步行、自驾，还是搭乘城铁、火车或巴士，到达阿黛尔购物中心都非常便捷。阿黛尔购物中心与 NCP 多层停车场毗邻，可以为来这里的购物者提供足够的停车空间，城铁的总站也仅位于距离购物中心 5 分钟路程的 Market Street 转弯处，到 Piccadilly 火车总站也只有一刻钟的步行距离。

结语

曼彻斯特不是唯一一个在市中心建设大型购物中心的城市，大城市为了满足消费者的购物需求而提供现代的购物设施在早期英国商业布局中非常普遍。阿黛尔购物中心很好地解决了交通、物流、客流和停车等商业综合体面对的城市规划因素，成为曼彻斯特的时尚之巅和商业之母也就不足为奇。英国近代诗人 Lemn Sissay 曾经写道：“Arndale 总是 Arndale。一个透明玻璃盒子和人间殿堂。一个发光的盛宴……世界上购物者的天堂。总之，我爱它巨大的荣耀。无论丑陋与否，它都是一个纯粹的主观意向。它太有内涵了。”

街区的和声

——美国休斯敦 GreenStreet 城市综合体案例研究①

出版物 Publication：
《上海购物中心》
期号 Issue No.：
2015 年 2 月刊，总第 25 期
页面 Pages：
43—45
主办方 Organizer：
上海购物中心协会
主管机构 Authority：
上海市商务委员会

街区的和声
—美国休斯顿GreenStreet城市综合体案例研究

引言

作为美国的大城市，休斯敦仿佛历来不太高调。它被人们熟知，往往是因为能源、约翰逊航天中心、世界最大和最重要的医疗研究和治疗机构集中地，它是一座真正的"全球城市"。就是这样一座低调的"全球城市"每年吸引着七百万游客来此观光、旅游、购物。在休斯敦中央商务区坐落着一座大型城市综合体 GreenStreet，它像一颗宝石镶嵌在休斯敦的中央商务区，不远的明天它将成为休斯敦另一张崭新的城市名片。

概况

休斯敦是美国得克萨斯州的第一大城，墨西哥湾沿岸最大的经济中心。它是世界能源之都，有超过 5 000 家能源公司在此落户，它亦是全球最大医疗中心所在地。这座声名赫赫的城市创建于 1836 年，合并于 1837 年，是美国发展最迅速的大城市之一，也是全美最大的一个没有规划法的大城市。

GreenStreet 坐落于休斯敦这样一座"全球城市"中央商务区的核心位置。GreenStreet 横跨 4 个街区，建筑面积为 5. 3 万平方米，是一座集娱乐、生活、购物、餐饮、办公、酒店于一体的大型城市综合体。它的建成彻底改变了休斯敦中央商务区的商业格局，以商业促商务，以休闲领商业。

GreenStreet

没有特点的事物往往很难打动人心，GreenStreet 就是那样一座会直达你内心的艺术建筑。该城市综合体由六个建筑体构成，建筑体之间围合成适宜步行的内街，其中横跨街区的部分通过称为 Sky Rings 的空中廊道连接，最优地解决了街区的过渡和接转，形成丰富多彩的街区购物休闲生活，组合成为中央街区的美丽商业和声。GreenStreet 通过休斯敦市中心隧道和周

GreenStreet 夜景（作者摄于 2014 年 1 月 8 日）

① 本文合作者：任雅微。

Sky Rings 空中廊道（作者摄于 2014 年 1 月 8 日）

围的建筑物连接，它北临 Dallas 大街，南连 Polk 大街，西接 Main 大街，东连 Caroline 大街。GreenStreet 像一部车子，满载着生动的故事；像一面风帆，传递着社会的精神；更像一个舞台，上演着一座城市人们日常生活的喜怒哀乐。

GreenStreet 拥有众多商业业态，足以让你吃喝玩乐一网打尽。如果你要购物，那么 BCBGMAXAZRIA，FOREVER 21 会是很好的选择；而 CROSSROADS AT HOUSE OF BLUES，HOUSE OF BLUES，LUCKY STRIKE，Ⅲ FORKS STEAKHOUSE 都是非常受欢迎的餐厅，在这里，你不仅可以享用美食，还可以打保龄球和观赏一些小型演出，这里绝对是市区聚会的好场所，闹中有静，舒中有适。GreenStreet 每个月都会组织两三次商业活动，包括小型音乐演出、宠物领养活动、游戏比赛等。除了商业业态之外，这里还有 ENERTIA SOFTWARE，NRG ENERGY，INC 商务办公和 ALESSANDRA 酒店。

交通停车

到达 GreenStreet 非常方便，你可以乘坐免费的公交车到达 Main 大街和 Dallas 大街的交会处，或者到达 San Jacinto 大街和 Dallas 大街的交会处。如果你选择骑自行车绿色出行，Main 大街也设置了自行车停车场。开车去也是一个不错的选择，无论你在一天中的哪个时段驱车来到这里，都能够在 GreenStreet 和其周围找到停车服务，包括 1301Main 大街停车场、计价停车场、代客泊车、TUTS 短程区间服务。如果是双休日，在 GreenStreet 任何一家餐馆消费满十美元之后都可以享受周六 10:00—17:00、周日 10:00—18:00 的免费停车服务。你也可以坐火车来到这里，连接休斯敦主要景点的铁路线在 Main 大街设有可以到达 GreenStreet 的站点。

市场认知

在美国最大的商户点评网站 Yelp 上，很多用户对 GreenStreet 进行了点评。2009—2011 年，GreenStreet 的商家还没有完全入驻，很多服务不够到位，来这里购物的顾客反映这里缺乏人气，虽然停车空间够大，但是开业的店铺不能带给他们很好的体验。在附近工作或者居住的人认为这是一组庞大的建筑群，虽然下班回家穿过它很费时间，但是这里确实是一个聚会的好地方，并且相信它会为市中心的商业带来复兴，带给休斯敦中央商务区以活力。2012—2014 年，随着 GreenStreet 的不断完善，它越来越受到客户的欢迎。首先这里停车方便，在任何时间段都有你可选择的停车方式，其次就是这里有很棒的餐厅和活动空间，它能够给你的聚会带来无限欢乐，在这里你还可以欣赏乔治布朗会展中心和火箭队主场丰田中心。

结语

国外的大型购物中心最先出现在郊区，伴随着人口向郊区的流动，城市开始郊区化发展，市中心逐渐衰落。在市中心发展大型购物娱乐中心，可以复兴城市中心商业并且防止城市空心化。建在市中心地区的 GreenStreet，使那些在非工作时间“睡眠”的城市地区的功能得到完善。GreenStreet 以它优秀的设计和完善的功能业态，充分满足了城市阶层的消费需求，并给来这里购物、观光、休闲的人们以充满幸福感的城市体验。

古都商业·现代演绎

——邳州市吴闸商业中心建筑艺术解读①

出版物 Publication：
《上海购物中心》
期号 Issue No.：
2014 年 11 月刊，总第 24 期
页面 Pages：
42—43
主办方 Organizer：
上海购物中心协会
主管机构 Authority：
上海市商务委员会

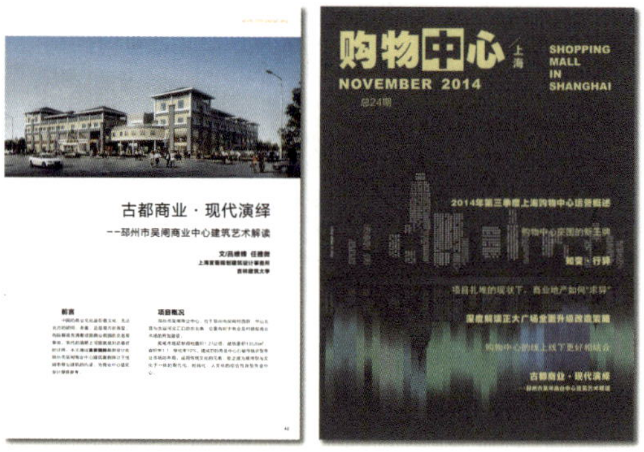

前言

中国的商业文化是街巷文化，无论北方的胡同、条里，还是南方的弄堂、街段，都是充满喧嚣商业氛围的交易聚集地，宋代的《清明上河图》就是对此最好的诠释。本文通过上海宜吾规划建筑设计事务所最新设计的江苏省邳州市吴闸商业中心建筑案例探讨三线城市商业建筑的内涵，为商业中心建筑设计提供参考。

项目概况

邳州市吴闸商业中心位于邳州市吴闸村西侧，华山北路与古运河交会口的东北角，位置有利于商业及村镇级商业市场的开发建设。

吴闸商业中心规划用地面积为 1.23 公顷，建筑面积为 13 639 平方米，容积率为 1.1，绿化率为 19%。建成后的商业中心打破传统农贸商业市场的布局，运用传统文化元素，是集商贸与文化于一体的现代化、时尚化、人文化的综合性新型商业中心。

功能分区

项目定位为商业市场，整个体量由两栋建筑构成，两栋建筑之间为具有地标含义的汉阙精神堡垒，两层空中廊道环绕其周边。建筑首层按农贸市场要求设置商业店铺，二层和三层布局不同的商业业态。商业中心主要人流入口位于两栋建筑的南侧和西侧，次要入口位于两栋建筑的两端，人流可方便地从不同方向进入建筑。货运入口位于建筑的北侧，来往的货物运输有其自己的流通路线，与人流相互分离，互不干扰。

文脉元素

邳州经历了楚汉相争，素有汉代遗风。设计引入汉代传统文化元素——汉阙形制，同时又不拘泥于其形式，将其演绎成简洁明快的形体，与建筑立面的形式相融合。在建筑中统一运用这种抽象的汉阙形制，使建筑的整体风貌在具有传统汉元素的基础上又不乏现代的创意，使传统汉文化与现代手法相得益彰。

结语

自古以来“买东西”一直是人们表述购物的行为概念。从商业宏观层面讲，“买东西”涉及中国的城市布局和交易方式，因为我们从来不说“买南北”。我们应该通过“买东西”一词探索供“买东西”使用的实体空间的建立机制，吴闸商业中心在这方面具有借鉴意义。

① 本文合作者：任雅微。

静谧的喧嚣

——记美国丹佛 Pavilion 购物中心①

出版物 Publication：

《上海购物中心》

期号 Issue No.：

2014 年 6 月刊，总第 22 期

页面 Pages：

25—26

主办方 Organizer：

上海购物中心协会

主管机构 Authority：

上海市商务委员会

引言

无论身处世界上的哪一座城市，你都会找到一条最具地域代表性的商业大街。在英国的城市里，或许它就叫作 High Street；在法国的城市里，可能它就称为 Boulevard。这些商业大街有时能够成为一座城市乃至一个国家的商业标杆。展现当地人文特质和商业内涵的这条或步行或通车的商业大道，不仅是城市居民购物、休闲和娱乐的聚集地，更是一座城市商业经济发展的风向标和晴雨表。美国科罗拉多州丹佛市的第十六街就是这样一条独具特征和尽显风貌的商业街，而坐落其中的 Pavilion 购物中心则恰如其分地装点着这条大街。丹佛 Pavilion 犹如一枚闪亮的珍珠典雅地镶嵌在第十六街这串秀美的城市项链上，它的存在使得第十六街真正成为丹佛的 High Street，也使其成为世界级的 Boulevard。

区位环境

丹佛是美国科罗拉多州的首府，位于一片紧邻落基山脉的平原上，因为平均海拔为 1 610 米(约 1 英里)，故有“一英里城市”之称。从 1992 年开始，丹佛市中心陆续进行了包括第十六街在内的城市复兴计划，通过对维多利亚式老建筑的保护、修缮与再利用，以及对闲置厂房腾笼换鸟式的改造，成功导入包括餐厅、艺廊、书店、酒吧、精品店和办公事务所等在内的现代服务业功能，使得当时日渐衰落的城市重新焕发活力和生机。

第十六街长达 1 英里，几乎贯穿了半个丹佛市中心。这条街及周边街区构成了丹佛最为繁华的商业区域，是游客感受丹佛现代化气息和了解美国商业文化的最佳游览区。第十六街大道路面一分为三，道路中间为行人步行区，宽约 3.5 米，布置有座椅、钢琴和街景小品，供市民休闲逗留。步行道的两侧为仅供一辆免费接驳公车（Shuttle Bus）通行的机动车道，一般车辆禁止通行。这种依次为人行道、机动车道、步行道、机动车道和人行道的五分法道路剖面系统，集商业步行、通行步行和公共交通于一体的城市街道设计，既满足了城市基本的交通需求，又营造了鲜活的都市商业氛围，市民徜徉流连其中既可购物又能赏景、既能通行又便驻足，尽显宜人、宜居、宜商、宜景的城市生活画面。

Pavilion 购物中心

丹佛 Pavilion 购物中心有两个出入口直通第十六街，还有两个出入口直通垂直于第十六

① 本文合作者：李佳。

街的 Glenarm Place 大街，与第十六街街区共同构筑了丹佛城市的点、线和面的商业构成图式。Pavilion 购物中心集大型商业主体店及各类专卖店、餐饮业、电影院和休闲娱乐场所等于一体，向消费者提供集合性的商业服务形态。

丹佛 Pavilion 购物中心有两个对外开放的地下停车场，很好地解决了商业区自身以及周围地区的交通和停泊问题，同时结合步行街、自行车通道和免费接驳公交车的设置，保证了大客流集散的交通功能。Pavilion 购物中心是一个三层体量的建筑群，被 Glenarm Place 大街分隔为左右对称的两个独立建筑体，建筑整体强调视觉上的中轴对称。一层的一侧布置有餐饮咖啡类店面，而另一侧布置有服装店面。二层平面在延续一层商店类型的基础上，以精品店为主。沿自动扶梯而上，从外观装饰到空间设计都给人一种顺流而上、水到渠成的流动之感。用主力商业形态吸引顾客的眼球，并根据顾客消费特点，引导高端客户自然进入护理保健店面和精品店，这种基本的商业布局组织在 Pavilion 购物中心得到了极佳的应用。在二层通过走廊式通道将各单体组合在一起，形成循环的交通动线，体现建筑形态的整体性和有机性。第三层楼面功能为娱乐和休闲，上、下空间通过自动扶梯和楼梯相连，漫步其中，可以欣赏到更加广阔和惬意的商业风景。这样的购物中心建筑，这样的商业动线组织布局，给熟悉商业空间设计的人们一个全新的建筑感觉。

丹佛 Pavilion 购物中心外景（作者摄于 2013 年 12 月 29 日）

丹佛 Pavilion 购物中心内街（作者摄于 2013 年 12 月 29 日）

结语

丹佛市利用自身的地理空间优势，不但塑造了一个适宜人居的静谧之都，还借其第十六街的商业空间序列构筑了喧嚣的商业氛围。静谧的喧嚣已经成为丹佛市赢得世人赞誉的城市名片。商业核心区通过这种完善的开放空间系统规划和有组织的都市开发管理，为居民和游客提供了一个多元舒适并且富有文化气息的优质都市空间。

Pavilion 购物中心作为第十六街中具有代表性的一个节点，通过精雕细刻的规划和设计，以充满人文精神且富有变化的街区景观、良好的公共配套设施和独具创意的艺术装置设施，结合长效的城市管理机制，独创性地塑造了世界级的商业街区形态，为我国城市公共开放空间和商业空间的规划与设计提供了成功参考案例。

商业中心与城市广场①

出版物 Publication：
《上海购物中心》
期号 Issue No.：
2013 年 12 月刊，总第 21 期
页面 Pages：
43—45
主办方 Organizer：
上海购物中心协会
主管机构 Authority：
上海市商务委员会

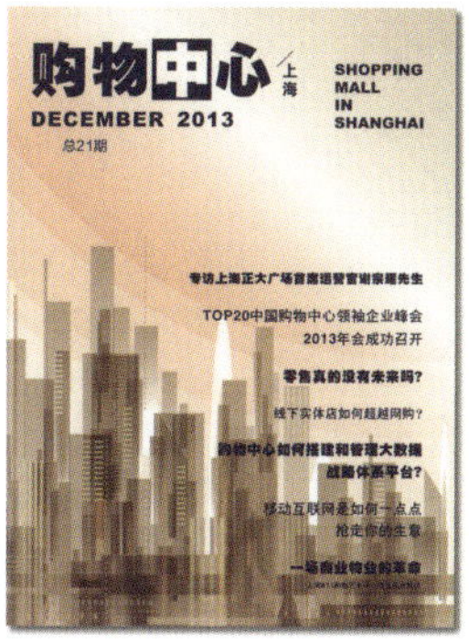

前言

商业中心是一座城市生机勃发的张力点，城市广场则是这座城市演绎变迁的故事书，商业中心和城市广场二者相互依存和互为辅佐。商业中心作为购物人流会聚地，需要有疏导空间与之相呼应；而城市广场则需要商业中心来提升聚集人气的功能内涵，二者共同构筑了城市的功能单元和形态细胞。本文从城市发展历史的角度，结合商业空间发展模式和迎恩广场案例，追根溯源，理脉梳经，研讨商业中心和城市广场的辩证关系，期冀为中国城市发展探索可行之路。

礼泉县迎恩广场总平面图（宜吾设计，2013 年）

商业中心

以购物中心为代表的商业中心近年来在中国的城乡大地上风生水起，仿佛顷刻间商业地产成为房地产的主要导向。但与量的持续增大相比，商业中心质的提升则相对捉襟见肘，放眼望去，城市商业中心的模式几乎千篇一律，短视的开发眼光使商业建筑缺乏应有的品质和品位。随着网上购物掀起的层层热浪和物流行业的快速发展，实体商店的售卖不再拥有得天独厚的优势，简单乏味的购物环境越来越难以满足购物者的精神需求和购物需求，曾经夺人眼球的摩登 supermarket 或 shopping mall 也正在迎来新一轮的再策划、再创新、再改造和再招商。尽管商业中心已经经历了若干年的持续发展，但是其商业开发模式、市场运营方式、商业品牌的推广和售后服务质量的保证越发引起我们的关注。

城市广场

城市广场是一座城市的灵魂，它既融合了城市历史与城市文明，也塑造了自然空间与人文空间。在城市规划中，城市广场往往被视为点睛之笔，破城市发展之题，点城市空间之穴。随着宜家家居和正大集团等一批国际企业在中

① 本文合作者：刘洋。

国开始试水大型购物中心，城市广场空间被更多地融入商业中心的模式正在逐步成为城市发展的定式。大型商业中心配以地面或地下大型停车场和城市广场的设置，将成为新一轮商业地产开发的主流形态。城市广场包括下沉式庭院广场的内容正在逐步被赋予更多的含义，融汇商业概念的城市广场需要我们去做更多的时代解读。

迎恩广场

正在规划设计中的咸阳市礼泉县迎恩广场依托全球城市复兴理念，基于中国城镇化发展的宏观规划，成为把城市广场和商业中心熔铸于一体的典型案例。礼泉县位于陕西省咸阳市，置县于周朝，唐李世民的九嵕山昭陵就坐落于礼泉境内。迎恩广场的“迎恩”一词源于礼泉县古城南门的名称。为唤醒城市记忆，挖掘历史遗迹，提升文化内涵，重塑古城盛况，契合礼泉城市复兴主题和礼泉梦的系列塑造，迎恩广场以迎恩门遗址作为礼泉城市复兴之路的脉动点，用现代的设计手法诠释礼泉古城墙片段和迎恩门的历史遗迹。

迎恩广场占地面积为4.86公顷，总建筑面积为12.2万平方米，容积率为2.52。经过演绎的城墙不再是土坯堆积的城池，而是具有实用功能的建筑，城墙内部可用于展示、公共服务和商业。古城门也并非简单的复制再造，是由木结构搭建而成的具有抽象意义的传统造型缩影，连接城墙和城市综合体的是半径为25米的圆形下沉式广场，通过下沉式广场可直接进入1.5万平方米的地下一层迎恩商业中心。该商业中心地下共有两层，地下二层作为公共停车空间，总面积达2.5万平方米，提供车位720个。地上商业建筑部分为三层，包括精品购物、休闲娱乐、餐饮、购物、影院等商业业态，总计面积4.17万平方米。高层建筑部分由1.16万平方米的办公楼、0.49万平方米的酒店和2.38万平方米的住宅组成。商业中心与城市广场融为一体，真正满足“一站购物、一家休闲、一天逛街和一次不够”的现代人居消费理念。

城市梦想

从上海的人民广场到意大利的圣马可广场，城市广场的场所精神无处不在，然而由于受到场地制约、开发策略、投资效益和历史因素的影响，广场空间与商业地产真正结合的成功案例并不多见。迎恩广场不但可以满足城市居民的休闲需求，作为城市客厅给居民带来豁达旷世的感受，还能展示城市的历史文脉、畅想城市的未来发展。礼泉城市复兴的梦想将随着迎恩广场带来的激情和希望而振翅高飞。人们茶余饭后可以在迎恩广场休憩、漫步、约会和闲逛，节日庆典时亦可在其中载歌载舞和畅达情怀。清晨，人们在这里晨练，呼吸着自然的气息，感悟历史积淀，享受城市的美好。傍晚，夕阳的余晖映照着半壁城墙，将人们带入唐太宗李世民铁骑驱逐外敌的历史岁月。夜幕降临，泛光灯下的广场城墙与灯火辉煌的商业中心可谓一古一今，一开一合，动静结合，交相呼应。

结语

城市广场最初的设计布局也许仅是为了满足城市的聚集空间需求，但随着历史的演绎，这些城市广场逐步成为文化沉淀之地和故事述说之所。空间的变革如同产业的革命，永远在寻求最优质的组合形式。也许在我们未来的城市，像迎恩广场这样的空间形态会更多地出现，这就是城市综合体与城市开敞空间完美结合的魅力所在。

静谧的张扬

——圣地亚哥 Horton Plaza 评析[1]

出版物 Publication：

《上海购物中心》

期号 Issue No.：

2013 年 6 月刊，总第 20 期

页面 Pages：

21—22

主办方 Organizer：

上海购物中心协会

主管机构 Authority：

上海市商务委员会

圣地亚哥是一座静谧的城市，远离洛杉矶的都市繁忙，到墨西哥边界只有 20 千米。终日的暖风给加利福尼亚州（简称“加州”）最南部的这座城市带来了悠闲的气息。白天的街道浸染在加州灼热的阳光中，行人稀少，唯有疾驰而过的汽车展现着城市的活力。只有到了夜晚，这里仿佛才成为真正的城市，第五大街上的沸腾和喧嚣宣示着圣地亚哥的能量，夜晚的都市生活张扬着城市的个性。紧邻其侧的圣地亚哥 Horton Plaza 商业中心沐浴在夜色的渲染中，享受着同白天别样的氛围。

Horton Plaza 耗资 1.7 亿美元，建筑占地面积为 55 649 平方米，总建筑面积为 139 500 平方米，停车位 4 000 个。色彩鲜丽的七层楼高建筑物横贯主城区的两个街区，堪称市中心区域购物中心的经典范例。建筑设计布局合理，交通动线明晰，东南侧的两个多层停车场彻底解决了停车购物的都市性问题。由两条曲线组成的步行街以对角线形式穿越 Horton Plaza，最大限度地延展了步行购物的长度，增加了购物单元面积，紧邻步行街布置零售店，零售店外围布局沿街主力店。作为较早出现在美国的大型城市综合体之一，Horton Plaza 揭开了大都会商业零售体验的崭新篇章。

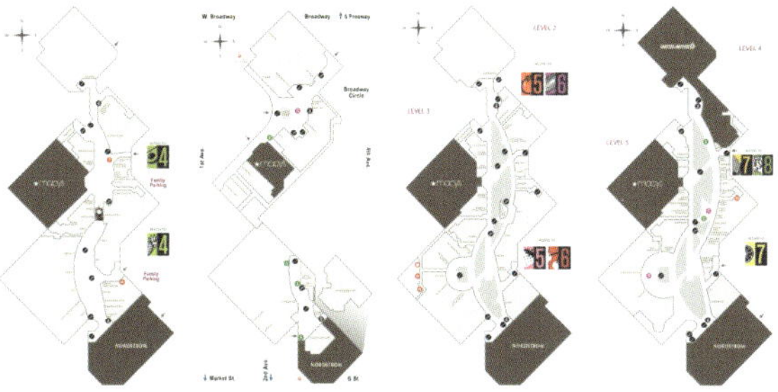

Horton Plaza 总平面图（http：//hortonsd. com）

弧线形步行街中庭空间（作者摄于 2012 年 7 月 4 日）

适合残疾人的轮椅坡道（作者摄于 2012 年 7 月 4 日）

---

① 本文合作者：戴致礼。

具有装饰效果的 Horton Plaza 步行街区（作者摄于 2012 年 7 月 4 日）

建筑设计的成功为项目赢得了荣誉。在建设初期，业主与建筑师预期需要五年才可以发挥项目的影响力，但在开幕第一年，Horton Plaza 便吸引了 2 500 万人次，这种轰动效应成为圣地亚哥城市再生的原动力。时至十多年后的今天，Horton Plaza 仍然是圣地亚哥市内取得每平方米单位面积最高营业额的综合项目。

Horton Plaza 就像一件都市现实主义艺术品，在设计的高点凝聚而成，划过蔚蓝星空落入圣地亚哥老城区，并瞬间成为永恒地标。走进 Horton Plaza 的内部街区，不仅会被商铺中琳琅满目的商品所吸引，更会被变幻莫测的玄妙建筑空间和丰富的建筑色彩所夺目，来自四面八方的消费者融入其中，其乐无穷，流连忘返。在这里你可以风驰电掣地完成你的购物使命，也可以驻足漫步赏析建筑艺术的一招一式，沉浸于艺术幻想的海洋，更可以在顶楼的露天咖啡座休憩小驻，释放情怀，休闲人生，欣赏周围高低错落的城市天际线。

步行街空间的高低变化（作者摄于 2012 年 7 月 4 日）

Horton Plaza 的环艺设计采用现代化的简洁设计手法，通过铺地和空间色彩的变化来缓解空间上的狭小和局促。建筑一层高出地面之上，突出了地段的特性，增加了广场的立体感，电梯、自动扶梯、楼梯及残疾人用坡道等多种垂直交通有机设置于其中，使整个街区广场动感十足，充满活力。

圣地亚哥因为有了 Horton Plaza 而焕发活力，Horton Plaza 商业街区因为在海边城市的圣地亚哥而吸引游客。从城市规划的视野、建筑设计的角度、景观环艺的观点，Horton Plaza 都是那样精彩和美妙。

购物中心也疯狂

——记拉斯维加斯的 Crystals 购物中心①

出版物 Publication：

《上海购物中心》

期号 Issue No.：

2012 年 12 月刊，总第 19 期

页面 Pages：

39—41

主办方 Organizer：

上海购物中心协会

主管机构 Authority：

上海市商务委员会

购物中心也疯狂

——记拉斯维加斯的Crystals购物中心

美国拉斯维加斯不光有赌场，还有汇聚世界顶级品牌的购物中心。新近落成的拉斯维加斯大道（Las Vegas Blvd）3720 号水晶宫(Crystals)购物中心就是其中之一。

只有三层楼面的 Crystals 购物中心设计造型大胆新颖，独具匠心，充分展示着拉斯维加斯这座城市的洋溢激情和张扬个性。该建筑外形采用不规则的铝板饰面，解构的建筑语义彻底打破了人们固有的建筑形象感，空间的变形和挤压、结构的穿插和突变使这座现代主义建筑成为拉斯维加斯大道南端的地标。拉斯维加斯是一座二十四小时疯狂的城市，Crystals 购物中心恰如其分地展现了城市的主题，使人过目不忘，让人流连其中。在拉斯维加斯，购物中心也变得疯狂了。

走进 Crystals 购物中心，又是一番精彩绝伦和咏叹感怀。浮躁的购物者会立刻被 Prada 和 Gucci 等奢侈品巨头商家所吸引，走进去拼命厮杀；有品位的设计师则会被室内空间的设计所感染，徜徉阅读。建筑室内的简洁白色调同装饰物件的色彩缤纷对比成章，天地辉映，若不是屋顶侧光的洒落，还真不会察觉木地板同石材地面的呼应关系。建筑师可谓匠心独具，也许呼吸着拉斯维加斯自由的空气，其手笔自然

Crystals 二层商家分布

（https：//www. vegaschinese. com/guest. php? id = 268）

Crystals 购物中心中庭廊道（作者摄于 2012 年 7 月 8 日）

① 本文合作者：刘洋。

Crystals 购物中心沿街立面（作者摄于 2012 年 7 月 8 日）

就会流淌出这样的线条。L 形中庭空间使人望眼不穿，曲径通幽，吸引消费者不断搜寻心中的喜爱。终于到了 L 形空间的尽端，漫步台阶把人流自然地引至咖啡座和 Aria 入口，另一番别样世界等待着你去挖掘。

Crystals 购物中心中庭空间（作者摄于 2012 年 7 月 8 日）

Crystals 购物中心侧天窗和中庭（作者摄于 2012 年 7 月 8 日）

Crystals 购物中心定位和选址基于两股客流：一是拉斯维加斯大道昼夜川流不息的八方来客，因为在拉斯维加斯没有白天和夜晚，伴随时间流逝的是同样的城市喧嚣和街巷沸腾；二是来自开发项目自身的 Vdara，Aria 和 Mandarin Oriental 度假综合体的客源，别忘了这是最新的世界级超级豪华旅游休闲地，对于住惯了威尼斯人酒店、哈瑞斯酒店和拉斯维加斯巴黎酒店“拉斯维加斯老三样”的人而言，这里可是一片崭新的天地。Crystals 不是单一的购物中心，而是一个被酒店、赌城、SPA、演艺等功能围绕着的城市综合体，具备满溢的消费人流，比起拉斯维加斯大道北部中心区段早期开发的宾馆和赌场，这里更多地考虑游客的多元消费需求，何商而不乐乎！

现阶段我国中心城市的在建和规划待建购物中心项目数量庞大。开发商们关注的是看得到的有形的建筑体量，而忽略了无形的项目调研、研究、选址、规划和论证等。等完成了大干快上后，一些购物中心才开始意识到客源不足、档次虚高、设计低质等问题，进而影响购物中心的招商和运营，再感慨为时已晚。鉴于 Crystals 购物中心的规划、设计和开发理念，期待在中国的城乡大地出现更多的购物中心精彩之作。

Street Mall

——浅谈商业地产的宏观、中观和微观层面①

出版物 Publication：
《上海购物中心》
期号 Issue No.：
2011 年 7 月刊
页面 Pages：
32—33
主办方 Organizer：
上海购物中心协会
主管机构 Authority：
上海市商务委员会

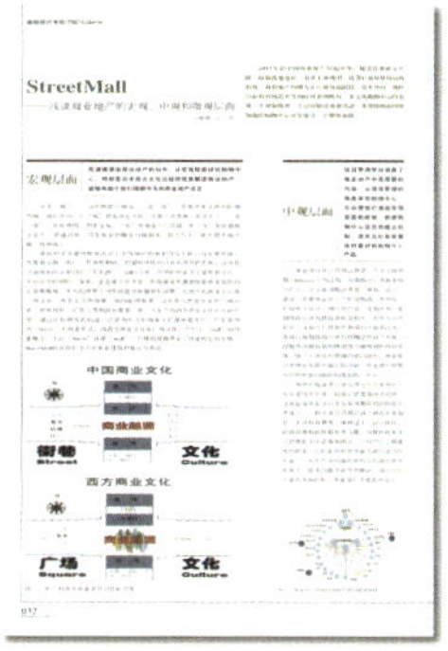

2011 年是中国商业地产的起步年，随着住宅成交平缓、政策连环落地、需求止步观望、房贷日益艰难局面的出现，商业地产的曙光正在被发展阶段、资本导向、调控政策和市场需求等利好因素所映衬。本文从购物中心的宏观、中观和微观三个层面解读商业现象，希冀能够提纲挈领地给出一个购物中心开发建设的整体素描。

宏观层面

在满城浸染商业地产的如今，从宏观层面研究购物中心，特别是从中西方文化比较的视角解读商业地产，能够有助于我们理解今天的商业地产语言。

中文“城市”一词由两部分组成：一是“城”，意指用来生活和防御的城，城在中间，在城里有深宅大院，住着王公贵族、高官名士；二是“市”，市在周围，用来交易，市里多是开门店铺，在市里住着贩夫走卒、普通百姓。可见商业的概念与城俱来，同市与共，可谓无商不城，商举城立。

建筑的采光通风要求决定了中国城市以南北向为主轴和主要街道，布置着宗教、衙门、军事和朝府，而留给市民的只有东西向的街巷，这也是汉语中商业的主要词汇“买东西”一词的由来。中国的商业文化是街巷文化，无论北方的胡同、条里，还是南方的弄堂、街段，都是充满着喧嚣商业氛围的交易聚集地，宋代的《清明上河图》就是对此最好的诠释。而西方的商业文化是广场文化，商业文化围绕着广场而起源发展。其中当然也涉及气候因素、建筑材料、民俗习惯和政治要素。通过比较研究可以发现，东方的商业文化是街巷文化，产生围绕 Street

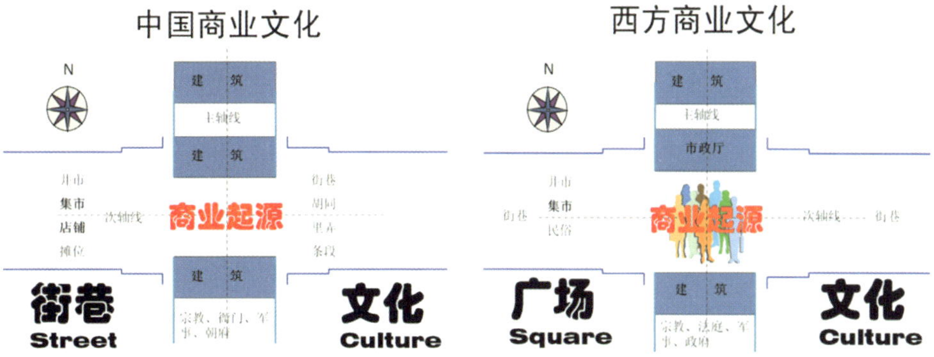

中国和西方商业文化对比（宜吾设计绘制）

① 本文合作者：计正萍。

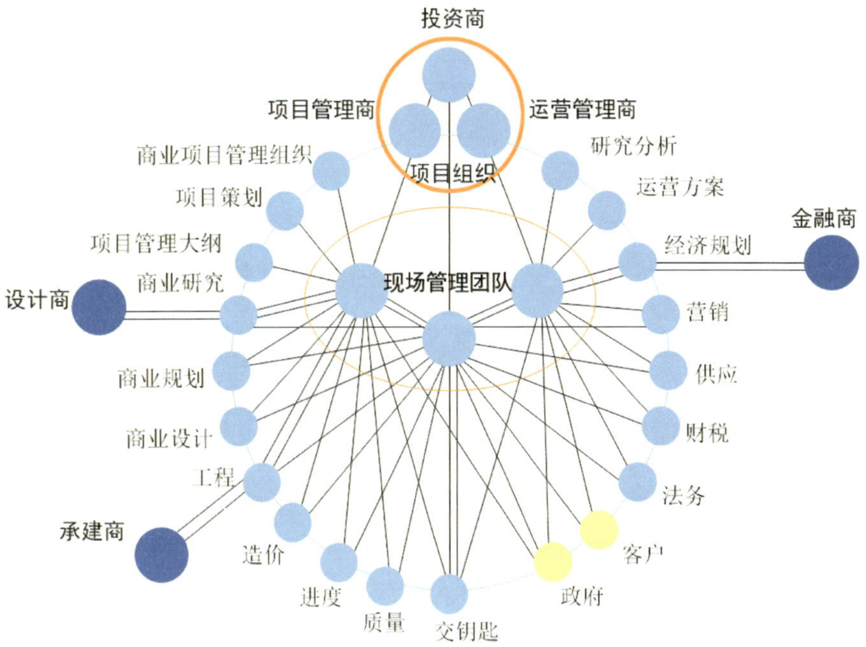

商业项目管理内部和外部结构（宜吾设计绘制）

的商业形式；而西方商业文化是广场文化，产生了 Mall 的商业概念。无论 Street 还是 Mall，归根结底都界定了商业的宏观范畴，Street Mall 就是我们今天对商业建筑的最综合表述。

中观层面

项目管理学科涵盖了商业地产中观层面的内容，从项目管理的角度审视购物中心，可以使我们透视宏观层面的框架，把握购物中心项目的建立机制，进而为社会发展提供最好的购物中心产品。

商业项目从立项到运营是一个全生命周期，对购物中心类商业项目而言，全生命周期由策划、规划、设计、建设、营销和运营六个阶段构成，其中每一阶段又包含了细分的内容。例如，项目策划阶段应该包括投资机会研究、初步可行性研究、详细可行性研究和项目评估等内容；项目规划阶段应该包括控制性详细规划和修建性详细规划的内容；等等。除了上述项目管理内部内容外，商业项目管理还包括外部关联内容。

传统的商业项目建设理念在任务导向上往往是技术为尊，轻组织管理重技术经济，这就造成商业项目全生命周期中局部阶段似乎成功了，但全项目周期总体上存在偏差、失误和浪费等，产生维修返工、设计缺陷、能源浪费和招商艰难等问题。而现代商业项目管理哲学在思维和理念上已经产生了颠覆性的质变，把组织和管理视为项目成功的生命，只有在严密的组织和科学的项目管理统筹下，技术问题才能得到解决，项目目标才能得到控制，商业项目才能获得成功。

微观层面

商业项目的微观层面应该定义为案例层面，一个个案例构成微观层面的主体，在案例研究的基础上，找寻商业项目的内在实质，进而为其他商业地产项目的建设提供依据和参数。本文以德国法兰克福的采尔购物中心为案例，剖析商业项目的内在机制，提供商业项目微观层面的条形码。

采尔购物中心位于法兰克福市中心 Zeil 大街上，基地坐北朝南，外表平常无奇，但每一个走过的路人都会被它那有旋涡般吸引力的凹窗

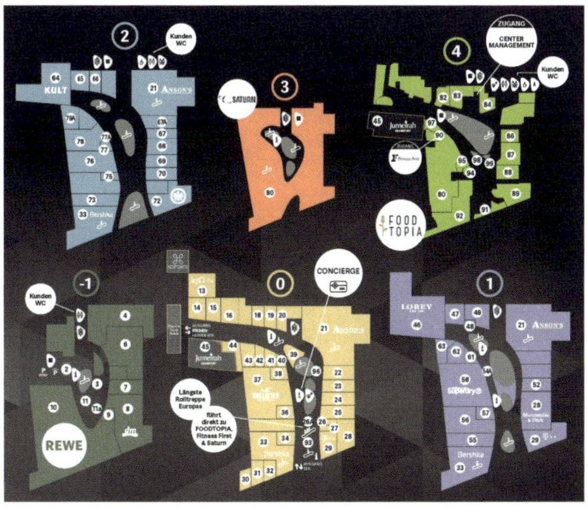

采尔购物中心各层平面图（https：//www.myzeil.de/fileadmin/user_upload/CENTERS/MZF/das-center/centerplan/MZF_Centerflyer_2022_01.pdf）

所打动而驻步逗留。采尔购物中心于 2004 年开工建设，在 2008 年完成购物中心的结构部分，通过一年的内部装修，于 2009 年年初完工。采尔购物中心以 MyZeil－My Style 为营销口号，通过标识的推广宣传，达到吸引客流的目的。项目开发商是荷兰的 MAB Bowfonds，运营管理公司是英国的戴德梁行，开业时间为 2009 年 2 月 26 日，为当地提供了 1 000 个就业岗位。

采尔购物中心总建筑面积为 77 000 平方米，销售面积为 47 000 平方米。地面以上为八层建筑，主要功能是零售、饮食、健身、儿童天地、健康中心、影院等，设计每小时客流量为 14 000 人，地下停车位有 1 390 个，其中公共停车位有 900 个，约占总停车位的 65%，建筑总造价为 13 500 万欧元。采尔购物中心外墙由菱形玻璃拼合而成，中间形成一个孔洞，似一空心管道直达商场之中，让光线射进每一层。商

采尔购物中心内部空间 1（作者摄于 2009 年 5 月 7 日）

场线条设计动感流畅，配合各层的曲线与电梯空间，极具时代感。这个由意大利建筑师马希米亚诺·福克萨斯设计的作品，最吸引人的莫过于商场内部错综复杂的结构，包括一条长达 42 米、全欧洲最长的室内电梯，由地面抵达四楼要 120 秒。

采尔购物中心的建立为世界购物中心树立了一个历史性标杆，它将购物体系结构与零售休闲业态完美地组合起来，展现了全新的购物体验和休闲理念。

采尔购物中心内部空间 2（作者摄于 2009 年 5 月 7 日）

结语

汉语提到商业通常以“买东西”为主题，自古以来“买东西”一直是人们表述购物的行为概念。在与时俱进的今天，年轻人同样愿意用英文“shopping”来表达购物语义，尽管描述“买东西”含义的英文有若干个词，如在范畴的大小、词义的正式和非正式上都有不同的 shopping，buy，purchase 和 procurement。从商业宏观层面上讲，“买东西”涉及中国的城市布局和交易方式，因为我们从来不说“买南北”。我们应该通过“买东西”一词探索供“买东西”使用的实体空间的建立机制，这属于商业项目的中观层面。商业项目案例是一个个“买东西”的集合体，它们是商业微观层面的主题。今天的购物中心形态已经在东西方文化融合中得以延展，通过对商业项目宏观、中观和微观层面的探讨，我们可以用新词 Street Mall 对商业现象加以解读和演绎。

八

芬兰篇——建筑艺术

卡塔亚诺卡酒店（Hotel Katajanokka）

媒体 Medium：

“宜吾设计”微信公众号

时间 Time：

2017 年 7 月 31 日

主办方 Organizer：

上海宜吾规划建筑设计事务所

图三：中庭休息区域

这是一座呈罗马十字型平面格局的红砖建筑，周围红墙耸立，走进大门森严壁垒的感觉就会扑面而来。改造后的酒店保持着建筑和围墙的原貌，将原来两个囚房变为一个客房单元，并增设了卫生间，客房的门和窗保持着原有的窄小尺

|吕|途芬兰10-卡塔亚诺卡酒店（Hotel Katajanokka）

宜吾设计

文•图/吕维锋

Katajanokka是芬兰首都赫尔辛基东部的一个半岛，离市场广场（Market Square）步行也就100米的距离，仅有的三条道路穿越canal联接着岛和陆。这个岛上最有看点的要算是以岛屿名称命名的Hotel Katajanokka，这里之所以每年吸引着无数观光客探访寻觅，原因只有一个，就是因为这是一座由旧监狱改造的现代化酒店。Hotel Katajanokka曾被推荐为世界五大监狱酒店之一，这座摩登酒店以其历史背景和室内设计打动着千万游客的心，到访芬兰似乎非要在这里住上一夜不可。

卡塔亚诺卡（Katajanokka）是芬兰首都赫尔辛基东部的一个半岛，离市场广场（Market Square）也就 100 米的步行距离，仅有的三条道路跨越河流连接着岛和陆。这个岛上最有看点的要数以岛屿名称命名的卡塔亚诺卡酒店，这里之所以每年吸引着无数观光客探访寻觅，原因只有一个，那就是这是一座由旧监狱改造的现代化酒店。卡塔亚诺卡酒店曾被推荐为世界五大监狱酒店之一，这座摩登酒店以其历史背景和室内设计打动千万游客的心，到访芬兰似乎一定要在这里住上一夜不可。

在一位工作于芬兰的英国律师的指引下，我于充满寒意的三月来到这处略有些偏僻的酒店，体验了一番它的建筑空间、室内设计和艺术装饰。前台穿着曾经的囚服款工作装的姑娘介绍说这里欢迎游客随便参观，并热情地向我指明保留着原貌的囚房方向。现代酒店空间设计中开放的酒店管理理念把人置于关爱的核心点，并将其无限放大和延展，以此反衬曾经的历史岁月，呼唤着和平，赞美着平等。

卡塔亚诺卡酒店外观（作者摄于 2017 年 3 月 11 日）

这座监狱始建于 1837 年，二战期间芬兰总统里斯托•海基•吕蒂（Risto Heikki Ryti，1889—1956 年）曾被关押于此，他在 100 位最伟大的芬兰人中排名第二，在酒店改造中原汁原味地保留其囚房原貌，该房间成为酒店经营的最大亮点。

这是一座呈罗马十字形平面格局的红砖建筑，周围红墙耸立，走进大门，壁垒森严的感觉就会扑面而来。改造后的酒店保持着建筑和围墙的原貌，将原来两个囚房变为一个客房单元，并增设了卫生间，客房的门和窗保持着原有的窄小尺度。酒店整体的功能布局和室内设计充满浓郁的现代气息，原有三层高的回廊式空间同样适合于现代酒店的中庭理念，回廊的地毯延续着芬兰独特的黑白相间的纹理，黑色的铸铁栏杆和灯饰灯罩映衬着酒店厚重的过往，这一切都使它成为世界五大监狱酒店之一不足为奇。

人们住过这座酒店之后，也许还真能被激发出探索监狱酒店的欲望，或许感兴趣的设计师还要继续搜集监狱酒店的资料案例，那么其他四大监狱酒店——英国牛津的马尔马逊牛津酒店（Malmaison Oxford）、美国波士顿的自由酒店（The Liberty Hotel）、荷兰阿姆斯特丹的劳埃德酒店（Lloyd Hotel）和土耳其伊斯坦布尔的四季酒店（Four Seasons Hotel），您将先选择哪一个呢？

康比静默教堂（Kamppi Chapel of Silence）

媒体 Medium：

“宜吾设计”微信公众号

时间 Time：

2017 年 7 月 21 日

主办方 Organizer：

上海宜吾规划建筑设计事务所

图三：Narinkka广场立面

城市的地标不一定非要尺度多么的高大，只要有内涵有艺术有感悟有思想就可以成为城市地标！

|吕|途芬兰9-康比静默教堂（Kamppi Chapel of Silence）

文•图/吕维锋

在芬兰首都赫尔辛基喧嚣的闹市区，有一处可圈可点的静谧归然之处，那就是位于纳瑞卡广场（Narinkka Square）的康比静默教堂（Kamppi Chapel of Silence）。在一片钢筋混凝土的建筑环境中，这座色泽鲜明和体量迷你的木制微教堂格外的耀眼夺目，它以其下收上扩的椭弧形造型吸引着南来北往过往人流的眼球，绝对的eye-catching！不管你有意还是无意，也不管你在意还是并不在意，Kamppi都在那里。

在芬兰首都赫尔辛基喧嚣的闹市区，有一处可圈可点的静谧归然之处，那就是位于纳林卡广场（Narinkka Square）的康比静默教堂。在一片钢筋混凝土的建筑环境中，这座色泽鲜明和体量迷你的木制微教堂格外耀眼夺目，它以其下收上扩的椭球形造型吸引着南来北往的人流的眼球，绝对地吸睛！不管你有意还是无意，也不管你在意还是并不在意，它都在那里。

康比静默教堂室内（作者摄于 2017 年 3 月 6 日）

同木质明朗的建筑外形相呼应，教堂的室内设计同样超简约、真纯净，就是弧形木板无窗墙面加上六排木座椅，没有比这更纯美的了。一弧天光从屋顶的檐口经过漫反射涌泻下来，呼应着沉默静思者的渴求心绪，安静得只有心灵同天光的无言对话。这就是康比静默教堂的精彩和绝伦！在繁忙而杂乱的生活中，也只有这片走心的天地才是情愫的最后归宿吧，更或许也只有在这点集束的宇宙空间，你才能意识到自己的心在哪儿和在那儿！

康比静默教堂室外（作者摄于 2017 年 3 月 6 日）

作为世界设计之都赫尔辛基 2012 年的项目之一，康比静默教堂由芬兰建筑师事务所 K2S Architects的建筑师 Kimmo Lintula，Niko Sirola 和 Mikko Summanen 设计，于 2012 年 5 月完工，开放仅半年就迎来了 25 万人的参观。2013 年年底，该教堂被美国今日新闻网（USA TODAY）评为“十个非去不可的世界新地标”。

城市的地标不一定非要尺度多么高大，只要有内涵、有艺术、有感悟、有思想，就可以成为城市地标！

西贝柳斯纪念碑（Sibelius Monument）

媒体 Medium：

“宜吾设计”微信公众号

时间 Time：

2017 年 7 月 17 日

主办方 Organizer：

上海宜吾规划建筑设计事务所

—2003年）倾心创作，在最终补充了西贝柳斯头像后于1967年于西贝柳斯逝世十周年之际完整昭彰于世。不锈钢管造型和材质的运用，既明喻着教堂圣殿管风琴般的音乐涵义，又通过海边风絮吹鸣起的空灵音素再现声音的真谛，从语义、声质、形式和内涵上表现音乐家的不朽精神，精彩之至，唯叹顿悟。

图四：三根柱子的结构支撑

西贝柳斯的不锈钢头像被镶嵌在一旁的原生态赤色岩石上，展现着设计的质朴无华气质。让音乐生于自然，让逝者归于自然，在不干扰一寸地貌的前提下，生动地再现这位芬兰民族音乐家的勃勃英姿，这恐怕就是雕塑家Hiltunen的创作追求吧！音乐不可无大家，艺术不可无大师，民

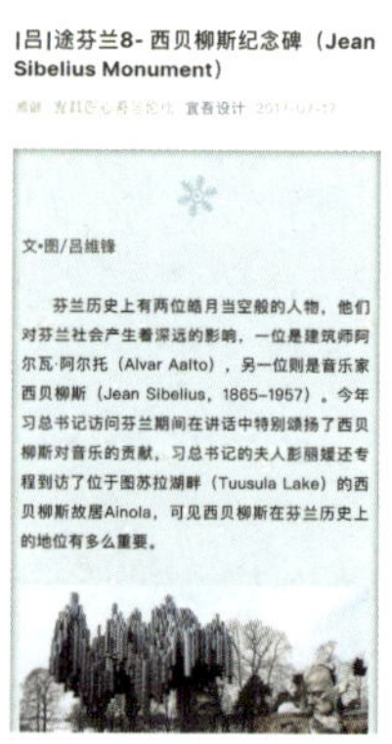

|吕|途芬兰8- 西贝柳斯纪念碑（Jean Sibelius Monument）

文•图/吕维锋

芬兰历史上有两位皓月当空般的人物，他们对芬兰社会产生着深远的影响，一位是建筑师阿尔瓦·阿尔托（Alvar Aalto），另一位则是音乐家西贝柳斯（Jean Sibelius，1865–1957）。今年习总书记访问芬兰期间在讲话中特别颂扬了西贝柳斯对音乐的贡献，习总书记的夫人彭丽媛还专程到访了位于图苏拉湖畔（Tuusula Lake）的西贝柳斯故居Ainola，可见西贝柳斯在芬兰历史上的地位有多么重要。

西贝柳斯纪念碑（作者摄于 2017 年 3 月 10 日）

芬兰有两位举足轻重的历史人物，他们对芬兰社会产生深远的影响，一位是建筑师阿尔瓦·阿尔托（Alvar Aalto），另一位则是音乐家让·西贝柳斯（Jean Sibelius，1865—1957 年）。今年国家主席习近平访问芬兰期间在讲话中特别赞扬了西贝柳斯对音乐的贡献，国家主席习近平的夫人彭丽媛还专程到访了位于图苏拉湖（Tuusula Lake）畔的西贝柳斯故居阿依诺拉（Ainola），可见西贝柳斯在芬兰历史上的地位有多么重要。

以西贝柳斯名字命名的公园位于赫尔辛基市西北方向，西贝柳斯纪念碑就位于西贝柳斯公园的西南角，距离阿尔托设计的芬兰地亚大厦（Finlandia Hall）约 40 分钟的步行距离。如果想了解赫尔辛基的市容街貌，从市中心休闲漫步至西贝柳斯公园也是惬意无限的城市游。

三月的赫尔辛基还是寒意笼罩，踏着冰雪探访这位巨人的纪念碑既是虔诚的崇拜，也是内心的神往，还是艺术的感召，更是空间的研读，建筑师的职业习惯使我总是充满对未知新域的探索欲。这座适合于 360 度环绕观瞻的纪念碑由 600 多根银白色不锈钢钢管组成，位于略高出地平面的自然岩石上，通过三根钢柱落地生根，整个雕塑下空、中实、上虚，比例和谐，尺度俱佳，远看凌空悬耸，近视严律精美，给人以凝固音乐的震撼性和流动建筑的感染力。

这组同环境融为一体的雕塑艺术由芬兰著名女雕塑家希尔图宁（Eila Hiltunen，1922—2003 年）倾心创作，在最终补充了西贝柳斯头像后于 1967 年在西贝柳斯逝世十周年之际完整昭彰于世。不锈钢钢管造型和材质的运用，既明喻着教堂圣殿管风琴的音乐含义，又通过海边风絮吹鸣起的空灵音素再现声音的真谛，从语义、声质、形式和内涵上表现音乐家的不朽精神，精彩之至，唯叹顿悟。

西贝柳斯的不锈钢头像被镶嵌在一旁的原生态赤色岩石上，展现着设计质朴无华的气质。让音乐生于自然，让逝者归于自然，在不干扰一寸地貌的前提下，生动地再现这位芬兰民族音乐家的勃勃英姿，这恐怕就是雕塑家希尔图宁的创作追求吧！音乐不可无大家，艺术不可无大师，民族不可无魂魄，国家不可无意志，西贝柳斯纪念碑向我们讲述着一切的所有，同时也述说着所有的一切。

阿尔托住宅（The Aalto House）

媒体 Medium：

“宜吾设计”微信公众号

时间 Time：

2017 年 6 月 5 日

主办方 Organizer：

上海宜吾规划建筑设计事务所

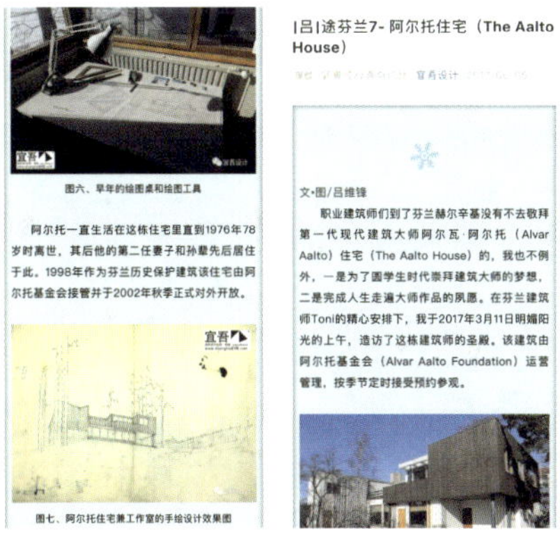
图六、早年的绘图桌和绘图工具

阿尔托一直生活在这栋住宅里直到1976年78岁时离世，其后他的第二任妻子和孙辈先后居住于此。1998年作为芬兰历史保护建筑该住宅由阿尔托基金会接管并于2002年秋季正式对外开放。

图七、阿尔托住宅兼工作室的手绘设计效果图

|吕|途芬兰7- 阿尔托住宅（The Aalto House）

文•图/吕维锋

职业建筑师们到了芬兰赫尔辛基没有不去敬拜第一代现代建筑大师阿尔瓦·阿尔托（Alvar Aalto）住宅（The Aalto House）的，我也不例外，一是为了圆学生时代崇拜建筑大师的梦想，二是完成人生走遍大师作品的夙愿。在芬兰建筑师Toni的精心安排下，我于2017年3月11日明媚阳光的上午，造访了这栋建筑师的圣殿。该建筑由阿尔托基金会（Alvar Aalto Foundation）运营管理，按季节定时接受预约参观。

阿尔托住宅外观（作者摄于 2017 年 3 月 11 日）

职业建筑师们到了芬兰赫尔辛基没有不去探访第一代现代建筑大师阿尔瓦·阿尔托的住宅的，我也不例外，一是为了圆学生时代参观建筑大师设计作品的梦想，二是为了完成人生走遍大师作品的夙愿。在芬兰建筑师 Toni 的精心安排下，我于 2017 年 3 月 11 日阳光明媚的上午参观了这栋建筑师的圣殿。该建筑由阿尔瓦·阿尔托基金会（Alvar Aalto Foundation）运营管理，按季节定时接受预约参观。

阿尔托住宅位于赫尔辛基西北郊区的曼基尼姆，这是阿尔托在其家乡于韦斯屈莱（Jyvaskyla）创建建筑设计事务所后又迁移至图尔库（Turku）后的第三个居所兼工作室。当其在赫尔辛基的业务稳定下来并且不断扩大之后，阿尔托才将工作室独立出去并择地新建，这里就成为其纯粹意义上的住宅，而新工作室就位于该住宅附近步行几分钟的另一条路上。

这是一幢 L 形平面布局的建筑，西南向面海的主体建筑为两层的居住空间，而西北侧翼为局部两层中空并带有半地下室的三层工作室区域。整个建筑紧密贴合地形，不做场地平整，从简朴的入口与车库入口 30 厘米的标高差距就可以看出建筑师“惜地如金”的自然哲学观。阿尔托的许多项目都是完成了从建筑到室内再到家具的所有设计工作，其住宅自然也不例外，建筑师的工匠意志和无疵求索在此可窥一斑。

阿尔托一直生活在这栋住宅里直到 1976 年 78 岁时离世，其后他的第二任妻子和孙辈先后居住于此。1998 年，作为芬兰历史保护建筑，该住宅由阿尔瓦·阿尔托基金会接管并于 2002 年秋季正式对外开放。

阿尔托住宅入口（作者摄于 2017 年 3 月 11 日）

赫尔辛基当代艺术博物馆（Kiasma）

媒体 Medium：

“宜吾设计”微信公众号

时间 Time：

2017 年 5 月 26 日

主办方 Organizer：

上海宜吾规划建筑设计事务所

过几位赫尔辛基市民，他们对这个建筑的评价褒贬不一，褒者感叹无限，力图用无尽的形容词诠释其知其然；贬者厉声呵斥，极力用冷酷的反义词痛击其所以然。冷热语言的强烈对比宛如寒冷北极圈里点燃的篝火，热的是心旷神怡，寒的冷若冰霜。

图二：赫尔辛基当代艺术博物馆西北角视图

|吕|途芬兰6 - 赫尔辛基当代艺术博物馆（Kiasma）

宜吾设计 2017-05-26

文•图/吕维锋

到了芬兰首都赫尔辛基一定要去赫尔辛基当代艺术博物馆（Kiasma）走一遭，一是因为它就在市中心步行距离内，穿过伊利尔·沙里宁（Eliel Saarinen，1873～1950年）设计的赫尔辛基火车站广场就到；二是因为它“奇形怪状”的招惹着路人非要进去不可，哪怕仅仅是坐下来喝杯温暖的咖啡。

图一：赫尔辛基当代艺术博物馆鸟瞰图

美国建筑师斯蒂文•霍尔（StevenHoll）对自己这“不同寻常”的作品有一系列玄妙的解读；建筑评论

赫尔辛基当代艺术博物馆夜景（作者摄于 2017 年 3 月 12 日）

到了芬兰首都赫尔辛基，一定要去赫尔辛基当代艺术博物馆走一遭，一是因为它就在市中心步行距离内，穿过伊利尔·沙里宁（Eliel Saarinen，1873—1950 年）设计的赫尔辛基火车站广场就到；二是因为它“奇形怪状”得招惹着路人非要进去不可，哪怕仅仅是坐下来喝杯温暖的咖啡。

美国建筑师斯蒂文·霍尔（Steven Holl）对自己这“不同寻常”的作品有一系列玄妙的解读；建筑评论家们也展开思想的翅膀，给予任其飞翔的评论；赫尔辛基民众对这座“标志建筑”也极尽喧嚣地评议。我曾问过几位赫尔辛基市民，他们对这座建筑的评价褒贬不一，褒者感叹无限，力图用无尽的形容词诠释其知其然；贬者厉声呵斥，极力用冷酷的反义词痛击其所以然。冷热语言的强烈对比宛如寒冷北极圈里点燃篝火，热得心旷神怡，寒得冷若冰霜。

不管其如何“交叉”解释，也无论其怎样“横断”展演，赫尔辛基当代艺术博物馆的存在就是一座建筑自己的述说。光是周边建筑的重要性就足以让建筑师呕心沥血，也正因如此，其能够兴奋得痴狂。它西侧是国会大厦，东侧是赫尔辛基火车站，北侧是阿尔托设计的芬兰地亚大厦，南侧直抵赫尔辛基市中心。试想当一座博物馆坐落于百年间不同时期的地标性建筑环境中时，建筑师应该如何去采撷、去提炼、去注入和去憧憬？霍尔创造了他理想中的一切。在统一中寻求独特和在个性中找寻平衡本身就是艺术形式的解决方案，在无数的建筑艺术注解中，被选择的建筑师一定会给出其思考的定力。优秀的建筑师不是为金钱而设计，而是为他的职业生命而讴歌，就像相信纯真的孩子一样信任职业建筑师吧！

在赫尔辛基当代艺术博物馆的东北角，一座更为未来的艺术建筑即将呈现，它将酷得让世人目瞪口呆，谜底还是等到它落成之日揭晓吧。

赫尔辛基当代艺术博物馆室内空间（作者摄于 2017 年 3 月 10 日）

芬兰地亚大厦（Finlandia Hall）

媒体 Medium：

“宜吾设计”微信公众号

时间 Time：

2017 年 5 月 5 日

主办方 Organizer：

上海宜吾规划建筑设计事务所

着北欧的生活方式，由室外进入室内首先脱去大衣外套悬挂存放，Aalto以曲线的白色柜台界定着这部分空间。登上两层大厅的楼梯宽敞舒适，绝佳地满足大流量人群的疏散需求。芬兰大厦的灯具也出自于Aalto的手笔，世界建筑师之林能有Aalto如此这般的室内细节尺度设计恐怕为数并不多。

芬兰大厦室内设计

建筑是流动的音乐，音乐是凝固的建筑，而芬兰既拥有音乐也拥有建筑，那就是家喻户晓的音乐家西贝柳斯和建筑师阿尔托，这般的拥有世界上也只有芬兰这一个国度。了解芬兰必须耳濡西贝柳斯的《芬兰颂》，了解芬兰也必须目染阿尔托的芬兰大厦。这恐怕就是芬兰大厦所呈现给世界的精彩吧！

|吕|途芬兰 5 - 芬兰大厦(Finlandia Hall)

宜吾设计

文•图/吕维锋

在赫尔辛基最芬兰的建筑当属芬兰大厦(Finlandia Hall)（Finlandia-talo），这座被誉为芬兰现代建筑艺术明珠的公共建筑以其纯白宁静地伫立在德勒湾（Toolonlahti）畔，展演着属于芬兰的独特和优雅。

芬兰地亚大厦门厅中的阿尔托雕像（作者摄于 2017 年 5 月 2 日）

在赫尔辛基最芬兰的建筑当数芬兰地亚大厦，这座被誉为芬兰现代建筑艺术明珠的公共建筑纯白宁静地矗立在德勒湾畔，展演着属于芬兰的独特和优雅。

芬兰国宝级建筑师阿尔托于 1962 年开始设计这座建筑，并完成了该项目从建筑到室内的所有设计。芬兰地亚大厦主体部分始建于 1967 年并于 1971 年竣工，侧翼会场部分则在 1975 年完工。整个建筑从设计到竣工历经长达 13 年时间。这里既可以举行音乐会和各类国际会议，也可以举办展览会和大型宴会，更是赫尔辛基交响乐团的主场。

建筑一层一如既往延续着阿尔托舒展的空间设计，曲线流畅，尺度宜人，秉承北欧控制空间高度以利于节能环保的理念。大面积的衣物存放空间反映着北欧的生活方式，由室外进入室内首先脱去大衣外套并悬挂存放，阿尔托以曲线的白色柜台界定着这部分空间。登上两层大厅的楼梯宽敞舒适，满足大流量人群的疏散需求。芬兰地亚大厦的灯具也出自阿尔托之手，能有阿尔托如此这般的室内细节尺度设计恐怕为数并不多。

建筑是流动的音乐，音乐是凝固的建筑，而芬兰既拥有音乐，也拥有建筑，那就是家喻户晓的音乐家西贝柳斯和建筑师阿尔托，能同时拥有这些的世界上也只有芬兰这一个国度。了解芬兰必须耳濡西贝柳斯的《芬兰颂》，了解芬兰也必须目染阿尔托的芬兰地亚大厦。这恐怕就是芬兰地亚大厦所呈现给世界的精彩吧！

芬兰地亚大厦远景（作者摄于 2017 年 5 月 2 日）

烟熏桑拿（Savusauna）

媒体 Medium：

“宜吾设计”微信公众号

时间 Time：

2017 年 4 月 14 日

主办方 Organizer：

上海宜吾规划建筑设计事务所

|吕|途芬兰4- 烟熏桑拿（Savusauna）

原创 宜吾匠心吾与伦比 宜吾设计

2017-04-14

文·图/吕维锋

2017年4月12日

桑拿是芬兰人的一种生活方式，桑拿（Sauna）一词本身就是芬兰语，原意是指"没有窗户的小木屋"。没有窗户没有烟囱顾名思义就是为了要闷出烟熏。到了芬兰一定要体验桑拿，体验桑拿一定要体验芬兰最古老最传统的烟熏桑拿（Savusauna）。

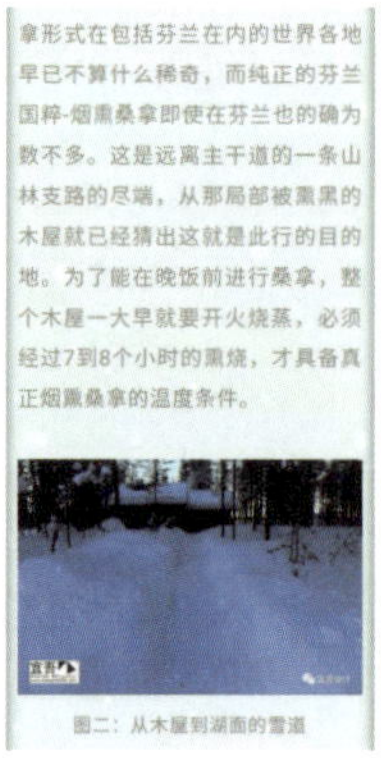

拿形式在包括芬兰在内的世界各地早已不算什么稀奇，而纯正的芬兰国粹-烟熏桑拿即使在芬兰也的确为数不多。这是远离主干道的一条山林支路的尽端，从那局部被熏黑的木屋就已经猜出这就是此行的目的地。为了能在晚饭前进行桑拿，整个木屋一大早就要开火烧蒸，必须经过7到8个小时的熏烧，才具备真正烟熏桑拿的温度条件。

图二：从木屋到湖面的雪道

桑拿浴现场（作者摄于 2017 年 3 月 8 日）

桑拿是芬兰人的一种生活方式，桑拿（Sauna）一词本身就是芬兰语，原意是指“没有窗户的小木屋”。没有窗户、没有烟囱，顾名思义就是要闷出烟熏。到了芬兰一定要体验桑拿，体验桑拿一定要体验芬兰最古老、最传统的烟熏桑拿（Savusauna）。

感谢 Hotelli Iso-Syöte 董事长的精心准备，隆重的烟熏桑拿于 3 月 7 日在距离 Salmipera 不远的一处山野湖畔正式上演。改良过的各种桑拿形式在包括芬兰在内的世界各地早已不算什么稀奇，而纯正的芬兰国粹——烟熏桑拿即使在芬兰也的确为数不多。这是远离主干道的一条山林支路的尽端，从那局部被熏黑的木屋就已经猜出这就是此行的目的地。为了能在晚饭前进行桑拿，整个木屋一大早就要开火烧蒸，必须经过 7～8 小时的熏烧，才具备真正烟熏桑拿的温度条件。

最具挑战性的是在这寒冷的冰天雪地，要带着满身的汗热赤体走出桑拿屋，踏着冰雪光脚跑出 20 米的距离，顺着搭建在湖岸边上的捆绑有粗绳扶手的铁梯下水，将全身浸入在湖面上特意凿开的冰窟窿里。当完成了入水、沉浸、登梯、出水和回奔这一系列动作后，才算是体味了纯正的芬兰桑拿浴。来回四次的浸染，就是生命的四次较量、四次穿越和四次极限，这“会当凌绝顶”的“一览众山小”。身体的冷热洗礼是短暂的物理体验，而精神的锻铸洗礼则是永恒的人生经历。

芬兰桑拿浴赋予人类的是意志的挑战、精神的洗礼、思想的重生和生命的超越。

烟熏桑拿木屋（作者摄于 2017 年 3 月 8 日）

坦佩雷市政厅（Tampere City Hall）

媒体 Medium：
“宜吾设计”微信公众号
时间 Time：
2017 年 4 月 10 日
主办方 Organizer：
上海宜吾规划建筑设计事务所

图二：Tampere City Hall入口柱廊

建于1890年Tampere City Hall位于坦麦科斯基河（Tammerkoski）西岸，呈东西向布局，主入口坐西朝东，面向Tampere中央广场，与Tampereen Teatteri和建于1824年的老教

|吕|途芬兰3- Tampere City Hall

宜吾设计

文•图/吕维锋

2017年4月8日

在欧洲的城市里，市政厅一定是城市的核心建筑，它连同其广场共同演绎着一座城市的历史沧桑。拥有20多万人口的芬兰第二大城市坦佩雷市（Tampere）同样拥有一座市政厅，因为世界冰雪论坛的欢迎晚宴在其中举行，我有幸走进了这座百年历史的建筑艺术。

图一：雪夜的Tampere City Hall

坦佩雷市政厅室内空间（作者摄于 2017 年 3 月 4 日）

在欧洲的城市里，市政厅一定是城市的核心建筑，它连同其广场共同演绎着一座城市的历史沧桑。拥有 20 万人口的坦佩雷同样拥有一座市政厅，因为世界冰雪论坛的欢迎晚宴在其中举行，我有幸走进了这座拥有百年历史的建筑艺术品。

建于 1890 年的坦佩雷市政厅位于坦麦科斯基河西岸，呈东西向布局，主入口坐西朝东，面向坦佩雷中央广场，与 Tampereen Teatteri 和建于 1824 年的老教堂 Vanha Kirkko 隔广场东西相望。坦佩雷是因坦麦科斯基河 18 米高差水位具有发电能力而逐步发展起来的城市，而坦佩雷市政厅理所当然应该位于毗邻 1 千米长的坦麦科斯基河的中央广场上。

坦佩雷市政厅的晚宴是礼节，也是仪式，而感受市政厅空间的雄浑则是体验，更是品读。这座建筑立面并没有惯用的古典山花装扮，或许在古典建筑向现代建筑转变的那个年代，古希腊山花的美妙已经不足以使人留恋，尽管正立面五跨的联窗辅之左、右两侧各三跨的拱形窗，已经展现出其内敛的精致，但发生在阳台上的曾经的故事才是后人娓娓道来的绝响。在这里，建筑所讲述的故事永远是建筑的主角，艺术评论热衷的风格和流派则仅仅是文字游戏而已。

坦佩雷市政厅宴会厅（作者摄于 2017 年 3 月 4 日）

Suomu 滑雪场

媒体 Medium：

“宜吾设计”微信公众号

时间 Time：

2017 年 4 月 5 日

主办方 Organizer：

上海宜吾规划建筑设计事务所

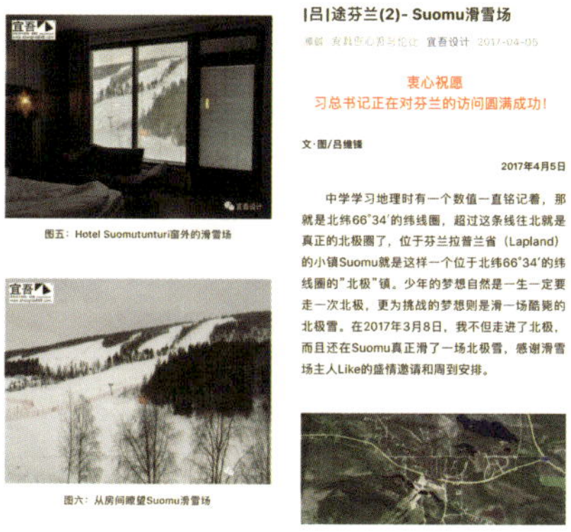

|吕|途芬兰(2)- Suomu滑雪场

宜吾设计 2017-04-05

衷心祝愿

习总书记正在对芬兰的访问圆满成功！

文·图/吕维锋

2017年4月5日

中学学习地理时有一个数值一直铭记着，那就是北纬66°34′的纬线圈，超过这条线往北就是真正的北极圈了，位于芬兰拉普兰省（Lapland）的小镇Suomu就是这样一个位于北纬66°34′的纬线圈的"北极"镇。少年的梦想自然是一生一定要走一次北极，更为挑战的梦想则是滑一场酷毙的北极雪。在2017年3月8日，我不但走进了北极，而且还在Suomu真正滑了一场北极雪，感谢滑雪场主人Like的盛情邀请和周到安排。

图五：Hotel Suomutunturi窗外的滑雪场

图六：从房间瞭望Suomu滑雪场

Suomu 滑雪场（作者摄于 2017 年 3 月 8 日）

中学学习地理时有一个数值让我一直铭记着，那就是北纬 66°34′，越过这条线往北就是真正的北极圈了，位于芬兰拉普兰的小镇 Suomu 就是这样一个位于北纬 66°34′附近的“北极镇”。我少年时的梦想是此生一定要走一次北极，更具挑战性的梦想则是滑一场酷毙的北极雪。在 2017 年 3 月 8 日，我不但走进了北极，还在 Suomu 真正滑了一场北极雪，感谢滑雪场主人 Like 的盛情邀请和周到安排。

正好赶上拉普兰省的春假，Kemijärvi 市副议长 Arto Ojala 先生驾驶着他的私家车在拉普兰首府罗瓦涅米的北极村接到我后一路向东行驶。在 90 千米的路程中，我们顺路造访了 Kemijärvi 市议会，我试坐了 Arto 的议会席位，然后直达目的地 Suomu。Suomu 雪期长、雪的黏度好，绝对是理想的滑雪小镇。入住滑雪场的 Hotel Suomutunturi 后，我享受到了好客主人的精美晚宴。大马力推雪车登上山顶，驾驶着摩托雪橇在夜色中穿行于山野，这餐前的体验运动纯然帅呆了。圆木的房子，木作的内饰，再加上驯鹿毛皮的装点，这是典型的芬兰木屋。一杯香槟酒开启晚宴，驯鹿肉的美味自然是北极圈的不可或缺。

Suomu 滑雪场共有 10 个滑雪道，供不同水平的滑雪者选择。无论您去过世界上多少个滑雪场，滑一场北极的雪肯定是另一番独特体验。相信会有那么一天，中国的滑雪爱好者挤爆 Suomu，因为距离已经不是问题，只要心向北极，滑雪的世界正在变小、变近。

Suomu 滑雪场商店（作者摄于 2017 年 3 月 8 日）

坦佩雷索罗索克斯托尼酒店
(Solo Sokos Hotel Torni Tampere)

媒体 Medium：

“宜吾设计”微信公众号

时间 Time：

2017 年 3 月 31 日

主办方 Organizer：

上海宜吾规划建筑设计事务所

|吕|途芬兰(1)- Solo Sokos Hotel

宜吾设计 2017-03-31

预祝习总书记即将对芬兰的访问圆满成功！

文·图/吕维锋

2017年3月31日

中国的江南已是早春三月，而趁国际会议机会造访的芬兰第三大城市Tampere确依然寒冷刺骨，地处Näsijärvi 和 Pyhäjärvi 两大湖泊之间狭长地带上的Tampere市，最为引人注目的新建筑就是索罗索克斯托尼酒店（Solo Sokos Hotel Torni Tampere），它位于Tampere火车站东侧，与火车站跨铁路东西相望。Solo Sokos建筑艺术上的精彩之处在于同老建筑的巧妙衔接，在充分展示铁路元素的同时，运用现代设计手法生动再现Tampere的历史文脉，建筑入口进厅墙面的铁艺火车造型，让客人在拾阶而上进入酒店的第一时间就仿佛置身于铁路概念的氛围中。在室内设计上Solo Sokos也是匠心独运，黑白灰简约色调配饰局部靓丽的色彩，以现代质感的设计穿透力，隐喻着历史、赞咏着当下，展现着未来，北欧简约主义得以极尽彰显。冬季的周末时分，位于24层顶楼的空中酒吧人气火爆，一览无余

图一：从Solo Sokos Hotel 写生城市

图二：黑白配饰橘黄色的酒店大堂

酒店大堂（作者摄于 2017 年 3 月 3 日）

酒店客房单元（作者摄于 2017 年 3 月 3 日）

国内的江南已是早春三月，而趁国际会议机会造访的芬兰坦佩雷却依然寒冷刺骨。地处Näsijärvi 和 Pyhäjärvi 两大湖泊之间狭长地带上的坦佩雷市最为引人注目的新建筑就是坦佩雷索罗索克斯托尼酒店。它位于坦佩雷火车站东侧，与火车站隔铁路东西相望。酒店建筑艺术上的精彩之处在于同老建筑的巧妙衔接，在充分展示铁路元素的同时，运用现代设计手法生动再现坦佩雷的历史文脉。建筑入口进厅墙面的铁艺火车造型让客人在拾级而上进入酒店的第一时间就置身于铁路概念的氛围中。在室内设计上，酒店也是匠心独运，黑白灰简约色调局部配饰亮丽的色彩，以现代质感的设计穿透力隐喻着历史、赞咏着当下、展现着未来，北欧简约主义得以极尽彰显。冬季的周末时分，位于 24 层顶楼的空中酒吧人气火爆，一览无余的视野感受使其成为坦佩雷的空中客厅。如果得空去体验一下芬兰的国粹——烟熏桑拿，则更是贴合了范仲淹的感叹：“登斯楼也，则有心旷神怡，宠辱皆忘，把酒临风，其喜洋洋者矣。”

酒店客房走廊（作者摄于 2017 年 3 月 3 日）

九

风景篇——园筑农旅

跟《北国旅游》有个约

——恭贺《北国旅游》杂志创刊十周年

出版物 Publication：
《北国旅游》
期号 Issue No.：
2021 年第 3 期，总第 78 期
页面 Pages：
20—21
主办方 Organizer：
哈尔滨市社会科学院

跟《北国旅游》有个约，因为同《北国旅游》有缘、有故、有情和有意。

缘在于通过哈尔滨冰雪论坛的偶遇，我知道了这本刊物，并续缘为其开始写作“龙江纪行”系列；故在于当与这本刊物“喜结良缘”后，我们就俨然成为知己和故友，有唠不完的嗑和说不完的事，并不断在故土上续写着故我依然的故事；情在于由缘生情和以缘叙情的情愫绵绵，是情织结起我和《北国旅游》，也密实着我和家乡的乡情和土情，“桃花潭水深千尺，不及《北国旅游》情”；意在于会意和惬意的“两小无猜”和“彼此你我”，《北国旅游》一个顾盼的约稿眼神，我便能够尽领其意，当然也很得意扬扬于每期都置顶的“丰硕成果”，并足以在朋友圈里嘚瑟一番，以不辜负幸福的自媒体时代。你给我机缘，我还你故事；你赐我情怀，我报你意顾，这就是我和《北国旅游》的缘故和情意。

再仔细品味一下其中的缘故和情意，又不得不说，《北国旅游》涵盖的“北国”和“旅游”两个概念也同样是花开花落闻香知雅和你我一家不分彼此。“北国”是我的家乡我的根、我的黑土我的脉，“我的家在东北松花江畔”；“旅游”是我同济大学建筑学专业硕士毕业论文的研究主题，《旅游建筑点线面发展研究》让我为旅游情窦初开。您能说北国和旅游对我来说是平凡的词语吗？让我们一起沿着《北国旅游》路，说起《北国旅游》话，牵着《北国旅游》手，恋出《北国旅游》爱。真要感谢当初将《新东方旅游》改为《北国旅游》的动议，这样才能更精准地体现出刊物从哪里来到哪里去的“来龙去脉”，也使我这“少小离家”的游子，能够更好地“老大回”般享受同《北国旅游》在一起的喜乐。

尽管我出生长大在哈尔滨，但对北国的认知还仅限于南岗、道里、道外的范畴，因为在18岁的年龄就外出求学，之前基本是“两耳不闻窗外事”的一介书生，少有机会“出去看看”，对广域意义上的北国还感之有限和了解甚微。后来即使间或回乡省亲，也多半待在家里陪父母，难得放眼纵览原驰蜡象般的辽阔北国。我真正触摸白山黑水、体会北国旅游，那还要从2019 年说起。作为联合国世界旅游组织黑龙江省全域旅游规划和冰雪产业发展规划专家组成员，我有幸同来自世界不同国家的旅游专家们，按照黑龙江省文化和旅游厅安排好的几条线路，探寻黑龙江省的旅游资源，在“乡音无改鬓毛衰”的壮龄，初识北国旅游的真面目，特别感到“喜洋洋”，也由此有了更多“只缘身在此山中”的顿悟和领会。

将调研黑龙江旅游资源的所见所闻和所思所想凝聚笔端、汇聚纸上，我就跟《北国旅游》有了“龙江纪行”的系列之约。为《北国旅游》撰稿，同缘故和情意相约，怎能平凡写写便可？必须拿出浑身解数，展现北国旅游的宏观大气上档次，以百分之百的力量为之赴约。流于形式则会耗费读者的眼细胞；落入俗套则对不起家乡的山山水水；发表之后被父老们指指点点，更是会被“笑问客从何处来”。此事并非易事，但我必须接事和承事，为此我以同济背景下建筑设计师精益求精的设计态度，以及曼彻斯特大学项目管理者全程控制的管理思维，为这番写作自定义了文笔结构的小目标和理念战略的大目标。

首先，要突出每一处造访地的技术性特点，规划布局是旅游地的重中之重，建筑艺术是游览地的画龙点睛，旅游小品和动线导引则是衡量旅游景点优劣的基本面和刻度尺。其次，赋予文字语言技术性的严谨、散文性的抒情、形象性的配图和哲理性的启迪，既体现旅游目的地“旅”的专业性供给，也反映对其“游”的休闲性感慨，紧扣“旅”和“游”，相互耦合和互为拉动，避免过于学术的论文感和流水账般的游记性。再次，通过点评描述，期冀性地指明园区景点的发展方向、完善内容和改进措施，做到写作写在助力旅游上，评议评在促进改善上，不仅为今天而写作，更是为明天而谋划，如果某处因我的点评而得到提升，那我的“指手画脚”也算是言之有物和“落到实处”了。最后，我想也是所有撰稿人的红线思维，那就是必须真实写作和写作真实，必须用心写作和写作用心。

尽管写的是按时间进行的北国旅游的内容，但是在叙道说理上，我会时常在心里将其与南国旅游的经验和案例进行对比，有时当然还会与国际旅游开发进行对比，只有在比较中才能发现前行的距离，才能找到比学赶超的路径方法。

哈尔滨西站（作者绘于 2021 年 4 月 1 日）

得益于早年在南方的旅游建筑研究和规划实践，受教于无数次跟随硕士生导师葛如亮教授走近浙江的山水、走入福建的岭川，或规划或设计或参与了诸如瑶琳仙境、刁刁山庄、大慈岩和缙云电影院仙都风光壁画等项目，南、北方的旅游势态和资源禀赋始终是我撰稿的底图和背景。至于对比国际旅游，我早就在“宜吾设计”微信公众号里开辟了《吕途欧洲》栏目，专门描绘早年在英国求学期间游历欧洲的见闻和精彩，“他山之石，可以攻玉”。在融会贯通和学习借鉴中完成“龙江纪行”，在研习中外和比较品鉴中完成“北国旅游”，是我们旅游事业“登高而招，臂非加长也，而见者远”的着力点。

从《北国旅游》2019 年第 6 期开始，直到 2021 年第 1 期，我先后完成了 8 篇“龙江纪行”系列文章。沿着联合国世界旅游组织黑龙江考察线路之一，我才刚刚从兰西写到伊春，后续还将写到该路线中的萝北、鹤岗、佳木斯、抚远、饶河，直到双鸭山。这条线路仅仅是总体调研线路的四分之一，也就是说，我还将继续在《北国旅游》的“龙江纪行”系列表白缘故和情意，呵护大江东去的松花江，陪伴巍峨的大小兴安岭，歌唱乌苏里船歌，跳跃大东北舞步，迎接下一个十年的《北国旅游》，书写超大号特写的《北国旅游》。

北国好风光，尽在黑龙江！北国好旅游，《北国旅游》好！

全域旅游绘新图·全域冰雪谱新篇[①]

活动 Event：

世界旅游组织规划编制启动电视电话会议

时间 Time：

2019 年 4 月

主办方 Organizer：

黑龙江省文化和旅游厅

沐浴在“最是一年春好处”的明媚四月，我们迎来了“世界旅游组织规划编制启动电视电话会议”的隆重召开。

黑龙江物华天宝，人杰地灵，旅游资源得天独厚，而冰雪旅游资源更是数不胜数。我们既具有北欧般的丰润和天时，也拥有北美般的富饶和地利，还有建立在四季分明环境下的旅游经济和广袤的城乡村镇，具备寒地产业经济共同体的区位优势和地缘效能。习近平总书记“绿水青山就是金山银山，黑龙江的冰天雪地也是金山银山”的重要论断，为我省加强生态文明建设与发展绿色经济指明了方向，也给我省旅游文化产业的换挡升级提出了历史性的重大课题。

联合国世界旅游组织专家在黑龙江旅游资源调研途中
（作者绘于 2019 年 7 月 3 日）

我们要按照党中央的重要要求和省委省政府确定的发展目标，着眼青山绿水不放松，脚踏冰天雪地不停步，让青山绿水化作黑龙江提升经济的内在动能，让冰天雪地成为黑龙江旅游发展的坚实筑基。“春种一粒粟，秋收万颗子”，我们要一坑一粒种子地培育黑龙江旅游的内质潜能，一步一个脚印地踏出黑龙江冰雪的前进路径，全方位振兴黑龙江经济发展，立体化复兴黑龙江冰雪产业。

青山绿水是我们黑龙江省的自然基底，冰天雪地是我们黑龙江省的地域禀赋。我们邀请联合国世界旅游组织为我省编制《黑龙江省全域旅游发展总体规划》和《黑龙江省冰雪旅游产业发展规划》这两部指导我省旅游发展的纲领性文件，就是希望为我们的青山绿水量身定制出旅游经济的瑰意琦行，就是期冀为我们的冰天雪地量体裁衣出旅游产业的宏图愿景。我们也通过全球招聘的方式邀请具有国内外专业背景并且谙熟英文的中方旅游规划专家参与该规划编制的全过程，让他们同外方团队协同工作，密切合作，洋为中用，取长补短，把外方

① 本文为作者作为联合国世界旅游组织中方专家应邀为黑龙江省文化和旅游厅撰写的“世界旅游组织规划编制启动电视电话会议”发言稿。

作者向联合国世界旅游组织黑龙江旅游和冰雪规划编制团队的每位成员赠送为其“量身速写”的肖像画

专家的国际化思想同中国旅游实践务实地紧密结合，把世界旅游产业发展的前沿理念接地气地融汇到黑龙江的本土特色中，使我省这两部旅游规划法典既具有国际化的高度，也具有世界级的广度，并具有区域性的深度，更具有地方性的厚度。只有“会当凌绝顶”，方能“一览众山小”，希望全省旅游战线上的“旅游人”围绕如何突破我省旅游发展瓶颈的课题，积极行动起来，投身到旅游创新的实践中，共同开创多元化、独特化、国际化和产业化并举的黑龙江旅游新局面，使我们黑龙江旅游跻身世界旅游经济发展的第一方阵，使我们的黑龙江冰雪成为世界冰雪产业格局中的崛起新极。

通过旅游规划编制工作的启动，我们要进一步梳理我省的旅游家底和冰雪家底，研究国际旅游和世界冰雪，提出建立黑龙江旅游冰雪产业高地的参照系和坐标点。我们要制定出切实可行的旅游发展和冰雪产业规划，完善旅游和冰雪产业的功能布局，提出到2030年的全域旅游和冰雪旅游的中期规划，使其在广域上同国际接轨，在微观上各具特色。我们要进一步强化旅游和冰雪产业发展的项目化管理，从全程项目管理的视角去看待旅游和冰雪产业环节中的每一个项目，遵从市场规律，处理好投资造价、时间进度和质量供给这三方面的逻辑关联，把握好投入、产出和市场的辩证关系。我们要进一步通过国际交流，先期学习世界上好的旅游理念和模式，并在我们的主场加以运用，经过中期的不断努力和探索，建立具有黑龙江特色的旅游和冰雪产业体系，最终在后期通过发展和创新，形成本土化和独特化的旅游和冰雪产业集群，走出黑龙江自己的冰雪产业发展之路。我们要进一步建立黑龙江旅游和冰雪体系的矩阵态和模式块，连通旅游和冰雪产业的项目链和点阵群，打造旅游和冰雪信息的立体网和智能端，形成旅游和冰雪的观光线和产业带，创立引领东北亚旅游和冰雪产业发展的核心区，将黑龙江打造成为世界旅游和冰雪产业发展的高地和极点。

2022年中国举办冬奥会的契机在呼唤着我们奋勇争先，三亿人上冰雪的号召指引我们砥砺前行，让我们只争朝夕，真抓实干，把“全域旅游”的生活方式推向深处，把“全域冰雪”的发展理念融会贯通，更好地推动黑龙江经济的发展和产业的升级。

大美的黑龙江坐拥着千山一碧的林海苍茫，簇拥着恬静纯洁的江湖旖旎，偎拥着银装素裹的雪乡户牖，怀拥着追逐梦想的北国儿女，让我们怀揣3 800万龙江人民的嘱托，时不我待地共同努力，绘制出最美的“全域旅游”蓝图，谱写出最新的“全域冰雪”篇章。

“一带一路”新征程 ——中央统战部“一带一路”留学人员国情考察服务团新疆行礼赞

背景 Background：

由中央统战部组织的“一带一路”留学人员国情考察服务团新疆行活动于2015年9月12日至9月20日在新疆举行，作者应邀参加了此次活动并随团走访了乌鲁木齐、石河子、克拉玛依和库尔勒四座城市，访民情，看企业，谈服务，将留学人员创新创业的出发点和落脚点同国家“一带一路”建设紧密结合起来。

在石河子市作者代表服务团全团成员，将利用早晨时间绘画的新疆兵团军垦博物馆和广场纪念碑两幅钢笔速写赠予新疆兵团军垦博物馆，表达了服务团全体海归人士情系新疆的一片赤诚之心。在服务团结束新疆行活动之际，作者写下了《“一带一路”新征程》的诗歌以记载这次活动，将所到城市的历史文化和城市特征通过诗的语言提炼升华。

随团《人民日报》记者江山于2015年10月21日《人民日报》第20版引用本文诗歌的词句作为开篇，以《拳拳报国心 浓浓新疆情》为标题写了“一带一路”留学人员国情考察服务团新疆行纪实的报道。

乌鲁木齐

听着听着，BRT① 就启明起乌鲁木齐；
听着听着，大巴扎②就唤醒起乌鲁木齐；
听着听着，冬不拉③就欢腾起乌鲁木齐；
听着听着，服务团就唱响起乌鲁木齐。
我的乌鲁木齐！

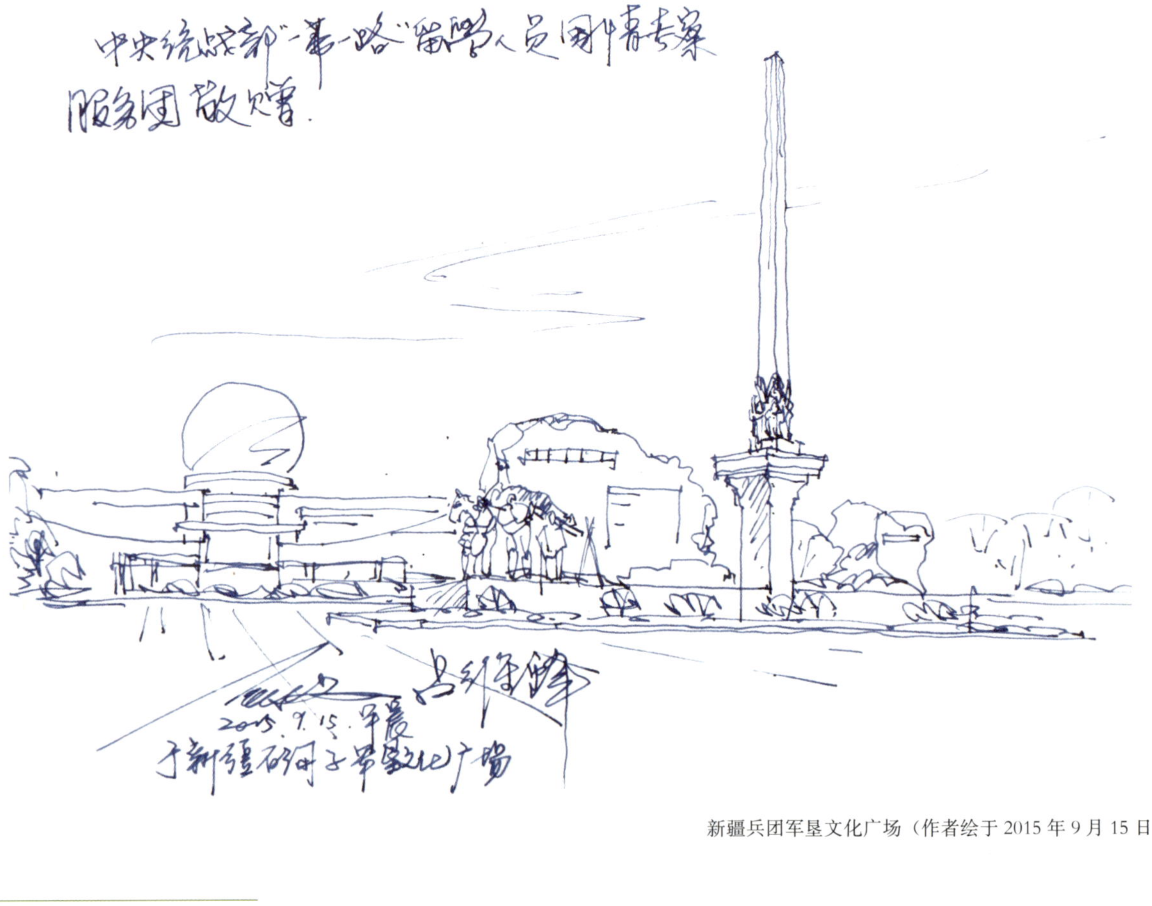

新疆兵团军垦文化广场（作者绘于2015年9月15日）

① BRT：Bus Rapid Transit，快速公交系统。

② 大巴扎：“巴扎”系维吾尔语，意为集市、农贸市场，遍布新疆城乡。“大巴扎”这里指乌鲁木齐市的著名旅游景点和购物市场——新疆国际大巴扎。

③ 冬不拉：冬不拉是哈萨克族民间流行的弹拨乐器，也是新疆各民族广为使用的乐器。

新疆兵团军垦博物馆（作者绘于 2015 年 9 月 15 日）

石河子

画着画着，石河子就被黎明所润色；
画着画着，石河子就被英雄所勾勒；
画着画着，石河子就被军民所建设；
画着画着，石河子就被戈壁所铭记。
我的石河子！

克拉玛依

看着看着，历史就铸就了克拉玛依；
看着看着，油井就成就了克拉玛依；
看着看着，九龙就喷就了克拉玛依；
看着看着，时代就托就了克拉玛依。
我的克拉玛依！

库尔勒

走着走着，库尔勒就被古楼兰所吻醒；
走着走着，库尔勒就被东归①路所醉醒；
走着走着，库尔勒就被孔雀河所催醒；
走着走着，库尔勒就被新丝路所梦醒！
我的库尔勒！

新疆兵团军垦博物馆馆长接受赠予
（吴玉华摄于 2015 年 9 月 15 日）

① 东归：土尔扈特是我国蒙古族中一个古老的部落，清乾隆三十六年（1771 年），由伏尔加河畔东归迁移至新疆，谱写了可歌可泣的民族抗争史。

园林已是花天气

——恭贺《园林》杂志创刊三十周年

出版物 Publication：
《园林》
期号 Issue No.：
2014 年 10 月刊，总第 270 期
页面 Pages：
136—137
主办方 Organizer：
上海市园林科学研究所、中国风景园林学会
主管机构 Authority：
上海市绿化和市容管理局

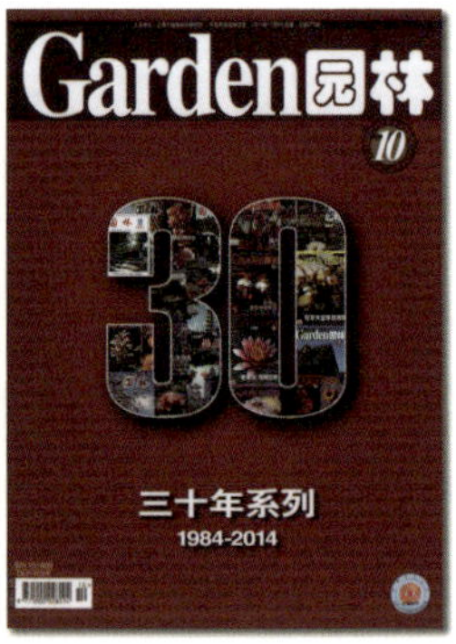

“园林已是花天气”，这是宋代文学家欧阳修在组词《渔家傲》“咏十二月时节”中赞美正月的一句妙笔。在逢迎《园林》杂志创刊三十周年的 2014 年农历正月之际，感受园林脉息，品读名家诗句，倍感这句文学妙笔的时代意境，可谓天地顿开和畅古达今，对《园林》杂志的发展历程而言，达意贴切；对我自己的人生轨迹而言，也是一种追忆唤醒。正月放笔抒情怀，半世缘，园林已是花天气，就以这语佳句作为标题吧！

很多人的职业发展轨迹是从填报高考志愿开始的，相信读书人选择志愿时都曾有迷惘和困惑。报什么专业真是艰难的抉择，而我的志愿与园林专业有不解之缘。年少时并不了解园林的真正含义，家里文化人表哥的一句“你喜欢画画，适合学园林设计这种专业”给了我填报高考志愿的灵感。当查看了同济大学园林绿化（现已更名为“风景园林”）专业的学习内容后，我更被风景区规划和公园设计这样的词汇所深深打动，有哪个萌动的少年不喜欢花叶草木呢！更何况将喜爱的绘画同未来专业结合起来确实令人神往。但最终发现同济大学园林绿化专业并不在家乡招生，于是我只好最终选择了同院系下的建筑学专业，并由此走上了建筑师之路。其实不管是建筑学还是景观学，基本的设计思维都是相通的，大学前两年的课程也相同且都在同一个阶梯教室里上大课，这也是我在从事建筑设计的同时也在做景观设计的原因。园林是我职业起步的知识点和生长点！

说到中国园林，人们一定会提及园林专家、同济大学陈从周教授，斗胆高攀一下，他既是我的启蒙师长，又是我的国画教授，这是我第二段结缘园林的难忘经历。当年所有新生入学时都会请系里的知名教授讲授大学生的人生开篇，我进入大学的这一课就是陈老先生主讲的新生教育课。那是 1981 年 9 月在同济大学文远楼 114 室的教室里，新生报到后才一天的我同满满一阶梯教室的新同学一起聆听了园林泰斗陈从周先生独具浙江口音的演讲，在江南糯语的似懂非懂中，园林呀，昆曲呀，这些词语着实让稚嫩的我内心充满憧憬和欢欣。园林建筑和建筑园林竟然是如此旷如也和奥如也，在他的字句言语间，园林又是那样如斯而已！老先生一句“绕岸一弯溪水绿，当门十里菜花黄”的江南意境，更是指引着我走进了创意的人生。进入同济大学的第一课就恭听了陈老先生的讲座，从这个意义上讲，他就是我的启蒙教授。

结缘园林并进而结缘园林大师，真是我的人生福祉。研究生时期我特意选修了陈老先生的国画课，期冀继续洗耳于园林大家的教诲。

陈先生国画课的上课地点就在同济新村他家的书房里，上课的方式是以画为主，在画的过程中教授国画的精髓，其间自然穿插了大师特有的谐趣点评。他毛笔下的竹兰流畅得那样丰懿绚烂，画到兴致时他会让我们几个研究生手心手背猜赢，胜者能够得到他即兴书画的大作，多么可敬可爱的矍铄大师，更酷的是他在猜赢的我所得到的画作上手书了“维锋弟玩”的噱语，真是寓教于乐、点墨诙谐！他这幅作品绘得后那孩童般的启齿微笑至今还存留在我的记忆里。在老先生家庭式的课堂上，我们每周一课地度过了愉快的一个学期，学习到的是他绝妙的兰竹画意，体味到的是他对园林艺术的说解品析，苦时间不能滞留以更多地吸收他的园林智慧。当年猜赢得到的他的国画手迹连同他的园林哲学被永恒地珍藏在大千时空中，典藏在我的内心里，托字画之追忆，想必他一定愿意看到我们今天这般“园林已是花天气”。

陈从周教授赠予作者的写有“维锋弟玩”的画作

年华荏苒，时光如梭，一转眼已经到了研究生毕业答辩的时间，这距离报考大学时已经过了整整 6 个半年头，园林情缘再一次推助着我的职业发展。我的硕士学位论文答辩有幸请到当年上海园林设计院院长乐卫忠先生作为答辩专家组组长，作为上海园林界德高望重的老前辈，他百忙中主持了我的毕业答辩，围绕我的《旅游建筑点、线和面发展研究》的论文发表了字真言切的点评，并同其他答辩委员一起对我的硕士论文言之以理、述之以句、论之以实和议之以德，当年答辩时的历历场景至今仍萦绕闪回。园林的花卉再一次盛开在我心中的晴天里。

同园林有缘，同《园林》杂志更有缘。2011 年我有幸参加了《园林》杂志发行 300 期的纪念活动，并应邀为《园林》杂志撰写文章。创立设计公司这七年间，我们团队陆陆续续做过许多景观设计，的确有许多感受和体会希望奉献和分享。从农业园区景观到石涛纪念园设计，从朦胧细雨江南的空灵景致到白山黑水东北的广袤景观，我将从景观设计中或多或少汲取得的前辈们的浸染言思书于文笔字句，传承展现他们的园林思想。感谢《园林》杂志社的领导和编辑们让我有机会先后发表了《创新引领的景观设计》《筑农业之路·道休闲之情》《得画圣之灵，筑大师之园》三篇文章，每一篇文章的润色都凝聚着他们的辛勤汗水，电脑前字斟句酌地校审稿件是多么平凡但又伟大的工作呀！

园林是抒情的艺术，它的一花一草都在讲述着人世间的美丽婀娜；园林也是人生的航标，它指引着追索的人们启航远行；园林更是时代的空间，它铸就历史的绵亘并容纳未来的梦想。我们都是生命大园林中的一介过客，在欣赏着周边无尽的芬芳中走过我们自己，奔忙中驻足回眸并在感叹中等待追赶来的附体灵魂，蓦然察觉满路的弥散园林已是花天气。

得画圣之灵·筑大师之园

——扬州大明寺石涛大师纪念园设计

出版物 Publication：
《园林》
期号 Issue No.：
2013 年 11 月刊，总第 259 期
页面 Pages：
48—50
主办方 Organizer：
上海市园林科学研究所、中国风景园林学会
主管机构 Authority：
上海市绿化和市容管理局

得画圣之灵，筑大师之园
——扬州大明寺石涛大师纪念园设计

引言

石涛作为一代宗师，对绘画、书法、诗赋和造园的历史性贡献可谓举世无双，亘古绝伦。身为明代皇室后裔，尽管其生不逢时、坎坷颠沛，但是他始终怀着对自然的灵性感悟和对艺术的执着追求而生活着和追求着。翻开石涛的生平画卷，不管是出走广西，还是停留武昌；不管是游走庐山，还是礼拜松江（今上海）；不管是缘静宣城，还是斋居南京；不管是叩拜京城，还是遗身扬州，他总是以“一画之法”“本心自性”的世界观洞察社会和理解人生。他“搜尽奇峰打草稿”的画语精髓，给张大千、徐悲鸿等后代绘画大师们留下了无限的励志空间。遗憾的是，中国历史上这样一位举足轻重的时代俊杰，却在今天的时空舞台上找寻不到任何供奉凭吊和追忆的场所，实乃憾事！应扬州大明寺之邀，我有幸执笔完成了石涛纪念园的设计，感怀一二，寄托追思。

扬州大明寺石涛纪念园实景（作者摄于 2011 年 11 月 13 日）

选址

为躲避抄斩，石涛幼年即被内家官带入佛门，从南到北辗转数多庙寺，最终落定扬州大明寺，大师纪念园选址大明寺内理所当然。在大明寺高僧的拂尘佛点下，纪念园最终定位于欧阳祠庭院内，这既符合史料中石涛墓“葬于平山堂后”的方位记载，又在平山堂已经布局满溢的情况下给石涛纪念园一个庄重的地位。场地原状为一处布满假山石、绿化和树木的土丘，高出庭院中央路面半米，东临大雄宝殿山墙，北靠欧阳祠，南迎谷林堂和平山堂，西望乾隆碑亭和天下第五泉。宗地三面屋墙围合，一方负阳面庭，虽历经沧桑磨砺，但堪舆风貌依然清晰可脉。

布局

在石涛去世 300 余年后的今天，如何让他的艺术思想和禅境宗意在其圆寂所在地扬州得以弘法栖息，这是摆在石涛纪念园布局设计面前的首要任务。在查阅有关石涛生平的文献和研究其遗踪的史料后，我选取石涛塑像、修复记碑、石涛墓和石涛经幢四个内容为总体布局

扬州大明寺石涛纪念园设计鸟瞰图（宜吾设计，2011 年）

规划价值点，提炼出石涛纪念园“一像、一碑、一墓、一幢”的主题元素，并概括为四区一线的总体布局框架。纪念园占地面积为 320 平方米，由塑像区、纪念区、墓碑区和经幢区四部分组成，这四个部分通过几何弧形鹅卵石步道有机连接，动线流畅，分合有序。通过对场地内不同年轮树木的详细现场勘察和树位测定，经过多轮草图比较，最终确定了保留所有树木的规划方案。

按照瞻仰者从进入园区到结束参观的心理需求活动，将设计元素融汇串联，体现出“识其人、解其意、拜其陵、觅其踪”的设计语义。一座石涛塑像首先让拜谒者立体形象地认识石涛其人；在识其人后，参观者迫切想了解石涛，一座修复记碑在弧线的自然导引下映入眼帘，驻足谒咏碑文，有血有肉的石涛立刻呈现在参观者面前；解读了石涛后继续前行，绕陵墓三匝拜谒敬仰就成为整个动线的高潮；从石子铺地的主道转出陵墓，石涛经幢扑面而来，觅其踪迹，留下我们无限的追思。

石涛纪念园的四个分区，前后立体高耸，中间平缓舒展，平面弧线串联，氛围张弛平衡。整体空间在石涛名句“搜尽奇峰打草稿”的题字墙映衬下，功能明晰，浑然一体。

要素

1. 石涛塑像

石涛纪念园入口同鉴真纪念堂入口共用一条道路，纪念园的主要入口位于这条过道的尽端，一弯拱门低平雅致，虽未入庭院三两步，但石涛铜像已经以月弯拱门为画框，翩然地映入参观者的眼帘，吸引人们继续向前。

如果将纪念园整体布局比作一场恢宏的交响乐章，那么以石涛铜像为主题的塑像区就是这篇乐章的序曲。清朝画家石涛大师的伟名在中外艺术史上举足轻重，但是关于石涛的形象几乎未有史传，为了满足参观者最初的心理探究，纪念园第一展区首先立体地呈现出石涛大师的完整形象。原上海油雕院院长陈占魁设计的石涛塑像由纯铜浇筑而成，塑造的是石涛的晚年形象，其表情凝重，身姿前倾，右手握画笔，左手掌拂尘，从他那锁眉凝视的眼神中，我们仿佛感受到艺术家内心对明朝国破的忧虑、对艺术理论著作《画语录》的思索，以及对禅宗佛旨的会神。

2. 修复记碑

通过塑像立体地感知石涛的真真切切后，谒拜者被月牙弧形的纪念小路自然地引导至纪念区。纪念区以传法法师书写的修复记碑为主体，它向谒拜者讲述了石涛的生平和修复石涛

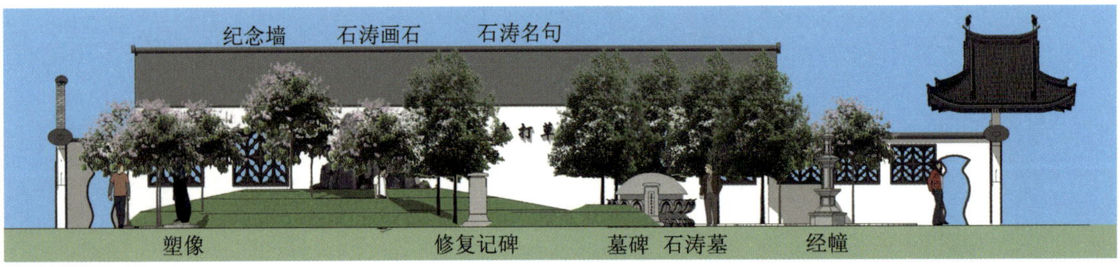

扬州大明寺石涛纪念园立面图（宜吾设计，2011 年）

墓的佛缘。俯身倾读，字斟句酌，平舒直叙的语义使人们仿佛穿越到石涛的年代去拜仰和感知。

修复记碑造型吸取中国传统纪念碑三段体的形式，并加以简洁现代的线性处理。碑体在须弥座的基础上辅以收分，在碑盖交接处继续切角塑造，使碑体线形硬朗，变化有致，展现 21 世纪的时代造型主张。

3. 石涛陵墓

继续举步数米，大师的宗灵近在咫尺，圆形的石涛墓在黄石和绿化映衬下庄严肃穆。石涛大师之墓高 1.5 米，直径 2.4 米，下托莲花须弥宝座，上罩简约拱形墓盖，通体制式凝重而不失典雅，质朴而非似凡俗。墓碑题字“石涛大和尚之墓”由大明寺能修大和尚书写。作为石涛纪念园的主体部分，墓体和墓碑的体量呼应庭院的规模尺度，居一隅而览全貌，恰到好处地掌控着纪念园整体空间的布局，大则失当，小则遗缺，如斯而已。

4. 石涛经幢

参观动线的尾声将游客引至纪念园的经幢区，留给我们的是追忆，是缅怀。该三级制式经幢是大明寺中现存的唯一历史遗留物件，原置于栖灵塔东侧，为了使石涛的佛缘生灵得以荣归，在设计之初，即构思将经幢迁移至石涛纪念园内，该建议最终得到了大明寺的认可和支持。如果说一尊雕像作为石涛纪念园的序曲，奏响了当代人对 300 多年前一代画僧敬仰的乐章，那么石涛经幢就是纪念园这篇乐章的结尾，它留白地为石涛的艺术生涯画上了完美的省略号。

5. 纪念墙

低头拜谒时人们的思绪是收敛和抑制，而当举目环视时纪念墙带给人们的是灵动和释放。长 9 米、高 3. 8 米的纪念墙以石涛手书“搜尽奇峰打草稿”为统领，白底黑字，书法俊秀，将纪念园的瞻仰气氛助推到至高的艺术境界。因为石涛在扬州城南徐凝门街花园巷何园之南的“片石山房”被誉为石涛叠石的“人间孤本”，纪念墙西段设计了主题为“石涛画石”的叠石砌筑，喻指石涛不但是书画大家，还是造园专家。

总结

如果说石涛在《竹石梅兰图》中通过题诗“一叶一清静，一花一妙香”来寄托人生的感悟，那么我们能否套用韵仄，用“一碑一悼念，一园一追思”来描述石涛纪念园对画僧的咏怀?

扬州大明寺石涛纪念园作为世界首个展现石涛艺术生涯的纪念园，开时代之先河，耀画圣之灵脉，为研究和瞻仰石涛大师提供了一个纪念性场所。纪念园的设计创作汲取了石涛宗师的艺术精神，以“法自我立”为动力，以“我之为我”为源泉，以“本心自性”为禅意，以“搜尽奇峰打草稿”为精髓，以“一画之法”为内涵，结合地形地貌和屋墙户牖，汇宗脉堪舆和时代诉求。得画圣之灵，筑大师之园，与其说场地的环境本质要建筑师构思设计，倒不如说是宗地风水自然流淌出的将石涛的佛与艺、缘与灵融为一体的意念被建筑师所融汇和集成。

让石涛之灵得以安魂，让世代追崇得以祭典，让画语之录得以传承，让佛法之宗得以永世。

筑农业之路·道休闲之情[1]

出版物 Publication：
《园林》
期号 Issue No.：
2013 年 5 月刊，总第 253 期
页面 Pages：
12—13
主办方 Organizer：
上海市园林科学研究所、中国风景园林学会
主管机构 Authority：
上海市绿化和市容管理局

近年来，农业观光园的兴建在我国方兴未艾，这种以农业为载体，融汇旅游、休闲、观光和游览等功能要素于一体的空间场所越来越成为人们摆脱都市喧嚣和放松疲惫身心的世外桃源。在解决了基本温饱的背景下，人们追求的是健康和舒心，农业观光园的出现正好满足了这种普遍的心理需求。农业在新时代的引领下已经走出了单一的耕种和收获的原始躯体，而以农业观光园的形式被赋予了全新的时尚解读和产业演绎，一个崭新的词汇已经超越了泥土的厚实，成为人们特别是都市人群欢愉的符号，那就是“休闲农业”。走向自然、释放心境、体验农事和主动休息的行为模式已经成为一种原则主张。

哈尔滨道外区民主乡核心区规划设计鸟瞰图（宜吾设计，2010 年）

休闲农业

休闲是一个具有时代性的词语，它与都市压力共生，与人们富裕同源，当不存在身心压力时，也就谈不上休闲；当为温饱而抗争时，休闲也毫无意义。今天，中国社会发展的力量已经将休闲和农业牢牢地黏合在一起，二者碰撞融合，竞相怒放，这才有了休闲农业的概念和理念。对于都市生活的繁杂和压抑，对于都市空气的污染和窒息，对于都市空间的狭小和拥堵，对于都市心境的紧张和焦虑，休闲农业就像是一把金钥匙，它成功打开了人们通往释怀彼岸的理想之门。农业观光园作为休闲农业的体现形式，是我们当今时代的发展成果和必然产物。

早在 19 世纪末，英国社会活动家霍华德从城市发展的视角提出了“田园城市”的生活模型，将城和乡彻底融合，使城中有乡，乡中见城，城乡一体，人居共荣。今天我们去领略100 多年前提出的“田园城市”意境，欣然发现霍华德开城乡融合之先河，“田园城市”创都市农业之雏形。借古咏今，畅西吟中，我们自然想到中国田园派圣人陶渊明，他以“结庐在人境，而无车马喧”的乡间农业面貌抒发归隐人生的内在

① 本文合作者：杨英舟。

情感，通过“采菊东篱下”的农事体验提出了中国休闲农业的原始概念，其志素朴酣畅，其行洒脱丰实。霍华德也好，陶渊明也罢，他们的所思所想和所作所为述说的都是同一个理想，弹拨的都是同一曲旋律，那就是隐居田园和休闲人生，只有此番“锄禾日当午”才能充分体现人生的价值所在。

提供休闲服务和满足休闲需求的产业称为休闲产业，休闲农业作为休闲产业的一个分支，涵盖了观光农业、农业旅游、乡村旅游、农村观光、假日农场、休闲农庄、农场旅游等多种业态。在我们大谈特谈农业旅游观光的当下，又有一个振奋人心的信息更大地鼓舞起观光农业的发展：2013年伊始，中央一号文件首次提出“家庭农场”的概念，这意味着休闲农业的产业思维从政府层面得到正式确立，农业观光园将迎来更大的发展。

顾名思义，休闲农业具有旅游和农业的双重属性。作为结合休闲游憩与农业生产双功能的新兴产业，休闲农业不但引发了都市人群的热议和参与，而且引起了科研学者的关注和研讨。农业观光园作为休闲农业的聚合形态，蕴含着经济功能、生态功能、社会功能、游憩功能、教育功能和医疗功能等主题内涵，是集生产、生活和生态于一体的休闲产业单元。

园区规划

将休闲农业的理念落实到农业观光园项目，需要有科学合理的园区规划作为保障。观光园区的规划设计既要有城市规划技术和方法的引领，又要有农业科技的专项知识作为支撑，二者相辅相成，合力共彰。

做好农业观光园的规划，首先需要调研场地状况、分析地区农业特点和研究潜在客户市场资源，这是农业观光园定位和经营的基本前提。在此基础上才能确定规划目标，确立园区功能布局，提出分步实施计划和定义未来发展战略。其后应该确立产业布局和土地利用分布，并最终规划路网系统、景观体系、农业项目和导览系统，形成技术图纸深度的农业观光园总体规划方案。

在园区规划过程中，总体规划思想和方案的提出还需要辩证地考量园区软件和硬件相互依存的项目特性。园区硬件指的是通过形态规划可以解决的可视性问题，而软件强调的是营销策划和经营管理等非直观可视性的功效。从国内的农业观光园发展情况来看，无论是国有企业还是民营企业，大多数经营方都十分注重硬件建设，筑路和造景忙得不亦乐乎，但或多或少轻视了软件的价值挖掘，没有全程项目管理思维和园区经营的软实力，这自然就带来农业观光园运营管理的发展瓶颈。软、硬两手都要抓、两手必须管才是园区建设发展的根本之路。

除了规划好园区之外，创新农业是需要考虑的另一项课题。农业观光创新的内容和形式涵盖面广、关注点多，其中既有农产品产业链上的创新，又有参观者农耕体验方式的创新；既有行销整合和策略联盟的模式创新，又有产业政策和金融杠杆的思维创新，但无论如何，所有的创新考虑必须服务于一条主线，那就是农业观光园游客的满意度，这项指标应该贯穿于农业观光园规划的始终。

规划案例

受黑龙江省农业科学院的委托，我承担了黑龙江（国家级）现代农业示范区的战略策划和总体规划设计两项工作。该项目位于哈尔滨市道外区民主乡，占地面积为536.53公顷，计8 048亩。基地位置距哈尔滨市中心区20千米，位于松花江和天恒山这一哈尔滨最具地貌特征的白山黑水之间，聚山之秀，汇水之灵，山水灵秀，龙凤彰显。

黑龙江（国家级）现代农业示范区既是农业科技的示范基地，也是农业观光的旅游景区。

黑龙江（国家级）现代农业示范区实景（宜吾设计，2010 年）

示范区策划以“山水田园”为案名，通过对区位环境和属性功能的解读，提炼出园区的品牌精髓，并以“一片赋予东北亚农业新动力的沃土”为营销导引，深化品牌主题，展现科研优势。农业项目规划体现出符合地域特点的生产工业化、管理数字化、环境生态化和资源集约化“四化”目标，项目选择以技术先进为统领，以经济高效为动力，以产品安全为保证，以生态环保为前提，真正使示范区起到农业典型的样板作用。

黑龙江（国家级）现代农业示范区总体布局分为研发管理区、国际交流区、观光文化区、农耕体验区、科技孵化区、生态湿地区、农业创新区、水田种植区、加工服务区和预留发展区十大功能区。这十大主题功能区通过岸芷汀兰、翠园晨鸣、田园守望、廊桥观鱼和创意黑土五个特色景观概念来展现休闲旅游理念。从农业的视角看，示范区规划功能分区明晰；从观光的角度看，示范区景区特色鲜明，农耕有序，四季点睛。

园区建筑以清淡和明亮的色彩为基调，符合东北四季分明的气候特点，使之在蓝天、林木的环境中显得清新悦目。建筑风格充分考虑度假和休闲的功能主题，以地域传统特色为主要形式。建筑以低于三层的规模尺度为主，在局部地方设置较高的景观标志构筑物。

园区主要入口大门采用了彩虹门的造型，尺度浑厚，形体简约，辉映东北广袤的黑土地日出日落的雄壮气度，展现当代建筑艺术的北国风韵。所有外来旅游车全部停留在入口对面的广场上，园区内部采用电瓶车的游览接驳模式，低碳环保，生态节能。规划设置了主要游览路线和次要游览路线双系统，游客可以根据自己的时间安排选择不同的游览路径。在标识牌、农业标志、名称标志、指示标志等标识系统的导引下，游客能够明晰目的地方向，找寻适合自己的农事项目。游客服务中心为观光客提供宣传资料、咨询服务、导游讲解和医护急救等配套服务。生态餐厅和星级标准的住宿设施集中布置在水波湖涟的核心区域内。

总结

休闲农业既具有农业的基本特征，同时也具有观光体验的旅游属性。农业观光园是休闲农业的载体单元，承载着农业园区和旅游目的地的双重功能。随着社会发展的不断深入，缓解都市生活压力、释放城市工作疲劳逐步成为人们的休闲共识。农业观光园可以有效地开发农业资源，极大地吸引旅游资源，同时也能塑造良好的村镇风貌，提高人们的生活品质，是中国城镇化发展趋势所在。通过案例研究，我们深刻领略到农业观光园的形态特征和总体面貌，也更加坚定了将农业属性同观光特征合二为一的科学发展信念。让我们一同走进农业观光园，共同缔造可持续发展的这一新兴产业模式。

创新引领的景观设计①

出版物 Publication：
《园林》
期号 Issue No.：
2013 年 4 月刊，总第 252 期
页面 Pages：
16—19
主办方 Organizer：
上海市园林科学研究所、中国风景园林学会
主管机构 Authority：
上海市绿化和市容管理局

伴随着全球经济的持续低迷，创新中求发展已经成为国际社会的普遍话题。从苹果电脑的创新理念到莫言小说的创新意识，当今世界无不弥散着通过创新引领人类迈向更高境界的渴望。党的十八大提出“美丽中国”的发展主张，这无疑给我们景观设计界构建了创新发展的美好蓝图。中国必须美丽，美丽依托生态，生态凸显景观，景观需要设计，设计应该创新，创新引领发展。这一连串的创新驱动更加验证了一个颠扑不破的真理：创新缔造价值。对风景园林行业而言，创新引领景观设计应该成为我们的时代思维。

南京市四方新村入口广场总平面图（宜吾设计，2012 年）

四个创新

何谓创新？如何在景观设计中创新？这个问题需要从思想、技艺、市场和管理四个范畴加以诠释。

首先，创新必须是思想的创新。思想决定方略，思想决定行动，思想决定设计，思想决定价值。思想创新要求我们必须摒弃庸腐，打破常规，使景观设计立足于时代并着眼于未来。立足于时代要求我们的思想意识走在时代的前列，倡导设计的哲学思想根植于当代的社会土壤。着眼于未来要求我们的意识超越传统的束缚，指引设计艺术的发展方向。石涛的绘画秉承一画之法，泼洒本心写意，开创一代笔墨先河，其创新的思想对张大千和徐悲鸿等美术家影响至深。包豪斯的设计简洁流畅，线形率直，冲破西方古典艺术的藩篱，其创新思潮引领着当代设计艺术的发展。举凡精神的博大、中西方艺术的闪亮点都会聚焦于思想的创新。

① 本文合作者：王健、刘洋。

其次，创新体现在技艺的创新。新技术、新工艺的应用是科技进步和时代发展的必然产物，设计师应该具备驾驭新技艺的综合能力，将技艺创新运用到设计实践中，创造出符合时代精神的艺术精品。中国江南古典园林建立在木构、瓦当和砖墙的技术工艺基础上，彰显的是历史的建筑语义。今天的建筑材料多了玻璃、钢构和铝材等，我们已经拥有了超乎传统建筑含义的新型组件。技艺创新要求我们今天的园林景观不应是历史的复制，而应是当代的技艺在创新设计引领下的集成。贝聿铭设计的苏州博物馆的庭院景石，并没有延续“瘦、皱、漏、透”的传统表现手法，而是采用江南元素符号和现代山石水畅融汇的写意表现手法，颠覆了咏颂至今的米芾赏石的“四字绝”，向我们展示了技艺创新的正能量。

再次，创新必须具有市场认可度。最终能够被受众接纳的或者经得起历史考量的创新设计才能称得上是传世佳作，也就是说，创新不但要经得起当下市场的评议，也要经受未来市场的验证。1889 年建成的巴黎埃菲尔铁塔如今已经成为世界地标，但在当年崇尚古典艺术的社会风尚中，建造这样一个创新的构筑物的确引起了法国市民的广泛热议。莫泊桑、左拉等社会名流都在反对建造的抗议书上签名，莫泊桑甚至出言“巴黎如果建成铁塔，我要永远离开这个城市”。埃菲尔铁塔的故事告诉我们这样一个哲理：创新的设计不一定立马被受众认同，创新的事物通常充满风险和挑战。设计师要具备创新的勇气才能有接受创新的市场，全社会宽松的氛围才是创新得以实现的保障。

最后，创新应该涵盖管理的创新。好的景观作品不但是设计的价值体现，还是包括施工和维护在内的项目全生命周期科学管控的集成。设计解决的是项目如何做的问题，管理回答的是工程怎样做的问题，二者相辅相成。创新的设计没有落地的实施手段或者实施中改头换面

南京市四方新村入口广场鸟瞰图（宜吾设计，2012 年）

和面目全非，也谈不上是创新。景观艺术不相信空谈，再美好的图画，如果只停留在效果图的欣赏上，那只是白纸一张，落成实现才是硬道理。作为国际学术界关注的领域，景观项目管理学在我国还没有被提升到其应有的高度，景观设计师应该了解工程项目管理，关注项目全过程的各个环节，这是创新性的设计得以呈现的基本保证。

创新案例

在 2011 年西安世界园艺博览会上，创新之术五花八门，创新之意数不胜数，几乎所有的景观设计都展现出景观艺术的时代性和现代感。从大师园到创新园，从世界庭院到国际展园，从内地展园到专类园，创新设计体现在设计思想、运用技艺、受众观感和项目管理的方方面面。在西安世界园艺博览会上，景观庭院设计没有复古，没有山寨，没有怪异，没有重复，有的只是真切的创新性和独特性，有的只是每一个景观项目的精彩和绝伦。

其中尤为值得称道的是长安塔的创新设计。长安塔作为体现中国传统特色的景观建筑，既要展现中华民族的艺术特色，又要表征社会发展的时代旋律，创新设计难度可想而知。长安塔的设计没有因循守旧地简单复制传统古塔，而是以寻找传统形态和现代气息的交汇点为创作源泉，同样的筑山为台，外观七级建制形存

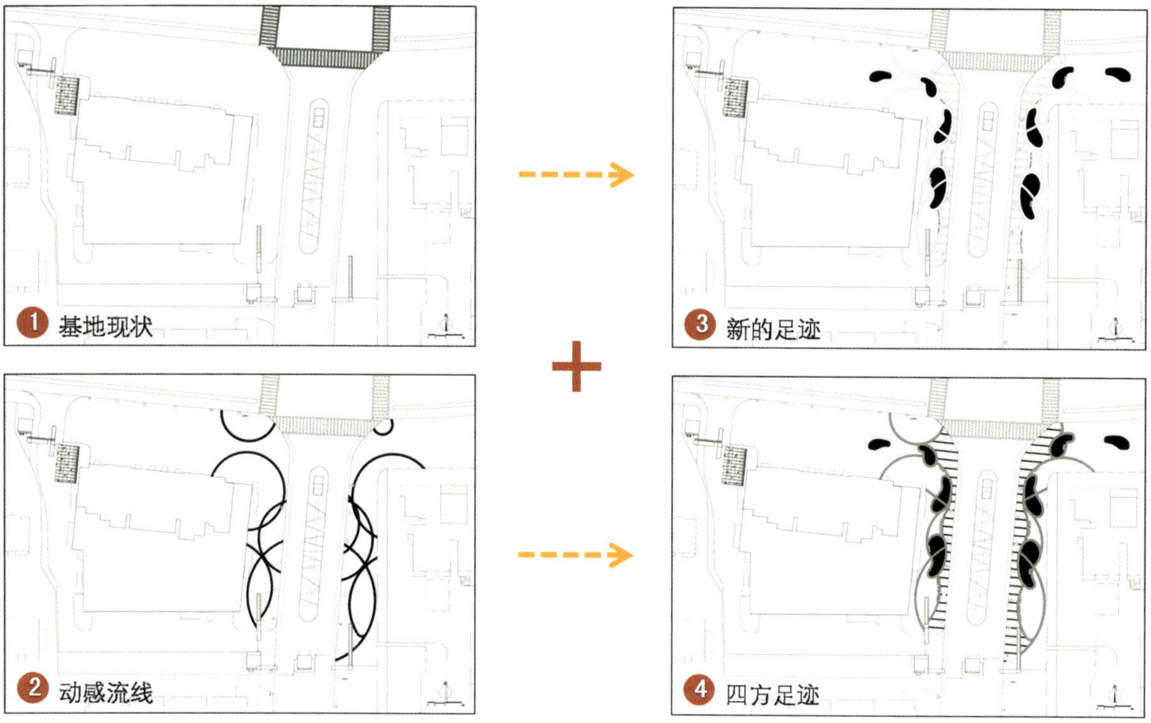

南京市四方新村入口广场规划设计（宜吾设计，2012 年）

意精；同样的大唐风韵，内在的 13 层功能布局敞闭相间。它古朴但彰显现代，它传承但意在当今。今天我们可以看出它的历史性厚重，明天后人一定可以体味它的未来性展望。中国人从中感受到的是盛世大唐的遗风，西方人从中体会到的是中华文化的新意，受众的文化基因虽然不同，但在长安塔上都可以找寻图式的中国艺术密码，这就是创新设计所带给我们的建筑神韵。长安塔以银灰色铝板作为外墙材料，彰显出时尚现代的都市风貌，成为绿色建筑技术和建筑艺术完美结合的典范。这种融中国传统元素和现代材料科技于一身的设计是一个时代的创新标杆，具有广泛的市场认知度和受众接受度。而与之相对比，在我国目前的园林景观设计市场和决策者文化认知中，大量中国复古式园林或者西方古典式建筑景观充斥左右，并冠之雅士墨客之风骚，既没有创新，也没有品位，陷入了自认为的传统文化的泥淖。长安塔的案例为我们的创新实践开出了药方并指明了方向。

设计实践

南京市白下区（今秦淮区）四方新村是始建于 20 世纪的老式小区，小区大门北邻光华路，入口道路呈南北向。因为大门相邻地块上商品房的建设，需要拆除原有的 6 米高、18 米宽的横梁式大门，重新考虑入口大门的位置并进行整体景观环境设计。如何从思想创新出发，按照四个创新的原则重新定义新的环境空间？这是创作团队首先需要思考的问题。

中国式的居民新村有其多年的发展过程，从最初的单位分配式居住用房到当今的市场商品化住房的转型，反映了中国住宅体系的发展轨迹。景观设计思想创新以新村发展的历史印记为主要线索，通过脚印痕迹的绿化景观构思和塑造，见证中国式居民新村走过的漫长发展道路，体现 13 亿人口的泱泱大国拥有居者有其屋的伟岸襟怀。

技艺的创新紧紧围绕中国新村历史发展的主题，通过暂时作为售楼处标识、今后将作为

南京市四方新村大门实景（宜吾设计，2012 年）

四方新村标志的 2.7 米宽曲线形不锈钢精神堡垒造型，展示出新村这种居住体系在中国曲折发展并且不断演进的历史征程，体现了现代科技和材料工艺的时代性。通过 0.9 米×0.9 米吸塑发光体的方正造型，寓意“四方”这个名字，体现出历史痕迹和当代技艺的融汇与碰撞，给人以视觉艺术冲击和心灵感知震撼。

谁在使用四方新村的入口环境？答案当然是四方新村的广大居民，他们是项目的市场受众。按照传统意义理解，新村大门口就是一个交通节点，人来人往，车行不息，人流车流必须由此经过；按照规划意义去解读，新村大门口就是一个空间限定，内外有别，南北不同，街道空间和居住空间由此分界。让匆匆忙忙进出大门的过客能够驻足小憩，使交通枢纽和空间限定的功能通过景观环艺设计转换成为兼具停步休憩和闲聊约会的都市街景空间，延展的正是项目市场创新性的价值含义。

从景观设计创新的角度讲，施工图完成了，设计团队也还只是放心了一半，接下来的任务是通过工程项目管理的创新，控制好工程施工和工程造价，并将景观成果顺利交付社区居委会。在后续的维护保养中，管理者应该保证景观环艺原汁原味，使设计成品在时间的流淌中不走样、不褪色、不改变和不损坏，真正体现出景观设计的管理创新内涵。创新工作是设计师的责任，将创新意识贯穿于景观工程的项目全过程中，这是景观工作者的使命和责任。

本项目方案汇报后获得甲方的一致认可，并随即进入将景观设计方案向四方新村居民和全社会进行公示的阶段。在公示过程中，附近的居民反应热烈，大家对每天进出的新村大门能有这样一个景观环境相伴表现出由衷的满意。截至撰稿时，四方新村大门已经完成了主体框架施工。

总结

创新是时代赋予我们的历史使命，景观设计创新是美丽中国得以呈现的基本途径。景观设计创新需要从四个层面加以诠释，思想创新是基本前提；技艺创新是保障手段；市场创新是存在条件；管理创新是实施动力。这四个方面相互呼应，相得益彰，相互促进，相映成趣。景观设计创新必须综合运用这四个方面的驱动能量，才能使设计成果成为被人称道的景观佳品。

十

咖啡篇——品赏空间

典雅的只有咖啡

出版物 Publication：

《咖啡文化》

期号 Issue No.：

2014 年第 4 期，总第 71 期

页面 Page：

第四版

主办方 Organizer：

上海咖啡企业协会

走在杭州市萧山区的街头，当你要找寻一处咖啡厅去体味闲情逸致，随便询问哪一位路人，他（她）一定会将你引至蓝山咖啡。“借问咖啡何处有？路人遥指蓝山屋”，唐代诗人杜牧没有这个缘分体会今天咖啡的浓香，否则他一定会将自己的诗作如此这般改写。这是一种典雅的品位、一种奢靡的张扬、一种精致的涤荡和一种痴迷的追索，没有华丽的辞藻，典雅的只有纯美的咖啡。

举步跨入蓝山咖啡的大门，迎面扑来的是加勒比般的色彩和情调。这是一大一小的双门厅，小的是进厅，紧凑含蓄，陈列着咖啡的招贴画；大的是门厅，宽大包容，承载着交通聚合的功能，二者张弛有致，组合有序，宛如大珠小珠嵌落于蓝山的加勒比海洋。套用苏东坡

蓝山咖啡厅半圆弧楼梯空间

蓝山咖啡厅实景

的诗句，此乃“未如咖啡三两步，品味已到鼻孔间”，好一分古典咖啡的双连音！

沿左手楼梯扶摇直上是此蓝山咖啡的二楼，半圆弧楼梯恰似被搅动的咖啡熏吸着你缠丝上行，止步于一方点缀着咖啡这个永恒主题的照壁。这是咖啡厅设计的精神堡垒。咖啡色的地毯和浅黄色的顶壁，和谐得令人心平气和，生息顺昌，再配以金黄色的灯饰，更显小资情调，这时你一定会顺嘴说出“来一杯蓝山咖啡”。

整个蓝山咖啡最抢眼的当数深蓝色窗帘，那是一种苏格兰酒吧里常看到的高地蓝，或许唯有苏格兰高地的威士忌才能匹配蓝山咖啡的品质和内涵，一样的颜色，咖与酒也。精心点缀的蓝色，给咖啡那份苦韵带来无限的弥漫，感染着就座的咖啡鉴赏家们。漫漫人生路上，我们喝的是咖啡，品的则是那份香醇，咖啡品人生，人生鉴咖啡。蓝山的咖啡典雅得只有人生了！

文艺范浸染真咖啡

出版物 Publication：
《咖啡文化》
期号 Issue No.：
2014 年春季版，总第 68 期
页面 Page：
第四版
主办方 Organizer：
上海咖啡企业协会

文艺范浸染真咖啡
丹青有神翰墨溢香
咖啡文化
荣耀甲子 筑梦百年

雨果咖啡店门面（作者摄于 2014 年）

在上海市新华路区域有一家名为雨果（VINO）的咖啡店，在文艺人士出现较多的地点，其咖啡色外立面饰材融汇诗意般的店名，使之更具有文艺范，而且是海派文艺范。

文艺范不应该特指人，但一家咖啡厅的文艺范或许就应该特指雨果咖啡。拾级而上，文艺范的空间气质豁然扑面而至，给人一个惊叹：沪上还有这么一个别样的咖啡小筑。咖啡厅20 世纪就于沪上流行，那是海派“小开”们的独享，今天的文艺范或许传承“小开”的特质，咖啡厅的确是文艺范爷或范姐们的天堂。上海影城是影迷们的圣地，他们的光临给附近的街区带来光艳，转角处的雨果咖啡自然浸染着这流淌的文艺范。

雨果咖啡的核心空间是店中间的主题展示区，它集多种功能于一体，既可展示，又可摆放；既是操作台，又是储存柜；既在宣讲咖啡的真谛，又在昭示咖啡的哲学；既是空间装饰艺术的视觉中心，又是文艺范们的咖啡文化精神堡垒。物聚于场，场彰之道，街弄中浸染的咖啡神韵经过雨果咖啡精致的门面流淌到店内部的核心空间，形成咖啡的正能量，吸引着粉丝，营造着氛围，构筑了海派小资们的生活“腔调”。

满墙布置的西式黑白老照片，点拨着雨果咖啡的主题，将东方和西方在咖啡文化的共同点平铺直叙，跃然墙上。就像幽深的咖啡味道，从这些老照片上既能品出沧桑，也能嗅出时尚，它们和谐统一在整体装饰的典雅中，不肯离开文艺范们半步之遥。举凡文艺青年都有艺术追忆，搅动着杯中的咖啡，回梦于黑白的历史时尚中，创意的萌动心理一定油然而生！

空间中另一处咖啡之角更值得三言两语。两个圆形高台满足着咖啡粉们的酒吧式围坐习惯，别忘了这里也售卖酒品哟！间或一位美女或者一位帅哥从门外经过，映衬着杯中的颜色，填满文艺范那渴望的内心，恨不得立刻暂停人眼的快门，使其不再闪眨，咖啡角的功效就这样自然形成了。

空间的主题和旁白在雨果咖啡中是如此精美，喝的是咖啡，品的是人生。也许曾经在某张台子坐过的人将成长为一位文艺大师，文艺范浸染的确实是真咖啡呀！

都市咖啡的交汇点

出版物 Publication：

《咖啡文化》

期号 Issue No.：

2009 年 3 月 20 日，总第 33 期

页面 Page：

第二版

主办方 Organizer：

上海咖啡企业协会

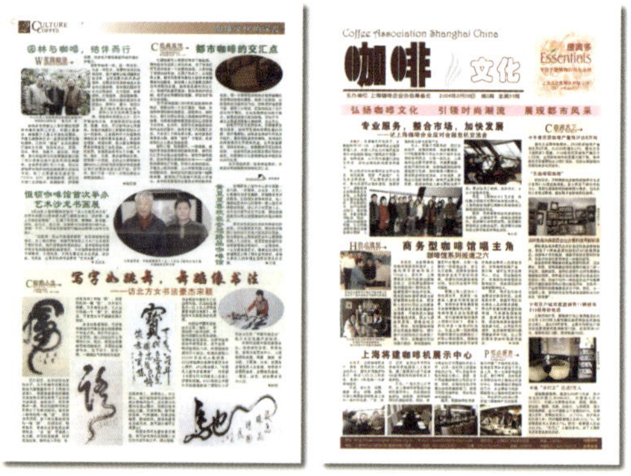

忙碌的都市人需要时常停下歇歇脚，等待你身后追赶上来的灵魂。为了使匆忙而至的灵魂有一个安静的港湾，人类创造了充满情愫的咖啡馆。从西方到东方，从伦敦到上海，都市的聚集和膨胀在街巷中传播着咖啡的飘香，感染着人生过客歇足顾盼，找寻停顿的永恒。咖啡就是都市的交汇点，使胡同和里弄聚敛，使英语和沪语交融，使资本论和绩优股碰撞，使百老汇和老百姓共融。

位于共和新路 1299 号的迪欧咖啡共和店，就是这样一个交汇理念、情感、灵魂和信仰的咖啡凝聚点。进院停车，顾盼左右，硕大的停车场在上海滩咖啡界唯此独尊，光停车的舒畅感觉就足以让识香者下次再来。在当下，都市文化体现在咖啡和汽车的交融中。咖啡之道乃汽车聚会之成，汽车交会以停车场为显，咖啡生意以停车场为纲，纲举“咖啡”才能张，此家迪欧的主人想必深谙此经。

迪欧咖啡共和店内景（作者摄于 2009 年）

拾上二楼，轻推慢开，曲线的吊顶荡漾着柔和的散射光影，都市的交汇原来还能以曲线收官。眼帘位移到极致，空间尽端又是曲线的交响——一座圆形的楼梯旋转升起，既作为本层的结尾，又作为上层的序幕，让人对探究楼上的玄妙跃跃欲试。空间的组合就像一幅国画长卷，舒展得不到尾端不知其之乎者也，其中的写意留白全靠设计师的修养和经验。每一个咖啡空间的设计都深藏着红玫瑰和白玫瑰的寓意，选择了红玫瑰，白玫瑰就成为空间的飞白，回味无穷地恋恋不舍；选择了白玫瑰，红玫瑰就成了设计空间的中国红，永远是遗憾空间的平衡点。既选红玫瑰又选白玫瑰，切切不可，痛失主题基调，落得支离破碎、宾主不分。

咖啡厅不仅仅卖咖啡，还需要卖至尊的服务。咖啡厅发展初期是量的问题，谁开谁赚钱；咖啡业发展到今天是质的提升，谁有创新服务谁赚钱。当富有闲情的咖啡客看到右手微举托盘，左手腕靠腰背，保持身体轴心，款款飘然而至的咖啡女郎，一定会惊叹店主的服务理念和培训意志。毕竟咖啡文化是需要服务和被服务的共同礼赞。

设计创造典雅，服务缔造尊贵，这就是共和新路都市咖啡的交汇点。

恒生咖啡半岛情

出版物 Publication：
《咖啡文化》
期号 Issue No.：
2009 年 2 月 20 日，总第 32 期
页面 Page：
第二版
主办方 Organizer：
上海咖啡企业协会

恒生半岛酒店大堂咖啡厅室内空间
（作者摄于 2009 年 2 月 13 日）

恒生半岛是上海顶级的酒店品牌。走恒生之路，抒半岛之情，已经成为恒生半岛聚焦黄浦江和苏州河交汇点的形象符号。作为品牌的衍生，恒生半岛酒店一楼大堂的咖啡吧更是别具一格。徜徉其间，坐思感怀，好一派恒生咖啡半岛情。

从设计艺术层面讲，大堂咖啡吧定位有三：一是具有留得住人的氛围，二是具有口感独到的饮品，三是具有观人赏己的空间。其中第三条最易被人忽略，但着实是经营者商道的穴点。空闲时举杯独处的店居商贾，委身一隅，观赏着人间的来去匆匆，是咖啡吧的时尚法则；置身咖啡遐想中，被人评品二三，顾盼的眼神得意寻觅着被看，则是饮者另一番人生年华。恒生半岛这处咖啡吧的绝笔就在于此。舍掉装饰设计的评头论足，凝聚的就是这份细腻的商业思量。

圆弧的楼梯委婉地环绕其侧，上下的人流搅动着咖啡的浓郁。偶尔一位身着衣裙的少女飘然而上，高跟鞋的踢踏声带来乐律的快意；间或乌黑的双眸静宜一瞥，流连洒情，看人和被看的瞬间凝固，恒生的咖啡突然有了半岛般的风情，留下了设计师的喜悦，经营者的感慨，休闲者的爽意和过往者的飘然。

这里是都市咖啡的所在地，褐色的咖啡座椅和咖啡吧台有机融合着咖啡的主导色，映衬着街区上光怪陆离的城市喧嚣，构成一幅绚丽的都市咖啡交响乐。咖啡吧是柔情的港湾，恋人能够逃避繁杂，找到情感归宿；咖啡吧是智慧的场所，商人能够远离缤纷，找到生意的闪光；咖啡吧是温馨的支撑，游客能够释放疲劳，找到体能的补充。这就是对恒生半岛咖啡吧的立体诠释！

邻近的外白渡桥正释放着上海的历史情怀，屹立其畔的恒生半岛国际酒店正演绎着恰逢其时的上海都市咖啡。

恒生半岛酒店大堂咖啡厅服务台（作者摄于 2009 年 2 月 13 日）

品山赏水很咖啡

出版物 Publication：
《咖啡文化》
期号 Issue No.：
2009 年 1 月 20 日，总第 31 期
页面 Page：
第二版
主办方 Organizer：
上海咖啡企业协会

品山赏水好咖啡
Coffee Association Shanghai China
咖啡 文化
上海搞咖啡产业化才能做强做大

好山好水才有好地方，在好地方喝好咖啡更是好享受。位于太湖南岸的湖州湖滨就有这样一个好去处，绝好的品咖赏啡之所。这个名为哥伦波太湖城堡的度假酒店完全采用西班牙建筑风格，位于半山坡，高屋建瓴，一览太湖风景。

走进白墙曲直、绿树掩映的建筑空间，最抢眼的就是玻璃马赛克吧台，一如西班牙著名建筑师高迪的艺术风格，弧线让人心潮起伏、思绪涌动。入座思定，清咖送暖，室外的冬日寒风顷刻遁消九重，咖啡的魔力宛如巴啦啦魔仙的法术使人着迷沉醉。手捧着暖洋洋的咖啡杯，看着窗外浩瀚无垠的太湖，别样的周末超休闲。

西班牙元素贯穿建筑里外，一不小心你会短暂地迷失自己，以为身处巴塞罗那的山坡酒吧，因为咖啡的味道如出一辙。马赛克装饰风格带给人毕加索般的多维透视，如同牙买加蓝山的咖啡洋溢着甘甜苦渍的香浓，这里空间的流动旋律演奏着咖啡的凝固音乐，回荡在太湖的上空，撞击着日月星辰。咖啡的魅力就是艺术的美丽！

中式推举茶叶，西式落笔咖啡，咖啡和茶叶就像是孪生兄弟，同处一室，相融以共。在西班牙风格的建筑里好像只有品咖啡才不至于打扰流淌的空间，就像那句西方俗语：We are what we eat。回味中传来了富有节奏的西班牙弗洛曼克音乐，立刻觉得送入嘴中的咖啡充满浪漫激情，仿佛回到漫步马德里的年少岁月。西班牙的咖啡馆里有毕加索、高迪和无数的斗牛士，咖啡的浓郁催生着艺术家们的激情之火。

湖州有山，仁者宜居；湖州有水，智者崇留；今天，湖州还有咖啡，仁者智者皆荣。

左：哥伦波太湖城堡度假酒店室外咖啡座；中：哥伦波太湖城堡度假酒店室外空间；右：哥伦波太湖城堡度假酒店洗手间
（作者摄于 2008 年 10 月 11 日）

美酒十咖啡

出版物 Publication：

《咖啡文化》

期号 Issue No.：

2008 年 12 月 25 日，总第 30 期

页面 Page：

第二版

主办方 Organizer：

上海咖啡企业协会

早年，邓丽君的一首《美酒加咖啡》让我们十分憧憬咖啡文化的玄奥。今日，美酒加咖啡的意境终于“众里寻他千百度”地呈现在生活的现实中。通常意义的咖啡厅以咖啡取胜，很少有美酒加盟，而苏州开发区居然有这样一家同时拥有咖啡和美酒的属地，高雅的情趣和达观的装饰让人流连忘返。

咖啡厅位于国际人士聚集的居住小区底楼，貌不出众，但一如英伦的酒吧理念：酒香不怕巷子深，自有客闻酒香来。有如此经营之道的商家一定是行家熟吏。一打听果不其然，老板是香港人士，出身葡萄酒贸易世家。

走进玄关，两层灰空间豁然开朗，精致的空间升华、腾跃、聚集着人气、财气、香气和秀气，绝妙的装潢设计展现得淋漓尽致。优秀的设计师是空间的“玩”家，“玩”家的功力在于将平常的空间艺术化。如何品味这个艺术化，这就要观赏者拿捏分寸了。这个两层空间的绝妙之笔在于当中从屋顶悬挂而下的吊灯，它是空间的主题、视线的焦点、明亮的基地、光影的造诣。在装饰空间的舞台上，这个吊灯仿佛独霸戏台，吸引着全场观众。旋转而上的楼梯呼应着吊灯下攒动的泡吧人，美酒当歌，人生几何；把酒当风，倍感欢愉！好一派酒歌咖啡影，翩然苏州情。简约的装饰风格尽在咖啡中体现。

美酒在哪儿？进门右手转，气氛切换至西式的葡萄酒庄。陈列架上展示着不同国别、不同年代、不同品牌、不同口味的葡萄酒，当然，只有品尝才识其佳处。装饰似乎已经没有意义，因为美酒已经阐述了一切，就把空间让给陈列的酒柜和纷至沓来的酒客。设计的佳作就是要烘托主题，凸显酒品就是这个空间设计的主旋律，点睛到位，设计的韵味才能得以昭示。

咖啡和美酒就像两个亲兄弟，不分彼此和你我。喜好咖啡的人一定欣赏美酒，您就是其中之一吧！

咖啡厅室内设计效果图（作者绘于 1994 年 5 月）

古树咖啡新时尚

出版物 Publication：
《咖啡文化》
期号 Issue No.：
2008 年 11 月 25 日，总第 29 期
页面 Page：
第二版
主办方 Organizer：
上海咖啡企业协会

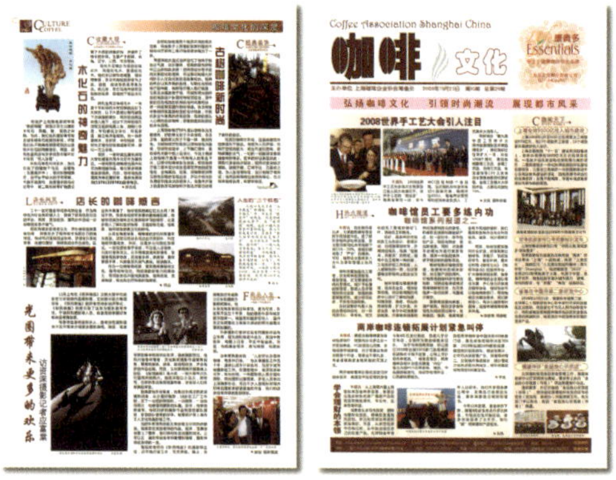

古树咖啡厅服务台（作者摄于 2008 年 10 月 3 日）

古树和咖啡是两个截然不同的概念范畴，但坐落于上海市普陀区新村路的古树咖啡厅却将二者巧施创意地融为一体，凝聚着上海唯一的古树和咖啡的联想关联。

两层高的大堂式空间定位了咖啡厅的豁达气质，迈步踱进，领略的是古树咖啡江山的如此多娇！空间设计在于运用元素的比例逻辑，这里匹配硕大空间的最好元素就是服务吧台。绵延的吧台以其优美的曲线勾勒出古树咖啡厅的神韵，导引客人前行就座，又画龙点睛般寓意于情。同弧形吧台相呼应的地面设计处理同样贴切适当，黑中嵌白，放射状地衬托着吧台，另一端延展至圆形的咖啡座。在古树咖啡厅看到的是直曲相宜的设计线条，听到的是古今兼具的优美旋律，品尝的是沁人心脾的香浓咖啡，思量的是跃跃欲试的未来理想。

上海 90% 的咖啡厅以咖啡色为主题颜色，好的地方在于不会出错，永远正确；差的地方在于千篇一律，绝无特色。古树咖啡厅的色彩以深咖啡色为基调，空间呼应适中，上下融汇得体，属咖啡色主题中的上品设计。今日上海滩的咖啡厅是第一代咖啡人的事业平台，以保守的咖啡色为崇尚，相信第二代咖啡厅设计会是百花齐放的格局，会有黑白、红黑、深绿等欧洲常见的色彩组合呈现出来，并以个性化的色调吸引南来北往的客人。乌鲁木齐路上的蓝色牙买加咖啡厅在这方面已经做了良好的尝试。

同其他咖啡厅不同，这里品咖赏啡的意境在于豁达。老板为人的开朗、咖啡厅空间的宏大、吧台尺度的宽裕、座椅间隔的大气，一切的一切都洋溢着超越咖啡的神采。哲学的辩证就是如此：精致过度会缺少豁达；粗狂过度会缺乏细腻。融粗于细，汇精于达，乃最优之道。为人处世有辩证，设计咖啡厅有辩证，品味咖啡也自然有辩证。在古树有咖啡纵情，有哲学辩证。

咖啡季节在哈尔滨

出版物 Publication：

《咖啡文化》

期号 Issue No.：

2008 年 10 月 25 日，总第 28 期

页面 Page：

第二版

主办方 Organizer：

上海咖啡企业协会

哈尔滨最好的季节就是夏天，这里喝咖啡最好的季节当然也是夏天。号称中国小巴黎的哈尔滨没有南方的汗流浃背，更多的是北方的凉爽宜人；具有东方莫斯科美誉的哈尔滨没有中国茶馆的鳞次栉比，却有欧洲的城市情调。明媚的太阳岛弥散着夏意，美丽的学府路荡漾着暖意。

咖啡季节走上咖啡之路去探访咖啡的喜悦真是咖啡的妙趣。浪漫满屋咖啡屋（Romantic House Coffee Shop）坐落在南岗区学府路50 号，毗邻哈尔滨理工大学。学府路的知识气息带给这个咖啡小店淳朴致祥，大学的格调孕育出这个咖啡屋的恬静。客源、位置、设计、味道四位一体的构成要素融汇成独特的装饰风格，同北方的天和黝黑的地上下合一。

咖啡厅店面设计效果图（作者绘于 1990 年 5 月）

浪漫满屋咖啡屋室内设计简约中蕴含着清新，这同设计师齐国伟从南方学成回乡从事创作有关。设计原本就应反映设计师的内在潜质，设计风格体现设计师的独特品位。好的设计师门庭若市的理由很简单，设计得好、客户满意。但如果说设计怎样好，可绝非一句两句所能描述，多年的设计训练非朝夕之功。设计师的修养、品格、手法、理念等多项因素优秀，才能有高尚的设计。在室内设计堆砌泛滥的今天，难得有如此雅静的“独一处”。不是北方人没有喝咖啡的雅兴，而是哈尔滨缺少品咖啡的场所。大鱼大肉、吆三喝四是北方通常的习惯；香醇浓郁、窃语私悟也应该成为北方今天的时尚。让豪爽能够加点优雅的调和，让粗犷能够加点细腻的香浓，咖啡的引导顷刻变得如此至高无上。

偶尔进来一位俄罗斯人，说着厚重的俄语要杯咖啡，小屋里立马就有了共同的咖啡语言。在语言有隔阂时，咖啡是绝好的沟通载体。一杯咖啡、一抹眼神、一份微笑、一个举止，已经讲完咖啡的设计理念，足以品完咖啡的精致醇厚，能够体味城市的文化精髓，可以说完人生的动人故事。

酌咖啡 赏奇石

出版物 Publication：
《咖啡文化》
期号 Issue No.：
2008 年 9 月 25 日，总第 27 期
页面 Page：
第二版
主办方 Organizer：
上海咖啡企业协会

巧用磨豆机

咖啡 文化
文化的盛会 企业的舞台 人民的节日
体验进口商品新感觉

咖啡和奇石貌似无关，实则有缘，二者缘起于一个“品”字。喝咖啡讲的是“品”，品尝味道，品味口感；赏奇石讲的也是一个“品”，品阅意境，品诫人生。三杯两盏浓咖传递的是友情的无言，而环石三匝寻找的是为人的真谛。

走过了无数个咖啡屋，给予咖啡理念过多的诠释；“品”缘咖啡和奇石，还是头一遭。胡丰明先生收藏的奇石绝佳，在喝咖啡中体会出赏石的美妙。欣然举笔，跃然纸上，坦然品味，怡然情往，初领酌咖啡和赏奇石的浑然一体。

奇石“飞龙”（照片由胡丰明提供）

常州天宁禅寺塔高地沃，人杰地灵之畔唯缺一奇石呼应，中国收藏家协会会员胡先生献出至宝“飞龙”，不大不小，不左不右，不深不浅，不高不低，活脱灵显地给予佛祖一个地圆的悟空解析，奇石的效应在此彰显无遗。俗语说“一个萝卜一个坑”，一块奇石一处情。“飞龙”置于异处，也许有景但无情；“飞龙”置于此地，缘语有景更有情。但见该奇石高 280 厘米，长 230 厘米，宽 100 厘米，重约 3 吨，绝伦美艳，神似龙形，巧夺天工，集瘦、皱、漏、透、清、丑、顽和拙于一身，神勇威武，盛气凌人。

喝咖啡不是西方人的独有习惯，中国人咖啡茶叶兼容，此乃海纳百川，东西贯通。浩渺月光下，手捧咖啡赏“飞龙”极具酷意。张艺谋导演的奥运会开幕式超酷，“飞龙”点咖啡也绝美。

品人品事品咖啡，神采奕奕；赏情赏景赏奇石，熠熠生辉。古人云“玩石者大雅”，是否可今译为“品咖啡小资”？咖啡、奇石通过“飞龙”的引领，和谐地亮出了凡身。ABCD 给咖啡许多名堂；同样，之乎者也予奇石无限写意。

泰山有高 咖啡宜浓

出版物 Publication：
　　《咖啡文化》
期号 Issue No.：
　　2008 年 8 月 25 日，总第 26 期
页面 Page：
　　第二版
主办方 Organizer：
　　上海咖啡企业协会

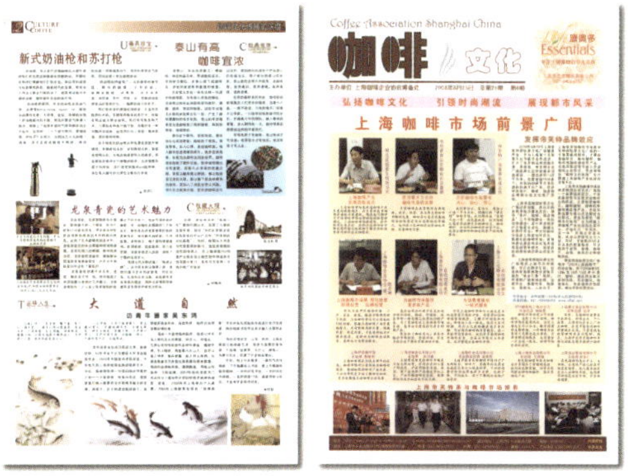
新式奶油枪和苏打枪
泰山有高 咖啡宜浓
咖啡 文化
上海咖啡市场前景广阔

登泰山，体会的是毅力；喝咖啡，体会的是品位。二者貌似无关，实则神似。在泰山脚下的咖啡店，我找到的就是那种豪情和惬意。

在宾馆大堂的一角有这样一间质朴的咖啡屋，没有泰山崇高的豁达，还真难以体会这间咖啡屋的美妙。腰酸、腿疼、香浓和畅意，这些平日毫无关联的词语集合在一起，产生了咖啡沸腾时的化学氛围。登山的辛劳当您走进咖啡屋已经得到缓解，全情释放，深情赏析。

泰山在于雄伟，“登高而招，臂非加长也，而闻者彰”；咖啡在于香浓，有滋有味，沁人心脾。走进咖啡屋，映入眼帘的是满墙的照片，虽非登高赏景，但也能边品咖啡边浏览世界。除了硬件设施，咖啡屋软件装饰也非常重要，点点滴滴的创意点缀能立咖啡屋之神韵。于泰山之上能纵览辽阔的大地，于泰山脚下能品味醇浓的咖啡，于这里还能浏览世界之风貌。照片作为装饰点缀在许多咖啡店可以见到，但别样的风情在于呼应泰山的地域含义。照片能衬托泰山的壮美，泰山能提供照片的视角。品咖啡者，居二者间，赏二者境，亲二者情，颂二者雅。

咖啡厅内部空间（作者摄于 2008 年 3 月 8 日）

咖啡厅外部空间（作者摄于 2008 年 3 月 8 日）

这里的咖啡真的奇妙之极，咖啡妙语仿佛登峰造极，沿着十八盘，一路不停息，只有到南天门好像才可以停歇，一口咖啡回味到隔日的日出，伴随着升华的朝阳，融入黎明的雾霭，走入期待的一天。咖啡带来的激情就这样陪伴着我们。

有情有景才有咖啡，有山有水才有诗意，有男有女才有快乐，有天有地才有人生。

张开咖啡眼 留住味道情

咖啡 文化

出版物 Publication：

《咖啡文化》

期号 Issue No.：

2008 年 7 月 31 日，总第 25 期

页面 Page：

第二版

主办方 Organizer：

上海咖啡企业协会

走进咖啡店，很少有人会注意建筑的平面布局，倘若不是出于设计专业的好奇心，通常都是一走而过。也许没人知道，位于中山公园汇川路上瑞力酒店二楼的上岛咖啡店具有一只眼睛的平面造型。细细走来，果不其然，建筑师的设计就是如此，而这一点恰恰给予这家咖啡店与众不同的装修风格。建筑是流动的音乐，装饰是凝固的艺术。

“张开你的慧眼吧”是那英唱的一句歌词，曾经使无数歌迷奔走世界；而“张开咖啡眼”正在逐步成为这家咖啡店的哲学思想。提炼哲理是深邃的思想家的功力，提炼咖啡店的哲理是我们点评人正在努力奋斗的目标。从“咖啡眼”出发，挖掘一家咖啡店的奥秘，回味无穷，意味深长。人类有了眼睛，才能感知世界的精彩；咖啡店有了眼睛，才能品味出客人的心向。好的咖啡店一定具有慧眼和情眼，能够看出客人的心灵百态，在最恰当的时机提供给客人最需要的关心。咖啡店的哲理在于：客人进来并不是为了一杯咖啡，而是为了追求一种心境，满足客人心灵需求是经营咖啡店至高无上的境界。

从喧嚣的街市进入这家“咖啡眼”，无知的视觉暂时有些炫绮，一时可能难分西北。使人精神顿时振奋的是钢琴旋律的流淌，这使得“咖啡眼”更具神情。选一个看得到琴手的角度，点一杯咖啡，边品边赏，在这个神奇的“咖啡眼”里，建筑、装饰、音乐、咖啡四位一体，融会贯通，感知心灵，升华精神。人们的一切心理需求在这个“咖啡眼”里都可以得到满足。

咖啡店不但要留住客人，还要留住员工。留住客人讲的是味道情，留住员工讲的是事业情。在这家“咖啡眼”里，员工咖啡是感情留人和事业留人的写照。每位员工可以自由品尝店内制作的咖啡，这在上海滩咖啡行业还是孤例。

正因为张开了咖啡眼，看透了人生和经营，才留住了味道情。生活的辩证法在咖啡上同样得到印证和升华。

上岛咖啡店钢琴演奏区（作者摄于 2008 年 7 月 8 日）

同舟共济 共享咖啡

出版物 Publication：

《咖啡文化》

期号 Issue No.：

2008 年 6 月 28 日，总第 24 期

页面 Page：

第二版

主办方 Organizer：

上海咖啡企业协会

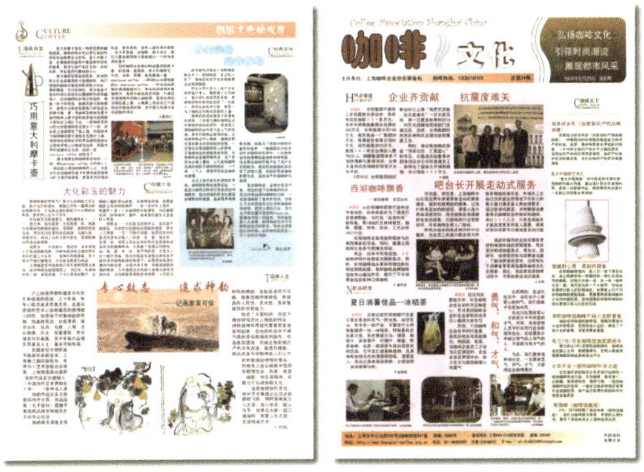

四平路同济联合广场转角处最近开了一家咖啡店，走过的人多了，咖啡店的名字也随着香浓的味道在周围飘散。同济大学门口可是大上海乃至全国的设计集中地，设计师们喜欢冥思苦想，有咖啡的陪伴自然就会多一份舒心。“同济”含同舟共济之意，萝莎·马丁则有共享咖啡之意。

咖啡店的选址取决于经营者的慧眼。于深巷之隅的咖啡店必然有独特品位的招引，倚高楼之隅的咖啡店必然有川流人气的支撑，居宅间街尾必容情纳意，立绿荫树栋必怀心畅体。咖啡店的出落就像为漂亮的姑娘招婿，一旦落定总希望赢得旁人的赞誉。不是咖啡店的老板择地而居，而是咖啡品尝者赏味而至。这个哲理未必被人重视。人们选择咖啡店品饮在于咖啡的美妙，一个钟、两个人，享受时间就是咖啡的绝唱。

萝莎·马丁咖啡厅烘焙机（作者摄于 2008 年 6 月 13 日）

萝莎·马丁咖啡厅座位区（作者摄于 2008 年 6 月 13 日）

从大上海不多见的烘焙机开始，咖啡的故事逐渐展开。一粒蓝山咖啡豆跨洋过海走进这间咖啡坊，经过烘焙机的洗礼展现在精致的杯盘里。品者取其精而舍其糟，就是为了那份对咖啡的眷恋和追索。一幅草图或许就诞生在咖啡的灵感中，一段情缘或许就缔结在咖啡的神奇里。建筑师在烘焙机旁创意了高楼大厦，烘焙机带来咖啡的原生态，品尝者产生咖啡的纯真情。

走出咖啡店总有些恋恋不舍，难定的是下次再来的时间，肯定的是馅饼加咖啡的口味。一石矮墙隔断了室内外空间，但挥之不去的是留在记忆中的硕大烘焙机。既然上海没几台，为什么不将其置于引人注目的地方，狠狠地冲击一把路人的视觉？同济周边是个大课堂，咖啡知识的传授也是咖啡店应尽的职责。同舟共济是设计师风格，共享咖啡是萝莎·马丁精髓。

咖啡的味道在威斯汀

出版物 Publication：
《咖啡文化》
期号 Issue No.：
2008 年 5 月 20 日，总第 23 期
页面 Page：
第二版
主办方 Organizer：
上海咖啡企业协会

同镶嵌在街头巷尾的咖啡馆不同，宾馆和酒店的咖啡厅装饰总是那样舒展流畅，究其原因应该是开敞的空间给建筑师的创意留下了无限的余地。余音缭绕展示的是音乐的悠扬，抑扬顿挫表达的是诗歌的美妙，一气呵成体现的是书法的自由，这里天方地圆般的硕大空间述说的是咖啡的味道……一切尽在河南中路 88 号的威斯汀大酒店。

举步拾级，大厅深处的明亮瞬间呈现，全然有一种咖啡的霸气，让你非来品尝不可。绝对不是通常咖啡馆的那种“转朱阁，低绮户，照无眠”意境。走进威斯汀寻找电梯的客人会左顾右盼，但是走进咖啡吧一定是直截了当，看来建筑设计师或许是咖啡爱好者，而且深知咖啡热度不等人的奥秘，不然怎会舍主就宾，

威斯汀大酒店中庭咖啡区（作者摄于 2008 年 5 月 2 日）

左：威斯汀大酒店咖啡休闲区；　右：威斯汀大酒店空间设计
（作者摄于 2008 年 5 月 2 日）

将咖啡吧布局于如此高的地位呢！

悄然坐定，抬头仰望，喜洋洋矣！大上海最宏大的咖啡吧跃然心上。圆的地毯、方的天空、直的走廊和曲的心境，这一切构成了如此美妙的咖啡建筑空间。天人合一，风水和谐。挺拔的热带棕榈宣示着咖啡的至高，聊天的朋友分享着彼此的遐想，一并聚合在流动的空气中，融汇于上海滩的温馨和诗韵里。

楼上飘落的婚礼进行曲并没有惊扰衔杯交口的咖啡投入者，借景拍照的白纱新娘一如既往地灿烂着她的微笑。旋转的楼梯总是回到平台的节点，咖啡的飘逸永远追溯到蓝山的烘焙。春天的脚步踱去，五月花开的初夏装扮着咖啡的浓香，带来街市的喧嚣，带走咖啡的宁静。

回味永远的威斯汀咖啡。

乌鲁木齐路咖啡情

出版物 Publication：

《咖啡文化》

期号 Issue No.：

2008 年 4 月 30 日，总第 22 期

页面 Page：

第二版

主办方 Organizer：

上海咖啡企业协会

中西文化交融的典范

乌鲁木齐路咖啡情

咖啡文化

弘扬咖啡文化

引领时尚潮流

展现都市风采

咖啡天堂 共享欢乐

咖啡随想曲

Jamaicablue 咖啡厅入口区（作者摄于 2008 年 1 月 12 日）

上海的乌鲁木齐路像它的名字一样延长伸展，没有人会将它同远在加勒比海的牙买加联系起来。点缀在乌鲁木齐路上的 Jamaicablue 咖啡厅以其精致的格调和蓝色的迷惘填补了这个空白。

大多数咖啡厅的主题是咖啡色，想不到大面积蓝色块镶嵌其中也居然清新亮丽，在这里入口中庭两层高的空间完美地展示了蓝色的魅力。色彩板块的冲击就像杯中搅动的咖啡融汇着香浓浸染在乌鲁木齐路上。咖啡厅的设计哲理或许就是让人从非关联的地理距离思考偶然的联系密码。咖啡的滋味太诡秘了，坐在 Jamaicablue，一定会理解《达·芬奇密码》的创作缘由，一定会体会《越狱》的文身图腾，一定会懂得未来某天某人坐在这里产生的奇异。

上海的咖啡厅多以喝咖啡套餐为主打，而这里的糕点最具特色。不大的空间中，糕点陈列柜明澈新颖，会立刻抓住每个入内人的目光，即使没有食欲，一饱眼福也值得小坐片刻。

二层散座再平常不过，但最入座的还是靠门口中庭的位置。中国古典园林艺术有“美人靠”的说法，如果以“咖啡靠”来冠名此意可谓贴切。凌空而坐，街上的行人尽收眼底，俊男靓女的移动艺术是 Jamaicablue 绝好的赏景对象。品咖啡时髦点说也是“互动”，你看别人，别人看你；看人心安理得地享受，被看心甘情愿地接受；无言中透露着期待，顾盼中掩饰着寻觅。于情喝咖啡，梳理自己的情绪；于景嗅芳香，找寻视觉的闪光；于理品格调，匹配自己的愿望。于情、于景、于理，尽在牙买加咖啡蓝。

Jamaicablue 咖啡厅点心陈列区（作者摄于 2008 年 1 月 12 日）

自我的咖啡

出版物 Publication：

《咖啡文化》

期号 Issue No.：

2008 年 3 月 25 日，总第 21 期

页面 Page：

第二版

主办方 Organizer：

上海咖啡企业协会

雾都咖啡的风味

自我的咖啡

春山秋水生翰香

——记春江书画院院长苏春生教授

迁址通知

Coffee Association Shanghai China

咖啡文化

弘扬咖啡文化

引领时尚潮流

展现都市风采

工作当作事业做，事业当作学问做

晶咖啡 话澳洲

走过无数的咖啡屋，古北水城路上的珈梦露算是较有特色的一处。在这里你不但可以休闲品酌，更能够按照自己的口味挑选你的最爱，现磨现泡，体验人生。那琳琅满目的来自世界各地的咖啡豆品种着实让人在繁忙的都市生活中找到了自我的咖啡。

这是古北街市最热闹的一隅。川流的过客一定能够循着咖啡的飘香踱进这间珈梦露，因为芬芳清香的招引已经远远胜过了门面的大小和装饰。走进店内，一个夸张的对比扑面而至：简约的咖啡座和丰富的展示台，绝对的咖啡教育领地。品析咖啡未必了解咖啡，珈梦露的主人会针对你的好奇，委婉动听地讲述咖啡的故事。深度的咖啡哲学通过木桶陈列的意境让人体味其中的玄妙，各种丰富的咖啡标签进一步吸引咖啡爱好者不断探索。

珈梦露咖啡厅咖啡豆陈列区（作者摄于 2007 年 12 月 26 日）

珈梦露咖啡厅内部空间（作者摄于 2007 年 12 月 26 日）

顾客区域的装饰简单明了，体现了建筑大师密斯的一句名言：少就是多（Less is more）。少和多的设计原则在这里就像咖啡豆的不同品质，体现得十分精准。深色的墙裙统领装饰格调，稳定了沿墙布局的座位。垂吊的灯饰和与之默契的挂画勾勒出水城路喧嚣中的安宁。第一次一定是觅香而来，那第二次就是寻意而至了。

自我的咖啡体现的是个性挑选和独立空间，古北的珈梦露给了你想要的所有。咖啡给了繁忙中的停顿，咖啡给了都市中的自我。

原汁原味最咖啡

出版物 Publication：
《咖啡文化》
期号 Issue No.：
2008 年 2 月 28 日，总第 20 期
页面 Page：
第二版
主办方 Organizer：
上海咖啡企业协会

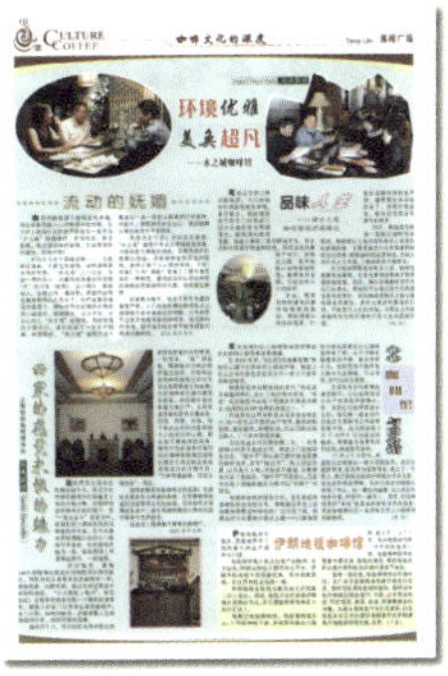

咖啡文化

在世界文化逐步走向耦合的今天，代表西式文化的咖啡厅已经遍及上海的大街小巷。在上海咖啡企业协会秘书长的引领下，在“一览众山小”的走访中，能找到的原汁原味的西式风格装饰并不多。位于乌鲁木齐路愚园口的百乐门咖啡厅在装饰情调上可算傲立群芳、一枝独秀。

走过街角，最能吸引你眼球的就是外部纯欧洲风格的设计，同欧洲街头巷尾常见的咖啡吧一样，线条优雅，比例古典。据店主讲，来这里的老外特别多。“少小离家上海遇”，肯定如此！设想在异地他乡找到一个眼熟的咖啡吧，就像小时家门口常去玩耍的咖啡厅，走入小憩，咖啡的幽香一定能使客人忘掉路途的辛劳，找到回家的温馨。

咖啡厅不大，但对称的布局和欧式的装饰延续着外部的格调，一脉传承，“欧”到极致。

百乐门咖啡厅座位区（作者摄于 2008 年 1 月 12 日）

百乐门咖啡厅主题空间（作者摄于 2008 年 1 月 12 日）

在这个纯粹的咖啡空间中，围绕绝对古典的壁炉的挂画、灯饰和座椅时而讲述着耶稣诞生的故事，时而演绎着巴赫古典的双联音，时而展示着古希腊卫城的庄严，又时而宣泄着伯罗奔尼撒战争。因情、因景、因意，每个来此品析的访客根据个人的阅历和心境，都在续写着咖啡的故事。咖啡厅的装潢和访客的即时情绪能够通过咖啡这一媒介互动交融，正应验了那句至理名言：“三杯两盏咖啡，怎敌乡情思念。”

咖啡的飘香来自咖啡豆的品质，古典的优美来自古希腊的典雅。这里最值得称道的还是装饰山花的处理。无论是吧台背景，还是窗户上部古希腊绝美的比例，永远在呼唤着今天的效仿。

这就是原汁原味的咖啡厅。

水之咖啡爱最“城”

出版物 Publication：

《咖啡文化》

期号 Issue No.：

2008 年 2 月 28 日，总第 20 期

页面 Page：

第二版

主办方 Organizer：

上海咖啡企业协会

环境优雅
美奂超凡

咖啡文化

咖啡的飘香源于咖啡豆的卓越，将这份香渍融入心田，依偎水的甘霖。位于沪上高档社区的宛平路就有一家名为“水之城”的咖啡厅，呓语低浓，画龙点睛，既点拨咖啡的秘境，又诠释场所的磁性，拍案叫绝！

水的天性在于婉转流畅，它能曲径通幽，又能迂回缠绕，始终演绎着曲线的优美。“水之城”入口之处沿街一隅的设计，点题地启动着空间创意“水”的引擎，以小博大，蜿蜒动人。试想这样一幅场景：圆弧的座椅包裹着等待的红色女子，衬托在窗棂曲线的弧度下，那份对男生的期待之情宛如小城流水，婀娜隽永，忐忑不安。水之心加上“水之城”的咖啡，流经弧线的主题空间，或许能留下一曲好的姻缘。如果那样，“水之城”咖啡厅这个最美的一角一定会从新春预订到深秋，毕竟大上海能释怀女生之心、决定婚姻大事的角落并不是很多。

水之城咖啡厅入口区（作者摄于 2008 年 2 月 19 日）

水之城咖啡厅夹层空间（作者摄于 2008 年 2 月 19 日）

思想决定行动，空间决定感情。“水之城”咖啡厅中水之情继续流淌着，沿着服务台雅致的弧线、沿着两层栏杆舒展的弧线、沿着楼梯造型适宜的弧线、最终沿着个人心绪的弧线，上升！奔涌！升华！腾跃！收尾于二楼尽端摆放的一束鲜花。感情的结局以绽放鲜花的意境延展着咖啡的主题，咖啡诞生爱情。

结束数九隆冬，经历了多年未遇的暴雪严寒，人们端着热腾腾的咖啡在水之城咖啡厅享受着春光的明媚。在冬的季节，这里孕育着无数的咖啡情，经过夏日的徘徊，期待着在秋的季节能够凝聚同样多的咖啡结。

豁达源自咖啡情

出版物 Publication：
《咖啡文化》
期号 Issue No.：
2008 年 1 月 30 日，总第 19 期
页面 Page：
第二版
主办方 Organizer：
上海咖啡企业协会

咖啡文化

创新促进发展

喜欢喝茶的人大多柔情细腻，而爱好品咖啡的人或多爽意智高。来到位于沪太路上的伊诺咖啡馆，才会初识豁达源自咖啡情的真谛。

进门的两层高中厅布局立刻展示出海派咖啡厅所罕见的酣畅大气。因为是圣诞期间到访，内庭中间硕大的圣诞树仿佛带领顾客进入奢华酒店的意境，迎面的通长吧台同样使人感受到宾至如归的酒店暖意。左右伸展去的宽敞空间辅以比例恰当的中庭，几乎让所有光临的咖啡客浓缩了自己的价值观，全身心地享受咖啡带来的温馨，因为建筑艺术的含义一定超越个体的尺度。两侧视觉的尽端以写意的壁画收尾，可见主人的文化修养绝非点滴。

每个咖啡厅都有自己的灵性聚焦，在这里通上启下的特色楼梯延展着设计的绝笔。楼梯是空间的灵魂，导引你向上走到别样的天地；楼梯是意境的玄妙，挑逗你前行寻觅未知的奥秘。沿着藏匿于吧台后面宽敞的楼梯走上去，S 形的造型让出身建筑师的我拍案叫绝。曲径不知通幽，举目更见豁达，咖啡客只有拾级而上才见光彩。

伊诺咖啡馆沙发区（作者摄于 2007 年 12 月 26 日）

伊诺咖啡馆卡座区（作者摄于 2007 年 12 月 26 日）

二楼装饰所洋溢的地中海氛围着实能让人寻座而入，放松身心地点上喷热的咖啡慢慢欣赏，同时感慨空间的宽厚所带来的心胸豁达。花饰的剔透将圆弧的灯坎和圆弧的地台紧密组合，配以圆弧的卡座，不经意间点拨出“地久天长”的情侣话语，窃窃私语才见咖啡真情。

咖啡有灵性，品尝了才有诗意；空间有智慧，设计了方知韵律。咖啡和空间的双簧演绎决定着咖啡厅的定位言语，伊诺咖啡馆告诉你最多的就是“豁达源自咖啡情”。

圆弧的卡座最留人

出版物 Publication：

《咖啡文化》

期号 Issue No.：

2007 年 12 月 28 日，总第 18 期

页面 Page：

第二版

主办方 Organizer：

上海咖啡企业协会

上海很繁忙的桥是恒丰路桥，而恒丰路桥北最醒目的休闲之处就是林顿咖啡厅。在国际都市枢纽上海火车站区域，这样的安逸场所特别与众不同。咖啡的优雅是匆忙的映衬，停顿的思索是嘈杂的烘托，这恐怕就是林顿咖啡地缘含义的写真。不管南来北往，还是走东闯西，在这里顿悟的集结点只有林顿咖啡。

未入咖啡三两步，滋香已到客人前。走进门口，室内装饰的布置和沁人小酌的氛围早就容不得人停留片刻赏析，径直跨进坐入圆弧的卡座，心境才由喘息转为惬意。

圆弧形座位设计最适合咖啡氛围，它凝聚咖啡的浓香，少一些弥漫，多一些聚敛。红色是林顿咖啡的主色调，被亲密的人簇拥在中间更彰显一丝浪漫。这里的点睛之笔还是“举头望明月”，圆弧形的灯饰衬托私密的个人空间，将心与灵融合，将情与意贯通。诗歌讲究前后对仗，合辙押韵；设计讲究承上启下，上下呼应。

由于进入咖啡厅急促，直到告别那份浓香，才定神观赏入口的造景。将枯山水引入室内，展示出主人咖啡品位的志远。枯藤、老树、毛竹，绿叶、坛水、鲜花，充满对景的园林设计手法和屏障的心理导引理念，是我们赏析的众多咖啡厅中的“万绿丛中一点红”。褐色的永远是咖啡，留恋的永远是咖啡，欣赏的永远是咖啡。

林顿咖啡厅景观区（作者摄于 2007 年 11 月 3 日）

林顿咖啡厅沙发区（作者摄于 2007 年 11 月 3 日）

古北街角的飘香

出版物 Publication：

《咖啡文化》

期号 Issue No.：

2007 年 12 月 5 日，总第 17 期

页面 Page：

第二版

主办方 Organizer：

上海咖啡企业协会

从虹桥沿古北路进入古北社区，第一个映入眼帘的就是水之城咖啡厅，沿街角展开的玻璃幕墙和咖啡厅标识吸引着过往的行人，让你非要走进去小酌不可。

拾级而上，应声而入，其景观主体区着实别有新意。文学有主题，音乐有主题，在这里咖啡也有了飘香的主题。主人的志向通过传神的主题演绎，伴随着香浓的咖啡，沁人心脾，意味深长。这恐怕就是至尊咖啡哲学吧！

经过前厅，曲折信步，令人豁然开朗的是转角通透的玻璃展开面，虹桥的美好一览无余。这是大上海极少的超视距咖啡视野！咖啡文化是豁达的写意，咖啡文化是目光的交流。口酌咖啡，心智闲逸，过往的行人绝对是都市一抹亮丽的风景线。飘香年华，古北街角，上海都市的咖啡视窗。

这里的室内设计空间布局更凝聚着主人的点滴心血，沿街弧窗的大空间和远窗私密的小空间安排得疏密有致，张弛有序。为了充分展示大空间，沙发以正常尺度和淡黄色为立意原则；整个咖啡厅最为精妙的莫过于私密空间的高靠背红色软饰沙发，那是绝对的惬意和时尚之源。沉坐在高靠背的呵护下，情侣间的隐私更能自然地流淌在目光和话语里，红色的喜悦和激情透过咖啡的无限隽永点滴到爱人的心田，亲近得无缝隙，默契得超神会。空间艺术和咖啡文化就这样演绎着古北街角飘香生活的咏叹调。

水之城咖啡厅沙发区（作者摄于 2007 年）

水之城咖啡厅一角（作者摄于 2007 年）

约会的咖啡最留香

出版物 Publication：
《咖啡文化》
期号 Issue No.：
2007 年 10 月 19 日，总第 16 期
页面 Page：
第二版
主办方 Organizer：
上海咖啡企业协会

台湾休闲文化咖啡街
忠于事业，追求成功

咖啡文化
咖啡与茶结良缘

上岛咖啡厅地下空间（作者摄于 2007 年 8 月 21 日）

现代都市人的生活越来越离不开咖啡。偶然踱进位于上海浦东昌邑路的上岛咖啡，欧陆风情的绿色调立刻满眼扑来，吸引着人去深处寻觅咖啡的真酌。好一处 Coffee Corner。

此咖啡店的深绿色主色调堪比英伦岛的爱尔兰酒吧色彩。在咖啡色的装饰中，深绿色显得格外安静和豁达。坐定窗边的卡座，目光顷刻即被扶墙而上的楼梯吸引，品一口咖啡，赏析沿楼梯等差悬挂的世界名画复制品，回味欧陆咖啡的迷幻。不用登上二楼，咖啡的飘香已经告诉你一切。杜甫喜欢的是“会当凌绝顶，一览众山小”的气概，而登二楼入雅座的顾客也许更陶醉于“好情知时节，咖啡乃发生”的气氛。

在主人的引领下，我参观了地下咖啡厅和包房。同样的主色调锲而不舍地持续演绎着主题，这里像是一个旋律的收尾，更像是一樽沁脾咖啡的回味。这里是咖啡聚会的绝妙之地，主人应喝着这样评析：逢年过节这个地下大空间还要预定呢！预约的地点最留恋，这是恋人们的体会；约会的咖啡最留香，这或许是此处的妙喻。

步出大门，回心转视，终要给主人留下三言两语。咖啡的专家是主人，而赏评的点滴是“咖啡语”，喝了还要留笔。外立面的调整和整治事关吸引顾客，一个花盆的摆放、一坪草木的修整都要做到滴水不漏、稀疏有致。咖啡厅的装饰型在内而功在外，外在装饰吸引顾客的程度与“酒香不怕巷子深”同样重要。留心、留意才能留香、留人。

上岛咖啡厅店面（作者摄于 2007 年 8 月 21 日）

品一赏二

——光大国际大酒店咖啡吧赏析

出版物 Publication：
《咖啡文化》
期号 Issue No.：
2007 年 9 月 18 日，总第 15 期
页面 Page：
第二版
主办方 Organizer：
上海咖啡企业协会

光大国际大酒店一楼咖啡厅弧形卡座
（作者摄于 2007 年 8 月 9 日）

走进咖啡吧，点上一樽四溢飘香的咖啡，品味之余一定不能忘记欣赏咖啡吧的环境。

我近日参加了在光大国际大酒店举办的中国商业地产研讨会，茶歇小酌时被其位于一楼和二楼的咖啡吧所吸引。登吧而招，随笔拈来，品一赏二，喜洋洋矣！

一楼咖啡吧位于大堂深处，正中对称布局，硕大的空间着实让人身心松弛。择座而入，举目四野，柱状台灯格外引人注目，其造型和比例绝对为点睛之笔，它的排列和组合间距适中，灯具高细比夸张适度，成为整个咖啡吧空间的视觉中心。酌一口蓝山咖啡，沁人心脾的香气仿佛融汇在柱状台灯中，升腾、弥散、溶化。相比之下，金属嵌边的宫廷式台灯略显羞涩，选型和放置显露出设计师的心思。这里可圈可点之处莫过于弧形卡座，它既展露了舒展的个性，又将大堂咖啡空间“软性”落地，使人们品赏咖啡之际的幸福指数陡然提升。

与一楼产生对比的是二楼咖啡吧的明亮和清静。它位于走廊一侧，天窗总是给咖啡的清香带来明亮。定神落座，每位顾客一定会被天蓝色的藤椅坐垫所吸引，阳光感、灿烂感、自然感等心理感受跃然咖啡杯中。如果李白来到光大国际大酒店二楼咖啡吧，或许他的诗作《客中行》会这样写：“光大厅吧郁金香，玉壶盛来琥珀光。但使咖啡能留客，不知何处是他乡。”如果不是墙面玻璃装饰的提醒，我们或许会迷恋于李白的咖啡豪情和自然天地之间。在如此安详的咖啡氛围中，不应该有现代的玻璃装饰，至少不应该有比例失调的画蛇添足。

咖啡吧的环境是水，流动使我们成为咖啡的醉客；咖啡吧的环境是诗，意境使我们忘了归途，成为咖啡的伴侣。

品人要品德，而品咖啡则要品环境。

光大国际大酒店二楼散座咖啡空间（作者摄于 2007 年 8 月 9 日）

十一

速写篇——上海建筑

董大酉和他的设计生涯①

出版物 Publication：
《中国近现代建筑》
时间 Time：
2021 年 9 月
页面 Pages：
37—39
出版社 Publishing House：
中国建筑工业出版社

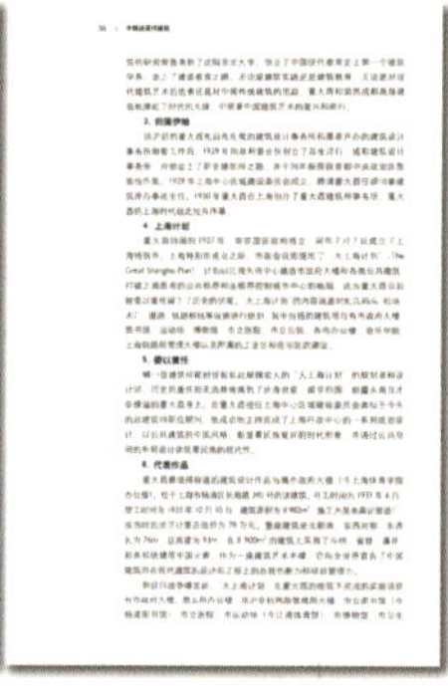

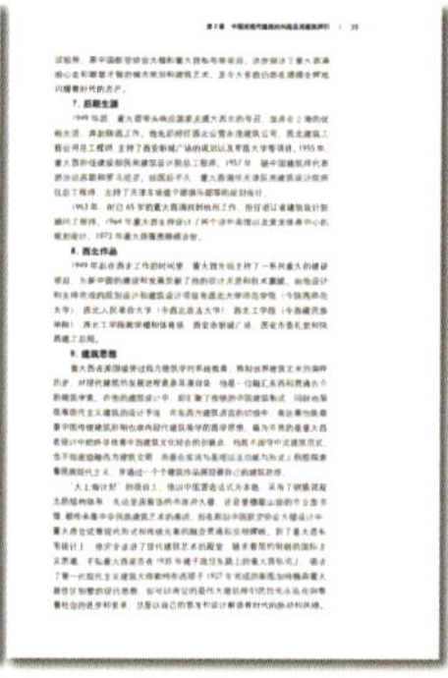

上海江湾体育馆（作者绘于 2021 年 2 月 13 日）

董大酉设计的江湾体育馆高 20 米，长度为 84 米，宽度为 46 米，看台宽 11 米，为钢拱结构建筑，顶部的圆弧曲线半径为 30 米。中央比赛场长 40 米，宽 23 米，铺筑双层木质地板。两侧为运动员休息室、裁判室、贵宾接待室、浴室、储藏室和办公室。1954 年，在保留原貌的基础上进行整修；1989 年，该处被上海市人民政府列为市级文物保护单位；2005 年，该处作为文物保护建筑进行全面修缮。

1. 出身背景

在人类历史即将进入 20 世纪的 1899 年，一位日后成为中国建筑历史脊梁的建筑师在浙江省杭州市的西子湖畔呱呱落地，他就是董大酉。跟随着时任清政府驻荷兰哈姆特丹和罗马使馆使节的父亲董鸿伊（音译），董大酉在欧洲完成了小学和中学学业。当父亲回国任职教育部后，董大酉又跟随父亲来到北平（今北京），在具有

① 本文为作者在英国皇家特许建造学会和上海市杨浦区图书馆共同主办的“董大酉与大上海计划”讲座基础上应邀为《中国近现代建筑》约稿而撰写。

作者在上海市杨浦区图书馆举办“董大西和大上海计划”讲座

四年学制的北平清华学校（即清华大学的前身）攻读预科，并于1922年考入美国明尼苏达大学就读建筑学专业。

2. 留学生涯

在介绍董大西求学过程的同时，我们有必要对照性地介绍中国建筑史上另一位举足轻重的人物——梁思成。作为董大西的学弟，梁思成1923年毕业于北平清华学校，并于当年考入美国费城宾州大学的建筑系。两位中国近代建筑界的泰斗就这样出师于同一所学校——北平清华学校，一先一后就读于美国高校的建筑系，并于1928年同一年回国。董大西凭借建筑学学士学位（1924年获得）、建筑与城市设计硕士学位（1925年获得）和哥伦比亚大学研究院美术考古学博士学位（1927年获得）来到上海，开始踏上职业建筑师之路；而梁思成则以哈佛大学建筑史系中国古代建筑的研究背景来到了沈阳东北大学，创立了中国近现代教育史上第一个建筑学系，走上了建筑教育之路。无论是建筑实践还是建筑教育，无论是对现代建筑艺术的追索还是对中国传统建筑的觅踪，董大西和梁思成都高屋建瓴地撑起了时代的大旗，引领着中国建筑艺术的复兴和前行。

3. 归国伊始

回沪后的董大西先后在庄俊的建筑设计事务所和墨菲开办的建筑设计事务所短暂工作，后于1929年同菲利普合伙创立了苏生洋行（或称建筑设计事务所），开始走上职业建筑师之路，并于同年获得首都中央政治区图案佳作奖。1929年，上海中心区域建设委员会成立，聘请董大西任顾问兼建筑师办事处主任。1930年，董大西在上海创办了董大西建筑师事务所，董大西的上海时代就此拉开序幕。

4. 上海计划

董大西回国前的1927年，南京国民政府成立，同年7月7日，上海特别市成立。上海特别市成立之际，市政会议即提出了“大上海计划”（The Great Shanghai Plan），计划以江湾为市中心建造市政府大楼和各类公共建筑，打破上海既有的公共租界和法租界控制城市中心的格局，这为董大西日后被委以重任留下历史的伏笔。“大上海计划”的内容涵盖对虬江码头、机场、水厂、道路、铁路枢纽等设施进行规划，其中包括的建筑项目有市政府大楼、图书馆、运动场、博物馆、市立医院、市立公园、各局办公楼、音乐学院、上海铁路局管理大楼以及附属的工业区和住宅区的建设。

5. 委以重任

哪一位建筑师能成为如此规模宏大的“大上海计划”的规划者和设计师？历史的重任别无选择地落到了出身世家、留学归国、崭露头角和最主要的是才华横溢的董大西身上。在董大西担任上海中心区域建设委员会类似于今天的总建筑师职位期间，他成功地主持完成了上海行政中心的一系列规划设计，以公共建筑的

作者在讲座后回答提问并由此缘起了日后的本文约稿

中国风格，彰显着民族复兴的时代形象，并通过公共空间的布局设计体现民族的现代性。

6. 代表作品

董大酉最值得称道的建筑设计作品当数市政府大楼（今上海体育学院办公楼）。位于今上海市杨浦区长海路345号的该建筑，开工时间为1931年6月，竣工时间为1933年10月10日，建筑面积为8 982平方米，施工方是朱森记营造厂，按当时的货币计算，总造价为78万元。整座建筑坐北朝南，东西对称，东西长为76米，总高度为93米，采用了斗拱、雀替、藻井、彩画和琉璃等诸多中国元素。作为一座建筑艺术丰碑，它向全世界宣告了中国建筑师在现代建筑上的设计创造力和历史传承力，以及在工程上的技术创新力和项目管理力。

抗日战争爆发前，“大上海计划”在董大酉的统领下完成的实施项目有市政府大楼、原五局办公楼、京沪京杭两路管理局大楼、市立图书馆（今杨浦图书馆）、市立医院、市运动场（今江湾体育场）、市博物馆、旧市卫生试验所、原中国航空协会大楼和董大酉私宅等项目。这些倾注了董大酉满腔心血与聪慧才智的城市规划和建筑艺术，至今大多数仍然在熠熠生辉地闪耀着时代的光芒。

7. 后期生涯

新中国成立后，董大酉带头响应国家支援大西北的号召，放弃在上海的优裕生活，奔赴陕西工作。他先后担任西北公营永茂建筑公司、西北建筑工程公司总工程师，主持了西安新城广场的规划和军医大学等项目。1955年，董大酉担任建设部民用建筑设计院总工程师。1957年，随中国建筑师代表团出访苏联和罗马尼亚。回国后不久，董大酉调任天津民用建筑设计院担任总工程师，主持了天津车场道干部俱乐部等的规划设计。

1963年，时已65岁的董大酉调回杭州工作，担任浙江省建筑设计院顾问工程师。1964年，董大酉主持设计了两个涉外宾馆和黄龙体育中心的规划设计。1973年，董大酉患肺癌去世。

8. 西北作品

新中国成立后在西北工作的时间里，董大酉先后主持了一系列重大的建设项目，为新中国的建设和发展贡献了他的设计天资和技术禀赋。由他设计与主持完成的规划设计和建筑设计项目有西北大学师范学院（今陕西师范大学）、西北人民革命大学（今西北政法大学）、西北工学院教学楼和体育场、西安市新城广场、西安市委礼堂和陕西建工总局。

9. 建筑思想

董大酉在美国受过建筑学的系统教育，熟知世界建筑艺术的演绎历史，对现代建筑的发展进程更是耳濡目染，他是一位融会东西和贯通古今的建筑学家。在他的建筑设计中，既汇聚了传统的中国建筑制式，也展现着现代主义建筑的设计手法，在东西方建筑语言的切换中，表达着他既尊重中国传统建筑形制，也崇尚现代建筑美学的哲学思想。最为可贵的是董大酉在设计中始终寻找着中西建筑文化结合的创新点，他既不固守中式建筑范式，也不彻底追随西方建筑文明，而是在实用与美观、功能与形式上积极探索着民族现代主义，并通过一个个建筑作品展现着自己的建筑思想。

“大上海计划”项目上，他以中国营造法式为本底，采用了钢筋混凝土的结构体系，无论是庑殿顶的市政府大楼，还是重檐歇山顶的市立图书馆，都传承着中华民族建筑艺术的基因。而在原中国航空协会大楼设计中，董大酉尝试着将现代形式和传统元素结合。在董大酉私宅设计上，他完全走进了现代建筑艺术的殿堂，随求着简约明朗的国际主义思潮。不知董大酉是否在1935年建于政旦东路上的董大酉私宅上，吸收了第一代现代主义建筑大师柯布西耶于1927年完成的斯图加特魏森霍夫居住区别墅的现代思想，但可以肯定的是伟大建筑师们的目光永远在洞察着社会的进步和变革，总是以自己的思考和设计解读着时代的脉动和绵延。

旧上海卫生试验所（作者绘于 2021 年 2 月 13 日）

位于上海市中原路 32 弄的旧上海卫生试验所由留美归国建筑师董大酉设计，于 1935 年元旦奠基开工，1936 年年底竣工，1937 年 4 月 3 日举办落成典礼。为了感谢项目资助人华侨胡文虎的慷慨解囊，同日举行胡文虎先生铜像揭幕仪式。留日归国学者程慕颐（1894—1958 年）任旧上海卫生试验所所长。落成后的旧上海卫生试验所为一字形平顶建筑，两侧三层，中间部分四层，另设置一层地下室。1956 年，建筑整体增建为四层，采用中国传统的歇山式屋顶。

徐家汇公园纪念烟囱

出版物 Publication：
《海归学人》
期号 Issue No.：
2020 年第 6 期，总第 66 期
页面 Page：
29
主办方 Organizer：
上海市欧美同学会、上海市留学人员联合会

徐家汇公园纪念烟囱（作者绘于 2020 年 10 月 24 日）

占地面积 8.47 公顷的徐家汇公园南端有一座高耸的烟囱，其三段式构图的体量和清水红砖的砌筑，在徐家汇区域显得格外醒目，它就是大中华橡胶厂的历史遗存——纪念烟囱。该构筑物建于 1926 年，改造后的现存高度为 39 米，作为民族工业的一个缩影，纪念烟囱向人们讲述着上海的历史变迁和产业发展。大中华橡胶厂由旅日侨商余芝卿出资发起，并会同薛福基和吴哲生共同筹建投产，其创立的双钱牌胶鞋系列产品开创了中国鞋业的一代先河。

思南露天博物馆

出版物 Publication：
《海归学人》
期号 Issue No.：
2020 年第 5 期，总第 65 期
页面 Page：
27
主办方 Organizer：
上海市欧美同学会、上海市留学人员联合会

思南露天博物馆是上海历史街区保护和更新的示范性项目，于 2016 年 12 月 30 日对外正式开放。该街区东起重庆南路，南邻交通大学医学院，西接思南路，北衔复兴中路，占地面积约为 75 亩（5 公顷）。以花园别墅为主的思南露天博物馆由 51 栋历史建筑和 9 栋新建筑组成，总建筑面积为 7.9 万平方米，其中历史保护和保留建筑近 3 万平方米，新建建筑近 2.7 万平方米，地下空间有 2.2 万平方米，涵盖商业街区、露天广场、企业公馆和酒店式公寓。

思南露天博物馆别墅群筹划和始建于 1920 年前后，由总部设在布鲁塞尔以经营房地产抵押租赁为主营业务的义品洋行投资并陆续兴建，早期称为“义品村”。

思南公馆 30 号楼（作者绘于 2019 年 5 月 11 日）

江湾体育场

出版物 Publication：

《海归学人》

期号 Issue No.：

2020 年第 4 期，总第 64 期

页面 Page：

25

主办方 Organizer：

上海市欧美同学会、上海市留学人员联合会

上海江湾体育场（作者绘于 2020 年 5 月 2 日）

可以容纳 42 000 名观众的江湾体育场连同其东侧的江湾体育馆和游泳馆共同形成了江湾体育中心。1927 年，作为上海特别市推出的“大上海计划”的一部分，江湾体育场由1927 年留学回国时年 28 岁的建筑师董大西设计，当时被称为市运动场。江湾体育场于 1933 年开始募集资金，1934 年 8 月开工兴建，1935 年 10 月建成并投入使用。

江湾体育场看台整体为钢筋混凝土结构，共计两层，高 11 米，拥有 22 级台阶。体育场主入口中轴对称，由三个高 8 米的火焰券拱门组成，正立面中式斗拱屋檐，配饰牌楼腰身造型，其宏大的基座形体映衬着简洁的现代壁柱，兼具古今神韵，融汇东西元素，堪称中国建筑师的旷世佳作。

上海基督教诸圣堂

出版物 Publication：
《海归学人》
期号 Issue No.：
2020 年第 3 期，总第 63 期
页面 Page：
23
主办方 Organizer：
上海市欧美同学会、上海市留学人员联合会

上海基督教诸圣堂（All Saints' Church）位于复兴中路 425 号，红砖清水外墙，红瓦坡顶屋面，巴西利卡（Basilica）式平面布局，通体传承着浓郁的中世纪罗马风格。竣工于 1925 年的诸圣堂占地面积为 1 326 平方米，建筑面积为 886 平方米，建筑入口四组三联式科林斯柱式（Corinthian Order）撑起三个半圆形拱券，烘托着主体建筑山墙上部的圆形玫瑰窗棂，在有限的街角空间创造出无限的主题氛围。方形钟楼于内拥角独尊，于外居角昭然，塔顶四周三联柱式拱券窗呼应着建筑主立面的三联拱券门，塔端拱券窗类多立克柱式（Doric Order）的简洁对比着入口拱券门科林斯柱式的精美，门窗对仗，高低协同，淋漓尽致地表达着建筑的功能语义。

上海基督教诸圣堂（作者绘于 2019 年 10 月 26 日）

杨浦区图书馆

出版物 Publication：
《海归学人》
期号 Issue No.：
2020 年第 2 期，总第 62 期
页面 Page：
27
主办方 Organizer：
上海市欧美同学会、上海市留学人员联合会

四层钢筋混凝土结构的杨浦区图书馆原为旧上海市图书馆，由留美归国的建筑师董大西设计，1934 年开工，1935 年落成。建筑采用主体辅两翼的中轴对称布局，立面设计运用主楼基座、阁楼腰身和重檐歇山顶三段式的构图手法。室内孔雀主题的铁艺门套受新艺术运动装饰艺术风格的影响，线条精练，语汇现代，堪称上海建筑艺术中的“国宝”级精品。

建筑师董大西于 1922 年考入美国明尼苏达大学就读建筑学专业，1924 年获得建筑学学士学位，1925 年获得建筑与城市设计硕士学位，1927 年获得哥伦比亚大学考古学博士学位，1928 年学成归国，在上海开始职业建筑师生涯。

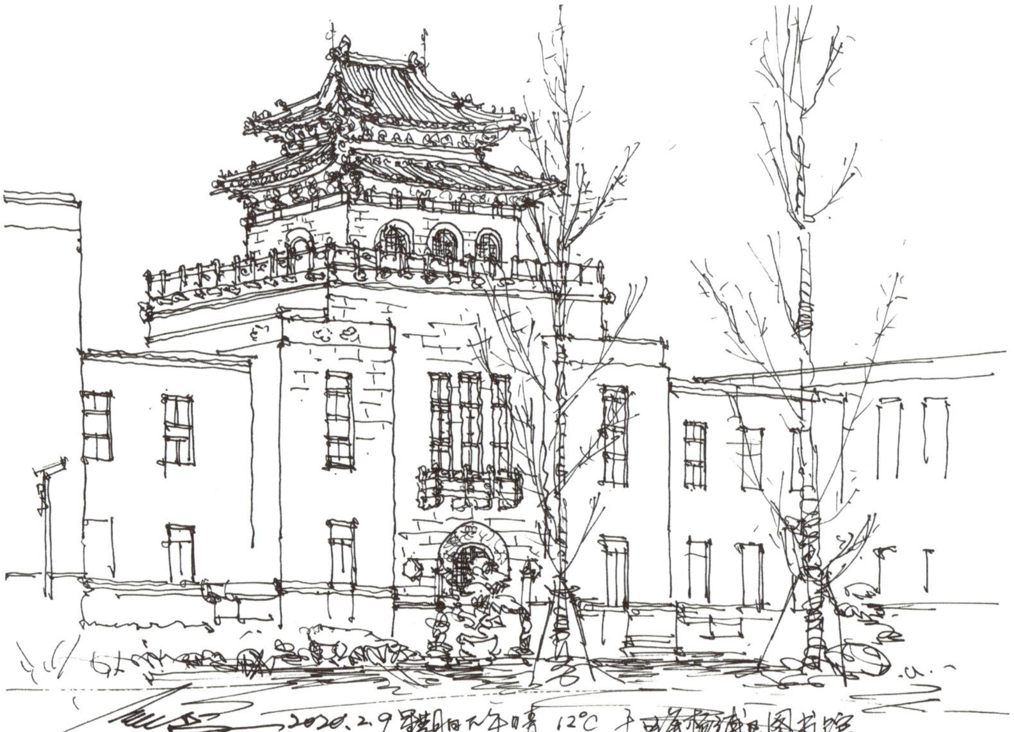

上海杨浦区图书馆（作者绘于 2020 年 2 月 9 日）

上海沐恩堂

出版物 Publication：
《海归学人》
期号 Issue No.：
2020 年第 1 期，总第 61 期
页面 Page：
29
主办方 Organizer：
上海市欧美同学会、上海市留学人员联合会

上海沐恩堂（作者绘于 2019 年 6 月 8 日）

位于今上海市黄浦区西藏中路 316 号的上海沐恩堂由匈牙利籍建筑师邬达克设计，1929 年动工兴建，1931 年竣工。教堂建筑群由主堂、钟楼和三座附属建筑组成，整体采用不对称的平面布局，依据街区方位坐东略偏北并朝西稍偏南，主要入口面对人民公园，次要入口位于汉口路上。主堂建筑中轴对称，采用哥特式建筑特有的尖肋拱顶，室内空间两层布局，三面回廊的两层平面充分利用了类飞扶壁空间的净高，为共计 1 000 个座位的容纳量增加了有效的利用空间。教堂钟楼位于主堂的西南角，哥特式的高耸形象在早年周边低矮建筑群中可谓独树一帜。

徐家汇天主堂

出版物 Publication：
《海归学人》
期号 Issue No.：
2019 年第 6 期，总第 60 期
页面 Page：
25
主办方 Organizer：
上海市欧美同学会、上海市留学人员联合会

随着罗马帝国于公元 395 年分裂为东罗马和西罗马，西方教堂的建筑制式逐步按照古罗马巴西利卡（Basilica）和拜占庭（Byzantium）集中式这两种形式演绎和发展，形成了当今世界教堂的基本格局，徐家汇天主堂当属前者。拉丁十字的平面布局和长方形的巴西利卡大厅一直被视为最正统的天主教堂形制，其中厅（Nave，或译为“中央通廊”）部分既宽阔又高直，具有崇高的宗教意义，而两侧的侧廊（Aisle）因为功能和结构的需要相对狭窄和低矮，多数侧廊上部还设有夹层或回廊，以期充分利用建筑空间。坐西面东，雄踞一隅的徐家汇天主堂是严格遵循这一建制的典型代表。

徐家汇天主堂（作者绘于 2018 年 6 月 10 日）

1906 年动工并于 1910 年落成的徐家汇天主堂除了哥特式（Gothic）的外部造型外，更能烘托哥特主义氛围的当数其内部独具特色的束柱（Beam-column）设计。建筑术语束柱是指将多根细柱围绕着中柱排列在一起，形成一个整体的柱式，强调技术上的均匀荷载和视觉上的垂直线条，并据此来呼应上部的拱肋，以衬托教堂空间的直立高耸。徐家汇天主堂共有束柱 64 根，每根束柱又由 10 个分“束”集合构成，通过力学原理支撑着尖拱式屋顶，构筑起教堂结构体系的主体框架。

龙华塔

出版物 Publication：
《海归学人》
期号 Issue No.：
2019 年第 5 期，总第 59 期
页面 Page：
29
主办方 Organizer：
上海市欧美同学会、上海市留学人员联合会

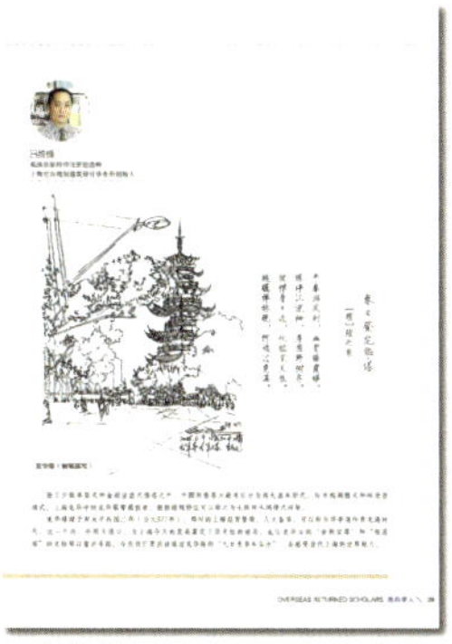

除了单层式和金刚宝座式这两种数量不多的佛塔类别之外，中国的佛塔可以总括为两大基本形式，即木构阁楼式和砖造密檐式，因建筑材料不同而演绎出来的砖木、砖石和石木等古塔大多属于这两类范畴。上海龙华寺的龙华塔属阁楼式，根据结构特征可以称之为七级砖木阁楼式佛屠。

龙华塔建于宋太平兴国二年（977 年），那时的上海经贸繁荣，人文荟萃，可以称作华亭港和青龙港时代。一个内港和一个外港这两大港口，为上海今天的发展奠定了历史性的基础，也让龙华古刹“舍利宝塔”和“报恩塔”的文脉得以重启寻踪。

明代张之象的《春日登龙华塔》是这样为我们勾勒登龙华而招的凤刹风情的：“早春游凤刹，幽赏陟霞梯。练净江流细，屏围野树齐。披襟看日近，伏槛觉天低。眺瞩禅林晚，何烦过虎溪。”今天我们更应该通过龙华塔的“九日龙华车似水”去感受当代上海的世界魅力。

龙华塔（作者绘于 2018 年 6 月 9 日）

上海科学会堂

出版物 Publication：
《海归学人》
期号 Issue No.：
2019 年第 4 期，总第 58 期
页面 Page：
31
主办方 Organizer：
上海市欧美同学会、上海市留学人员联合会

上海科学会堂位于今上海市南昌路 47 号，改扩建于 1917 年，其建筑前身是建于 1904 年的法国球场总会（Cercle Sportif Francais）（1904—1926 年）。法国建筑师 Wantz 和 Boisseron 在原有一主两翼两段式的山字形平面和中式庑殿顶主体的基础上，注入了法国孟莎式建筑屋顶元素，并将建筑平面延展为一主两翼四段式双山字形。整体设计既保留了原有中式庑殿顶的烙印，也表征了法国建筑艺术的独创，可谓当时继承中发扬和融汇中创新的建筑典范。作为该建筑的特色之一，屋顶檐口下以 2，3 和 5 不同数量组合的木质承托在分散屋面荷载的同时，斗拱般地装饰着这件受新艺术运动影响的海派建筑艺术作品。

上海市黄浦区科学会堂（作者绘于 2018 年 10 月 13 日）

中华职业教育社旧址

出版物 Publication：
《海归学人》
期号 Issue No.：
2019 年第 3 期，总第 57 期
页面 Page：
29
主办方 Organizer：
上海市欧美同学会、上海市留学人员联合会

上海市雁荡路 80 号是一座南北向狭长的建筑，落成于 1930 年 7 月，由我国著名教育家黄炎培发起创立的中华职业教育社投资兴建。中国民主建国会总会从重庆迁址上海后，曾于 1946 年 4 月—1947 年 11 月在此办公。该建筑原为 5 层，造型现代简约，具有当时风靡上海建筑界的艺术装饰（ArtDeco）风格特征。建筑主入口位于南昌路和雁荡路交会口，切角处理的大门主立面朝向东南，既突显建筑的主体形象，又便于内部的功能布局，更顺应着上海地区的主导风向。建筑设计强调主入口的装饰效果，大门施以立体的收分式门套，垂直的艺术线条连接着屋檐的压顶山花，上下呼应，尺度和谐。独具特色的主立面设计使其成为雁荡路和南昌路上最具风采的建筑艺术。

中华职业教育社旧址（作者绘于 2019 年 2 月 9 日）

上海老市府大楼

出版物 Publication：
《海归学人》
期号 Issue No.：
2019 年第 2 期，总第 56 期
页面 Page：
31
主办方 Organizer：
上海市欧美同学会、上海市留学人员联合会

上海人习惯地称呼位于江西中路 215 号的建筑物为老市府大楼，因为在 1945—1955 年，这里曾经是上海市人民政府所在地，上海市第一任市长陈毅曾在此办公多年。落成于 1922 年的这座“石头房子”是旧上海的政权中心——工部局（The Municipal Council）所在地，工部局是清末时期列强在中国设置于租界的行政管理机构，即市政委员会，因英文翻译为“公局”与清朝行政管理体系中的“工部”类似而被称为“工部局”。

主体三层局部四层的原工部局大楼为钢筋混凝土结构，建筑面积为 22 705 平方米，在近乎正方形的地块上，建筑沿马路呈三侧围合布局，以形成封闭独用的内院空间。沿街的立面设计借鉴了首创于法国凡尔赛宫东立面的三段式手法，中段两层高的爱奥尼式柱廊，在彰显古典主义典雅风范的同时，凸显着建筑的雄伟和庄严。位于道路交叉口的三处内凹式弧线切角的门厅处理为进出人流留出了充裕的街角室外空间，建筑体量同整个街区尺度和谐统一，相得益彰。

上海老市府大楼（作者绘于 2019 年 1 月 26 日）

中国共产党第一次全国代表大会会址

出版物 Publication：
《海归学人》
期号 Issue No.：
2019 年第 1 期，总第 55 期
页面 Page：
31
主办方 Organizer：
上海市欧美同学会、上海市留学人员联合会

位于上海市兴业路 76 号的中国共产党第一次全国代表大会会址建筑，建于 1920 年夏秋之交，落成伊始正门位于望志路 106 和 108 号，后门通往贝勒路的树德里（今黄陂南路 374 弄），是一幢前街后里的海派石库门式民宅。

两层高的砖木结构建筑坐北朝南，依周边街道的格局而置，建筑方位略偏东南，穿堂通风顺应上海地区的主导风向。石库门的内天井面南采光，使一楼主厅和二楼主卧光照充裕，厨房和楼梯布局北侧，南主北辅，南街后里，展现着经典的老上海民居风貌。主入口大门以石料为门框，以乌漆厚木为门扇，配以铜制门环，饰以圆拱形的雕花门楣，昭示着华美的沪埠风情。

中国共产党第一次全国代表大会会址（作者绘于 2018 年 11 月 30 日）

十二

自媒篇——宜吾评道

公众号前言

媒体 Medium：

“宜吾设计”微信公众号

时间 Time：

2015 年 6 月 15 日

主办方 Organizer：

上海宜吾规划建筑设计事务所

宜吾设计公众号鲜嫩上线

宜吾设计 2015-06-15

建筑艺术与大数据和云计算在这个璀璨的时空中相互串扰着不期而遇，宜吾设计公众号这艘遨游于信息海洋的揚帆今天正式宣告启航了！

流量在改写着社会的当下，静默的低头刷屏这个单一的形态正在简化着以往人类缤纷多彩的行为方式，微时代在悄无声息中叩响着我们生活的大门。

让我们一起放飞流量，期冀宜吾设计能够承载着对于缤纷世界的哲学思考和艺术表现，伴随着发展进取的中国社会奋进前行，不断迎接自然环境和人类需求所面临的设计挑战。

宜吾设计网址：www.shanghaieve.com

“宜吾设计”微信公众号截图

终于被您关注了，不是我太低调，而是您真慧眼。在这里，我是谁并不重要，关键是您要喜欢建筑艺术，喜爱设计的那种酷毙感。如果您真是发自内心地追梦建筑艺术，我们一定也会真挚地张开双臂拥抱您。来吧！有缘人终成挚友，这就是咱们的地儿，Architecture 既是工程也是艺术，我们崇尚工匠精神之严谨和艺术灵性之至真。这里的发布都是我们的原创，原汁原味的艺术饕餮和原汤原液的建筑作品，让我们一起体味建筑艺术的魅力吧！

名都绥德之门

媒体 Medium：

维仁项目管理博客

时间 Time：

2009 年 11 月 5 日

页面 Page：

项目管理

主办方 Organizer：

上海维仁工程项目管理有限公司

应邀走进陕北绥德，初次感受黄土文化的浓郁风情，带着新奇，裹着神秘，激发了我跨越空间的探究。

穿梭于名都古城，首先感怀的就是“门”文化，随处可见的门造型各异，但都展示着一个含义——面子。人有一张脸，家有一扇门，居家的富贵吉祥靠的就是这扇连接私密和公共的屏障。跨入它，你会抖掉衣衫上的尘灰，进入宁静的自我；迈出它，你会挺直胸膛，展现别样的人生。

西方管理研究文献中大量解读东方的“丢面子”（lost face），并将此作为揭开东方神秘面纱的利器。在无数商业场合，lost face 成为我们在谈判桌上失分的原因。面子对我们来说太重要了。

当我们走出房门、跨出家门、迈出国门，再回头凝视那扇门，会更加领悟心中这扇门的宽大和厚实。

新年第一次出行

媒体 Medium：
维仁项目管理博客
时间 Time：
2009 年 2 月 16 日
页面 Page：
项目管理
主办方 Organizer：
上海维仁工程项目管理有限公司

周末我应邀到访安徽省芜湖市南陵县，那是位于铜陵和宣城之间有山有水的好地方。我看了土地和项目、见了领导和官员、吸了清新和春霭、听了新闻和旧趣。

开发区在祖国的城乡大地遍地皆是，招商引资成为政府推动发展的举措。但是，我们的大多数招商行为还只停留在“硬”招商上，缺乏“软”招商的智慧和组织。软实力已经成为国际竞争的手段，“软”招商同样具有类似的含义。其实，打造和谐的城市就是最好的招商、最省钱的招商、最可持续的招商。

忽略了美妙丘陵的地势地貌，一推而平，划地为界，着实让学者感怀！某些规划院的权威规划带来如此结果，谁来为此买单？土方量的增加给捉襟见肘的政府财政带来更多负担，规划“后”服务的缺失困扰着开发者。我们的城市规划能力和手段一定程度上制约了社会经济的发展，闭门画线条、脱离飞速发展的社会可能成为新的知识灾难。

还是多多推广新思想、多多实践新项目，以实际的项目运作服人创品牌吧。

离不开的是情

媒体 Medium：
维仁项目管理博客
时间 Time：
2008 年 9 月 26 日
页面 Page：
项目管理
主办方 Organizer：
上海维仁工程项目管理有限公司

哈尔滨师范大学附属中学教学楼（作者摄于 2008 年）

哈尔滨的天还是那么蓝，清澈剔透，微风裹着年少的芳霭。走在师大附中校园，往昔的点点滴滴依然回荡在熟悉的空气里。

人依然是原来的人，熟悉的微笑样貌，只是岁月磨砺了当年的少壮。回忆同学的嬉笑，甚至老师的绰号，仿佛时光倒转。

建筑依然原地矗立，只是多了层摩登的面砖。没有了正立面古希腊优美的山花，失去了遐想追忆的轨迹。因为艺术修养的欠缺，创新的同时并没有使建筑的历史得以延续，原有新古典建筑的圣洁在伪建筑师的笔下呜呼哀哉！

人生的三次时空转换，总是在重复着土与情的歌谣。从哈尔滨到上海，从上海到英伦；从北到南，从东到西。语言的碰撞，文化的撞击，气候的跨度，思维的粗细。无论如何，泥土和情缘总是串联着和耦合着。一年生景，两年生义，五年生情，俯身抓一把泥土，确是不同的芳香，但是相同的感情。离开的是土，离不开的是情。

从《园林》发行 200 期活动想到的

媒体 Medium：

维仁项目管理博客

时间 Time：

2008 年 11 月 29 日

页面 Page：

项目管理

主办方 Organizer：

上海维仁工程项目管理有限公司

11 月 28 日，我应邀在宛平宾馆参加《园林》杂志发行 200 期活动，席间对园林原本释义和园林建设产业化产生了些思考。

园林一词在中国有多重含义，可指大的景观，可指小的苗圃，更可指养花、插花、盆景等，只要“拈花惹草”就是园林，无数从事此行的人都自称“搞园林的”，概念宽泛。这一方面说明此行业刚起步，理论研究不深，缺乏概念界定；另一方面说明产业化不够，还没到非要厘清的地步。

其实，在英文中有关概念还是比较清晰的。landscape概念比较大，有风景园林、景观设计的意思，学术性强些；garden 和 gardening 概念小一些，有花园、家庭园艺、造园的意思，科普性强些；盆景英文是 potted landscape，插花英文是 flower arrangement，二者都是组合词。

英国有本专门面向居家百姓的杂志叫 *Gardening*，是关于养花种草方面的内容。《园林》杂志必须分清这些园林方面的概念，找准客户群，给出内容的科学定位：是走进学术，侧重风景园林；还是面对百姓，多些园艺和花园内容。杂志的主人早已成竹在胸。

关于园林产业化，听来听去我始终觉得大家都没讲到点子上。结合项目管理的理论，我觉得提出“园林项目管理”学科恰逢其时。房地产项目管理已经研究颇深，民营房地产企业的发展促进了房地产项目管理的发展，我的系列项目管理授课已经说明了市场的需求。近日我接触到的园林和医院项目管理在中国恰是空白，在项目管理的框架下研究园林项目建设和医院项目建设问题能够解决园林有人栽无人管、病人医院上下跑的项目建设弊端。

中国现阶段园林项目分为两类：一是国营公益式，为城市建设作贡献；二是私营利益式，开发商打造楼盘园林就是为了卖个好价钱。从园林项目周期看，二者需要考虑的内容相同，只是投资模式不同、投资价值取向不同、投资的市场意义不同。按照园林项目的不同类型，沿着项目管理的思路整理研究，就能够将朦胧的园林产业化深化剖析，从学科的角度论述清楚。中国的各行各业呈现的问题多是不量化、不深入、不具体、不认真造成的。没有精细化管理就没有制造业的发展，同样，没有项目管理思想就没有园林产业化的发展。

上海市世博轴广场雕塑和环境艺术设计效果图（宜吾设计，2012 年）

未来中国第三大休闲之都——合肥

媒体 Medium：

维仁项目管理博客

时间 Time：

2008 年 11 月 23 日

页面 Page：

项目管理

主办方 Organizer：

上海维仁工程项目管理有限公司

11 月 21 日，我应安徽省房地产业协会之邀为其举办的研讨会主讲《房地产项目管理》，两天的合肥停留，略感一二，对比国内的省会城市，落笔三四。

过去谈起合肥，有些人可能觉得其缺少省会之城的风采。近年来来去去，走走停停，深切感受到其当代城市历史画卷的逐步舒展。合肥城市近年有了突飞猛进的发展，沿着刚落成的金寨路高架向高新区前行，不管是沿途的立交，还是装点的 LED 照明，都确实呈现着这座城市的复兴。合肥的现代精彩落在何处最有感染力？打造休闲之都不失为良策。

安徽承东接西，前不着村、后不着店、南北不搭界、火车绕蚌埠的时代已经结束，动车已使其迈入长三角都市圈。长三角都市圈各城市需要承载错位价值，休闲都市的重任自然落到合肥头上。不比工业，不比金融，不比科研，就比休闲，这里有臭鳜鱼、淮南豆腐、宁国路龙虾、沿老护城河的酒吧和马鞍山路的新商业等。雅俗共赏的演歌台正在跨出长三角，接轨成都和长沙。

成都号称“中国休闲之都”，是“一座来了就不想走的城市”；长沙是太阳不落的城市，即使凌晨三点，夜宵场面一如白昼。第三座休闲城市在中国还没冒头，几个竞争者跃跃欲试，合肥劲头十足。成都、长沙和合肥三座类似规模的城市构成了中国版图上完美的休闲金三角。休闲城市必须要有那种“休闲味”，要有晴日的茶楼商场，要有夜晚的酒吧歌厅，要有冬日的室内喧嚣，要有夏日的露天静谧，这一切合肥基本具备，只是看如何深入打造。

一年前应合肥市规划院之邀，我做了宁国路一条街策划；几位好友突发灵感，曾想打造合肥动漫产业园，若干构思汇报后赢得一片喝彩。城市的雕琢靠层出不尽的思想不断累积，希望有一天人们坐在包河公园的长椅上，感叹合肥真的成为中国第三大休闲之都。

合肥市明教寺（作者绘于 2019 年 2 月 5 日）

不能大意失荆州

媒体 Medium：
维仁项目管理博客
时间 Time：
2008 年 11 月 17 日
页面 Page：
项目管理
主办方 Organizer：
上海维仁工程项目管理有限公司

荆州古城门（作者摄于 2008 年 11 月 15 日）

11 月 13 日，我在长江大学作了题为《成功能够管理》的报告，踏访荆州古城，感慨颇多。

对初次来荆州的人而言，荆州的古城墙令人叹为观止。该古城墙有 5 个可圈可点之处：①难得有保存如此完整的城墙；②城墙设计因地制宜，不追求四四方方一座城，而是因河而曲，因地而向，就水而筑，就道开门，从总体平面环境看俨然一座“岛城”；③绝佳的瓮城设计既能攻能守，又防兵防水；④内置夯土护墙，便于维护城墙坚固，节省内墙成本，有利古城绿化，便于守兵直接上城攻敌；⑤护城河同码头结合，出城上船，下马登舟，交通便捷。

从比较文化的角度看，荆州古城墙同英国的约克（York）古城墙在规模上类似。在城墙制式上，荆州城墙则略胜一筹，这有待于有识之士研究比较。楚国发展的鼎盛时期同古希腊文化发展的黄金时代基本吻合，公元前几百年左右的东西方文化都绽放着各自的独特美丽。古希腊留下了优雅的石头建筑艺术和西方古代文明；古楚国留下了技艺精湛的青铜、锦丝和漆艺，异曲同工，惟妙惟肖。在雅典博物馆所见的文物某种程度上讲比荆州博物馆逊色几分，就文物的工艺、造型和科技水准而言，荆州超过雅典。

但是，今天的荆州应该如何发展？不能睡在绚丽的瑰宝上谈古论今，不能望着古城墙沾沾自喜。时代督促创新，历史需要演绎。古城这一文化基因已经足以让荆州屹立世界，只是不能急功近利，要立足长远，用现代的语言演绎荆州的故事。经营城市，理念为先；打造城市，管理为本。

历史已经发生过大意失荆州的悲剧，在急需提升城市竞争力的今天，再不能大意失荆州了。

荆州瓮城（作者摄于 2008 年 11 月 15 日）

最新都江堰房地产广告

媒体 Medium：

维仁项目管理博客

时间 Time：

2008 年 11 月 9 日

页面 Page：

项目管理

主办方 Organizer：

上海维仁工程项目管理有限公司

都江堰现代农业科技示范区鸟瞰图（宜吾设计，2008 年）

地震后的四川省都江堰楼市走向如何？我借参与项目规划的机会来到了都江堰，带着有关房地产的职业疑虑走进了这个昔日的天堂，而今天成为灾区的都江堰。毁坏的建筑着实让人肃然起敬，走在大街上人群依然川流不息，只是少了过去的恬静和安逸。许多危房早已人去楼空，一个个黑洞洞的窗户更显出在自然灾害面前人类的无奈。

回忆多年前忙里偷闲的成都时光，都江堰也在我人生中留下很多印迹：周末爬青城山的畅意，傍晚河边排档的欢愉，后山峡谷的木栈道带来的空灵，石头竹篮堰上截水的浩气。这里的房价曾经随着这方水土的人杰地灵而直线飙升，山坳深处的别墅绝对天上人间，而这一切随着地震仿佛戛然而止。

地震摧毁了建筑，但是动摇不了灾后重生的精神。开发商仍然一如既往地在卖房，看到广告语“全框架剪力墙 · 坚若磐石 · 9 度坚‘墙’设防”，我的疑虑顿然化解。“猪坚强”① 延伸出的广告语更显时代创意，9 度坚“墙”的广告应该被评为今年房地产界最“猪”而不是最牛的广告，这也是灾区房地产界对世人最坚强的昭示。盼望能有再多一些抗震技术的应用，这样广告和实际就完美贴合了。

带来一点创意的规划理念，带来一些实用的抗震技术，带来一种建设工程项目管理的手段和方法，我们是能够做到的。

都江堰市壹街区体育公园接待中心实景（宜吾设计，2010 年）

① “猪坚强”是一个网络词，一头猪因在 5 · 12 汶川地震中被埋废墟 36 天后获救而得名，形容生命力顽强。

迎接中国管理 V1.0 时代

媒体 Medium：
维仁项目管理博客
时间 Time：
2008 年 10 月 4 日
页面 Page：
项目管理
主办方 Organizer：
上海维仁工程项目管理有限公司

世界经历了半个世纪的美式文化和经济的浸染，开始步入树立新标杆的时代。中国将是这个标杆的主要竞争者，世界的目光已经转向中国。我们的核心竞争力是什么？低价劳力、地大物博、加工基地、热情好客、孔孟之道看似都不足以承担这个重任，唯有管理才是我们的基石。有管理才有研发、生产、营销等经济环节的深度耕作。中国管理 V1.0 时代已经到来。

管理的目的是把事情做好，管理的过程就是系统思维的过程。钱学森把系统工程（systems engineering）的理念引入中国，才有了我们的“两弹一星”；世界银行项目云南鲁布革水电站的成功，打开了国人“管理”的视野。这就是管理的作用，更具体地说是项目管理思维的作用。项目管理既是一门学科，也是企业和产品成功的支撑。企业靠产品获利，产品靠创造获得，创造的过程就是项目管理的过程，有了项目管理的成功，才有企业管理的成功。英国人提出的系统管理理念在美国得到了发挥，美国人丰富后的项目管理内涵在日本得到细化。世界经济话语权在不断传递，尽管风水轮流转，但是要做有心人。机会转瞬即逝，发展面临挑战，管理不懂不行。今天无数广东、浙江等经济发达地区企业倒闭的事实再一次给国人敲响警钟。不要怪劳动合同法、不要怪人民币升值、不要怪原材料涨价，要反省自己是否有管理思想。前人给了我们庞大的思想智库，继承的同时再加创新才是立足的法宝，我们决不能躺在四大发明上沉睡不醒。日本的发展给世界展示的是过硬的产品，这些一流产品的背后是日本学习西方的同时创造的管理理论。不管是准时制，还是鱼骨法，都是日本对世界管理理论的贡献。

中国第一代致富的创业者在没规则中创造了规则，不管是机会致富，还是勤奋致富，他们正在把接力棒传给后人。新生代在握紧接力棒的同时还必须握紧管理这个利器，发明我们自己的准时制理论，做中国管理 V1.0 的开拓者和创造者。

根植于英国的工程项目管理体系，上海维仁工程项目管理有限公司（简称“维仁项目管理”）于 2000 年落地中国，以房地产项目为起点，开始了理念推广和项目运作：2001 年，将项目管理理念引入中国阳光集团房地产项目管理中；2003 年，在新希望集团推广异地多项目矩阵式管理模式；2005 年，为众安集团构建国际化的工程项目管理体系。维仁项目管理以其独特的思想体系始终站在国际工程项目管理领域的前沿。

硬件易得 软件难全

媒体 Medium：
　　维仁项目管理博客
时间 Time：
　　2008 年 10 月 2 日
页面 Page：
　　项目管理
主办方 Organizer：
　　上海维仁工程项目管理有限公司

十一黄金周，我经杭州湾跨海大桥到宁波走了一趟。崭新的高速公路和漂亮的跨海大桥绝对无与伦比，赤、橙、黄、绿、青、蓝和紫的七色桥身涂色为行程平添了色彩。

飞驰中直奔宁波，朋友的路线指点付诸东流，到了保国寺方知路走错了。费时、费油、费情之中体会到高速公路建设和管理的缺失——标识不够严谨明确。相信和我一样走错路的人不在少数。

从项目管理的角度而言，整个跨海大桥项目早期项目策划就应该包括项目标识系统策划，从人本化的视角审视每一个出口的目的地方向，研究并得出具体标注的方向指引。忽略标识系统研究，会造成硬件建设易得、软件设置空缺，"高速客"只能花钱买教训。在中国高速公路建设的大潮中，此类案例比比皆是。

"毛估估""差不多"的现象在中国工程建设领域不少，项目管理理念和意识缺失应引起重视。重可见的施工，轻图纸的设计；重有形的现场，轻无形的管理；重工程的投资，轻前期研究的投入；重领导竣工剪彩，轻项目经验总结，部分工程建设项目陷入这样的泥潭。不知此跨海大桥有无标识系统设计的专项投入？

知之为知之，不知为不知！中国同行们须恶补项目管理这一课，这样才能发现不足、改正不足。豪言壮语"人定胜天"最伟大——因为它给人以敢为人先的精神力量；同时，口若悬河"人定胜天"最可怕——因它会使人迷失自己和不求甚解。

没有项目管理的理论知识，就看不到工程中"现象"的本质；有了项目管理知识，就能看到问题并提出解决方案。

高速公路标识解决方案建议如下：①界定标识任务范围；②客源和目的地市场研究分析；③提出每个出口的标识方案；④模拟运行和修改调整；⑤信息整理并为编制标识系统管理软件做准备。

1 个思想：系统管理
2 个理念：用户满意度、利益最大化
3 个核心：进度、费用、质量
4 个方法：WBS、甘特图、现金流、责任矩阵
5 个过程：启动、计划、执行、控制、结束
6 大控制：范围、组织、风险、时间、成本、品质
12 个领域：战略管理、范围管理、计划管理
　　采购管理、沟通管理、风险管理
　　质量管理、时间管理、成本管理
　　合同管理、变革管理、人力资源管理

维仁项目管理思想体系

体系化呵护项目

媒体 Medium：

维仁项目管理博客

时间 Time：

2008 年 9 月 13 日

页面 Page：

项目管理

主办方 Organizer：

上海维仁工程项目管理有限公司

维仁项目管理的服务体系包括区域规划、地产开发、工程设计、建造实施、企业顾问和管理培训六个领域。

在每一个服务领域，我们都能以精湛的专业水准和丰富的实际经验为项目创造价值的超越。

维仁项目管理的服务内容涵盖项目全过程中的项目策划、项目规划、项目设计、项目实施、项目营销和项目运营六个阶段。

在全过程工程项目管理中，维仁项目管理采用无缝对接的工具和方法，使业主能够真切感受到维仁服务的无微不至和井然有序。

维 仁 项 目 管 理 服 务 体 系

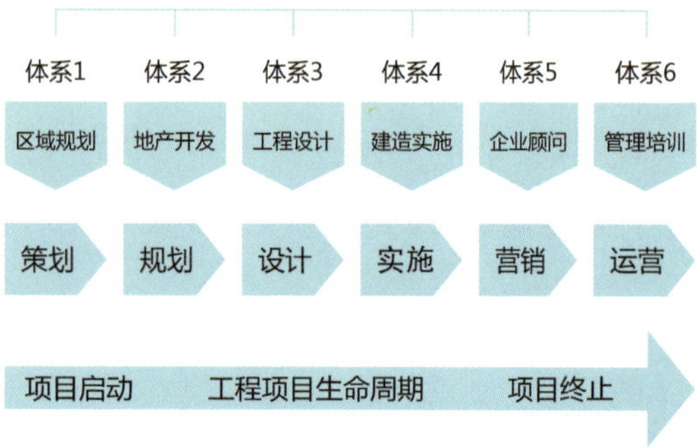

上海维仁工程项目管理有限公司项目管理服务体系

找寻项目文化频道

媒体 Medium：

维仁项目管理博客

时间 Time：

2008 年 9 月 13 日

页面 Page：

项目管理

主办方 Organizer：

上海维仁工程项目管理有限公司

上海市长兴岛福利院实景（作者设计，1991 年）

一个民族的发展需要民族精神的承载，一个企业的发展需要文化精神的肩负，一个项目的成功同样需要文化价值的传承。

维仁项目管理的宗旨是为企业和项目挖掘最大的潜在价值。

企业需要文化宣言，企业更需要文化执行。项目管理就是一把执行的金钥匙，它能打开任何超越项目文化的大门。

项目管理是管理理念的升华，更是文化理念的结晶。维仁项目管理愿意为项目找到对应的文化频道。

点击项目管理的图标

媒体 Medium：

维仁项目管理博客

时间 Time：

2008 年 9 月 13 日

页面 Page：

项目管理

主办方 Organizer：

上海维仁工程项目管理有限公司

全球资讯已经到了“点击”时代，我们的生活早就被贴上了最时尚的标签。

今天最新的项目管理理论，明天将变成项目管理的历史，我们的生活汲取项目管理的养料并在不知不觉中获得质的提升。从 20 世纪 90 年代标杆管理、企业再造和战略联盟这三大管理理论诞生，到现代矩阵式管理理念在大型项目中被反复应用并创新咀嚼，企业、项目和人永远在三位一体的管理空间中探索着价值的时代真谛。

“点击”是为了更多地获得知识，“点击”是为了更好地刷新自我。

把握项目管理领域的最新脉搏，维仁将与您项目的成功同步。

曲阜市孔府档案馆建筑设计方案鸟瞰图（作者设计，1989 年）

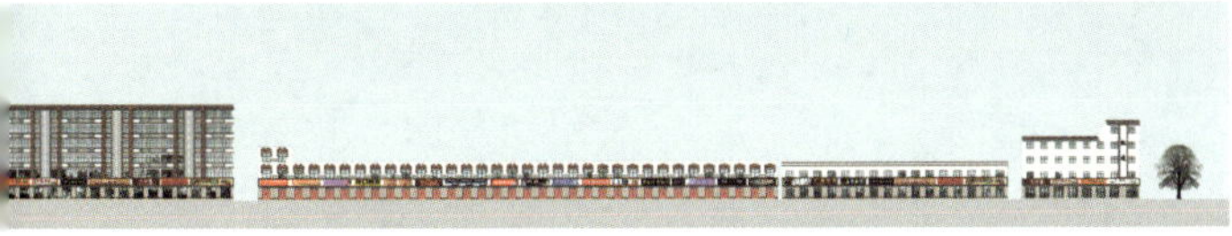

礼泉县西兰大街城市更新项目北立面图（宜吾设计，2013 年）

中国项目管理的序幕

媒体 Medium：

维仁项目管理博客

时间 Time：

2008 年 9 月 13 日

页面 Page：

项目管理

主办方 Organizer：

上海维仁工程项目管理有限公司

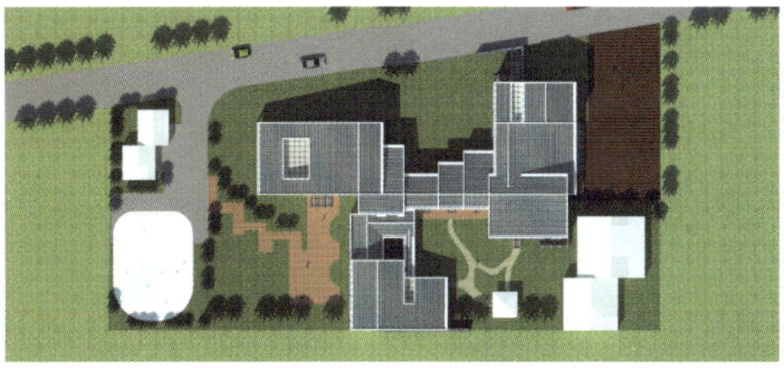

江苏省丹阳市界牌镇文化馆建筑设计方案总平面图（作者设计，1986 年）

亘古绵延，生息繁衍。从埃及金字塔到中国万里长城，从电脑芯片到神舟飞船，每一项人类的成功都蕴含着无数个项目管理的故事。

今天，项目管理已经站在了 21 世纪管理舞台的中央，正在演出一场荡气回肠的时代大戏。

伴随全球一体化的浪潮，维仁项目管理在吸纳国际最新项目管理知识的同时，也将不断提升的管理标杆奉献给社会，更在演绎着一个又一个成功的故事。

维仁项目管理的理念是给客户繁忙的商务生活带来有条不紊。从 1998 年起，维仁项目管理开始提供国际水准的工程项目设计和工程项目管理，服务的客户涵盖政府、金融、教育、旅游、房地产、医疗等领域。

多年来，维仁项目管理一直在为工程项目提供超越的附加值，我们 80% 的业务来自那些赞赏维仁项目管理理解他们的需求并用真心和创新满足项目设定标杆的客户们。

附录

一

吕维锋重要作品一览

著作（2013—2020 年）

（1）《筑道：吕维锋论文集》，上海科学技术出版社，2013 年 7 月。

（2）《绘道：吕维锋手绘施工图集》，同济大学出版社，2015 年 3 月。

（3）《规道：吕维锋规划设计探索与实践》，同济大学出版社，2017 年 10 月。

（4）《速写清迈》，同济大学出版社，2018 年 12 月。

（5）《速写中俄》，黑龙江人民出版社，2020 年 7 月。

（6）《我是建筑师：吕维锋建筑艺术纸模集》，上海科学技术出版社，2020 年 7 月。

文章（2016—2020 年）

（1）《哈尔滨市延寿县老城初考》，发表于《哈尔滨历史文化研究》第二辑，黑龙江大学出版社，2020 年 7 月第 1 版：39-42。

（2）《关于后疫情时期旅游赋能的措施建议》，民革中央采用的参政议政建议，民革黑龙江省委，2020 年 11 月。

（3）《龙江纪行之日月峡滑雪场》，发表于《北国旅游》，哈尔滨市社会科学院，2020 年第 6 期，总第 75 期：68-69。

（4）《龙江纪行之透龙山》，发表于《北国旅游》，哈尔滨市社会科学院，2020 年第 5 期，总第 74 期：68-69。

（5）《塔头湿地新名片・青山绿水哈尔滨》，发表于《哈尔滨市情活页》，中共哈尔滨市委史志研究室，2020 年第 4 期，总第103 期：85-86。

（6）《东北地区农村人居环境范式和乡村振兴之路》，发表于《哈尔滨市情活页》，中共哈尔滨市委史志研究室，2020 年 11 月第 3 期，总第 102 期：23-24。

（7）《龙江纪行之东北湖公园》，发表于《北国旅游》，哈尔滨市社会科学院，2020 年第 4 期，总第 73 期：70-71。

（8）《刍议人口半世纪・思考城市新未来——哈尔滨解放前人口变迁的刍议和思考》，发表于《哈尔滨市情活页》，中共哈尔滨市委史志研究室，2020 年 6 月第 1 期，总第 100 期：63-66。

（9）《规划定义冰雪・设计赋能项目》，发表于《2020 哈尔滨冰雪旅游发展研讨会》，哈尔滨市文化广电和旅游局，2020 年 3 月 31 日：9-14。

（10）《龙江纪行之东林寺》，发表于《北国旅游》，哈尔滨市社会科学院，2020 年第 3 期，总第 72 期：72-73。

（11）《龙江纪行之黄崖子民俗村》，发表于《北国旅游》，哈尔滨市社会科学院，2020 年第 2 期，总第 71 期：60-61。

（12）《发展夜间经济 赋能黑土地全时生活》，发表于《奋斗》，中国共产党黑龙江省委员会，2020 年 3 月第 5 期，总第 609 期：96-97。

（13）《龙江纪行之康荣玫瑰小镇》，发表于《北国旅游》，哈尔滨市社会科学院，2020 年第 1 期，总第 70 期：60-61。

（14）《家国 70 周年｜吕维锋：游子情，爱国心》，发表于“上海市欧美同学会”微信公众号，欧美同学会“祖国，听我说”征稿，2019 年 12 月 6 日。

（15）《龙江纪行之锡伯族部落小镇》，发表于《北国旅游》，哈尔滨市社会科学院，2019 年第 6 期，总第 69 期：64-65。

（16）《提升驻外办事处品牌形象·塑造哈尔滨城市精神》，发表于《哈尔滨市情活页》，中共哈尔滨市委史志研究室，2019 年 12 月第 11 期，总第 98 期：26-27。

（17）《点亮夜生活炫彩霓虹·赋能哈尔滨夜间经济》，发表于《哈尔滨市情活页》，中共哈尔滨市委史志研究室，2019 年 10 月第 9 期，总第 96 期：12-15。

（18）《哈尔滨夏季旅游应该端上避暑经济的“招牌菜”》，发表于《哈尔滨市情活页》，中共哈尔滨市委史志研究室，2019 年 8 月第 7 期，总第 94 期：14-16。

（19）《走过学府路》，发表于《北方文学》，黑龙江省作家协会，2019 年第 4 期：80-81。

（20）《哈尔滨的构图》，发表于《北方文学》，黑龙江省作家协会，2019 年第 4 期：78-80。

（21）《发挥界别优势·增强履职实效》，政协哈尔滨市第十三届委员会第三次会议大会履职发言材料，2019 年 1 月 9 日。

（22）《把东北地区建设成为世界冰雪产业发展第五极》，发表于《中国侨联侨情专报》第 4533 期，中国侨联，2018 年 10 月 17 日。

（23）《诗歌是砌筑的建筑》，发表于《简书》，https：//www. jianshu. com/p/3d6a43f7d619，2018 年 10 月 9 日；“贤仁”微信公众号，https：//baijiahao. baidu. com/s? id = 1613844743425571145&wfr = spider&for = pc，2018 年 10 月 9 日。

（24）《曼城学联的第一份通讯》，发表于《海归学人》，上海市欧美同学会，2018 年第 6 期，总第 54 期：55-56。

（25）《区域新中心 东极佳木斯——佳木斯城市空间发展探索与规划》，发表于《佳木斯论坛》，佳木斯市社会科学界联合会和佳木斯市社会科学院，2018 年第 8 期，总第 161 期：13-20。

（26）《挖掘城市内涵·塑造历史街区——以香坊区开埠历史文化街区为例》，发表于《哈尔滨市情活页》，哈尔滨市人民政府地方志编纂办公室，2018 年 6 月第 5 期，总第 80 期：16-18。

（27）《曼城过春节 越过越中国》，发表于《海归学人》，上海市欧美同学会，2018 年第 2 期，总第 50 期：54-55。

（28）《把哈尔滨建设成为世界冰雪产业发展高地的建议》，发表于《哈尔滨市情活页》，哈尔滨市人民政府地方志编纂办公室，2018 年第 1-2 期合刊，总第 76-77 期：43-44。

（29）《曼彻斯特的咖吧街》，发表于《海归学人》，上海市欧美同学会，2018 年第 1 期，总第 49 期：47。

（30）《哈尔滨的线条》，发表于《哈尔滨史志》，哈尔滨市人民政府地方志编纂办公室和哈尔滨市地方志学会，2018 年第 1 期，总第 88 期：3-4。

（31）《百年世界·精彩芬兰》，发表于 *PureJoy*，世界冰雪论坛，2017 年：32-33。

（32）《关于哈尔滨城市公共停车空间设置的若干思考》，发表于《哈尔滨市情活页》，哈尔滨市人民政府地方志编纂办公室，2017 年11 月第 10 期，总第 73 期：40-41。

（33）《“知间”｜之间》，发表于《哈尔滨史志》，哈尔滨市人民政府地方志编纂办公室和哈尔滨市地方志学会，2017 年第 6 期，总第87 期：63，72。

（34）《关于哈尔滨新区建设的若干建议》，发表于《哈尔滨市情活页》，哈尔滨市人民政府地方志编纂办公室，2017 年 10 月第 9 期，总第 72 期：24-26。

（35）《世界冰雪论坛是平的》，发表于 *PureJoy*，世界冰雪论坛，2017 年：30-31。

（36）《遇见 Mardi Gras》，发表于《海归学人》，上海市欧美同学会，2017 年第 4 期，总第 46 期：49。

（37）《黑龙江冰雪旅游产业发展的思考》，发表于《哈尔滨政协》，政协哈尔滨市委员会，2017 年 4 月，总第 89 期：32-33。

（38）《延寿县老城初考》，发表于《哈尔滨史志》，哈尔滨市人民政府地方志编纂办公室和哈尔滨市地方志学会，2017 年第 2 期，总第 83 期：11-14。

（39）《初见建筑大师安德鲁——首届中法文化论坛相遇记》，发表于《海归学人》，上海市欧美同学会，2016 年第 6 期，总第 42 期：42。

绘画（2015—2020 年）

（1）《徐家汇公园纪念烟囱》，发表于《海归学人》，上海市欧美同学会，2020 年第 6 期，总第 66 期：29。

（2）《一支钢笔勾勒出心中的哈尔滨》，发表于《生活报》第 1-2 版，黑龙江日报报业集团，2020 年 10 月 18 日星期天版。

（3《思南露天博物馆》，发表于《海归学人》，上海市欧美同学会，2020 年第 5 期，总第 65 期：27。

（4）《江湾体育场》，发表于《海归学人》，上海市欧美同学会，2020 年第 4 期，总第 64 期：25。

（5）《上海基督教诸圣堂》，发表于《海归学人》，上海市欧美同学会，2020 年第 3 期，总第 63 期：23。

（6）《杨浦区图书馆》，发表于《海归学人》，上海市欧美同学会，2020 年第 2 期，总第 62 期：27。

（7）《牵一根线条 描一道光影——吕维锋哈尔滨建筑艺术速写：哈尔滨市少年宫，哈尔滨市第一中学，哈尔滨兆麟小学校，哈尔滨香坊火车站，哈尔滨圣·索菲亚教堂和哈尔滨防洪纪念塔》，发表于《北国旅游》，哈尔滨市社会科学院，2020 年第 1 期，总第 70 期：

26-31。

(8)《上海沐恩堂》，发表于《海归学人》，上海市欧美同学会，2020 年第 1 期，总第 61 期：29。

(9)《徐家汇天主堂》，发表于《海归学人》，上海市欧美同学会，2019 年第 6 期，总第 60 期：25。

(10)《龙华塔》，发表于《海归学人》，上海市欧美同学会，2019 年第 5 期，总第 59 期：29。

(11)《上海科学会堂》，发表于《海归学人》，上海市欧美同学会，2019 年第 4 期，总第 58 期：31。

(12)《中华职业教育社旧址》，发表于《海归学人》，上海市欧美同学会，2019 年第 3 期，总第 57 期：29。

(13)《筑道黑土地：吕维锋哈尔滨历史建筑钢笔写生系列（十）——哈尔滨清真寺和圣・索菲亚教堂》，发表于《黑龙江省欧美同学会会刊》，黑龙江省欧美同学会，2019 年第 1 期，总第 42 期：36-37。

(14)《上海老市府大楼》，发表于《海归学人》，上海市欧美同学会，2019 年第 2 期，总第 56 期：31。

(15)《中国共产党第一次全国代表大会会址》，发表于《海归学人》，上海市欧美同学会，2019 年第 1 期，总第 55 期：31。

(16)《筑道黑土地：吕维锋哈尔滨历史建筑钢笔写生系列（九）——原领事馆住宅和南岗博物馆》，发表于《黑龙江省欧美同学会会刊》，黑龙江省欧美同学会，2018 年第 3 期，总第 41 期：44-45。

(17)《哈尔滨防洪纪念塔速写》，发表于《哈尔滨市情活页》，哈尔滨市人民政府地方志编纂办公室，2018 年第 4 期，总第 79 期：59。

(18)《圣・索菲亚教堂速写》，发表于《哈尔滨市情活页》，哈尔滨市人民政府地方志编纂办公室，2018 年第 3 期，总第 78 期：57。

(19)《筑道黑土地：吕维锋哈尔滨历史建筑钢笔写生系列（八）——太阳岛原俄罗斯别墅和原布拉哈达德旅馆餐厅》，发表于《黑龙江省欧美同学会会刊》，黑龙江省欧美同学会，2018 年第 2 期，总第 40 期：36-37。

(20) 圣・索菲亚大教堂钢笔速写插图，发表于《哈尔滨年鉴》，哈尔滨市人民政府，2017 年：1，19，61，65，101，127，135，147，161，167，187，197，201，217，227，241，247，259，263，273，277，287，303，315，321，343，361，375，387，397，409，421，431，453。

(21)《筑道黑土地：吕维锋哈尔滨历史建筑钢笔写生系列（七）——原葡萄牙领事馆和原美国领事馆》，发表于《黑龙江省欧美同学会会刊》，黑龙江省欧美同学会，2018 年第 1 期，总第 39 期：30-31。

(22)《防洪纪念塔》，发表于《哈尔滨史志》，哈尔滨市人民政府地方志编纂办公室和哈尔滨市地方志学会，2017 年第 6 期，总第 87 期：封一。

(23)《黑龙江省政府外事（侨务）办公室》，发表于《哈尔滨史志》，哈尔滨市人民政府地方志编纂办公室和哈尔滨市地方志学会，2017 年第 5 期，总第 86 期：封一。

(24)《哈尔滨国际饭店》，发表于《哈尔滨史志》，哈尔滨市人民政府地方志编纂办公室和哈尔滨市地方志学会，2017 年第 4 期，总第 85 期：封一。

(25)《筑道黑土地：吕维锋哈尔滨历史建筑钢笔写生系列（六）——滨洲铁路南侧桥头堡和中共满洲省委机关遗址》，发表于《黑龙江省欧美同学会会刊》2017 年第 4 期，总第 38 期：38-39。

(26) 哈尔滨历史建筑钢笔速写插图，发表于《哈尔滨观览》，黑龙江人民出版社，2017 年 5 月：26，27，85，120-121。

(27)《香坊火车站》，发表于《哈尔滨史志》，哈尔滨市人民政府地方志编纂办公室和哈尔滨市地方志学会，2017 年第 3 期，总第 84 期：封一。

(28)《筑道黑土地：吕维锋哈尔滨历史建筑钢笔写生系列（五）——原中东铁路副局长官邸和慈云观》，发表于《黑龙江省欧美同学会会刊》，黑龙江省欧美同学会，2017 年第 3 期，总第 37 期：32-33。

(29)《哈尔滨清真寺》，发表于《哈尔滨史志》，哈尔滨市人民政府地方志编纂办公室和哈尔滨市地方志学会，2017 年第 2 期，总第83 期：封一。

(30)《筑道黑土地：吕维锋哈尔滨历史建筑钢笔写生系列（四）——防洪纪念塔和香坊火车站》，发表于《黑龙江省欧美同学会会刊》，黑龙江省欧美同学会，2017 年第 2 期，总第 36 期：44-45。

(31)《筑道黑土地：吕维锋哈尔滨历史建筑钢笔写生系列（三）——哈尔滨市少年宫活动中心和兆麟小学》，发表于《黑龙江省欧美同学会会刊》，黑龙江省欧美同学会，2017 年第 1 期，总第 35 期：30-31。

(32)《圣・索菲亚教堂》，发表于《哈尔滨史志》，哈尔滨市人民政府地方志编纂办公室和哈尔滨市地方志学会，2017 年第 1 期，总第 82 期：封一。

(33)《筑道黑土地：吕维锋哈尔滨历史建筑钢笔写生系列（二）——和平邨贵宾楼和哈尔滨市犹太新会堂》，发表于《黑龙江省欧美同学会会刊》，黑龙江省欧美同学会，2016 年第 3 期，总第 34 期：26-27。

(34)《筑道黑土地：吕维锋哈尔滨历史建筑钢笔写生系列（一）——圣・索菲亚教堂和哈尔滨市第一中学》，发表于《黑龙江省欧美同学会会刊》，黑龙江省欧美同学会，2016 年第 2 期，总第 33 期：42-43。

(35)《海外学人龙江行速写四幅》，发表于《海归学人》，上海欧美同学会，2015 年第 6 期，总第 36 期：封三。

附录二

吕维锋演讲活动一览

（2017—2020 年）

1. 研析建筑艺术・品读城市规划

内容：城市规划评析和建筑艺术研读

主办：佳木斯市自然资源和规划局

时间：2020 年 12 月 25 日

2. 百年的城市史・世界的哈尔滨

内容：介绍哈尔滨市城市的发展历史和对比性分析“世界的哈尔滨”在城市规划领域的贡献

主办：富力集团富力（哈尔滨）房地产开发有限公司

时间：2020 年 10 月 7 日

3. 好夏好冬好旅游・有青有绿有龙江

内容：浅谈后疫情时期黑龙江旅游发展

主办：中国国民党革命委员会黑龙江省委员会

时间：2020 年 9 月 22 日

4. “侨这六十年・同心筑梦路”：庆祝哈尔滨市侨联成立 60 周年系列活动标识视频抖音发布

内容：体现哈尔滨市归国华侨联合会六十年来砥砺前行奋斗精神的纪念标识设计理念发布

主办：哈尔滨市归国华侨联合会十二届委员会

时间：2020 年 9 月 9 日和 9 月 11 日

2020 年 9 月 9 日和 11 日，作者在哈尔滨市侨联“60 周年纪念标识”发布的视频中介绍标识含义

5. 赋能侨界特征・踊跃参政议政

内容：伴随着中国社会的新征程，聚精会神赋能侨界特征，争先恐后踊跃参政议政

事项：哈尔滨市侨联十二届三次全委（扩大）会议大会发言（网络视频）

时间：2020 年 5 月 14 日

2020 年 5 月 14 日，作者在哈尔滨市侨联十二届三次全委（扩大）会议上做题为《赋能侨界特征・踊跃参政议政》的大会视频发言

6. 规划定义冰雪・设计赋能项目

内容：从规划和设计的视角审视冰雪项目

主办：哈尔滨市文广旅游局

时间：2020 年 3 月 31 日

2020 年 3 月 31 日，作者于“第二届哈尔滨市冰雪旅游发展研讨会”上做题为《规划定义冰雪・设计赋能项目》的大会视频发言

7. 发展城市“夜经济”促进消费升级的建议

内容：哈尔滨夜经济发展建议

事项：政协哈尔滨市第十三届委员会第四次会议开幕式大会

时间：2020 年 1 月 18 日

2020 年 1 月 18 日，作者于“政协哈尔滨市第十三届委员会第四次会议开幕式”上做题为《发展城市“夜经济”促进消费升级的建议》的大会发言

8. 走近 · 走进

内容：走近哈尔滨始创年代的世界背景和走进哈尔滨规划设计实践

主办：哈尔滨市巴洛克画廊

时间：2020 年 1 月 17 日

2020 年 1 月 17 日，作者在巴洛克画廊咖啡文化沙龙上发表题为《走近 · 走进》的主题演讲

9. 让项目管理开启成功之门

内容：项目管理基础知识和项目管理运用实践

主办：哈尔滨市归国华侨联合会和哈尔滨市社会主义学院

时间：2020 年 1 月 13 日

10. 芬兰 Suomu 滑雪场规划设计实践

内容：芬兰 Suomu 滑雪场规划设计

活动：2019 亚布力冰雪旅游论坛

时间：2019 年 12 月 1 日

2019 年 12 月 1 日，作者在“2019 亚布力冰雪旅游论坛”上做题为《规划定义冰雪 · 设计赋能项目》的主题演讲

11. 董大酉与大上海计划

内容：建筑师董大酉的大上海计划规划和建筑设计作品研读

主办：英国皇家特许建造协会和上海市杨浦区图书馆

时间：2019 年 4 月 25 日

2019 年 4 月 25 日，作者在英国皇家特许建造协会和上海市杨浦区图书馆共同主办的论坛上发表题为《董大酉与大上海计划》的主题演讲

12. 仰望设计的广度 · 俯瞰设计的深度

内容：从设计教育广度、深度和品位上谈设计艺术

主办：黑龙江大学艺术学院

时间：2019 年 4 月 16 日

13. 以冰雪产业提升黑龙江区域能级

内容：以冰雪产业促进黑龙江的经济发展

活动：2019 龙江冰雪年会（黑龙江）

时间：2019 年 3 月 30 日

2019 年 3 月 30 日，作者在“2019 龙江冰雪年会”上做题为《以冰雪产业提升黑龙江区域能级》的主题演讲

14. 走进建筑艺术

内容：建筑教育、建筑创作和建筑实践

主办：成都市楼宇经济促进会

时间：2019 年 3 月 15 日

2019 年 3 月 15 日，作者为成都市楼宇经济促进会举办题为《走进建筑艺术》的专题讲座

15. 以冰雪产业为抓手提升哈尔滨城市能级

内容：发展哈尔滨冰雪产业

活动：哈尔滨市文化广电和旅游局“哈尔滨市冰雪旅游发展研讨会”

时间：2019 年 2 月 22 日

16. 百年城市史・世界哈尔滨

内容：对比西方城市规划理论和实践，纵览哈尔滨城市规划和发展

主办：中国国民党革命委员会黑龙江省委员会

时间：2018 年 10 月 20 日

2018 年 10 月 20 日，作者为中国国民党革命委员会黑龙江省委员会做题为《百年城市史・世界哈尔滨》的专题报告

17. 百年城市史・世界哈尔滨

内容：对比西方城市规划理论和实践，纵览哈尔滨城市规划和发展

主办：哈尔滨归国华侨联合会

时间：2018 年 10 月 18 日

2018 年 10 月 18 日，作者在哈尔滨市第十二次归侨侨眷代表大会上做题为《百年城市史・世界哈尔滨》的专题讲座

18. 区域新中心・东极佳木斯

内容：佳木斯城市空间发展探索与规划

活动：佳木斯建设区域中心城市论坛

时间：2018 年 8 月 14 日

2018 年 8 月 14 日，作者在佳木斯建设区域中心城市论坛发表题为《区域新中心・东极佳木斯》的主题演讲

19. 黑河市铁路遗址公园规划

内容：遗址公园战略规划和设计内容

主办：黑河市规划局

时间：2018 年 7 月 17 日

20. *ArchitectSoft*

内容：阐述建筑创作理念和介绍建筑设计作品

主办：佳木斯大学

时间：2018 年 6 月 22 日

21. 大梁山旅游空间战略发展的若干思考

内容：达州市开江县大梁山战略规划

主办：开江县人民政府

时间：2018 年 4 月 8 日

22. 中芬国际冰雪产业园构想和实施

内容：哈尔滨中芬国际冰雪产业园战略规划

活动：2018 冰雪年会（黑龙江）

时间：2018 年 3 月 24 日

2018 年 3 月 24 日，作者在“2018 冰雪年会（黑龙江）”上做题为《中芬国际冰雪产业园构想和实施》的演讲

23. 哈尔滨犹太街区战略空间发展

内容：哈尔滨犹太街区布局与规划

主办：中共哈尔滨市道里区委宣传部

时间：2018 年 3 月 18 日

24. 新时代・新滨江

内容：哈尔滨道里区滨江空间发展规划

主办：哈尔滨市道里区人民政府

时间：2018 年 1 月 5 日

25. 速写清迈

内容：以画展意共交流，以拳聚友同世界

主办：泰国清迈兰纳文化艺术节 2017 组委会

时间：2017 年 12 月 28 日

26. 企业组织和管理方法

内容：组织更新和制度管理

主办：哈尔滨光学仪器股份有限公司

时间：2017 年 11 月 30 日

27. 冰雪旅游规划与建筑艺术

内容：冰雪旅游规划和冰雪建筑设计

活动：2017 国际冬季运动（北京）博览会

时间：2017 年 9 月 8 日

2017 年 9 月 8 日，作者在 2017 国际冬季运动（北京）博览会上做题为《冰雪旅游规划与建筑艺术》的专题讲座

28. 黑河市建设和发展的思考

内容：黑河城市发展战略和项目梳理

主办：黑河市人民政府

时间：2017 年 7 月 2 日

29. 融汇南北·跨越东西

内容：跨地域、跨文化的融汇和交流

主办：知间书坊

时间：2017 年 6 月 24 日

30. 让我们创业和创新

内容：大众创业，万众创新

主办：哈尔滨市欧美同学会

时间：2017 年 6 月 24 日

31. 浮石乡发展的战略思考

内容：依靠旅游资源，发展特色小镇

主办：赣州市南康区人民政府

时间：2017 年 6 月 17 日

32. 崇义县发展体育小镇的战略思考

内容：县域城镇发展的思考定力

主办：崇义县人民政府

时间：2017 年 5 月 31 日

33. 研析建筑艺术·品读城市规划

内容：城市规划和建筑艺术研读

主办：延寿县人民政府

时间：2017 年 4 月 21 日

34. 现代酒店管理实务

内容：以项目管理思想引领现代酒店运行

主办：北京京滨饭店

时间：2017 年 3 月 17 日

35. *ArchitectSoft*

内容：阐述建筑创作理念，介绍建筑设计作品

主办：World Snow & Ice Forum（芬兰）

时间：2017 年 3 月 6 日

2017 年 3 月 6 日，作者应世界冰雪论坛（芬兰）邀请发表题为 *ArchitectSoft* 的演讲

36. 冰雪旅游规划和建筑艺术

内容：冰雪产业规划和建筑艺术

主办：贵州省体育局和六盘水市人民政府

时间：2017 年 1 月 19 日

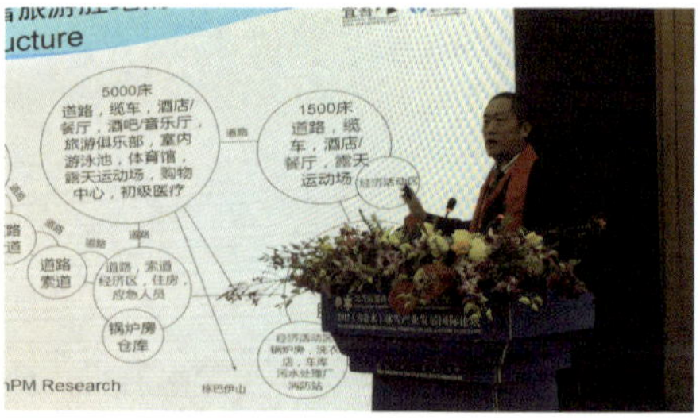

2017 年 1 月 19 日，作者于 2017（六盘水）冰雪产业发展国际论坛发表题为《冰雪旅游规划和建筑艺术》的演讲

附录三

吕维锋获奖作品一览

（1）江西省上饶市婺源县二中逸夫楼建筑设计荣获教育部邵逸夫捐赠项目二等奖，1995 年。

江西省上饶市婺源县二中逸夫楼建筑实景

（2）2017 首届泰国清迈兰纳文化艺术节最杰出贡献奖，2017 年。

《速写清迈》和英泰文双语奖杯

作者表演武当赵堡太极拳，泰国清迈

（3）第五届黑龙江省归国留学人员报国奖，2017 年。

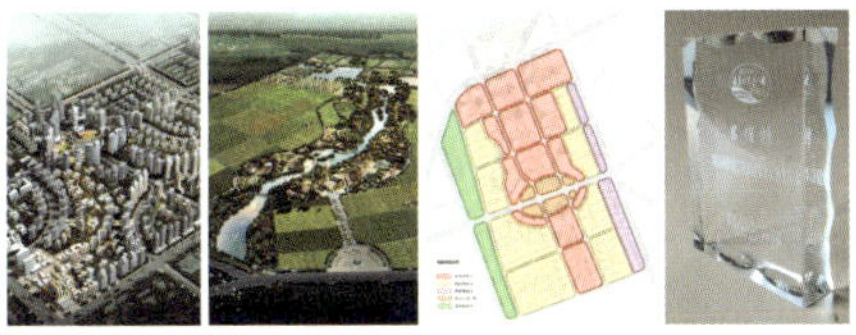

黑龙江省城市规划设计系列和获奖奖杯

（4）2017 中国建筑手绘作品大赛三等奖，2017 年。

哈尔滨圣・索菲亚教堂钢笔画

（5）首届全国乐龄游戏创意设计大赛入围奖，2017 年。

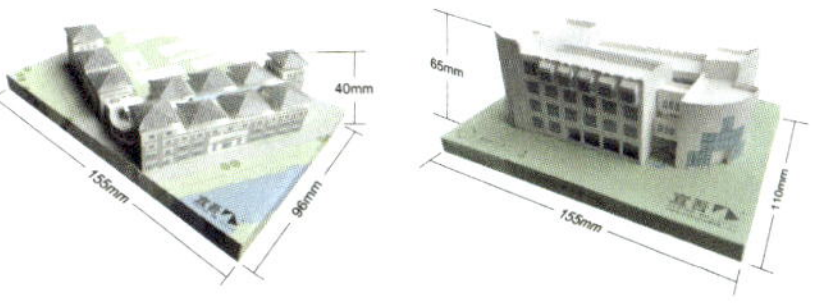

宜吾 3D 建筑纸模（宜吾设计）

（6）《速写中俄》获得中宣部地方优秀对外宣传品三等奖，2020 年。

《速写中俄》和黑河市旅游服务中心“速写中俄”展示墙

（7）《天街夜色》荣获国家开放大学主办的“‘侨见’幸福美好生活”摄影大赛三等奖，2021 年。

《天街夜色》

评道

吕维锋评论集

附录

四

吕维锋荣誉证书一览

（1）全国大学生、研究生建筑摄影、绘画竞赛摄影二等奖，1986 年 10 月。

（2）江西省婺源县二中逸夫楼建筑设计荣获教育部邵逸夫捐赠项目二等奖，1995 年 3 月。

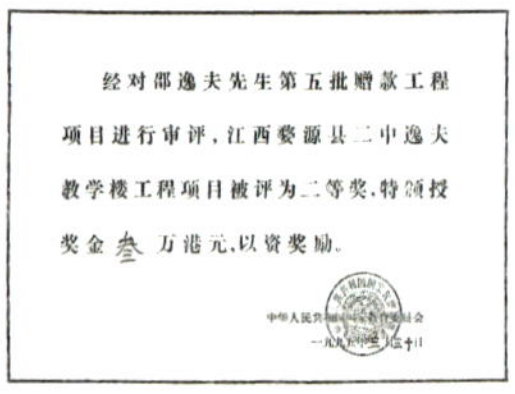

（3）新希望集团新希望商学院讲师，2004 年 5 月。

（4）成都市人民政府重大行政决策咨询专家，2006 年 4 月。

（5）抚顺职业技术学院客座教授，2007 年 6 月。

（6）哈尔滨商业大学客座教授，2010 年 1 月。

（7）哈尔滨商业大学硕士研究生导师，2010 年 6 月。

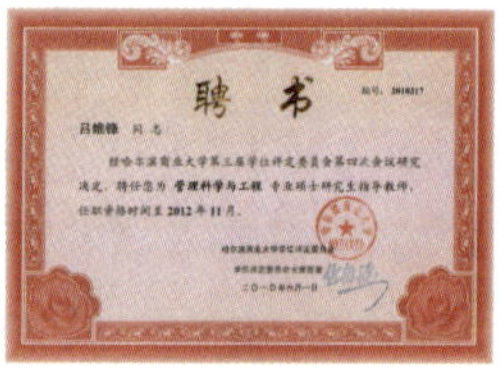

（8）黑龙江大学艺术学院客聘教授，2010 年 12 月。

（9）《项目管理技术》杂志优秀作者，2011 年 6 月。

荣誉证书
吕维锋被评选为《项目管理技术》杂志优秀作者。
《项目管理技术》杂志社
2011年6月2日

（10）攀枝花学院土木工程学院兼职教授，2012 年 1 月。

聘书
吕维锋同志：
兹聘任您为攀枝花学院土木工程学院兼职教授。
攀枝花学院土木工程学院
2012年1月13日

（11）江苏邳州经济开发区发展建设决策咨询顾问，2013 年 1 月。

聘书
NO.201301
兹聘请 吕维锋 先生为邳州经济开发区发展建设决策咨询顾问。
江苏邳州经济开发区管理委员会

（12）哈尔滨师大附中教育发展基金会捐赠证书，2013 年 5 月。

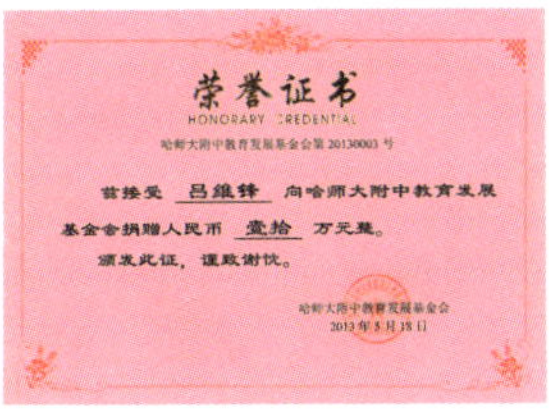
荣誉证书
HONORARY CREDENTIAL
兹接受 吕维锋 向哈师大附中教育发展基金会捐赠人民币 壹拾 万元整。
颁发此证，谨致谢忱。
哈师大附中教育发展基金会

（13）攀枝花学院图书馆收藏吕维锋著作《筑道》，2014 年 12 月。

收藏证书
吕维锋教授：
您赠送我馆的《筑道》一书已被我馆收藏，我们深表感谢！
攀枝花学院图书馆
二〇一四年十二月

（14）贵州工程应用技术学院客座教授，2015 年 7 月。

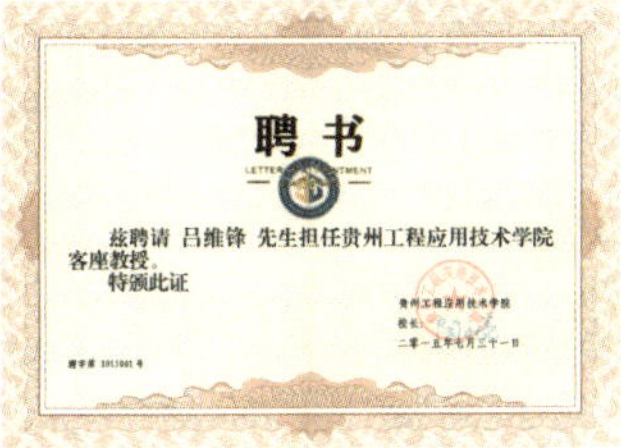
聘书
兹聘请 吕维锋 先生担任贵州工程应用技术学院客座教授。
特颁此证
二〇一五年七月二十一日

（15）黑龙江省委宣传部《龙江讲坛》讲座，2015 年 11 月。

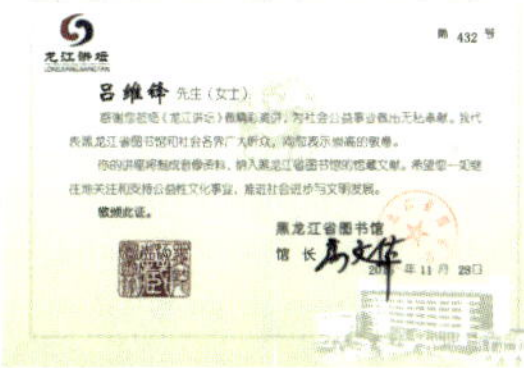
龙江讲坛
第 432 号
吕维锋 先生（女士）：
敬颁此证。
黑龙江省图书馆
馆长

（16）黑龙江省图书馆收藏吕维锋著作《筑道》和《绘道》，2015 年 11 月。

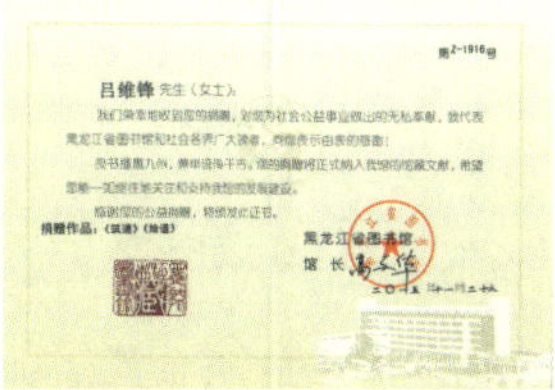
吕维锋 先生（女士）：
捐赠作品：《筑道》《绘道》
黑龙江省图书馆
馆长

（17）吉林建筑大学客座教授，2015 年 11 月。

聘书
聘任：
吕维锋 同志为客座教授，聘期5年，此聘。
校长：
吉林建筑大学
二〇一五年十一月

（18）吉林建筑大学图书馆接受吕维锋捐赠著作，2015 年 11 月。

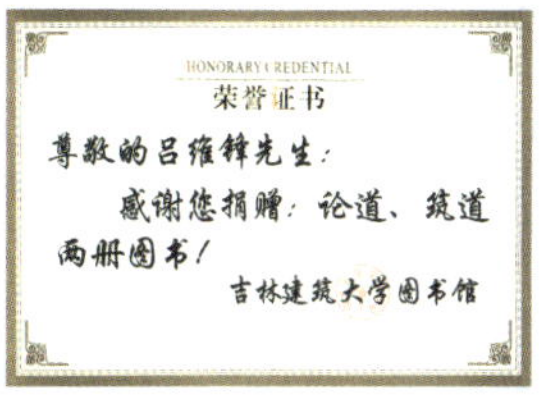
HONORARY CREDENTIAL
荣誉证书
尊敬的吕维锋先生：
感谢您捐赠：论道、筑道两册图书！
吉林建筑大学图书馆

（19）黑龙江省冰雪产业研究院客座专家，2016 年 12 月。

荣誉证书
兹聘请 吕维锋 同志为黑龙江省冰雪产业研究院客座专家。
This is to invite Mr.Lv Weifeng as visiting expert of Heilongjiang Province Institute of Ice & Snow Industries.
黑龙江省冰雪产业研究院
Heilongjiang Province Institute of Ice & Snow Industries
2016.12.16.

（20）黑龙江大学图书馆收藏吕维锋著作《筑道》和《绘道》，2016 年 12 月。

证书
吕维锋教授：
承蒙惠赠黑龙江大学图书馆图书《筑道-吕维锋论文集》和《绘道-吕维锋手绘施工图集》，谨致由衷感谢。
我们将妥善编目庋藏并广为流通，嘉惠后学，以期不辜负您的捐赠美意。
黑龙江大学图书馆
二〇一六年十二月二十日

（21）黑龙江大学水利电力学院学术讲座，2016 年 12 月。

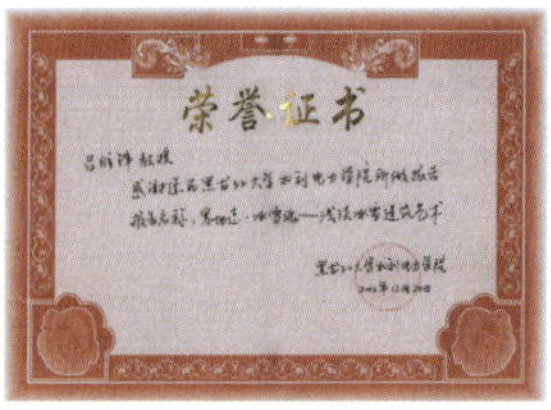

（22）延寿县图书馆接受吕维锋捐赠著作，2017 年 4 月。

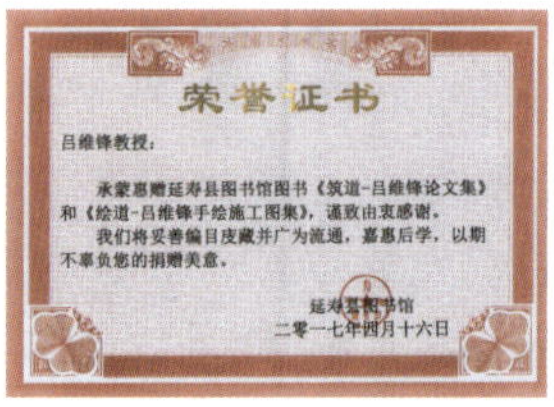

（23）哈尔滨市欧美同学会留学人员联谊会青年委员会创业导师，2017 年 6 月。

（24）2017 中国建筑手绘作品大赛钢笔画三等奖，2017 年 6 月。

（25）首届全国乐龄游戏创意设计大赛参与奖，2017 年 9 月。

（26）第五届黑龙江省归国留学人员报国奖，2017 年 12 月。

（27）同济大学 MTI 专业硕士学位企业导师，2018 年 3 月。

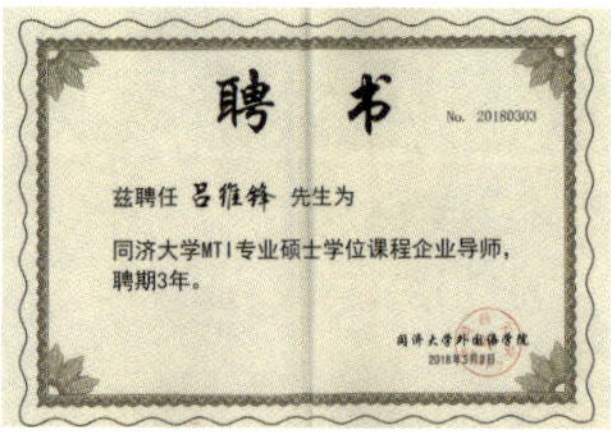

（28）《我的家乡我的城》入选《纪念改革开放 40 周年“记忆中的哈尔滨——哈尔滨市美术作品展”》，2018 年 10 月。

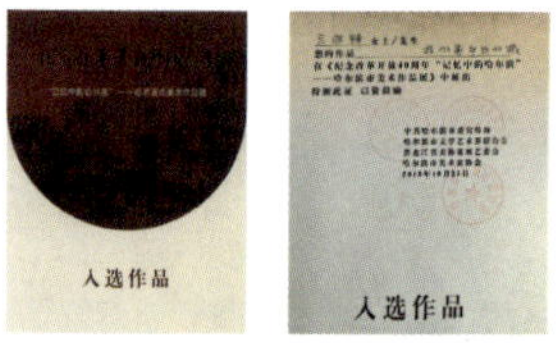

（29）哈尔滨市冰雪旅游专家委员会专家，2019 年 2 月。

（30）世界旅游组织编制《黑龙江省全域旅游发展总体规划》《黑龙江省冰雪旅游产业发展规划》中方专家，2019 年 3 月。

（31）七台河市农村人居环境整治试点工作高级顾问，2019 年 6 月。

（32）山西省海内外高层次人才评审专家库专家，2019 年 7 月。

（33）黑龙江大学艺术设计专业硕士研究生导师，2019 年 9 月。

聘书

吕维锋：

特聘任您为我校艺术硕士（艺术设计专业）专业学位校外导师，聘期 2019 年至 2021 年。

聘书编号：2019254

黑龙江大学
二〇一九年九月

（34）华侨大学图书馆接受吕维锋捐赠著作《筑道》，2019 年 10 月。

华侨大学捐赠纪念证书

尊敬的吕维锋先生：

承蒙惠赠图书《筑道》二册，您的馈赠丰富了我们的馆藏，我馆将在您赠送图书的扉页上加盖“吕维锋先生赠送”印章，入藏流通，供读者借阅，分享您的恩惠。

特发此证，以资谢旌。

华侨大学图书馆
馆长：
2019 年 10 月 11 日

（35）哈尔滨市冰雪旅游专家委员会专家，2020 年 3 月。

聘书

（36）黑龙江省第四期民革党员论坛旅游专题讲座，2020 年 9 月。

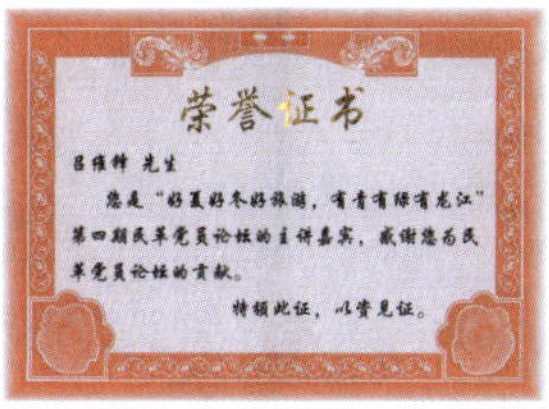
荣誉证书

吕维锋 先生

您是“好夏好冬好旅游，有青有绿有龙江”第四期民革党员论坛的主讲嘉宾，感谢您为民革党员论坛的贡献。

特颁此证，以资见证。

（37）同济大学 MTI 翻译本地化实践基地导师，2020 年 10 月。

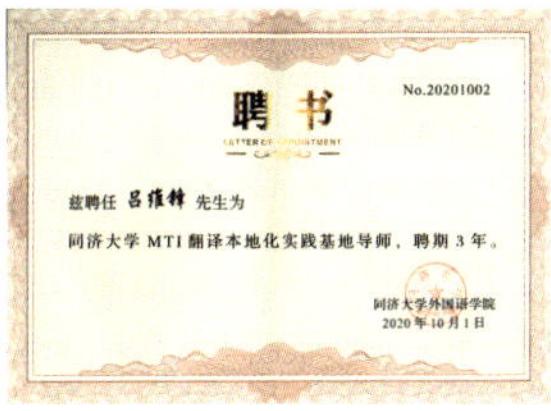
No.20201002

聘书

兹聘任 吕维锋 先生为

同济大学 MTI 翻译本地化实践基地导师，聘期 3 年。

同济大学外国语学院
2020 年 10 月 1 日

（38）华侨大学图书馆接受吕维锋《速写中俄》图书捐赠，2020 年 12 月。

“华大文库”捐赠纪念证书

捐赠清单：《速写中俄》2 册

华侨大学图书馆
馆长
2020 年 12 月 3 日

（39）攀枝花市决策咨询委员会委员，2021 年 5 月。

聘书

兹聘吕维锋同志为攀枝花市决策咨询委员会委员。

攀枝花市决策咨询委员会
二〇二一年五月

（40）庆祝建党 100 周年书画百米长卷活动入选作品，2021 年 6 月。

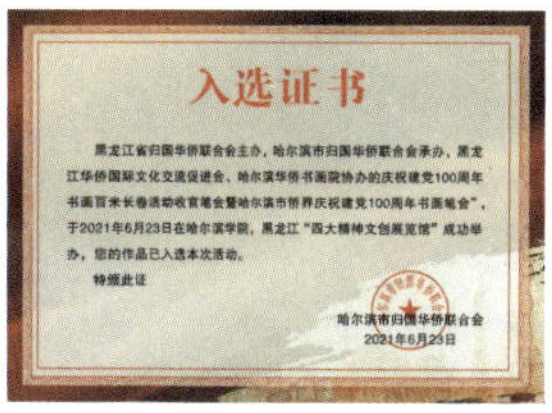
入选证书

黑龙江省归国华侨联合会主办，哈尔滨市归国华侨联合会承办，黑龙江华侨国际文化交流促进会、哈尔滨华侨书画院协办的庆祝建党100周年书画百米长卷活动收官笔会暨哈尔滨市侨界庆祝建党100周年书画笔会”，于2021年6月23日在哈尔滨学院，黑龙江“四大精神文创展览馆”成功举办，您的作品已入选本次活动。

特颁此证

哈尔滨市归国华侨联合会
2021年6月23日

（41）“龙江侨界喜迎建党 100 周年主题征文活动”优秀征文，2021 年 7 月。

荣誉证书

吕维锋创作的《水绘黑龙江》，在“龙江侨界喜迎建党 100 周年主题征文活动”中，荣获

优秀征文

黑龙江省归国华侨联合会
二〇二一年七月

（42）《天街夜色》荣获国家开放大学主办的“‘侨见’幸福美好生活”摄影大赛三等奖，2021 年 7 月。

荣誉证书
CERTIFICATE OF HONOR

（43）民革黑龙江省委员会参政议政工作优秀党员，2022 年 6 月。

荣誉证书

吕维锋 同志：

参政议政工作优秀党员

民革黑龙江省委员会
二零二二年六月

评道

吕维锋评论集

后记

在此书整理编排完毕之际，一则喜讯春风拂面，在恰逢雨水开启的季节，伴随着新春吐绿，应和着万木复苏，当春乃发生，润物细无声。《速写中俄》一书在“坚持政治原则、专业原则、效果原则、差异原则，切实发挥好评审的指挥棒和风向标作用”的评审标准下，荣获中宣部 2020 年地方优秀对外宣传品三等奖。这本由俄罗斯美术家协会主席、俄联邦人民艺术家和雕塑家安・尼・科瓦利丘克（A. H. Ковальчук）友情致序的中俄双语绘本能够在全国 238 件参选作品中脱颖而出，我真的是想不到、没想到和想都想不到，不禁“泪目”，鞭策、鼓劲和加油这一系列词语从内心喷涌而出，督促着我继续沿着“在路上”的信念前行，矢志不渝，锲而不舍，同时也更坚定了我出版这本书的信心和乐志。

2020 年是收获的一年，除了黑河市人民政府和俄罗斯布拉戈维申斯克市政府于 7 月联合出品了我的钢笔速写绘本《速写中俄》之外，另一本图书《我是建筑师：吕维锋建筑艺术纸模集》也同样于 7 月由上海科学技术出版社付梓发行。7 月真是个喜庆的月份，连炎热都充满爽意，特别是同时还伴随着双二十的“成双结对”。2020 年全球新冠肺炎疫情肆虐，年初彼此隔离，在这个特征显著的小时代能够迎来油墨飘香的两本新书，还真是要质疑春风得意的时候马蹄为什么要疾而不是缓，以便多些空闲陪伴春风；长安的繁花为什么要一日看尽而不是徜徉其中进而流连忘返，以期悠然自得地品味这似锦繁花。

在疫情形势略微转好之后的春光三月，我应邀踏上奔赴江苏省新沂市的旅程，勘察构思，勾画草图，启动了新戴河滨项目的规划和设计工作，沭河沂水三千里，不及新沂送我情。初夏五月天，我再征赣州，考察调研，讨论征询。当带着规划任务离开赣州时，我在微信朋友圈里发出了这样的离赣感思：“徜徉赣州数日，章贡水灌赣江依旧。北有郁孤台，南有江山里，太极中轴，浩荡正宅，九年规划宏图呈现。客移居始豫，汇聚赣州，东西南客家天下。崇义阳明城，浮石东坡诗，今更有信丰至信丰登。‘杨梅渡上翠浪塔，赣州最岛飞龙桥’，待再回首重返章贡，泛舟桃江。”

奔波着和忙碌着的 2020 年，何尝不在应和着王迈《啄木鸟》的意境呢？“千株万株端明松，五月六月来清风。”凭借六月的清风，我又奔赴攀枝花，开始迎接新项目的挑战。我同样在微信朋友圈发表了这样的离攀感怀：“徜徉攀枝花数日，领略当代阳光花城，心旷神怡，感怀颇多，攀枝花也为之盛开。侧畔金沙江，漫步大梯道，九年规划弹指一挥间。又登流沙坡，再瞰两江口，双桥双跨越，但见凤凰树已万红浸染。俯拾学府校园点滴一二，留下渡口构思记忆二三，三线博物馆已筑，历史时光磨造银江一剑！过去澎湃‘阳光金沙水，花城两岸情’；而今善水碧蓝，步道绕岸，试问成效昭然；仰望蓝天白云，激情审视西南门户，大山大水出世横空，聚焦世界，向你喝彩！”

回首过去，10 年前在赣州“江山里”项目和攀枝花“东区金沙江两岸滨水空间项目策划”项目的设计工作都已经开花结果和落地生根，自然心旷神怡，宛若“看庭前花开花落和望天空云卷云舒”。2020 年，我又能够故地重游，在两地再次上演“老兵新传”，“天高云淡和望断南飞雁”的感叹更是情不自禁。

7月1日，在离开赣州返沪的路上我写下了第二篇关于赣州的骈体文："在阳光灿烂的日子再次赴赣，章江欢悦，贡水萌动，寿量寺钟鸣！重登郁孤台，两江温情，怀抱簇拥，怎一纾郁解孤次第，辛翁弃疾已不再孤郁。绘画军门楼，飞檐走兽装点歇山阁楼，瓮城壮怀，激荡千古。建春门高耸，宋浮桥展平，跨赣江接水东，入画古津舟横奇景。浮石章水黄金道，东坡圣显寺品茶。再回窝坑，老友新朋欢饮，夜宿旧梦依旧萦，把酒笑畅大山脑。九百年前苏轼舟次南康府，感叹今日高速天下达。图书馆藏寻遗篇，古玩市场阅史籍。客家大院醉新酒，隐者书院觅真经。一言为定，上犹庄园他日寄，赋诗作画叙情谊。"

2020年12月初冬，我应邀第一次踏上心驰神往的沂蒙大地，果不其然，然必其果，一派蒙山高沂水长的壮丽图景。初来乍到，经纬万端，总有着因陌生而好奇和因好奇而探究的许许多多寻寻觅觅，奈何负重致远，还需倍道兼行。12月9日，我写下了这样的感言："略寒还暖时节，徜徉临沂数日，感慨多多，收获满满，感谢诸位关爱陪护。沂水文化源远流长，心怀仰慕，已久神往，今日览胜得幸。博物馆读史，大剧院阅新，名人故居膜拜，孔庙教堂环视，百年教会医院文史楼饱经沧桑。阳都古城人间智地，汉墓斗拱世界绝响，探秘寻幽，跨越时空，几千年沉默太久从头叙。蒙山民居干插石筑法传世，红嫂精神真感动无人不泣。"烤牌"①新颖，"糁"②字酷毙，柿子金黄，山楂透红，煎饼羊肉汤更是绝无仅有，一派沂涑流域的人文大戏。仰望蓝天白云，审视海岱格局，大山大水出世横空，世界需要喝彩为之！"

2020年岁末的"吕"途是佳木斯之行，到访寒地黑土，纵览北国风光，既是续缘，也是寻梦，继续2018年佳木斯建设区域中心城市论坛的良缘，也缘情体物般寻梦，设计佳木斯未来城市的诗与远方。临别感慨自然也是一如既往溢于言表，12月29日，我写在朋友圈里的有感而发是这样的激情满怀："原驰蜡象但生机涵养时节，流连佳木斯数日，赏风情品人文，收获多多，感触满满。松花江源远流长，孕育了新中国的第一批崭新城市，承延安辗转，传伟大精神。心怀仰慕，已久神往，冬日终得尽览。研读地貌登高望远，讲座规划同业交流，卧佛山滑雪，射击场拭目，融沃雪黑土，尝寒地肥鱼，会友举杯，叙旧展新，一派热土大格局。仰望区域中心城市，北国冰封，水源四丰，千里雪国，同江抚远，山水横空更待富锦出世。黑龙江悠长，乌苏里纯美，世界为最生态喝彩！"

从《筑道：吕维锋论文集》到《绘道：吕维锋手绘施工图集》，又从《规道：吕维锋规划设计探索与实践》到《速写清迈》，再从《速写中俄》到《我是建筑师：吕维锋建筑艺术纸模集》，前行的路程就是如此三步并两步地日夜兼程和争分夺秒地紧锣密鼓。从2013—2017年每两年完成一本图书，到2020年一年出版两本书籍，我在披星戴月的人生风驰电掣般地"吕"行，再超越自我地"荡胸生层云"，时时刻刻地激励自己更加"决眦入归鸟"。托您的祝愿和期许，我的下一部出版物已经在路上和在那里。

整理、扫描和编辑曾经的发表物并进行合集的排版和审核校对是一项繁杂的浩大工程，感谢同事刘洋和吴佳颖多年来的不遗余力和坚持不懈，无论手上设计工作多么繁忙，他们都抽出时间去完成本书的相关工作。感谢多年来关心、关爱、关照和关注我人生"吕"途的朋友们，您德重恩弘的鼓励和赞许永远是我奋进的力量源泉。最后感谢同济大学出版社的编辑们为本书的出版所付出的艰辛劳动。

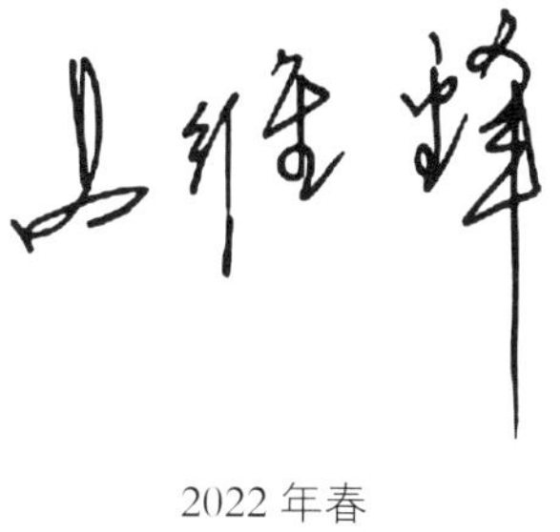

2022年春

于上海市同济联合广场

①② "烤牌"和"糁"都是山东省临沂市的当地美食。